DIRITTO AMMINISTRATIVO

TESTI DI LEGGE NON COMMENTATI PER CONCORSI PUBBLICI

COLLANA LIBRI CONCORSI P.A.

DIRITTO AMMINISTRATIVO

Copyright © 2023 Concorsi P.A.

Tutti i diritti riservati.

Codice ISBN: 9798378128167

INDICE

1. Testo Unico Enti Locali Pag. 2

    Dlgs 267/2000

2. Legge sul procedimento amministrativo Pag. 322

    L. 241/1990

3. Depenalizzazione Pag. 372

    L. 689/81

TESTO UNICO DEGLI ENTI LOCALI

Decreto legislativo 18 agosto 2000, n. 267

Testo unico delle leggi sull'ordinamento degli enti locali

(pubblicato nella *Gazzetta Ufficiale* n. 227 del 28 settembre 2000 - Supplemento Ordinario n. 162)

IL PRESIDENTE DELLA REPUBBLICA

Visti gli articoli 76 e 87 della Costituzione;

Visto l'articolo 14 della legge 23 agosto 1988, n. 400;

Visto l'articolo 31 della legge 3 agosto 1999, n. 265, recante delega al Governo per l'adozione di un testo unico in materia di ordinamento degli enti locali;

Vista la preliminare deliberazione del Consiglio dei Ministri, adottata nella riunione del 20 aprile 2000;

Acquisiti i pareri delle competenti commissioni del Senato della Repubblica e della Camera dei Deputati;

Udito il parere del Consiglio di Stato, espresso nell'adunanza generale dell'8 giugno 2000;

Acquisito il parere della Conferenza Stato-città ed autonomie locali e della Conferenza Unificata, istituita ai sensi del decreto legislativo 28 agosto 1997, n. 281;

Vista la deliberazione del Consiglio dei Ministri, adottata nella riunione del 4 agosto 2000;

Sulla proposta del Ministro dell'interno, di concerto con i Ministri per gli affari regionali e della giustizia;

Emana

il seguente decreto legislativo:

1. È approvato l'unito testo unico delle leggi sull'ordinamento degli enti locali, composto di 275 articoli.

PARTE I

Ordinamento istituzionale

TITOLO I

Disposizioni generali

Art. 1 ([1])
Oggetto

1. Il presente testo unico contiene i princìpi e le disposizioni in materia di ordinamento degli enti locali.

2. Le disposizioni del presente testo unico non si applicano alle regioni a statuto speciale e alle province autonome di Trento e di Bolzano se incompatibili con le attribuzioni previste dagli statuti e dalle relative norme di attuazione.

3. La legislazione in materia di ordinamento degli enti locali e di disciplina dell'esercizio delle funzioni ad essi conferite enuncia espressamente i princìpi che costituiscono limite inderogabile per la loro autonomia normativa. L'entrata in vigore di nuove leggi che enunciano tali princìpi

abroga le norme statutarie con essi incompatibili. Gli enti locali adeguano gli statuti entro 120 giorni dalla data di entrata in vigore delle leggi suddette.

4. Ai sensi dell'articolo 128 della Costituzione le leggi della Repubblica non possono introdurre deroghe al presente testo unico se non mediante espressa modificazione delle sue disposizioni.

(1) Per le nuove disposizioni in materia di città metropolitane, province e unioni e fusioni di comuni, vedi la L. 7 aprile 2014, n. 56.

Art. 2 ([1])
Àmbito di applicazione

1. Ai fini del presente testo unico si intendono per enti locali i comuni, le province, le città metropolitane, le comunità montane, le comunità isolane e le unioni di comuni.

2. Le norme sugli enti locali previste dal presente testo unico si applicano, altresì, salvo diverse disposizioni, ai consorzi cui partecipano enti locali, con esclusione di quelli che gestiscono attività aventi rilevanza economica ed imprenditoriale e, ove previsto dallo statuto, dei consorzi per la gestione dei servizi sociali.

(1) Per le nuove disposizioni in materia di città metropolitane, province e unioni e fusioni di comuni, vedi la L. 7 aprile 2014, n. 56.

Art. 3 ([1])
Autonomia dei comuni e delle province

1. Le comunità locali, ordinate in comuni e province, sono autonome.

2. Il comune è l'ente locale che rappresenta la propria comunità, ne cura gli interessi e ne promuove lo sviluppo.

3. La provincia, ente locale intermedio tra comune e Regione, rappresenta la propria comunità, ne cura gli interessi, ne promuove e ne coordina lo sviluppo.

4. I comuni e le province hanno autonomia statutaria, normativa, organizzativa e amministrativa, nonché autonomia impositiva e finanziaria nell'àmbito dei propri statuti e regolamenti e delle leggi di coordinamento della finanza pubblica.

5. I comuni e le province sono titolari di funzioni proprie e di quelle conferite loro con legge dello Stato e della Regione, secondo il principio di sussidiarietà. I comuni e le province svolgono le loro funzioni anche attraverso le attività che possono essere adeguatamente esercitate dalla autonoma iniziativa dei cittadini e delle loro formazioni sociali.

(1) Per le nuove disposizioni in materia di città metropolitane, province e unioni e fusioni di comuni, vedi la L. 7 aprile 2014, n. 56.

Art. 4 ([1])
Sistema regionale delle autonomie locali

1. Ai sensi dell'articolo 117, primo e secondo comma, e dell'articolo 118, primo comma, della Costituzione, le regioni, ferme restando le funzioni che attengono ad esigenze di carattere unitario nei rispettivi territori, organizzano l'esercizio delle funzioni amministrative a livello locale attraverso i comuni e le province.

2. Ai fini di cui al comma 1, le leggi regionali si conformano ai princìpi stabiliti dal presente testo unico in ordine alle funzioni del comune e della provincia, identificando nelle materie e nei casi previsti dall'articolo 117 della Costituzione, gli interessi comunali e provinciali in rapporto alle caratteristiche della popolazione e del territorio.

3. La generalità dei compiti e delle funzioni amministrative è attribuita ai comuni, alle province e alle comunità montane, in base ai princìpi di cui all'articolo 4, comma 3, della L. 15 marzo 1997, n. 59, secondo le loro dimensioni territoriali, associative ed organizzative, con esclusione delle sole funzioni che richiedono l'unitario esercizio a livello regionale.

4. La legge regionale indica i princìpi della cooperazione dei comuni e delle province tra loro e con la Regione, al fine di realizzare un efficiente sistema delle autonomie locali al servizio dello sviluppo economico, sociale e civile.

5. Le regioni, nell'àmbito della propria autonomia legislativa, prevedono strumenti e procedure di raccordo e concertazione, anche permanenti, che diano luogo a forme di cooperazione strutturali e funzionali, al fine di consentire la collaborazione e l'azione coordinata fra regioni ed enti locali nell'àmbito delle rispettive competenze.

(1) Per le nuove disposizioni in materia di città metropolitane, province e unioni e fusioni di comuni, vedi la L. 7 aprile 2014, n. 56.

Art. 5 (¹)
Programmazione regionale e locale

1. La Regione indica gli obiettivi generali della programmazione economico-sociale e territoriale e su questi ripartisce le risorse destinate al finanziamento del programma di investimenti degli enti locali.

2. Comuni e province concorrono alla determinazione degli obiettivi contenuti nei piani e programmi dello Stato e delle regioni e provvedono, per quanto di propria competenza, alla loro specificazione ed attuazione.

3. La legge regionale stabilisce forme e modi della partecipazione degli enti locali alla formazione dei piani e programmi regionali e degli altri provvedimenti della Regione.

4. La legge regionale indica i criteri e fissa le procedure per gli atti e gli strumenti della programmazione socio-economica e della pianificazione territoriale dei comuni e delle province rilevanti ai fini dell'attuazione dei programmi regionali.

5. La legge regionale disciplina, altresì, con norme di carattere generale, modi e procedimenti per la verifica della compatibilità fra gli strumenti di cui al comma 4 e i programmi regionali, ove esistenti.

(1) Per le nuove disposizioni in materia di città metropolitane, province e unioni e fusioni di comuni, vedi la L. 7 aprile 2014, n. 56.

Art. 6 (²)
Statuti comunali e provinciali

1. I comuni e le province adottano il proprio statuto.

2. Lo statuto, nell'àmbito dei princìpi fissati dal presente testo unico, stabilisce le norme fondamentali dell'organizzazione dell'ente e, in particolare, specifica le attribuzioni degli organi e le forme di garanzia e di partecipazione delle minoranze, i modi di esercizio della rappresentanza legale dell'ente, anche in giudizio. Lo statuto stabilisce, altresì, i criteri generali in materia di organizzazione dell'ente, le forme di collaborazione fra comuni e province, della partecipazione popolare, del decentramento, dell'accesso dei cittadini alle informazioni e ai procedimenti amministrativi, lo stemma e il gonfalone e quanto ulteriormente previsto dal presente testo unico.

3. Gli statuti comunali e provinciali stabiliscono norme per assicurare condizioni di pari opportunità tra uomo e donna ai sensi della legge 10 aprile 1991, n. 125, e per garantire (¹) la presenza di entrambi i sessi nelle giunte e negli organi collegiali del comune e della provincia, nonché degli enti, aziende ed istituzioni da essi dipendenti.

4. Gli statuti sono deliberati dai rispettivi consigli con il voto favorevole dei due terzi dei consiglieri assegnati. Qualora tale maggioranza non venga raggiunta, la votazione è ripetuta in successive sedute da tenersi entro trenta giorni e lo statuto è approvato se ottiene per due volte il voto favorevole della maggioranza assoluta dei consiglieri assegnati. Le disposizioni di cui al presente comma si applicano anche alle modifiche statutarie.

5. Dopo l'espletamento del controllo da parte del competente organo regionale, lo statuto è pubblicato nel bollettino ufficiale della Regione, affisso all'albo pretorio dell'ente per trenta giorni consecutivi ed inviato al Ministero dell'interno per essere inserito nella raccolta ufficiale degli statuti. Lo statuto entra in vigore decorsi trenta giorni dalla sua affissione all'albo pretorio dell'ente.

6. L'ufficio del Ministero dell'interno, istituito per la raccolta e la conservazione degli statuti comunali e provinciali, cura anche adeguate forme di pubblicità degli statuti stessi.

(1) La parola: "*promuovere*" è stata così sostituita dall'art. 1, co. 1, L. 23 novembre 2012, n. 215.
(2) Per le nuove disposizioni in materia di città metropolitane, province e unioni e fusioni di comuni, vedi la L. 7 aprile 2014, n. 56.

Art. 7 (¹)
Regolamenti

1. Nel rispetto dei princìpi fissati dalla legge e dello statuto, il comune e la provincia adottano regolamenti nelle materie di propria competenza ed in particolare per l'organizzazione e il funzionamento delle istituzioni e degli organismi di partecipazione, per il funzionamento degli organi e degli uffici e per l'esercizio delle funzioni.

(1) Per le nuove disposizioni in materia di città metropolitane, province e unioni e fusioni di comuni, vedi la L. 7 aprile 2014, n. 56.

Art. 7-bis ([1]) ([3])
Sanzioni amministrative

1. Salvo diversa disposizione di legge, per le violazioni delle disposizioni dei regolamenti comunali e provinciali si applica la sanzione amministrativa pecuniaria da 25 euro a 500 euro.

1-*bis*. La sanzione amministrativa di cui al comma 1 si applica anche alle violazioni alle ordinanze adottate dal sindaco e dal presidente della provincia sulla base di disposizioni di legge, ovvero di specifiche norme regolamentari. ([2])

2. L'organo competente a irrogare la sanzione amministrativa è individuato ai sensi dell'articolo 17 della legge 24 novembre 1981, n. 689.

(1) Articolo inserito dall'art. 16, co. 1, L. 16 gennaio 2003, n. 3.
(2) Comma inserito dall'art. 1-quater, D.L. 31 marzo 2003, n. 50, convertito con modificazioni nella L. 20 maggio 2003, n. 116.
(3) Per le nuove disposizioni in materia di città metropolitane, province e unioni e fusioni di comuni, vedi la L. 7 aprile 2014, n. 56.

Art. 8 ([1])
Partecipazione popolare

1. I comuni, anche su base di quartiere o di frazione, valorizzano le libere forme associative e promuovono organismi di partecipazione popolare all'amministrazione locale. I rapporti di tali forme associative sono disciplinati dallo statuto.

2. Nel procedimento relativo all'adozione di atti che incidono su situazioni giuridiche soggettive devono essere previste forme di partecipazione degli interessati secondo le modalità stabilite dallo statuto, nell'osservanza dei princìpi stabiliti dalla legge 7 agosto 1990, n. 241.

3. Nello statuto devono essere previste forme di consultazione della popolazione nonché procedure per l'ammissione di istanze, petizioni e proposte di cittadini singoli o associati dirette a promuovere interventi per la migliore tutela di interessi collettivi e devono essere, altresì, determinate le garanzie per il loro tempestivo esame. Possono essere, altresì, previsti referendum anche su richiesta di un adeguato numero di cittadini.

4. Le consultazioni e i *referendum* di cui al presente articolo devono riguardare materie di esclusiva competenza locale e non possono avere luogo in coincidenza con operazioni elettorali provinciali, comunali e circoscrizionali.

5. Lo statuto, ispirandosi ai princìpi di cui alla legge 8 marzo 1994, n. 203 e al decreto legislativo 25 luglio 1998, n. 286, promuove forme di partecipazione alla vita pubblica locale dei cittadini dell'Unione europea e degli stranieri regolarmente soggiornanti.

(1) Per le nuove disposizioni in materia di città metropolitane, province e unioni e fusioni di comuni, vedi la L. 7 aprile 2014, n. 56.

Art. 9 ([2])
Azione popolare e delle associazioni di protezione ambientale.

1. Ciascun elettore può far valere in giudizio le azioni e i ricorsi che spettano al comune e alla provincia.

2. Il giudice ordina l'integrazione del contraddittorio nei confronti del comune ovvero della provincia. In caso di soccombenza, le spese sono a carico di chi ha promosso l'azione o il ricorso, salvo che l'ente costituendosi abbia aderito alle azioni e ai ricorsi promossi dall'elettore.

(...) ([1]).

(1) Il comma che recitava: *"3. Le associazioni di protezione ambientale di cui all'art. 13, L. 8 luglio 1986, n. 349, possono proporre le azioni risarcitorie di competenza del giudice ordinario che spettino al comune e alla provincia, conseguenti a danno ambientale. L'eventuale risarcimento è liquidato in favore dell'ente sostituito e le spese processuali sono liquidate in favore o a carico dell'associazione."* è stato abrogato d'll'art. 318, co. 2, lett. b), D.Lgs. 3 aprile 2006, n. 152.
(2) Per le nuove disposizioni in materia di città metropolitane, province e unioni e fusioni di comuni, vedi la L. 7 aprile 2014, n. 56.

Art. 10 ([1])
Diritto di accesso e di informazione

1. Tutti gli atti dell'amministrazione comunale e provinciale sono pubblici, ad eccezione di quelli riservati per espressa indicazione di legge o per effetto di una temporanea e motivata dichiarazione del sindaco o del presidente della provincia che ne vieti l'esibizione, conformemente a quanto previsto

dal regolamento, in quanto la loro diffusione possa pregiudicare il diritto alla riservatezza delle persone, dei gruppi o delle imprese.

2. Il regolamento assicura ai cittadini, singoli e associati, il diritto di accesso agli atti amministrativi e disciplina il rilascio di copie di atti previo pagamento dei soli costi; individua, con norme di organizzazione degli uffici e dei servizi, i responsabili dei procedimenti; detta le norme necessarie per assicurare ai cittadini l'informazione sullo stato degli atti e delle procedure e sull'ordine di esame di domande, progetti e provvedimenti che comunque li riguardino; assicura il diritto dei cittadini di accedere, in generale, alle informazioni di cui è in possesso l'amministrazione.

3. Al fine di rendere effettiva la partecipazione dei cittadini all'attività dell'amministrazione, gli enti locali assicurano l'accesso alle strutture ed ai servizi agli enti, alle organizzazioni di volontariato e alle associazioni.

(1) Per le nuove disposizioni in materia di città metropolitane, province e unioni e fusioni di comuni, vedi la L. 7 aprile 2014, n. 56.

Art. 11 ([1]) ([2])
Difensore civico

1. Lo statuto comunale e quello provinciale possono prevedere l'istituzione del difensore civico, con compiti di garanzia dell'imparzialità e del buon andamento della pubblica amministrazione comunale o provinciale, segnalando, anche di propria iniziativa, gli abusi, le disfunzioni, le carenze ed i ritardi dell'amministrazione nei confronti dei cittadini.

2. Lo statuto disciplina l'elezione, le prerogative ed i mezzi del difensore civico nonché i suoi rapporti con il consiglio comunale o provinciale.

3. Il difensore civico comunale e quello provinciale svolgono altresì la funzione di controllo nell'ipotesi prevista all'articolo 127.

(1) L'art. 2, co. 186, lett. a), L. 23 dicembre 2009, n. 191 ha soppresso la figura del difensore civico comunale.
(2) Per le nuove disposizioni in materia di città metropolitane, province e unioni e fusioni di comuni, vedi la L. 7 aprile 2014, n. 56.

Art. 12 ([1])
Sistemi informativi e statistici

1. Gli enti locali esercitano i compiti conoscitivi e informativi concernenti le loro funzioni in modo da assicurare, anche tramite sistemi informativo-statistici automatizzati, la circolazione delle conoscenze e delle informazioni fra le amministrazioni, per consentirne, quando prevista, la fruizione su tutto il territorio nazionale.

2. Gli enti locali, nello svolgimento delle attività di rispettiva competenza e nella conseguente verifica dei risultati, utilizzano sistemi informativo-statistici che operano in collegamento con gli uffici di statistica in applicazione del decreto legislativo 6 settembre 1989, n. 322. È in ogni caso assicurata l'integrazione dei sistemi informativo-statistici settoriali con il sistema statistico nazionale.

3. Le misure necessarie sono adottate con le procedure e gli strumenti di cui agli articoli 6 e 9 del decreto legislativo 28 agosto 1997, n. 281.

(1) Per le nuove disposizioni in materia di città metropolitane, province e unioni e fusioni di comuni, vedi la L. 7 aprile 2014, n. 56.

PARTE I

Ordinamento istituzionale

TITOLO II

Soggetti

Capo I - Comune

Art. 13 ([1])
Funzioni

1. Spettano al comune tutte le funzioni amministrative che riguardano la popolazione ed il territorio comunale, precipuamente nei settori organici dei servizi alla persona e alla comunità, dell'assetto ed utilizzazione del territorio e dello sviluppo economico, salvo quanto non sia espressamente attribuito ad altri soggetti dalla legge statale o regionale, secondo le rispettive competenze.

2. Il comune, per l'esercizio delle funzioni in ambiti territoriali adeguati, attua forme sia di decentramento sia di cooperazione con altri comuni e con la provincia.

(1) Per le nuove disposizioni in materia di città metropolitane, province e unioni e fusioni di comuni, vedi la L. 7 aprile 2014, n. 56.

Art. 14 ([1])
Compiti del comune per servizi di competenza statale

1. Il comune gestisce i servizi elettorali, di stato civile, di anagrafe, di leva militare e di statistica.

2. Le relative funzioni sono esercitate dal sindaco quale ufficiale del Governo, ai sensi dell'articolo 54.

3. Ulteriori funzioni amministrative per servizi di competenza statale possono essere affidate ai comuni dalla legge che regola anche i relativi rapporti finanziari, assicurando le risorse necessarie.

(1) Per le nuove disposizioni in materia di città metropolitane, province e unioni e fusioni di comuni, vedi la L. 7 aprile 2014, n. 56.

Art. 15 ([4])
Modifiche territoriali, fusione ed istituzione di comuni ([2])

1. A norma degli articoli 117 e 133 della Costituzione, le regioni possono modificare le circoscrizioni territoriali dei comuni sentite le popolazioni interessate, nelle forme previste dalla legge regionale. Salvo i casi di fusione tra più comuni, non possono essere istituiti nuovi comuni con popolazione inferiore ai 10.000 abitanti o la cui costituzione comporti, come conseguenza, che altri comuni scendano sotto tale limite.

2-bis. Ai fini della partecipazione dei consiglieri comunali all'attività degli organi istituiti ai sensi delle rispettive leggi regionali sul procedimento di fusione, si applicano le disposizioni di cui al titolo III, capo IV, ed i conseguenti oneri per permessi retribuiti, gettoni di presenza e rimborsi delle spese di viaggio sono posti a carico delle regioni medesime. (5)

2. I comuni che hanno dato avvio al procedimento di fusione ai sensi delle rispettive leggi regionali possono, anche prima dell'istituzione del nuovo ente, mediante approvazione di testo conforme da parte di tutti i consigli comunali, definire lo statuto che entrerà in vigore con l'istituzione del nuovo comune e rimarrà vigente fino alle modifiche dello stesso da parte degli organi del nuovo comune istituito. Lo statuto del nuovo comune dovrà prevedere che alle comunità dei comuni oggetto della fusione siano assicurate adeguate forme di partecipazione e di decentramento dei servizi. (3)

3. Al fine di favorire la fusione dei comuni, oltre ai contributi della regione, lo Stato eroga, per i dieci anni decorrenti dalla fusione stessa, appositi contributi straordinari commisurati ad una quota dei trasferimenti spettanti ai singoli comuni che si fondono. (1)

4. La denominazione delle borgate e frazioni è attribuita ai comuni ai sensi dell'articolo 118 della Costituzione.

(1) Comma così modificato dall'art. 12, comma 1, D.L. 6 marzo 2014, n. 16, convertito, con modificazioni, dalla L. 2 maggio 2014, n. 68.
(2) Per le nuove disposizioni in materia di città metropolitane, province e unioni e fusioni di comuni, vedi la L. 7 aprile 2014, n. 56.
(3) Comma così sostituito dall'art. 1, comma 117, L. 7 aprile 2014, n. 56, a decorrere dall'8 aprile 2014.
(4) Per le nuove disposizioni in materia di città metropolitane, province e unioni e fusioni di comuni, vedi la L. 7 aprile 2014, n. 56.
(5) Comma inserito dall'*art. 16, comma 9-sexies, D.L. 9 agosto 2022, n. 115*, convertito, con modificazioni, dalla *L. 21 settembre 2022, n. 142.*

Art. 16 (1)
Municipi

1. Nei comuni istituiti mediante fusione di due o più comuni contigui lo statuto comunale può prevedere l'istituzione di municipi nei territori delle comunità di origine o di alcune di esse.

2. Lo statuto e il regolamento disciplinano l'organizzazione e le funzioni dei municipi, potendo prevedere anche organi eletti a suffragio universale

diretto. Si applicano agli amministratori dei municipi le norme previste per gli amministratori dei comuni con pari popolazione .

(1) Per le nuove disposizioni in materia di città metropolitane, province e unioni e fusioni di comuni, vedi la L. 7 aprile 2014, n. 56.

Art. 17. ([4])
Circoscrizioni di decentramento comunale

1. I comuni con popolazione superiore a 250.000 abitanti articolano il loro territorio per istituire le circoscrizioni di decentramento, quali organismi di partecipazione, di consultazione e di gestione di servizi di base, nonché di esercizio delle funzioni delegate dal comune. Il limite di cui al primo periodo non si applica al comune capoluogo della città metropolitana. ([1])
2. L'organizzazione e le funzioni delle circoscrizioni sono disciplinate dallo statuto comunale e da apposito regolamento.

3. I comuni con popolazione tra i 100.000 e i 250.000 abitanti possono articolare il territorio per istituire le circoscrizioni di decentramento ai sensi di quanto previsto dal comma 2. La popolazione media delle circoscrizioni non può essere inferiore a 30.000 abitanti. ([2])

4. Gli organi delle circoscrizioni rappresentano le esigenze della popolazione delle circoscrizioni nell'àmbito dell'unità del comune e sono eletti nelle forme stabilite dallo statuto e dal regolamento.

5. Nei comuni con popolazione superiore a 300.000 abitanti, lo statuto può prevedere particolari e più accentuate forme di decentramento di funzioni e di autonomia organizzativa e funzionale, determinando, altresì, anche con il rinvio alla normativa applicabile ai comuni aventi uguale popolazione, gli organi di tali forme di decentramento, lo status dei componenti e le relative modalità di elezione, nomina o designazione. Le modalità di elezione dei consigli circoscrizionali e la nomina o la designazione dei componenti degli organi esecutivi sono comunque disciplinate in modo da garantire il rispetto del principio della parità di accesso delle donne e degli uomini alle cariche elettive, secondo le disposizioni dell'articolo 73, commi 1 e 3, e agli uffici pubblici. Il consiglio comunale può deliberare, a maggioranza assoluta dei consiglieri assegnati, la revisione della delimitazione territoriale delle circoscrizioni esistenti e la conseguente istituzione delle nuove forme di autonomia ai sensi della normativa statutaria. ([3])

(1) Comma modificato dall'*art. 2, comma 29, lett. a), L. 24 dicembre 2007, n. 244*, a decorrere dal 1° gennaio 2008; il medesimo *art. 2, comma 29, lett. a), L. 244/2007*, come modificato dall'*art. 42-bis, comma 1, D.L. 31 dicembre 2007, n. 248*, convertito, con modificazioni, dalla *L. 28 febbraio 2008, n. 31*, ha previsto che tale disposizione si applica a decorrere dalle elezioni successive al 1° marzo 2008. Successivamente, il presente comma è stato così modificato dall'*art. 1, comma 831, L. 29 dicembre 2022, n. 197*, a decorrere dal 1° gennaio 2023.

(2) Questo comma è stato così sostituito dalla L. 24 dicembre 2007, n. 244. Successivamente l'art. 2, L. 23 dicembre 2009, n. 191 ha soppresso le circoscrizioni di decen-tramento comunale tranne che per i comuni con popolazione superiore a 250.000 abitanti, che hanno facoltà di articolare il loro territorio in circoscrizioni, la cui popolazione media non può essere inferiore a 30.000 abitanti.

(3) Il comma che recitava: *"5. Nei comuni con popolazione superiore a 300.000 abitanti, lo statuto può prevedere particolari e più accentuate forme di decentramento di funzioni e di autonomia organizzativa e funzionale, determinando, altresì, anche con il rinvio alla normativa applicabile ai comuni aventi uguale popolazione, gli organi di tali forme di decentramento, lo status dei componenti e le relative modalità di elezio-ne, nomina o designazione. Il consiglio comunale può deliberare, a maggioranza assoluta dei consiglieri assegnati, la revisione della delimitazione territoriale delle circoscrizioni esistenti e la conseguente istituzione delle nuove forme di autonomia ai sen-si della normativa statutaria."* è stato così modificato dall'art. 2, co. 1, lett. a), L. 23 novembre 2012, n. 215.

(4) Per le nuove disposizioni in materia di città metropolitane, province e unioni e fusioni di comuni, vedi la L. 7 aprile 2014, n. 56.

Art. 18. (1)
Titolo di città

1. Il titolo di città può essere concesso con decreto del Presidente della Repubblica su proposta del Ministro dell'interno ai comuni insigni per ricordi, monumenti storici e per l'attuale importanza.

(1) Per le nuove disposizioni in materia di città metropolitane, province e unioni e fusioni di comuni, vedi la L. 7 aprile 2014, n. 56.

Capo II - Provincia

Art. 19 (²)
Funzioni

1. Spettano alla provincia le funzioni amministrative di interesse provinciale che riguardino vaste zone intercomunali o l'intero territorio provinciale nei seguenti settori:

a) difesa del suolo, tutela e valorizzazione dell'ambiente e prevenzione delle calamità;

b) tutela e valorizzazione delle risorse idriche ed energetiche;

c) valorizzazione dei beni culturali;

d) viabilità e trasporti;

e) protezione della flora e della fauna parchi e riserve naturali;

f) caccia e pesca nelle acque interne;

g) organizzazione dello smaltimento dei rifiuti a livello provinciale, rilevamento, disciplina e controllo degli scarichi delle acque e delle emissioni atmosferiche e sonore;

h) servizi sanitari, di igiene e profilassi pubblica, attribuiti dalla legislazione statale e regionale;

i) compiti connessi alla istruzione secondaria di secondo grado ed artistica ed alla formazione professionale, compresa l'edilizia scolastica, attribuiti dalla legislazione statale e regionale;

l) raccolta ed elaborazione dati, assistenza tecnico-amministrativa agli enti locali. (¹)

2. La provincia, in collaborazione con i comuni e sulla base di programmi da essa proposti, promuove e coordina attività, nonché realizza opere di rilevante interesse provinciale sia nel settore economico, produttivo, commerciale e turistico, sia in quello sociale, culturale e sportivo.

3. La gestione di tali attività ed opere avviene attraverso le forme previste dal presente testo unico per la gestione dei servizi pubblici locali.

(1) L'art. 23, D.L. 6 dicembre 2011, n. 201, convertito con L. 22 dicembre 2011, n. 214 ha stabilito che, fatte salve le funzioni di indirizzo e di coordinamento delle attività dei Comuni nelle materie e nei limiti indicati con legge statale o regionale, secondo le rispettive competenze, *"lo Stato e le Regioni, con propria legge, secondo le rispettive competenze, provvedono a trasferire ai Comuni, entro il 31 dicembre 2012, le funzioni conferite dalla normativa vigente alle Province, salvo che, per assicurarne l'esercizio unitario, le stesse siano acquisite dalle Regioni, sulla base dei principi di sussidiarietà, differenziazione ed adeguatezza. In caso di mancato trasferimento delle funzioni da parte delle Regioni entro il 31 dicembre 2012, si provvede in via sostitutiva, ai sensi dell'articolo 8 della legge 5 giugno 2003, n. 131, con legge dello Stato"*.
(2) Per le nuove disposizioni in materia di città metropolitane, province e unioni e fusioni di comuni, vedi la L. 7 aprile 2014, n. 56.

Art. 20 (¹)
Compiti di programmazione.

1. La provincia:

a) raccoglie e coordina le proposte avanzate dai comuni, ai fini della programmazione economica, territoriale ed ambientale della Regione;

b) concorre alla determinazione del programma regionale di sviluppo e degli altri programmi e piani regionali secondo norme dettate dalla legge regionale;

c) formula e adotta, con riferimento alle previsioni e agli obiettivi del programma regionale di sviluppo, propri programmi pluriennali sia di carattere generale che settoriale e promuove il coordinamento dell'attività programmatoria dei comuni.

2. La provincia, inoltre, ferme restando le competenze dei comuni ed in attuazione della legislazione e dei programmi regionali, predispone ed adotta il piano territoriale di coordinamento che determina gli indirizzi generali di assetto del territorio e, in particolare, indica:

a) le diverse destinazioni del territorio in relazione alla prevalente vocazione delle sue parti;

b) la localizzazione di massima delle maggiori infrastrutture e delle principali linee di comunicazione;

c) le linee di intervento per la sistemazione idrica, idrogeologica ed idraulico-forestale ed in genere per il consolidamento del suolo e la regimazione delle acque;

d) le aree nelle quali sia opportuno istituire parchi o riserve naturali.

3. I programmi pluriennali e il piano territoriale di coordinamento sono trasmessi alla Regione ai fini di accertarne la conformità agli indirizzi regionali della programmazione socio-economica e territoriale.

4. La legge regionale detta le procedure di approvazione, nonché norme che assicurino il concorso dei comuni alla formazione dei programmi pluriennali e dei piani territoriali di coordinamento.

5. Ai fini del coordinamento e dell'approvazione degli strumenti di pianificazione territoriale predisposti dai comuni, la provincia esercita le funzioni ad essa attribuite dalla Regione ed ha, in ogni caso, il compito di accertare la compatibilità di detti strumenti con le previsioni del piano territoriale di coordinamento.

6. Gli enti e le amministrazioni pubbliche, nell'esercizio delle rispettive competenze, si conformano ai piani territoriali di coordinamento delle province e tengono conto dei loro programmi pluriennali.

(1) Per le nuove disposizioni in materia di città metropolitane, province e unioni e fusioni di comuni, vedi la L. 7 aprile 2014, n. 56.

Art. 21 ([1]) ([3])
Revisione delle circoscrizioni provinciali

1. (...) ([2]).

2. (...) ([2]).

3. Per la revisione delle circoscrizioni provinciali e l'istituzione di nuove province i comuni esercitano l'iniziativa di cui all'articolo 133 della Costituzione, tenendo conto dei seguenti criteri ed indirizzi:

a) ciascun territorio provinciale deve corrispondere alla zona entro la quale si svolge la maggior parte dei rapporti sociali, economici e culturali della popolazione residente;

b) ciascun territorio provinciale deve avere dimensione tale, per ampiezza, entità demografica, nonché per le attività produttive esistenti o possibili, da consentire una programmazione dello sviluppo che possa favorire il riequilibrio economico, sociale e culturale del territorio provinciale e regionale;

c) l'intero territorio di ogni comune deve far parte di una sola provincia;

d) l'iniziativa dei comuni, di cui all'articolo 133 della Costituzione, deve conseguire l'adesione della maggioranza dei comuni dell'area interessata, che rappresentino, comunque, la maggioranza della popolazione complessiva dell'area stessa, con delibera assunta a maggioranza assoluta dei consiglieri assegnati;

e) di norma, la popolazione delle province risultanti dalle modificazioni territoriali non deve essere inferiore a 200.000 abitanti;

f) l'istituzione di nuove province non comporta necessariamente l'istituzione di uffici provinciali delle amministrazioni dello Stato e degli altri enti pubblici;

g) le province preesistenti debbono garantire alle nuove, in proporzione al territorio ed alla popolazione trasferiti, personale, beni, strumenti operativi e risorse finanziarie adeguati.

4. Ai sensi del secondo comma dell'articolo 117 della Costituzione le regioni emanano norme intese a promuovere e coordinare l'iniziativa dei comuni di cui alla lettera *d)* del comma 3.

(1) Le parole: *"Circondari e"* sono state soppresse dall'art. 2, L. 23 dicembre 2009, n. 191, così come modificato dall'art. 1, D.L. 25 gennaio 2010, n. 2.
(2) I commi che così recitavano: *"1. La provincia, in relazione all'ampiezza e peculiarità del territorio, alle esigenze della popolazione ed alla funzionalità dei servizi, può disciplinare nello statuto la suddivisione del proprio territorio in circondari e sulla*

base di essi organizzare gli uffici, i servizi e la partecipazione dei cittadini.
2. Nel rispetto della disciplina regionale, in materia di circondario, lo statuto della provincia può demandare ad un apposito regolamento l'istituzione dell'assemblea dei sindaci del circondario, con funzioni consultive, propositive e di coordinamento, e la previsione della nomina di un presidente del circondario indicato a maggioranza assoluta dall'assemblea dei sindaci e componente del consiglio comunale di uno dei comuni appartenenti al circondario. Il presidente ha funzioni di rappresentanza, promozione e coordinamento. Al presidente del circondario si applicano le disposizioni relative allo status del presidente del consiglio di comune con popolazione pari a quella ricompresa nel circondario. " sono stati abrogati dall'art. 2, co. 185-bis, lett. a), L. 23 dicembre 2009, n. 191, così come modificato dall'art. 1, co. 1-ter, D.L. 25 gennaio 2010, n. 2, convertito con modificazioni, nella L. 26 marzo 2010, n. 42.
(3) Per le nuove disposizioni in materia di città metropolitane, province e unioni e fusioni di comuni, vedi la L. 7 aprile 2014, n. 56.

Capo III - Aree metropolitane

Art. 22 ([2])
Aree metropolitane

(...) ([1]).

(1) L'articolo che recitava: "1. Sono considerate aree metropolitane le zone comprendenti i comuni di Torino, Milano, Venezia, Genova, Bologna, Firenze, Roma, Bari, Napoli e gli altri comuni i cui insediamenti abbiano con essi rapporti di stretta integrazione territoriale e in ordine alle attività economiche, ai servizi essenziali alla vita sociale, nonché alle relazioni culturali e alle caratteristiche territoriali.
2. Su conforme proposta degli enti locali interessati la Regione procede entro centottanta giorni dalla proposta stessa alla delimitazione territoriale dell'area metropolitana. Qualora la Regione non provveda entro il termine indicato, il Governo, sentita la Conferenza unificata di cui all'articolo 8 del decreto legislativo 28 agosto 1997, n. 281, invita la Regione a provvedere entro un ulteriore termine, scaduto il quale procede alla delimitazione dell'area metropolitana.
3. Restano ferme le città metropolitane e le aree metropolitane definite dalle regioni a statuto speciale." è stato abrogato dall'art. 18, co. 1, D.L. 6 giugno 2012, n. 95, convertito con modificazioni, dalla L. 7 agosto 2012, n. 135.
(2) Per le nuove disposizioni in materia di città metropolitane, province e unioni e fusioni di comuni, vedi la L. 7 aprile 2014, n. 56.

Art. 23 (³)
Città metropolitane

(...) (¹).

(1) L'articolo che recitava: "*1. Nelle aree metropolitane di cui all'articolo 22, il comune capoluogo e gli altri comuni ad esso uniti da contiguità territoriale e da rapporti di stretta integrazione in ordine all'attività economica, ai servizi essenziali, ai caratteri ambientali, alle relazioni sociali e culturali possono costituirsi in città metropolitane ad ordinamento differenziato.
2. A tale fine, su iniziativa degli enti locali interessati, il sindaco del comune capoluogo e il presidente della provincia convocano l'assemblea dei rappresentanti degli enti locali interessati. L'assemblea, su conforme deliberazione dei consigli comunali, adotta una proposta di statuto della città metropolitana, che ne indichi il territorio, l'organizzazione, l'articolazione interna e le funzioni.
3. La proposta di istituzione della città metropolitana è sottoposta a referendum a cura di ciascun comune partecipante, entro centottanta giorni dalla sua approvazione. Se la proposta riceve il voto favorevole della maggioranza degli aventi diritto al voto espressa nella metà più uno dei comuni partecipanti, essa è presentata dalla Regione entro i successivi novanta giorni ad una delle due Camere per l'approvazione con legge.
4. All'elezione degli organi della città metropolitana si procede nel primo turno utile ai sensi delle leggi vigenti in materia di elezioni degli enti locali.
5. La città metropolitana, comunque denominata, acquisisce le funzioni della provincia; attua il decentramento previsto dallo statuto, salvaguardando l'identità delle originarie collettività locali.
6. Quando la città metropolitana non coincide con il territorio di una provincia, si procede alla nuova delimitazione delle circoscrizioni provinciali o all'istituzione di nuove province, anche in deroga alle previsioni di cui all'articolo 21, considerando l'area della città come territorio di una nuova provincia. Le regioni a statuto speciale possono adeguare il proprio ordinamento ai princìpi contenuti nel presente comma.
7. Le disposizioni del comma 6 possono essere applicate anche in materia di riordino, ad opera dello Stato, delle circoscrizioni provinciali nelle regioni a statuto speciale nelle quali siano istituite le aree metropolitane previste dalla legislazione regionale.*" è stato abrogato dall'art. 18, co. 1, D.L. 6 luglio 2012, n. 95, convertito con modificazioni, dalla L. 7 agosto 2012, n. 135.
(2) Per le nuove disposizioni in materia di città metropolitane, province e unioni e fusioni di comuni, vedi la L. 7 aprile 2014, n. 56.

Art. 24 (¹)
Esercizio coordinato di funzioni

1. La Regione, previa intesa con gli enti locali interessati, può definire ambiti sovracomunali per l'esercizio coordinato delle funzioni degli enti locali, attraverso forme associative e di cooperazione, nelle seguenti materie:

a) pianificazione territoriale;

b) reti infrastrutturali e servizi a rete;

c) piani di traffico intercomunali;

d) tutela e valorizzazione dell'ambiente e rilevamento dell'inquinamento atmosferico;

e) interventi di difesa del suolo e di tutela idrogeologica;

f) raccolta, distribuzione e depurazione delle acque;

g) smaltimento dei rifiuti;

h) grande distribuzione commerciale;

i) attività culturali;

l) funzioni dei sindaci ai sensi dell'articolo 50, comma 7.

2. Le disposizioni regionali emanate ai sensi del comma 1 si applicano fino all'istituzione della città metropolitana.

(1) Per le nuove disposizioni in materia di città metropolitane, province e unioni e fusioni di comuni, vedi la L. 7 aprile 2014, n. 56.

Art. 25 ([1])
Revisione delle circoscrizioni comunali

1. Istituita la città metropolitana, la Regione, previa intesa con gli enti locali interessati, può procedere alla revisione delle circoscrizioni territoriali dei comuni compresi nell'area metropolitana.

(1) Per le nuove disposizioni in materia di città metropolitane, province e unioni e fusioni di comuni, vedi la L. 7 aprile 2014, n. 56.

Art. 26 (¹)
Norma transitoria

1. Sono fatte salve le leggi regionali vigenti in materia di aree metropolitane.

2. La legge istitutiva della città metropolitana stabilisce i termini per il conferimento, da parte della Regione, dei compiti e delle funzioni amministrative in base ai princìpi dell'articolo 4, comma 3, della legge 15 marzo 1997, n. 59, e le modalità per l'esercizio dell'intervento sostitutivo da parte del Governo in analogia a quanto previsto dall'articolo 3, comma 4, del decreto legislativo 31 marzo 1998, n. 112.

(1) Per le nuove disposizioni in materia di città metropolitane, province e unioni e fusioni di comuni, vedi la L. 7 aprile 2014, n. 56.

Capo IV - Comunità montane

Art. 27 (¹)
Natura e ruolo

1. Le comunità montane sono unioni di comuni, enti locali costituiti fra comuni montani e parzialmente montani, anche appartenenti a province diverse, per la valorizzazione delle zone montane per l'esercizio di funzioni proprie, di funzioni conferite e per l'esercizio associato delle funzioni comunali.

2. La comunità montana ha un organo rappresentativo e un organo esecutivo composti da sindaci, assessori o consiglieri dei comuni partecipanti. Il presidente può cumulare la carica con quella di sindaco di uno dei comuni della comunità. I rappresentanti dei comuni della comunità montana sono eletti dai consigli dei comuni partecipanti con il sistema del voto limitato garantendo la rappresentanza delle minoranze.

3. La Regione individua, concordandoli nelle sedi concertative di cui all'articolo 4, gli ambiti o le zone omogenee per la costituzione delle comunità montane, in modo da consentire gli interventi per la valorizzazione della montagna e l'esercizio associato delle funzioni comunali. La costituzione della comunità montana avviene con provvedimento del presidente della Giunta regionale.

4. La legge regionale disciplina le comunità montane stabilendo in particolare:

a) le modalità di approvazione dello statuto;

b) le procedure di concertazione;

c) la disciplina dei piani zonali e dei programmi annuali;

d) i criteri di ripartizione tra le comunità montane dei finanziamenti regionali e di quelli dell'Unione europea;

e) i rapporti con gli altri enti operanti nel territorio.

5. La legge regionale può escludere dalla comunità montana i comuni parzialmente montani nei quali la popolazione residente nel territorio montano sia inferiore al 15 per cento della popolazione complessiva, restando sempre esclusi i capoluoghi di provincia e i comuni con popolazione complessiva superiore a 40.000 abitanti. L'esclusione non priva i rispettivi territori montani dei benefici e degli interventi speciali per la montagna stabiliti dall'Unione europea e dalle leggi statali e regionali. La legge regionale può prevedere, altresì, per un più efficace esercizio delle funzioni e dei servizi svolti in forma associata, l'inclusione dei comuni confinanti, con popolazione non superiore a 20.000 abitanti, che siano parte integrante del sistema geografico e socio-economico della comunità.

6. Al comune montano nato dalla fusione dei comuni il cui territorio coincide con quello di una comunità montana sono assegnate le funzioni e le risorse attribuite alla stessa in base a norme comunitarie, nazionali e regionali. Tale disciplina si applica anche nel caso in cui il comune sorto dalla fusione comprenda comuni non montani. Con la legge regionale istitutiva del nuovo comune si provvede allo scioglimento della comunità montana.

7. Ai fini della graduazione e differenziazione degli interventi di competenza delle regioni e delle comunità montane, le regioni, con propria legge, possono provvedere ad individuare nell'àmbito territoriale delle singole comunità montane fasce altimetriche di territorio, tenendo conto dell'andamento orografico, del clima, della vegetazione, delle difficoltà nell'utilizzazione agricola del suolo, della fragilità ecologica, dei rischi ambientali e della realtà socio-economica.

8. Ove in luogo di una preesistente comunità montana vengano costituite più comunità montane, ai nuovi enti spettano nel complesso i trasferimenti erariali attribuiti all'ente originario, ripartiti in attuazione dei criteri stabiliti dall'articolo 36 del decreto legislativo 30 dicembre 1992, n. 504 e successive modificazioni.

(1) Per le nuove disposizioni in materia di città metropolitane, province e unioni e fusioni di comuni, vedi la L. 7 aprile 2014, n. 56.

Art. 28 ([1])
Funzioni

1. L'esercizio associato di funzioni proprie dei comuni o a questi conferite dalla Regione spetta alle comunità montane. Spetta, altresì, alle comunità montane l'esercizio di ogni altra funzione ad esse conferita dai comuni, dalla provincia e dalla Regione.

2. Spettano alle comunità montane le funzioni attribuite dalla legge e gli interventi speciali per la montagna stabiliti dalla Unione europea o dalle leggi statali e regionali.

3. Le comunità montane adottano piani pluriennali di opere ed interventi e individuano gli strumenti idonei a perseguire gli obiettivi dello sviluppo socio-economico, ivi compresi quelli previsti dalla Unione europea, dallo Stato e dalla Regione, che possono concorrere alla realizzazione dei programmi annuali operativi di esecuzione del piano.

4. Le comunità montane, attraverso le indicazioni urbanistiche del piano pluriennale di sviluppo, concorrono alla formazione del piano territoriale di coordinamento.

5. Il piano pluriennale di sviluppo socioeconomico ed i suoi aggiornamenti sono adottati dalle comunità montane ed approvati dalla provincia secondo le procedure previste dalla legge regionale.

6. Gli interventi finanziari disposti dalle comunità montane e da altri soggetti pubblici a favore della montagna sono destinati esclusivamente ai territori classificati montani.

7. Alle comunità montane si applicano le disposizioni dell'articolo 32, comma 5.

(1) Per le nuove disposizioni in materia di città metropolitane, province e unioni e fusioni di comuni, vedi la L. 7 aprile 2014, n. 56.

Art. 29 (1)
Comunità isolane o di arcipelago

1. In ciascuna isola o arcipelago di isole, ad eccezione della Sicilia e della Sardegna, ove esistono più comuni, può essere istituita, dai comuni interessati, la comunità isolana o dell'arcipelago, cui si estendono le norme sulle comunità montane.

(1) Per le nuove disposizioni in materia di città metropolitane, province e unioni e fusioni di comuni, vedi la L. 7 aprile 2014, n. 56.

Capo V - Forme associative

Art. 30 (1)
Convenzioni

1. Al fine di svolgere in modo coordinato funzioni e servizi determinati, gli enti locali possono stipulare tra loro apposite convenzioni.

2. Le convenzioni devono stabilire i fini, la durata, le forme di consultazione degli enti contraenti, i loro rapporti finanziari ed i reciproci obblighi e garanzie.

3. Per la gestione a tempo determinato di uno specifico servizio o per la realizzazione di un'opera lo Stato e la Regione, nelle materie di propria competenza, possono prevedere forme di convenzione obbligatoria fra enti locali, previa statuizione di un disciplinare-tipo.

4. Le convenzioni di cui al presente articolo possono prevedere anche la costituzione di uffici comuni, che operano con personale distaccato dagli enti partecipanti, ai quali affidare l'esercizio delle funzioni pubbliche in luogo degli enti partecipanti all'accordo, ovvero la delega di funzioni da parte degli enti partecipanti all'accordo a favore di uno di essi, che opera in luogo e per conto degli enti deleganti.

(1) Per le nuove disposizioni in materia di città metropolitane, province e unioni e fusioni di comuni, vedi la L. 7 aprile 2014, n. 56.

Art. 31 ([3])
Consorzi

1. Gli enti locali per la gestione associata di uno o più servizi e l'esercizio associato di funzioni possono costituire un consorzio secondo le norme previste per le aziende speciali di cui all'articolo 114, in quanto compatibili. Al consorzio possono partecipare altri enti pubblici, quando siano a ciò autorizzati, secondo le leggi alle quali sono soggetti. ([1])

2. A tal fine i rispettivi consigli approvano a maggioranza assoluta dei componenti una convenzione ai sensi dell'articolo 30, unitamente allo statuto del consorzio.

3. In particolare la convenzione deve disciplinare le nomine e le competenze degli organi consortili coerentemente a quanto disposto dai commi 8, 9 e 10 dell'articolo 50 e dell'articolo 42, comma 2 lettera m), e prevedere la trasmissione, agli enti aderenti, degli atti fondamentali del consorzio; lo statuto, in conformità alla convenzione, deve disciplinare l'organizzazione, la nomina e le funzioni degli organi consortili.

4. Salvo quanto previsto dalla convenzione e dallo statuto per i consorzi, ai quali partecipano a mezzo dei rispettivi rappresentanti legali anche enti diversi dagli enti locali, l'assemblea del consorzio è composta dai rappresentanti degli enti associati nella persona del sindaco, del presidente o

di un loro delegato, ciascuno con responsabilità pari alla quota di partecipazione fissata dalla convenzione e dallo statuto.

5. L'assemblea elegge il consiglio di amministrazione e ne approva gli atti fondamentali previsti dallo statuto.

6. Tra gli stessi enti locali non può essere costituito più di un consorzio.

7. In caso di rilevante interesse pubblico, la legge dello Stato può prevedere la costituzione di consorzi obbligatori per l'esercizio di determinate funzioni e servizi. La stessa legge ne demanda l'attuazione alle leggi regionali.

8. Ai consorzi che gestiscono attività di cui all'articolo 113-*bis*, si applicano le norme previste per le aziende speciali. (²)

(1) L'art. 2, L 23 dicembre 2009, n. 191 ha soppresso i consorzi di funzioni tra gli enti locali, ad eccezione dei bacini imbriferi montani (BIM) costituiti ai sensi dell'articolo 1 della legge 27 dicembre 1953, n. 959. Sono fatti salvi i rapporti di lavoro a tempo indeterminato esistenti, con assunzione da parte dei comuni delle funzioni già esercitate dai consorzi soppressi e delle relative risorse e con successione dei comuni ai medesimi consorzi in tutti i rapporti giuridici e ad ogni altro effetto.
(2) Le originali parole: *"aventi rilevanza economica e imprenditoriale e ai consorzi creati per la gestione dei servizi sociali se previsto nello statuto,"* sono state così sostituite dalle attuali: *"di cui all'art. 113-bis"* dalla L. 28 dicembre 2001, n. 448.
(3) Per le nuove disposizioni in materia di città metropolitane, province e unioni e fusioni di comuni, vedi la L. 7 aprile 2014, n. 56.

Art. 32 (¹) (⁶)
Unioni di comuni

1. L'unione di comuni è l'ente locale costituito da due o più comuni, di norma contermini, finalizzato all'esercizio associato di funzioni e servizi. Ove costituita in prevalenza da comuni montani, essa assume la denominazione di unione di comuni montani e può esercitare anche le specifiche competenze di tutela e di promozione della montagna attribuite in attuazione dell'articolo 44, secondo comma, della Costituzione e delle leggi in favore dei territori montani.

2. Ogni comune può far parte di una sola unione di comuni. Le unioni di comuni possono stipulare apposite convenzioni tra loro o con singoli comuni.

3. Gli organi dell'unione, presidente, giunta e consiglio, sono formati, senza nuovi o maggiori oneri per la finanza pubblica, da amministratori in carica dei comuni associati e a essi non possono essere attribuite retribuzioni, gettoni e indennità o emolumenti in qualsiasi forma percepiti. Il presidente è scelto tra i sindaci dei comuni associati e la giunta tra i componenti dell'esecutivo dei comuni associati. Il consiglio è composto da un numero di consiglieri definito nello statuto, eletti dai singoli consigli dei comuni associati tra i propri componenti, garantendo la rappresentanza delle minoranze e assicurando la rappresentanza di ogni comune. (3)

4. L'unione ha potestà statutaria e regolamentare e ad essa si applicano, in quanto compatibili e non derogati con le disposizioni della legge recante disposizioni sulle città metropolitane, sulle province, sulle unioni e fusioni di comuni, i princìpi previsti per l'ordinamento dei comuni, con particolare riguardo allo status degli amministratori, all'ordinamento finanziario e contabile, al personale e all'organizzazione. Lo statuto dell'unione stabilisce le modalità di funzionamento degli organi e ne disciplina i rapporti. In fase di prima istituzione lo statuto dell'unione è approvato dai consigli dei comuni partecipanti e le successive modifiche sono approvate dal consiglio dell'unione. (4)

5. All'unione sono conferite dai comuni partecipanti le risorse umane e strumentali necessarie all'esercizio delle funzioni loro attribuite. Fermi restando i vincoli previsti dalla normativa vigente in materia di personale, la spesa sostenuta per il personale dell'Unione non può comportare, in sede di prima applicazione, il superamento della somma delle spese di personale sostenute precedentemente dai singoli comuni partecipanti. A regime, attraverso specifiche misure di razionalizzazione organizzativa e una rigorosa programmazione dei fabbisogni, devono essere assicurati progressivi risparmi di spesa in materia di personale. I comuni possono cedere, anche parzialmente, le proprie capacità assunzionali all'unione di comuni di cui fanno parte. (7)

5-bis. Previa apposita convenzione, i sindaci dei comuni facenti parte dell'Unione possono delegare le funzioni di ufficiale dello stato civile e di anagrafe a personale idoneo dell'Unione stessa, o dei singoli comuni associati, fermo restando quanto previsto dall'articolo 1, comma 3, e dall'articolo 4, comma 2, del decreto del Presidente della Repubblica 3 novembre 2000, n. 396, recante regolamento per la revisione e la semplificazione dell'ordinamento dello stato civile, a norma dell'articolo 2, comma 12, della legge 15 maggio 1997, n. 127. (²)

5-ter. Il presidente dell'unione di comuni si avvale del segretario di un comune facente parte dell'unione, senza che ciò comporti l'erogazione di ulteriori indennità e, comunque, senza nuovi o maggiori oneri per la finanza pubblica. Sono fatti salvi gli incarichi per le funzioni di segretario già affidati ai dipendenti delle unioni o dei comuni anche ai sensi del comma 557 dell'articolo 1 della legge 30 dicembre 2004, n. 311. Ai segretari delle unioni di comuni si applicano le disposizioni dell'articolo 8 della legge 23 marzo 1981, n. 93, e successive modificazioni. (⁵)

6. L'atto costitutivo e lo statuto dell'unione sono approvati dai consigli dei comuni partecipanti con le procedure e con la maggioranza richieste per le modifiche statutarie. Lo statuto individua le funzioni svolte dall'unione e le corrispondenti risorse.

7. Alle unioni competono gli introiti derivanti dalle tasse, dalle tariffe e dai contributi sui servizi ad esse affidati.

8. Gli statuti delle unioni sono inviati al Ministero dell'interno per le finalità di cui all'articolo 6, commi 5 e 6.

(1) L'articolo che recitava: "*1. Le unioni di comuni sono enti locali costituiti da due o più comuni di norma contermini, allo scopo di esercitare congiuntamente una pluralità di funzioni di loro competenza.*
2. L'atto costitutivo e lo statuto dell'unione sono approvati dai consigli dei comuni partecipanti con le procedure e la maggioranza richieste per le modifiche statutarie. Lo statuto individua gli organi dell'unione e le modalità per la loro costituzione e individua altresì le funzioni svolte dall'unione e le corrispondenti risorse.
3. Lo statuto deve comunque prevedere il presidente dell'unione scelto tra i sindaci dei comuni interessati e deve prevedere che altri organi siano formati da componenti delle giunte e dei consigli dei comuni associati, garantendo la rappresentanza delle minoranze.
4. L'unione ha potestà regolamentare per la disciplina della propria organizzazione, per lo svolgimento delle funzioni ad essa affidate e per i rapporti anche finanziari con i comuni.
5. Alle unioni di comuni si applicano, in quanto compatibili, i princìpi previsti per l'ordinamento dei comuni. Si applicano, in particolare, le norme in materia di composizione degli organi dei comuni; il numero dei componenti degli organi non può comunque eccedere i limiti previsti per i comuni di dimensioni pari alla popolazione complessiva dell'ente. Alle unioni competono gli introiti derivanti dalle tasse, dalle tariffe e dai contributi sui

servizi ad esse affidati." è stato così sostituito dall'art. 19, co. 3, D.L. 6 luglio 2012, n. 95, convertito con modificazioni, dalla L. 7 agosto 2012, n. 135.
(2) Comma inserito dall'art. 2, co. 6, D.L. 18 ottobre 2012, n. 179, convertito, con modificazioni, dalla L. 17 dicembre 2012, n. 221.
(3) Comma così modificato dall'art. 1, comma 105, lett. a), L. 7 aprile 2014, n. 56, a decorrere dall'8 aprile 2014.
(4) Comma così sostituito dall'art. 1, comma 105, lett. b), L. 7 aprile 2014, n. 56, a decorrere dall'8 aprile 2014.
(5) Comma inserito dall'art. 1, comma 105, lett. c), L. 7 aprile 2014, n. 56, a decorrere dall'8 aprile 2014.
(6) Per le nuove disposizioni in materia di città metropolitane, province e unioni e fusioni di comuni, vedi la L. 7 aprile 2014, n. 56.
(7) Comma così modificato dall'art. 22, comma 5-bis, D.L. 24 aprile 2017, n. 50, convertito, con modificazioni, dalla L. 21 giugno 2017, n. 96.

Art. 33 ([1])
Esercizio associato di funzioni e servizi da parte dei comuni

1. Le regioni, nell'emanazione delle leggi di conferimento delle funzioni ai comuni, attuano il trasferimento delle funzioni nei confronti della generalità dei comuni.

2. Al fine di favorire l'esercizio associato delle funzioni dei comuni di minore dimensione demografica, le regioni individuano livelli ottimali di esercizio delle stesse, concordandoli nelle sedi concertative di cui all'articolo 4. Nell'àmbito della previsione regionale, i comuni esercitano le funzioni in forma associata, individuando autonomamente i soggetti, le forme e le metodologie, entro il termine temporale indicato dalla legislazione regionale. Decorso inutilmente il termine di cui sopra, la Regione esercita il potere sostitutivo nelle forme stabilite dalla legge stessa.

3. Le regioni predispongono, concordandolo con i comuni nelle apposite sedi concertative, un programma di individuazione degli ambiti per la gestione associata sovracomunale di funzioni e servizi, realizzato anche attraverso le unioni, che può prevedere altresì la modifica di circoscrizioni comunali e i criteri per la corresponsione di contributi e incentivi alla progressiva unificazione. Il programma è aggiornato ogni tre anni, tenendo anche conto delle unioni di comuni regolarmente costituite.

4. Al fine di favorire il processo di riorganizzazione sovracomunale dei servizi, delle funzioni e delle strutture, le regioni provvedono a disciplinare, con proprie leggi, nell'àmbito del programma territoriale di cui al comma 3,

le forme di incentivazione dell'esercizio associato delle funzioni da parte dei comuni, con l'eventuale previsione nel proprio bilancio di un apposito fondo. A tale fine, oltre a quanto stabilito dal comma 3 e dagli articoli 30 e 32, le regioni si attengono ai seguenti princìpi fondamentali:

a) nella disciplina delle incentivazioni:

1. favoriscono il massimo grado di integrazione tra i comuni, graduando la corresponsione dei benefici in relazione al livello di unificazione, rilevato mediante specifici indicatori con riferimento alla tipologia ed alle caratteristiche delle funzioni e dei servizi associati o trasferiti in modo tale da erogare il massimo dei contributi nelle ipotesi di massima integrazione;

2. prevedono in ogni caso una maggiorazione dei contributi nelle ipotesi di fusione e di unione, rispetto alle altre forme di gestione sovracomunale;

b) promuovono le unioni di comuni, senza alcun vincolo alla successiva fusione, prevedendo comunque ulteriori benefici da corrispondere alle unioni che autonomamente deliberino, su conforme proposta dei consigli comunali interessati, di procedere alla fusione.

(1) Per le nuove disposizioni in materia di città metropolitane, province e unioni e fusioni di comuni, vedi la L. 7 aprile 2014, n. 56.

Art. 34 ([1])
Accordi di programma

1. Per la definizione e l'attuazione di opere, di interventi o di programmi di intervento che richiedono, per la loro completa realizzazione, l'azione integrata e coordinata di comuni, di province e regioni, di amministrazioni statali e di altri soggetti pubblici, o comunque di due o più tra i soggetti predetti, il presidente della Regione o il presidente della provincia o il sindaco, in relazione alla competenza primaria o prevalente sull'opera o sugli interventi o sui programmi di intervento, promuove la conclusione di un accordo di programma, anche su richiesta di uno o più dei soggetti interessati, per assicurare il coordinamento delle azioni e per determinarne i tempi, le modalità, il finanziamento ed ogni altro connesso adempimento.

2. L'accordo può prevedere altresì procedimenti di arbitrato, nonché interventi surrogatori di eventuali inadempienze dei soggetti partecipanti.

3. Per verificare la possibilità di concordare l'accordo di programma, il presidente della Regione o il presidente della provincia o il sindaco convoca una conferenza tra i rappresentanti di tutte le amministrazioni interessate.

4. L'accordo, consistente nel consenso unanime del presidente della Regione, del presidente della provincia, dei sindaci e delle altre amministrazioni interessate, è approvato con atto formale del presidente della Regione o del presidente della provincia o del sindaco ed è pubblicato nel bollettino ufficiale della Regione. L'accordo, qualora adottato con decreto del presidente della Regione, produce gli effetti della intesa di cui all'articolo 81 del decreto del Presidente della Repubblica 24 luglio 1977, n. 616, determinando le eventuali e conseguenti variazioni degli strumenti urbanistici e sostituendo le concessioni edilizie, sempre che vi sia l'assenso del comune interessato.

5. Ove l'accordo comporti variazione degli strumenti urbanistici, l'adesione del sindaco allo stesso deve essere ratificata dal consiglio comunale entro trenta giorni a pena di decadenza.

6. Per l'approvazione di progetti di opere pubbliche comprese nei programmi dell'amministrazione e per le quali siano immediatamente utilizzabili i relativi finanziamenti si procede a norma dei precedenti commi. L'approvazione dell'accordo di programma comporta la dichiarazione di pubblica utilità, indifferibilità ed urgenza delle medesime opere; tale dichiarazione cessa di avere efficacia se le opere non hanno avuto inizio entro tre anni.

7. La vigilanza sull'esecuzione dell'accordo di programma e gli eventuali interventi sostitutivi sono svolti da un collegio presieduto dal presidente della Regione o dal presidente della provincia o dal sindaco e composto da rappresentanti degli enti locali interessati, nonché dal commissario del Governo nella Regione o dal prefetto nella provincia interessata se all'accordo partecipano amministrazioni statali o enti pubblici nazionali.

8. Allorché l'intervento o il programma di intervento comporti il concorso di due o più regioni finitime, la conclusione dell'accordo di programma è promossa dalla Presidenza del Consiglio dei Ministri, a cui spetta convocare la conferenza di cui al comma 3. Il collegio di vigilanza di cui al comma 7 è in tal caso presieduto da un rappresentante della Presidenza del Consiglio dei Ministri ed è composto dai rappresentanti di tutte le regioni che hanno partecipato all'accordo. La Presidenza del Consiglio dei Ministri esercita le funzioni attribuite dal comma 7 al commissario del Governo ed al prefetto.

(1) Per le nuove disposizioni in materia di città metropolitane, province e unioni e fusioni di comuni, vedi la L. 7 aprile 2014, n. 56.

Art. 35 (¹)
Norma transitoria

1. L'adozione delle leggi regionali previste dall'articolo 33, comma 4, avviene entro il 21 febbraio 2001. Trascorso inutilmente tale termine, il Governo, entro i successivi sessanta giorni, sentite le regioni inadempienti e la Conferenza unificata di cui all'articolo 8 del decreto legislativo 28 agosto 1997, n. 281, provvede a dettare la relativa disciplina nel rispetto dei princìpi enunciati nel citato articolo del presente testo unico. La disciplina adottata nell'esercizio dei poteri sostitutivi si applica fino alla data di entrata in vigore della legge regionale.

(1) Per le nuove disposizioni in materia di città metropolitane, province e unioni e fusioni di comuni, vedi la L. 7 aprile 2014, n. 56.

PARTE I

Ordinamento istituzionale

TITOLO III

Organi

Capo I

Organi di governo del comune e della provincia

Art. 36 (¹) (²)
Organi di governo

1. Sono organi di governo del comune il consiglio, la Giunta, il sindaco.

2. Sono organi di governo della provincia il consiglio, la Giunta, il Presidente.

(1) Ai sensi dell'art. 23, D.L. 6 dicembre 2011, n. 201, convertito con L. 22 dicembre 2011, n. 214 *"sono organi di governo della provincia il Consiglio provinciale ed il Presidente della Provincia. Tali organi durano in carica cinque anni."*
(2) Per le nuove disposizioni in materia di città metropolitane, province e unioni e fusioni di comuni, vedi la L. 7 aprile 2014, n. 56.

Art. 37 ([1]) ([3])
Composizione dei consigli

1. Il consiglio comunale è composto dal sindaco e:
a) da 60 membri nei comuni con popolazione superiore ad un milione di abitanti;
b) da 50 membri nei comuni con popolazione superiore a 500.000 abitanti;
c) da 46 membri nei comuni con popolazione superiore a 250.000 abitanti;
d) da 40 membri nei comuni con popolazione superiore a 100.000 abitanti o che, pur avendo popolazione inferiore, siano capoluoghi di provincia;
e) da 30 membri nei comuni con popolazione superiore a 30.000 abitanti;
f) da 20 membri nei comuni con popolazione superiore a 10.000 abitanti;
g) da 16 membri nei comuni con popolazione superiore a 3.000 abitanti;
h) da 12 membri negli altri comuni.

2. Il consiglio provinciale è composto dal presidente della provincia e:
a) da 45 membri nelle province con popolazione residente superiore a 1.400.000 abitanti;
b) da 36 membri nelle province con popolazione residente superiore a 700.000 abitanti;
c) da 30 membri nelle province con popolazione residente superiore a 300.000 abitanti;
d) da 24 membri nelle altre province.

3. Il presidente della provincia e i consiglieri provinciali rappresentano l'intera provincia.

4. La popolazione è determinata in base ai risultati dell'ultimo censimento ufficiale.

(1) Ai sensi del D.L. 13 agosto 2011, n. 138, convertito con L. 14 settembre 2011, n. 148 *"a decorrere dal primo rinnovo di ciascun consiglio comunale successivo alla data di entrata in vigore della legge di conversione del presente decreto:*
a) per i comuni con popolazione fino a 1.000 abitanti, il consiglio comunale è composto, oltre che dal sindaco, da sei consiglieri;
b) per i comuni con popolazione superiore a 1.000 e fino a 3.000 abitanti, il consiglio comunale è composto, oltre che dal sindaco, da sei consiglieri ed il numero massimo degli assessori è stabilito in due;
c) per i comuni con popolazione superiore a 3.000 e fino a 5.000 abitanti, il consiglio comunale è composto, oltre che dal sindaco, da sette consiglieri ed il numero massimo degli assessori è stabilito in tre;
d) per i comuni con popolazione superiore a 5.000 e fino a 10.000 abitanti, il consiglio comunale è composto, oltre che dal sindaco, da dieci consiglieri ed il numero massimo degli assessori è stabilito in quattro."
(2) Ai sensi dell'art. 23, D.L. 6 dicembre 2011, n. 201, convertito con L. 22 dicembre 2011, n. 214 *"il Consiglio provinciale è composto da non più di dieci componenti eletti dagli organi elettivi dei Comuni ricadenti nel territorio della Provincia. Le modalità di elezione sono stabilite con legge dello Stato entro il 31 dicembre 2012."*
(3) Per le nuove disposizioni in materia di città metropolitane, province e unioni e fusioni di comuni, vedi la L. 7 aprile 2014, n. 56.

Art. 38 (3)
Consigli comunali e provinciali

1. L'elezione dei consigli comunali e provinciali, la loro durata in carica, il numero dei consiglieri e la loro posizione giuridica sono regolati dal presente testo unico.

2. Il funzionamento dei consigli, nel quadro dei princìpi stabiliti dallo statuto, è disciplinato dal regolamento, approvato a maggioranza assoluta, che prevede, in particolare, le modalità per la convocazione e per la presentazione e la discussione delle proposte. Il regolamento indica altresì il numero dei consiglieri necessario per la validità delle sedute, prevedendo che in ogni caso debba esservi la presenza di almeno un terzo dei consiglieri assegnati per legge all'ente, senza computare a tale fine il sindaco e il presidente della provincia.

3. I consigli sono dotati di autonomia funzionale e organizzativa. Con norme regolamentari i comuni e le province fissano le modalità per fornire ai consigli servizi, attrezzature e risorse finanziarie. Nei comuni con popolazione superiore a 15.000 abitanti e nelle province possono essere previste strutture apposite per il funzionamento dei consigli. Con il

regolamento di cui al comma 2 i consigli disciplinano la gestione di tutte le risorse attribuite per il proprio funzionamento e per quello dei gruppi consiliari regolarmente costituiti.

4. I consiglieri entrano in carica all'atto della proclamazione ovvero, in caso di surrogazione, non appena adottata dal consiglio la relativa deliberazione.

5. I consigli durano in carica sino all'elezione dei nuovi, limitandosi, dopo la pubblicazione del decreto di indizione dei comizi elettorali, ad adottare gli atti urgenti e improrogabili.

6. Quando lo statuto lo preveda, il consiglio si avvale di commissioni costituite nel proprio seno con criterio proporzionale. Il regolamento determina i poteri delle commissioni e ne disciplina l'organizzazione e le forme di pubblicità dei lavori.

7. Le sedute del consiglio e delle commissioni sono pubbliche salvi i casi previsti dal regolamento e, nei comuni con popolazione fino a 15.000 abitanti, si tengono preferibilmente in un arco temporale non coincidente con l'orario di lavoro dei partecipanti. ([1])

8. Le dimissioni dalla carica di consigliere, indirizzate al rispettivo consiglio, devono essere presentate personalmente ed assunte immediatamente al protocollo dell'ente nell'ordine temporale di presentazione. Le dimissioni non presentate personalmente devono essere autenticate ed inoltrate al protocollo per il tramite di persona delegata con atto autenticato in data non anteriore a cinque giorni. Esse sono irrevocabili, non necessitano di presa d'atto e sono immediatamente efficaci. Il consiglio, entro e non oltre dieci giorni, deve procedere alla surroga dei consiglieri dimissionari, con separate deliberazioni, seguendo l'ordine di presentazione delle dimissioni quale risulta dal protocollo. Non si fa luogo alla surroga qualora, ricorrendone i presupposti, si debba procedere allo scioglimento del consiglio a norma dell'articolo 141. ([2])

9. In occasione delle riunioni del consiglio vengono esposte all'esterno degli edifici, ove si tengono, la bandiera della Repubblica italiana e quella dell'Unione europea per il tempo in cui questi esercita le rispettive funzioni e attività. Sono fatte salve le ulteriori disposizioni emanate sulla base della legge 5 febbraio 1998, n. 22, concernente disposizioni generali sull'uso della bandiera italiana ed europea.

(1) Le parole: *"e, nei comuni con popolazione fino a 15.000 abitanti, si tengono preferibilmente in un arco temporale non coincidente con l'orario di lavoro dei partecipanti"* sono state aggiunte dall'art. 16, co. 19, D.L. 13 agosto 2011, n. 138, convertito con L. 14 settembre 2011, n. 148.
(2) Comma così modificato dall'art. 3, co. 1 e 2, D.L. 29 marzo 2004, n. 80, convertito con modificazioni, nella L. 28 maggio 2004, n. 140.
(3) Per le nuove disposizioni in materia di città metropolitane, province e unioni e fusioni di comuni, vedi la L. 7 aprile 2014, n. 56.

Art. 39 (¹)
Presidenza dei consigli comunali e provinciali

1. I consigli provinciali e i consigli comunali dei comuni con popolazione superiore a 15.000 abitanti sono presieduti da un presidente eletto tra i consiglieri nella prima seduta del consiglio. Al presidente del consiglio sono attribuiti, tra gli altri, i poteri di convocazione e direzione dei lavori e delle attività del consiglio. Quando lo statuto non dispone diversamente, le funzioni vicarie di presidente del consiglio sono esercitate dal consigliere anziano individuato secondo le modalità di cui all'articolo 40. Nei comuni con popolazione sino a 15.000 abitanti lo statuto può prevedere la figura del presidente del consiglio.

2. Il presidente del consiglio comunale o provinciale è tenuto a riunire il consiglio, in un termine non superiore ai venti giorni, quando lo richiedano un quinto dei consiglieri, o il sindaco o il presidente della provincia, inserendo all'ordine del giorno le questioni richieste.

3. Nei comuni con popolazione inferiore ai 15.000 abitanti il consiglio è presieduto dal sindaco che provvede anche alla convocazione del consiglio salvo differente previsione statutaria.

4. Il presidente del consiglio comunale o provinciale assicura una adeguata e preventiva informazione ai gruppi consiliari ed ai singoli consiglieri sulle questioni sottoposte al consiglio.

5. In caso di inosservanza degli obblighi di convocazione del consiglio, previa diffida, provvede il prefetto.

(1) Per le nuove disposizioni in materia di città metropolitane, province e unioni e fusioni di comuni, vedi la L. 7 aprile 2014, n. 56.

Art. 40 (¹)
Convocazione della prima seduta del consiglio

1. La prima seduta del consiglio comunale e provinciale deve essere convocata entro il termine perentorio di dieci giorni dalla proclamazione e deve tenersi entro il termine di dieci giorni dalla convocazione.

2. Nei comuni con popolazione superiore ai 15.000 abitanti, la prima seduta, è convocata dal sindaco ed è presieduta dal consigliere anziano fino alla elezione del presidente del consiglio. La seduta prosegue poi sotto la presidenza del presidente del consiglio per la comunicazione dei componenti della Giunta e per gli ulteriori adempimenti. È consigliere anziano colui che ha ottenuto la maggior cifra individuale ai sensi dell'articolo 73 con esclusione del sindaco neoeletto e dei candidati alla carica di sindaco, proclamati consiglieri ai sensi del comma 11 del medesimo articolo 73.

3. Qualora il consigliere anziano sia assente o rifiuti di presiedere l'assemblea, la presidenza è assunta dal consigliere che, nella graduatoria di anzianità determinata secondo i criteri di cui al comma 2, occupa il posto immediatamente successivo.

4. La prima seduta del consiglio provinciale è presieduta e convocata dal presidente della provincia sino alla elezione del presidente del consiglio.

5. Nei comuni con popolazione inferiore ai 15.000 abitanti, la prima seduta del consiglio è convocata e presieduta dal sindaco sino all'elezione del presidente del consiglio.

6. Le disposizioni di cui ai commi 2, 3, 4, 5 si applicano salvo diversa previsione regolamentare nel quadro dei princìpi stabiliti dallo statuto.

(1) Per le nuove disposizioni in materia di città metropolitane, province e unioni e fusioni di comuni, vedi la L. 7 aprile 2014, n. 56.

Art. 41 (¹)
Adempimenti della prima seduta

1. Nella prima seduta il consiglio comunale e provinciale, prima di deliberare su qualsiasi altro oggetto, ancorché non sia stato prodotto alcun reclamo, deve esaminare la condizione degli eletti a norma del capo II Titolo III e dichiarare la ineleggibilità di essi quando sussista alcuna delle

cause ivi previste, provvedendo secondo la procedura indicata dall'articolo 69.

2. Il consiglio comunale, nella prima seduta, elegge tra i propri componenti la commissione elettorale comunale ai sensi degli articoli 12 e seguenti del decreto del Presidente della Repubblica 20 marzo 1967, n. 223.

(1) Per le nuove disposizioni in materia di città metropolitane, province e unioni e fusioni di comuni, vedi la L. 7 aprile 2014, n. 56.

Art.41-bis. ([2])
Obblighi di trasparenza dei titolari di cariche elettive e di governo

(...) ([1]).

(1) L'articolo che recitava: "*1. Gli enti locali con popolazione superiore a 15.000 abitanti sono tenuti a disciplinare, nell'ambito della propria autonomia regolamentare, le modalità di pubblicità e trasparenza dello stato patrimoniale dei titolari di cariche pubbliche elettive e di governo di loro competenza. La dichiarazione, da pubblicare annualmente, nonché all'inizio e alla fine del mandato, sul sito internet dell'ente riguarda: i dati di reddito e di patrimonio con particolare riferimento ai redditi annualmente dichiarati;
i beni immobili e mobili registrati posseduti; le partecipazioni in società quotate e non quotate;
la consistenza degli investimenti in titoli obbligazionari, titoli di Stato, o in altre utilità finanziarie detenute anche tramite fondi di investimento, sicav o intestazioni fiduciarie.
2. Gli enti locali sono altresì tenuti a prevedere sanzioni amministrative per la mancata o parziale ottemperanza all'onere di cui al comma 1, da un minimo di euro duemila a un massimo di euro ventimila. L'organo competente a irrogare la sanzione ammini-trativa è individuato ai sensi dell'articolo 17 della legge 24 novembre 1981, n. 689.*" è stato inserito dall'art. 3, co. 1, lett. a), D.L. 10 ottobre 2012, n. 174, convertito, con modificazioni, dalla L. 7 dicembre 2012, n. 213 e successivamente abrogato dall'art. 53, co. 1, lett. c), D.Lgs. 14 marzo 2013, n. 33.
(2) Per le nuove disposizioni in materia di città metropolitane, province e unioni e fusioni di comuni, vedi la L. 7 aprile 2014, n. 56.

Art. 42 ([3])
Attribuzioni dei consigli

1. Il consiglio è l'organo di indirizzo e di controllo politico-amministrativo.

2. Il consiglio ha competenza limitatamente ai seguenti atti fondamentali:

a) statuti dell'ente e delle aziende speciali, regolamenti salva l'ipotesi di cui all'articolo 48, comma 3, criteri generali in materia di ordinamento degli uffici e dei servizi;
b) programmi, relazioni previsionali e programmatiche, piani finanziari, programmi triennali e elenco annuale dei lavori pubblici, bilanci annuali e pluriennali e relative variazioni, rendiconto, piani territoriali ed urbanistici, programmi annuali e pluriennali per la loro attuazione, eventuali deroghe ad essi, pareri da rendere per dette materie;
c) convenzioni tra i comuni e quelle tra i comuni e provincia, costituzione e modificazione di forme associative;
d) istituzione, compiti e norme sul funzionamento degli organismi di decentramento e di partecipazione;
e) organizzazione dei pubblici servizi, costituzione di istituzioni e aziende speciali, concessione dei pubblici servizi, partecipazione dell'ente locale a società di capitali, affidamento di attività o servizi mediante convenzione; ([1])
f) istituzione e ordinamento dei tributi, con esclusione della determinazione delle relative aliquote; disciplina generale delle tariffe per la fruizione dei beni e dei servizi;
g) indirizzi da osservare da parte delle aziende pubbliche e degli enti dipendenti, sovvenzionati o sottoposti a vigilanza;
h) contrazione dei mutui non previsti espressamente in atti fondamentali del consiglio comunale ed emissione dei prestiti obbligazionari;
i) spese che impegnino i bilanci per gli esercizi successivi, escluse quelle relative alle locazioni di immobili ed alla somministrazione e fornitura di beni e servizi a carattere continuativo;
l) acquisti e alienazioni immobiliari, relative permute, appalti e concessioni che non siano previsti espressamente in atti fondamentali del consiglio o che non ne costituiscano mera esecuzione e che, comunque, non rientrino nella ordinaria amministrazione di funzioni e servizi di competenza della Giunta, del segretario o di altri funzionari;
m) definizione degli indirizzi per la nomina e la designazione dei rappresentanti del comune presso enti, aziende ed istituzioni, nonché nomina dei rappresentanti del consiglio presso enti, aziende ed istituzioni ad esso espressamente riservata dalla legge

3. Il consiglio, nei modi disciplinati dallo statuto, partecipa altresì alla definizione, all'adeguamento e alla verifica periodica dell'attuazione delle linee programmatiche da parte del sindaco o del presidente della provincia e dei singoli assessori.

4. Le deliberazioni in ordine agli argomenti di cui al presente articolo non possono essere adottate in via d'urgenza da altri organi del comune o della provincia, salvo quelle attinenti alle variazioni di bilancio adottate dalla

Giunta da sottoporre a ratifica del consiglio nei sessanta giorni successivi, a pena di decadenza.

(1) Le originarie parole: "assunzione diretta" sono state così sostituite dall'art. 35, co. 12, lett. b), L. 28 dicembre 2001, n. 448.
(2) Lettera così modificata dall'art. 1, co. 68, lett. a), L. 30 dicembre 2004, n. 311.
(3) Per le nuove disposizioni in materia di città metropolitane, province e unioni e fusioni di comuni, vedi la L. 7 aprile 2014, n. 56.

Art. 43 ([1])
Diritti dei consiglieri

1. I consiglieri comunali e provinciali hanno diritto di iniziativa su ogni questione sottoposta alla deliberazione del consiglio. Hanno inoltre il diritto di chiedere la convocazione del consiglio secondo le modalità dettate dall'articolo 39, comma 2, e di presentare interrogazioni e mozioni.

2. I consiglieri comunali e provinciali hanno diritto di ottenere dagli uffici, rispettivamente, del comune e della provincia, nonché dalle loro aziende ed enti dipendenti, tutte le notizie e le informazioni in loro possesso, utili all'espletamento del proprio mandato. Essi sono tenuti al segreto nei casi specificamente determinati dalla legge.

3. Il sindaco o il presidente della provincia o gli assessori da essi delegati rispondono, entro 30 giorni, alle interrogazioni e ad ogni altra istanza di sindacato ispettivo presentata dai consiglieri. Le modalità della presentazione di tali atti e delle relative risposte sono disciplinate dallo statuto e dal regolamento consiliare.

4. Lo statuto stabilisce i casi di decadenza per la mancata partecipazione alle sedute e le relative procedure, garantendo il diritto del consigliere a far valere le cause giustificative.

(1) Per le nuove disposizioni in materia di città metropolitane, province e unioni e fusioni di comuni, vedi la L. 7 aprile 2014, n. 56.

Art. 44 ([1])
Garanzia delle minoranze e controllo consiliare

1. Lo statuto prevede le forme di garanzia e di partecipazione delle minoranze attribuendo alle opposizioni la presidenza delle commissioni consiliari aventi funzioni di controllo o di garanzia, ove costituite.

2. Il consiglio comunale o provinciale, a maggioranza assoluta dei propri membri, può istituire al proprio interno commissioni di indagine sull'attività dell'amministrazione. I poteri, la composizione ed il funzionamento delle suddette commissioni sono disciplinati dallo statuto e dal regolamento consiliare.

(1) Per le nuove disposizioni in materia di città metropolitane, province e unioni e fusioni di comuni, vedi la L. 7 aprile 2014, n. 56.

Art. 45 ([1])
Surrogazione e supplenza dei consiglieri provinciali, comunali e circoscrizionali

1. Nei consigli provinciali, comunali e circoscrizionali il seggio che durante il quinquennio rimanga vacante per qualsiasi causa, anche se sopravvenuta, è attribuito al candidato che nella medesima lista segue immediatamente l'ultimo eletto.

2. Nel caso di sospensione di un consigliere ai sensi dell'articolo 59, il consiglio, nella prima adunanza successiva alla notifica del provvedimento di sospensione, procede alla temporanea sostituzione affidando la supplenza per l'esercizio delle funzioni di consigliere al candidato della stessa lista che ha riportato, dopo gli eletti, il maggior numero di voti. La supplenza ha termine con la cessazione della sospensione. Qualora sopravvenga la decadenza si fa luogo alla surrogazione a norma del comma 1.

(1) Per le nuove disposizioni in materia di città metropolitane, province e unioni e fusioni di comuni, vedi la L. 7 aprile 2014, n. 56.

Art. 46 (²)
Elezione del sindaco e del presidente della provincia - Nomina della Giunta.

1. Il sindaco e il presidente della provincia sono eletti dai cittadini a suffragio universale e diretto secondo le disposizioni dettate dalla legge e sono membri dei rispettivi consigli.

2. Il sindaco e il presidente della provincia nominano, nel rispetto del principio di pari opportunità tra donne e uomini, garantendo la pre-senza di entrambi i sessi (¹), i componenti della Giunta, tra cui un vicesindaco e un vicepresidente, e ne danno comunicazione al consiglio nella prima seduta successiva alla elezione. .

3. Entro il termine fissato dallo statuto, il sindaco o il presidente della provincia, sentita la Giunta, presenta al consiglio le linee programmatiche relative alle azioni e ai progetti da realizzare nel corso del mandato.

4. Il sindaco e il presidente della provincia possono revocare uno o più assessori, dandone motivata comunicazione al consiglio.

(1) Le parole: "*nel rispetto del principio di pari opportunità tra donne e uomini, garantendo la presenza di entrambi i sessi*" sono state inserite dall'art. 2, co. 1, lett. b), L. 23 novembre 2012, n. 215.
(2) Per le nuove disposizioni in materia di città metropolitane, province e unioni e fusioni di comuni, vedi la L. 7 aprile 2014, n. 56.

Art. 47 (²)
Composizione delle giunte.

1. La Giunta comunale e la Giunta provinciale sono composte rispettivamente dal sindaco e dal presidente della provincia, che le presiedono, e da un numero di assessori, stabilito dagli statuti, che non deve essere superiore a un terzo, arrotondato aritmeticamente, del numero dei consiglieri comunali e provinciali, computando a tale fine il sindaco e il presidente della provincia, e comunque non superiore a dodici unità. (¹)

2. Gli statuti, nel rispetto di quanto stabilito dal comma 1, possono fissare il numero degli assessori ovvero il numero massimo degli stessi.

3. Nei comuni con popolazione superiore a 15.000 abitanti e nelle province gli assessori sono nominati dal sindaco o dal presidente della provincia, anche al di fuori dei componenti del consiglio, fra i cittadini in possesso dei requisiti di candidabilità, eleggibilità e compatibilità alla carica di consigliere.

4. Nei comuni con popolazione inferiore a 15.000 abitanti lo statuto può prevedere la nomina ad assessore di cittadini non facenti parte del consiglio ed in possesso dei requisiti di candidabilità, eleggibilità e compatibilità alla carica di consigliere.

5. Fino all'adozione delle norme statutarie di cui al comma 1, le giunte comunali e provinciali sono composte da un numero di assessori stabilito rispettivamente nelle seguenti misure:
a) non superiore a 4 nei comuni con popolazione inferiore a 10.000 abitanti; non superiore a 6 nei comuni con popolazione compresa tra 10.001 e 100.000 abitanti; non superiore a 10 nei comuni con popolazione compresa tra 100.001 e 250.000 abitanti e nei capoluoghi di provincia con popolazione inferiore a 100.000 abitanti; non superiore a 12 nei comuni con popolazione compresa tra 250.001 e 500.000 abitanti: non superiore a 14 nei comuni con popolazione compresa tra 500.001 e 1.000.000 di abitanti e non superiore a 16 nei comuni con popolazione superiore a 1.000.000 di abitanti;
b) non superiore a 6 per le province a cui sono assegnati 24 consiglieri; non superiore a 8 per le province a cui sono assegnati 30 consiglieri; non superiore a 10 per le province a cui sono assegnati 36 consiglieri; non superiore a 12 per quelle a cui sono assegnati 45 consiglieri.

(1) Comma così modificato dalla L. 24 dicembre 2007, n. 244. Ai sensi dell'art. 2, D.L. 13 agosto 2011, n. 138, convertito con L. 14 settembre 2011, n. 148 *"a decorrere dal primo rinnovo degli organi di governo delle Province successivo alla data di entrata in vigore del presente decreto, il numero dei consiglieri provinciali e degli assessori provinciali previsto dalla legislazione vigente è ridotto della metà, con arrotondamento all'unità superiore."*
(2) Per le nuove disposizioni in materia di città metropolitane, province e unioni e fusioni di comuni, vedi la L. 7 aprile 2014, n. 56.

Art. 48 ([2])
Competenze delle giunte

1. La Giunta collabora con il sindaco o con il presidente della provincia nel governo del comune o della provincia ed opera attraverso deliberazioni collegiali. Nei comuni con popolazione fino a 15.000 abitanti, le riunioni della giunta si tengono preferibilmente in un arco temporale non coincidente con l'orario di lavoro dei partecipanti. ([1])

2. La Giunta compie tutti gli atti rientranti ai sensi dell'articolo 107, commi 1 e 2, nelle funzioni degli organi di governo, che non siano riservati dalla legge al consiglio e che non ricadano nelle competenze, previste dalle leggi o dallo statuto, del sindaco o del presidente della provincia o degli organi di decentramento; collabora con il sindaco e con il presidente della provincia nell'attuazione degli indirizzi generali del consiglio; riferisce annualmente al consiglio sulla propria attività e svolge attività propositive e di impulso nei confronti dello stesso.

3. È, altresì, di competenza della Giunta l'adozione dei regolamenti sull'ordinamento degli uffici e dei servizi, nel rispetto dei criteri generali stabiliti dal consiglio.

(1) Le parole: *"Nei comuni con popolazione fino a 15.000 abitanti, le riunioni della giunta si tengono preferibilmente in un arco temporale non coincidente con l'orario di lavoro dei partecipanti."* sono state aggiunte dall'art. 16, D.L. 13 agosto 2011, n. 138, convertito con L. 14 settembre 2011, n. 148.
(2) Per le nuove disposizioni in materia di città metropolitane, province e unioni e fusioni di comuni, vedi la L. 7 aprile 2014, n. 56.

Art. 49 ([2])
Pareri dei responsabili dei servizi

1. Su ogni proposta di deliberazione sottoposta alla Giunta e al Consiglio che non sia mero atto di indirizzo deve essere richiesto il parere, in ordine alla sola regolarità tecnica, del responsabile del servizio interessato e, qualora comporti riflessi diretti o indiretti sulla situazione economico-finanziaria o sul patrimonio dell'ente, del responsabile di ragioneria in ordine alla regolarità contabile. I pareri sono inseriti nella deliberazione.

2. Nel caso in cui l'ente non abbia i responsabili dei servizi, il parere è espresso dal segretario dell'ente, in relazione alle sue competenze.

3. I soggetti di cui al comma 1 rispondono in via amministrativa e contabile dei pareri espressi.

4. Ove la Giunta o il Consiglio non intendano conformarsi ai pareri di cui al presente articolo, devono darne adeguata motivazione nel testo della deliberazione.

(1) L'articolo che recitava: "*1. Su ogni proposta di deliberazione sottoposta alla Giunta ed al consiglio che non sia mero atto di indirizzo deve essere richiesto il parere in ordine alla sola regolarità tecnica del responsabile del servizio interessato e, qualora comporti impegno di spesa o diminuzione di entrata, del responsabile di ragioneria in ordine alla regolarità contabile. I pareri sono inseriti nella deliberazione.*
2. Nel caso in cui l'ente non abbia i responsabili dei servizi, il parere è espresso dal Segretario dell'ente, in relazione alle sue competenze.
3. I soggetti di cui al comma 1 rispondono in via amministrativa e contabile dei pareri espressi." è stato così sostituito dall'art. 3, co. 1, lett. b), D.L. 10 ottobre 2012, n. 174, convertito con modificazioni, dalla L. 7 dicembre 2012, n. 213.
(2) Per le nuove disposizioni in materia di città metropolitane, province e unioni e fusioni di comuni, vedi la L. 7 aprile 2014, n. 56.

Art. 50 ([1])
Competenze del sindaco e del presidente della provincia

1. Il sindaco e il presidente della provincia sono gli organi responsabili dell'amministrazione del comune e della provincia.

2. Il sindaco e il presidente della provincia rappresentano l'ente, convocano e presiedono la Giunta, nonché il consiglio quando non è previsto il presidente del consiglio, e sovrintendono al funzionamento dei servizi e degli uffici e all'esecuzione degli atti.

3. Salvo quanto previsto dall'articolo 107 essi esercitano le funzioni loro attribuite dalle leggi, dallo statuto e dai regolamenti e sovrintendono altresì all'espletamento delle funzioni statali e regionali attribuite o delegate al comune e alla provincia.

4. Il sindaco esercita altresì le altre funzioni attribuitegli quale autorità locale nelle materie previste da specifiche disposizioni di legge.

5. In particolare, in caso di emergenze sanitarie o di igiene pubblica a carattere esclusivamente locale le ordinanze contingibili e urgenti sono adottate dal sindaco, quale rappresentante della comunità locale. Le medesime ordinanze sono adottate dal sindaco, quale rappresentante della comunità locale, in relazione all'urgente necessità di interventi volti a superare situazioni di grave incuria o degrado del territorio, dell'ambiente e del patrimonio culturale o di pregiudizio del decoro e della vivibilità urbana, con particolare riferimento alle esigenze di tutela della tranquillità e del riposo dei residenti, anche intervenendo in materia di orari di vendita, anche per asporto, e di somministrazione di bevande alcoliche e superalcoliche. Negli altri casi l'adozione dei provvedimenti d'urgenza, ivi compresa la costituzione di centri e organismi di referenza o assistenza, spetta allo Stato o alle regioni in ragione della dimensione dell'emergenza e dell'eventuale interessamento di più ambiti territoriali regionali. [2]

6. In caso di emergenza che interessi il territorio di più comuni, ogni sindaco adotta le misure necessarie fino a quando non intervengano i soggetti competenti ai sensi del precedente comma.

7. Il sindaco, altresì, coordina e riorganizza, sulla base degli indirizzi espressi dal consiglio comunale e nell'ambito dei criteri eventualmente indicati dalla regione, gli orari degli esercizi commerciali, dei pubblici esercizi e dei servizi pubblici, nonché, d'intesa con i responsabili territorialmente competenti delle amministrazioni interessate, gli orari di apertura al pubblico degli uffici pubblici localizzati nel territorio, al fine di armonizzare l'espletamento dei servizi con le esigenze complessive e generali degli utenti. [3]

7-bis. Il Sindaco, al fine di assicurare il soddisfacimento delle esigenze di tutela della tranquillità e del riposo dei residenti nonché dell'ambiente e del patrimonio culturale in determinate aree delle città interessate da afflusso particolarmente rilevante di persone, anche in relazione allo svolgimento di specifici eventi, o in altre aree comunque interessate da fenomeni di aggregazione notturna, nel rispetto dell'articolo 7 della legge 7 agosto 1990, n. 241, può disporre, per un periodo comunque non superiore a trenta giorni, con ordinanza non contingibile e urgente, limitazioni in materia di orari di vendita, anche per asporto, e di somministrazione di bevande alcoliche e superalcoliche, nonché limitazioni degli orari di vendita degli esercizi del settore alimentare o misto, e delle attività artigianali di produzione e vendita di prodotti di gastronomia pronti per il consumo immediato e di erogazione di alimenti e bevande attraverso distributori automatici. [4]

7-bis.1. L'inosservanza delle ordinanze emanate dal Sindaco ai sensi del comma 7-bis è punita con la sanzione amministrativa pecuniaria del pagamento di una somma da 500 euro a 5.000 euro. Qualora la stessa violazione sia stata commessa per due volte in un anno, si applicano le disposizioni di cui all'articolo 12, comma 1, del decreto-legge 20 febbraio 2017, n. 14, convertito, con modificazioni, dalla legge 18 aprile 2017, n. 48, anche se il responsabile ha proceduto al pagamento della sanzione in misura ridotta, ai sensi dell'articolo 16 della legge 24 novembre 1981, n. 689. (6)

7-ter. Nelle materie di cui al comma 5, secondo periodo, i comuni possono adottare regolamenti ai sensi del presente testo unico. (5)

8. Sulla base degli indirizzi stabiliti dal consiglio il sindaco e il presidente della provincia provvedono alla nomina, alla designazione e alla revoca dei rappresentanti del comune e della provincia presso enti, aziende ed istituzioni.

9. Tutte le nomine e le designazioni debbono essere effettuate entro quarantacinque giorni dall'insediamento ovvero entro i termini di scadenza del precedente incarico. In mancanza, il comitato regionale di controllo adotta i provvedimenti sostitutivi ai sensi dell'articolo 136.

10. Il sindaco e il presidente della provincia nominano i responsabili degli uffici e dei servizi, attribuiscono e definiscono gli incarichi dirigenziali e quelli di collaborazione esterna secondo le modalità ed i criteri stabiliti dagli articoli 109 e 110, nonché dai rispettivi statuti e regolamenti comunali e provinciali

11. Il sindaco e il presidente della provincia prestano davanti al consiglio, nella seduta di insediamento, il giuramento di osservare lealmente la Costituzione italiana.

12. Distintivo del sindaco è la fascia tricolore con lo stemma della Repubblica e lo stemma del comune, da portarsi a tracolla. Distintivo del presidente della provincia è una fascia di colore azzurro con lo stemma della Repubblica e lo stemma della propria provincia, da portare a tracolla.

(1) Per le nuove disposizioni in materia di città metropolitane, province e unioni e fusioni di comuni, vedi la L. 7 aprile 2014, n. 56.
(2) Comma così modificato dall'art. 8, comma 1, lett. a), n. 1), D.L. 20 febbraio 2017, n. 14, convertito, con modificazioni, dalla L. 18 aprile 2017, n. 48.

(3) Il presente comma era stato modificato dall'art. 8, comma 1, lett. a), n. 2), D.L. 20 febbraio 2017, n. 14; successivamente tale modifica non è stata confermata dalla legge di conversione (L. 18 aprile 2017, n. 48).
(4) Comma inserito dall'art. 8, comma 1, lett. a), n. 2-bis), D.L. 20 febbraio 2017, n. 14, convertito, con modificazioni, dalla L. 18 aprile 2017, n. 48 e, successivamente, così modificato dall' art. 35-ter, comma 1, lett. a), D.L. 4 ottobre 2018, n. 113, convertito, con modificazioni, dalla L. 1° dicembre 2018, n. 132.
(5) Comma inserito dall'art. 8, comma 1, lett. a), n. 2), D.L. 20 febbraio 2017, n. 14, convertito, con modificazioni, dalla L. 18 aprile 2017, n. 48.
(6) Comma inserito dall' art. 35-ter, comma 1, lett. b), D.L. 4 ottobre 2018, n. 113, convertito, con modificazioni, dalla L. 1° dicembre 2018, n. 132.

Art. 51 ([1])
Durata del mandato del sindaco, del presidente della provincia e dei consigli. Limitazione dei mandati.

1. Il sindaco e il consiglio comunale, il presidente della provincia e il consiglio provinciale durano in carica per un periodo di cinque anni.

2. Chi ha ricoperto per due mandati consecutivi la carica di sindaco e di presidente della provincia non è, allo scadere del secondo mandato, immediatamente ricandidabile alle medesime cariche. Per i sindaci dei comuni con popolazione inferiore a 5.000 abitanti, il limite previsto dal primo periodo si applica allo scadere del terzo mandato. ([2])
3. Per l'ipotesi di cui al comma 2, primo periodo, è consentito un terzo mandato consecutivo se uno dei due mandati precedenti ha avuto durata inferiore a due anni, sei mesi e un giorno, per causa diversa dalle dimissioni volontarie. ([3])

(1) Per le nuove disposizioni in materia di città metropolitane, province e unioni e fusioni di comuni, vedi la L. 7 aprile 2014, n. 56.
(2) Comma così modificato dall'*art. 3, comma 1, lett. a), nn. 1) e 2), L. 12 aprile 2022, n. 35.*
(3) Comma così modificato dall'*art. 3, comma 1, lett. b), L. 12 aprile 2022, n. 35.*

Art. 52 ([1])
Mozione di sfiducia

1. Il voto del consiglio comunale o del consiglio provinciale contrario ad una proposta del sindaco, del presidente della provincia o delle rispettive giunte non comporta le dimissioni degli stessi.

2. Il sindaco, il presidente della provincia e le rispettive giunte cessano dalla carica in caso di approvazione di una mozione di sfiducia votata per appello nominale dalla maggioranza assoluta dei componenti il consiglio. La mozione di sfiducia deve essere motivata e sottoscritta da almeno due quinti dei consiglieri assegnati, senza computare a tal fine il sindaco e il presidente della provincia, e viene messa in discussione non prima di dieci giorni e non oltre trenta giorni dalla sua presentazione. Se la mozione viene approvata, si procede allo scioglimento del consiglio e alla nomina di un commissario ai sensi dell'articolo 141.

(1) Per le nuove disposizioni in materia di città metropolitane, province e unioni e fusioni di comuni, vedi la L. 7 aprile 2014, n. 56.

Art. 53 ([1])
Dimissioni, impedimento, rimozione, decadenza, sospensione o decesso del sindaco o del presidente della provincia

1. In caso di impedimento permanente, rimozione, decadenza o decesso del sindaco o del presidente della provincia, la Giunta decade e si procede allo scioglimento del consiglio. Il consiglio e la Giunta rimangono in carica sino alla elezione del nuovo consiglio e del nuovo sindaco o presidente della provincia. Sino alle predette elezioni, le funzioni del sindaco e del presidente della provincia sono svolte, rispettivamente, dal vicesindaco e dal vicepresidente.

2. Il vicesindaco ed il vicepresidente sostituiscono il sindaco e il presidente della provincia in caso di assenza o di impedimento temporaneo, nonché nel caso di sospensione dall'esercizio della funzione ai sensi dell'articolo 59.

3. Le dimissioni presentate dal sindaco o dal presidente della provincia diventano efficaci ed irrevocabili trascorso il termine di 20 giorni dalla loro presentazione al consiglio. In tal caso si procede allo scioglimento del rispettivo consiglio, con contestuale nomina di un commissario.

4. Lo scioglimento del consiglio comunale o provinciale determina in ogni caso la decadenza del sindaco o del presidente della provincia nonché delle rispettive giunte.

(1) Per le nuove disposizioni in materia di città metropolitane, province e unioni e fusioni di comuni, vedi la L. 7 aprile 2014, n. 56.

Art. 54 (¹) (⁴)
Attribuzioni del sindaco nelle funzioni di competenza statale.

1. Il sindaco, quale ufficiale del Governo, sovrintende:
a) all'emanazione degli atti che gli sono attribuiti dalla legge e dai regolamenti in materia di ordine e sicurezza pubblica;
b) allo svolgimento delle funzioni affidategli dalla legge in materia di pubblica sicurezza e di polizia giudiziaria;
c) alla vigilanza su tutto quanto possa interessare la sicurezza e l'ordine pubblico, informandone il prefetto.

2. Il sindaco, nell'esercizio delle funzioni di cui al comma 1, concorre ad assicurare anche la cooperazione della polizia locale con le Forze di polizia statali, nell'ambito delle direttive di coordinamento impartite dal Ministro dell'interno - Autorità nazionale di pubblica sicurezza.

3. Il sindaco, quale ufficiale del Governo, sovrintende, altresì, alla tenuta dei registri di stato civile e di popolazione e agli adempimenti demandatigli dalle leggi in materia elettorale, di leva militare e di statistica.

4. Il sindaco, quale ufficiale del Governo, adotta, con atto motivato e nel rispetto dei principi generali dell'ordinamento, provvedimenti (²) contingibili e urgenti al fine di prevenire e di eliminare gravi pericoli che minacciano l'incolumità pubblica e la sicurezza urbana. I provvedimenti di cui al presente comma sono preventivamente comunicati al prefetto anche ai fini della predisposizione degli strumenti ritenuti necessari alla loro attuazione.

4-bis. I provvedimenti adottati ai sensi del comma 4 concernenti l'incolumità pubblica sono diretti a tutelare l'integrità fisica della popolazione, quelli concernenti la sicurezza urbana sono diretti a prevenire e contrastare l'insorgere di fenomeni criminosi o di illegalità, quali lo spaccio di stupefacenti, lo sfruttamento della prostituzione, la tratta di persone, l'accattonaggio con impiego di minori e disabili, ovvero riguardano fenomeni di abusivismo, quale l'illecita occupazione di spazi pubblici, o di violenza, anche legati all'abuso di alcool o all'uso di sostanze stupefacenti. [5]

5. Qualora i provvedimenti di cui ai commi 1 e 4 possano comportare conseguenze sull'ordinata convivenza delle popolazioni dei comuni contigui o limitrofi, il prefetto indice un'apposita conferenza alla quale prendono parte i sindaci interessati, il presidente della provincia e, qualora ritenuto opportuno, soggetti pubblici e privati dell'ambito territoriale interessato dall'intervento.

6. In casi di emergenza, connessi con il traffico o con l'inquinamento atmosferico o acustico, ovvero quando a causa di circostanze straordinarie si verifichino particolari necessità dell'utenza o per motivi di sicurezza urbana, il sindaco può modificare gli orari degli esercizi commerciali, dei pubblici esercizi e dei servizi pubblici, nonché, d'intesa con i responsabili territorialmente competenti delle amministrazioni interessate, gli orari di apertura al pubblico degli uffici pubblici localizzati nel territorio, adottando i provvedimenti di cui al comma 4.

7. Se l'ordinanza adottata ai sensi del comma 4 è rivolta a persone determinate e queste non ottemperano all'ordine impartito, il sindaco può provvedere d'ufficio a spese degli interessati, senza pregiudizio dell'azione penale per i reati in cui siano incorsi.

8. Chi sostituisce il sindaco esercita anche le funzioni di cui al presente articolo.

9. Al fine di assicurare l'attuazione dei provvedimenti adottati dai sindaci ai sensi del presente articolo, il prefetto, ove le ritenga necessarie, dispone, fermo restando quanto previsto dal secondo periodo del comma 4, le misure adeguate per assicurare il concorso delle Forze di polizia. Nell'ambito delle funzioni di cui al presente articolo, il prefetto può altresì disporre ispezioni per accertare il regolare svolgimento dei compiti affidati, nonché per l'acquisizione di dati e notizie interessanti altri servizi di carattere generale. [3]

10. Nelle materie previste dai commi 1 e 3, nonché dall'articolo 14, il sindaco, previa comunicazione al prefetto, può delegare l'esercizio delle funzioni ivi indicate al presidente del consiglio circoscrizionale; ove non siano costituiti gli organi di decentramento comunale, il sindaco può conferire la delega a un consigliere comunale per l'esercizio delle funzioni

nei quartieri e nelle frazioni.

11. Nelle fattispecie di cui ai commi 1, 3 e 4, anche nel caso di inerzia del sindaco o del suo delegato nell'esercizio delle funzioni previste dal comma 10, il prefetto può intervenire con proprio provvedimento.

12. Il Ministro dell'interno può adottare atti di indirizzo per l'esercizio delle funzioni previste dal presente articolo da parte del sindaco.

(1) Articolo così sostituito dall'art. 6, co. 1, D.L. 23 maggio 2008, n. 92, convertito con modificazioni, nella L. 24 luglio 2008, n. 125.
(2) La Corte Costituzionale con sentenza 7 aprile 2011, n. 115 ha dichiarato l'illegittimità costituzionale del presente comma "*nella parte in cui comprendeva la locuzione «, anche» prima delle parole «contingibili e urgenti»*".
(3) Il comma che così recitava: "*9. Nell'ambito delle funzioni di cui al presente articolo, il prefetto può disporre ispezioni per accertare il regolare svolgimento dei compiti affidati, nonché per l'acquisizione di dati e notizie interessanti altri servizi di carattere generale.*" è stato così sostituito dal D.L. 12 novembre 2010, n. 187, convertito con modificazioni, nella L. 17 dicembre 2010, n. 217.
(4) Per le nuove disposizioni in materia di città metropolitane, province e unioni e fusioni di comuni, vedi la L. 7 aprile 2014, n. 56.
(5) Comma così sostituito dall'art. 8, comma 1, lett. b), D.L. 20 febbraio 2017, n. 14, convertito, con modificazioni, dalla L. 18 aprile 2017, n. 48.

Capo II

Incandidabilità, ineleggibilità, incompatibilità

Art. 55 ([1])
Elettorato passivo.

1. Sono eleggibili a sindaco, presidente della provincia, consigliere comunale, provinciale e circoscrizionale gli elettori di un qualsiasi comune della Repubblica che abbiano compiuto il diciottesimo anno di età, nel primo giorno fissato per la votazione.

2. Per l'eleggibilità alle elezioni comunali dei cittadini dell'Unione europea residenti nella Repubblica si applicano le disposizioni del decreto legislativo 12 aprile 1996, n. 197.

(1) Per le nuove disposizioni in materia di città metropolitane, province e unioni e fusioni di comuni, vedi la L. 7 aprile 2014, n. 56.

Art. 56 ([1])
Requisiti della candidatura

1. Nessuno può presentarsi come candidato a consigliere in più di due province o in più di due comuni o in più di due circoscrizioni, quando le elezioni si svolgano nella stessa data. I consiglieri provinciali, comunali o di circoscrizione in carica non possono candidarsi, rispettivamente, alla medesima carica in altro consiglio provinciale, comunale o circoscrizionale.

2. Nessuno può essere candidato alla carica di sindaco o di presidente della provincia in più di un comune ovvero di una provincia.

(1) Per le nuove disposizioni in materia di città metropolitane, province e unioni e fusioni di comuni, vedi la L. 7 aprile 2014, n. 56.

Art. 57 ([1])
Obbligo di opzione.

1. Il candidato che sia eletto contemporaneamente consigliere in due province, in due comuni, in due circoscrizioni, deve optare per una delle cariche entro cinque giorni dall'ultima deliberazione di convalida. Nel caso di mancata opzione rimane eletto nel consiglio della provincia, del comune o della circoscrizione in cui ha riportato il maggior numero di voti in percentuale rispetto al numero dei votanti ed è surrogato nell'altro consiglio.

(1) Per le nuove disposizioni in materia di città metropolitane, province e unioni e fusioni di comuni, vedi la L. 7 aprile 2014, n. 56.

Art. 58 (²)
Cause ostative alla candidatura.

(...) (¹).

(1) L'articolo che recitava: "*1. Non possono essere candidati alle elezioni provinciali, comunali e circoscrizionali e non possono comunque ricoprire le cariche di presidente della provincia, sindaco, assessore e consigliere provinciale e comunale, presidente e componente del consiglio circoscrizionale, presidente e componente del consiglio di amministrazione dei consorzi, presidente e componente dei consigli e delle giunte delle unioni di comuni, consigliere di amministrazione e presidente delle aziende speciali e delle istituzioni di cui all'articolo 114, presidente e componente degli organi delle comunità montane:*
a) coloro che hanno riportato condanna definitiva per il delitto previsto dall'articolo 416-bis del codice penale o per il delitto di associazione finalizzata al traffico illecito di sostanze stupefacenti o psicotrope di cui all'articolo 74 del testo unico approvato con D.P.R. 9 ottobre 1990, n. 309, o per un delitto di cui all'articolo 7 del citato testo unico, concernente la produzione o il traffico di dette sostanze, o per un delitto concernente la fabbricazione, l'importazione, l'esportazione, la vendita o cessione, nonché, nei casi in cui sia inflitta la pena della reclusione non inferiore ad un anno, il porto, il trasporto e la detenzione di armi, munizioni o materie esplodenti, o per il delitto di favoreggiamento personale o reale commesso in relazione a taluno dei predetti reati;
b) coloro che hanno riportato condanna definitiva per i delitti previsti dagli articoli 314, primo comma (peculato), 316 (peculato mediante profitto dell'errore altrui), 316-bis (malversazione a danno dello Stato), 317 (concussione), 318 (corruzione per un atto d'ufficio), 319 (corruzione per un atto contrario ai doveri d'ufficio), 319-ter (corruzione in atti giudiziari), 320 (corruzione di persona incaricata di un pubblico servizio) del codice penale;
c) coloro che sono stati condannati con sentenza definitiva alla pena della reclusione complessivamente superiore a sei mesi per uno o più delitti commessi con abuso dei poteri o con violazione dei doveri inerenti ad una pubblica funzione o a un pubblico servizio diversi da quelli indicati nella lettera b);
d) coloro che sono stati condannati con sentenza definitiva ad una pena non inferiore a due anni di reclusione per delitto non colposo;
e) coloro nei cui confronti il tribunale ha applicato, con provvedimento definitivo, una misura di prevenzione, in quanto indiziati di appartenere ad una delle associazioni di cui all'articolo 1 della legge 31 maggio 1965, n. 575, come sostituito dall'articolo 13 della legge 13 settembre 1982, n. 646.
2. Per tutti gli effetti disciplinati dal presente articolo e dall'articolo 59 la sentenza prevista dall'articolo 444 del codice di procedura penale è equiparata a condanna.
3. Le disposizioni previste dal comma 1 si applicano a qualsiasi altro incarico con riferimento al quale l'elezione o la nomina è di competenza:
a) del consiglio provinciale, comunale o circoscrizionale;
b) la Giunta provinciale o del presidente, della Giunta comunale o del sindaco, di

assessori provinciali o comunali.
4. L'eventuale elezione o nomina di coloro che si trovano nelle condizioni di cui al comma 1 è nulla. L'organo che ha provveduto alla nomina o alla convalida dell'elezione è tenuto a revocare il relativo provvedimento non appena venuto a conoscenza dell'esistenza delle condizioni stesse.
5. Le disposizioni previste dai commi precedenti non si applicano nei confronti di chi è stato condannato con sentenza passata in giudicato o di chi è stato sottoposto a misura di prevenzione con provvedimento definitivo, se è concessa la riabilitazione ai sensi dell'articolo 179 del codice penale o dell'articolo 15 della legge 3 agosto 1988, n. 327." è stato abrogato dall'art. 17, co. 1, lett. a), D.Lgs. 31 dicembre 2012, n. 235.
(2) Per le nuove disposizioni in materia di città metropolitane, province e unioni e fusioni di comuni, vedi la L. 7 aprile 2014, n. 56.

Art. 59 (²)
Sospensione e decadenza di diritto

(...) (¹).

(1) L'articolo che recitava: "*1. Sono sospesi di diritto dalle cariche indicate al comma 1 dell'articolo 58:*
a) coloro che hanno riportato una condanna non definitiva per uno dei delitti indicati all'articolo 58, comma 1, lettera a), o per uno dei delitti previsti dagli articoli 314, primo comma, 316, 316-bis, 317, 318, 319, 319-ter e 320 del codice penale;
b) coloro che, con sentenza di primo grado, confermata in appello per la stessa imputazione, hanno riportato, dopo l'elezione o la nomina, una condanna ad una pena non inferiore a due anni di reclusione per un delitto non colposo;
c) coloro nei cui confronti l'autorità giudiziaria ha applicato, con provvedimento non definitivo, una misura di prevenzione in quanto indiziati di appartenere ad una delle associazioni di cui all'articolo 1 della legge 31 maggio 1965, n. 575, come sostituito dall'articolo 13 della legge 13 settembre 1982, n. 646. La sospensione di diritto consegue, altresì, quando è disposta l'applicazione di una delle misure coercitive di cui agli articoli 284, 285 e 286 del codice di procedura penale.
2. Nel periodo di sospensione i soggetti sospesi, ove non sia possibile la sostituzione ovvero fino a quando non sia convalidata la supplenza, non sono computati al fine della verifica del numero legale, né per la determinazione di qualsivoglia quorum o maggioranza qualificata.
3. La sospensione cessa di diritto di produrre effetti decorsi diciotto mesi. Nel caso in cui l'appello proposto dall'interessato avverso la sentenza di condanna sia rigettato anche con sentenza non definitiva, decorre un ulteriore periodo di sospensione che cessa di produrre effetti trascorso il termine di dodici mesi dalla sentenza di rigetto. (¹)

4. *A cura della cancelleria del tribunale o della segreteria del pubblico ministero i provvedimenti giudiziari che comportano la sospensione sono comunicati al prefetto, il quale, accertata la sussistenza di una causa di sospensione, provvede a notificare il relativo provvedimento agli organi che hanno convalidato l'elezione o deliberato la nomina.*
5. *La sospensione cessa nel caso in cui nei confronti dell'interessato venga meno l'efficacia della misura coercitiva di cui al comma 1, ovvero venga emessa sentenza, anche se non passata in giudicato, di non luogo a procedere, di proscioglimento o di assoluzione o provvedimento di revoca della misura di prevenzione o sentenza di annullamento ancorché con rinvio. In tal caso la sentenza o il provvedimento di revoca devono essere pubblicati nell'albo pretorio e comunicati alla prima adunanza dell'organo che ha proceduto all'elezione, alla convalida dell'elezione o alla nomina.*
6. *Chi ricopre una delle cariche indicate al comma 1 dell'articolo 58 decade da essa di diritto dalla data del passaggio in giudicato della sentenza di condanna o dalla data in cui diviene definitivo il provvedimento che applica la misura di prevenzione.*
7. *Quando, in relazione a fatti o attività comunque riguardanti gli enti di cui all'articolo 58, l'autorità giudiziaria ha emesso provvedimenti che comportano la sospensione o la decadenza dei pubblici ufficiali degli enti medesimi e vi è la necessità di verificare che non ricorrano pericoli di infiltrazione di tipo mafioso nei servizi degli stessi enti, il prefetto può accedere presso gli enti interessati per acquisire dati e documenti ed accertare notizie concernenti i servizi stessi.*
8. *Copie dei provvedimenti di cui al comma 7 sono trasmesse al Ministro dell'interno, ai sensi dell'articolo 2 comma 2-quater del decreto-legge 29 ottobre 1991, n. 345, convertito, con modificazioni, dalla legge 30 dicembre 1991, n. 410 e successive modifiche ed integrazioni."* è stato abrogato dall'art. 17, co. 1, lett. a), D.Lgs. 31 dicembre 2012, n. 235.
(2) Per le nuove disposizioni in materia di città metropolitane, province e unioni e fusioni di comuni, vedi la L. 7 aprile 2014, n. 56.

Art. 60 ([8])
Ineleggibilità

1. Non sono eleggibili a sindaco, presidente della provincia, consigliere comunale, consigliere metropolitano, provinciale e circoscrizionale: ([6])
1) il Capo della polizia, i vice capi della polizia, gli ispettori generali di pubblica sicurezza che prestano servizio presso il Ministero dell'interno, i dipendenti civili dello Stato che svolgono le funzioni di direttore generale o equiparate o superiori; ([1])
2) nel territorio, nel quale esercitano le loro funzioni, i Commissari di Governo, i prefetti della Repubblica, i vice prefetti ed i funzionari di pubblica sicurezza;
3) (...) ([2]);

4) nel territorio, nel quale esercitano il loro ufficio, gli ecclesiastici ed i ministri di culto, che hanno giurisdizione e cura di anime e coloro che ne fanno ordinariamente le veci;
5) i titolari di organi individuali ed i componenti di organi collegiali che esercitano poteri di controllo istituzionale sull'amministrazione del comune o della provincia nonché i dipendenti che dirigono o coordinano i rispettivi uffici;
6) nel territorio, nel quale esercitano le loro funzioni, i magistrati addetti alle corti di appello, ai tribunali, ai tribunali amministrativi regionali, nonché i giudici di pace;
7) i dipendenti del comune e della provincia per i rispettivi consigli;
8) il direttore generale, il direttore amministrativo e il direttore sanitario delle aziende sanitarie locali ed ospedaliere;
9) i legali rappresentanti ed i dirigenti delle strutture convenzionate per i consigli del comune il cui territorio coincide con il territorio dell'azienda sanitaria locale o ospedaliera con cui sono convenzionati o lo ricomprende, ovvero dei comuni che concorrono a costituire l'azienda sanitaria locale o ospedaliera con cui sono convenzionate; ([3])
10) i legali rappresentanti ed i dirigenti delle società per azioni con capitale superiore al 50 per cento ([4]) rispettivamente del comune o della provincia;
11) gli amministratori ed i dipendenti con funzioni di rappresentanza o con poteri di organizzazione o coordinamento del personale di istituto, consorzio o azienda dipendente rispettivamente dal comune o dalla provincia;
12) i sindaci, presidenti di provincia, consiglieri metropolitani, consiglieri comunali, provinciali o circoscrizionali in carica, rispettivamente, in altro comune, città metropolitana, provincia o circoscrizione ([7]).

2. Le cause di ineleggibilità di cui al numero 8) non hanno effetto se le funzioni esercitate siano cessate almeno centottanta giorni prima della data di scadenza dei periodi di durata degli organi ivi indicati. In caso di scioglimento anticipato delle rispettive assemblee elettive, le cause di ineleggibilità non hanno effetto se le funzioni esercitate siano cessate entro i sette giorni successivi alla data del provvedimento di scioglimento. Il direttore generale, il direttore amministrativo ed il direttore sanitario, in ogni caso, non sono eleggibili nei collegi elettorali nei quali sia ricompreso, in tutto o in parte, il territorio dell'azienda sanitaria locale o ospedaliera presso la quale abbiano esercitato le proprie funzioni in un periodo compreso nei sei mesi antecedenti la data di accettazione della candidatura. I predetti, ove si siano candidati e non siano stati eletti, non possono esercitare per un periodo di cinque anni le loro funzioni in aziende sanitarie locali e ospedaliere comprese, in tutto o in parte, nel collegio elettorale nel cui àmbito si sono svolte le elezioni.

3. Le cause di ineleggibilità previste nei numeri 1), 2), 4), 5), 6), 7), 9), 10), 11) e 12) non hanno effetto se l'interessato cessa dalle funzioni per dimissioni, trasferimento, revoca dell'incarico o del comando, collocamento in aspettativa non retribuita non oltre il giorno fissato per la presentazione delle candidature. La causa di ineleggibilità prevista nel numero 12) non ha effetto nei confronti del sindaco in caso di elezioni contestuali nel comune nel quale l'interessato è già in carica e in quello nel quale intende candidarsi. ([5])

4. Le strutture convenzionate, di cui al numero 9) del comma 1, sono quelle indicate negli articoli 43 e 44 della legge 23 dicembre 1978, n. 833.

5. La pubblica amministrazione è tenuta ad adottare i provvedimenti di cui al comma 3 entro cinque giorni dalla richiesta. Ove l'amministrazione non provveda, la domanda di dimissioni o aspettativa accompagnata dalla effettiva cessazione delle funzioni ha effetto dal quinto giorno successivo alla presentazione.

6. La cessazione delle funzioni importa la effettiva astensione da ogni atto inerente all'ufficio rivestito.

7. L'aspettativa è concessa anche in deroga ai rispettivi ordinamenti per tutta la durata del mandato, ai sensi dell'articolo 81.

8. Non possono essere collocati in aspettativa i dipendenti assunti a tempo determinato.

9. Le cause di ineleggibilità previste dal numero 9) del comma 1 non si applicano per la carica di consigliere provinciale.

(1) Questo numero è stato così sostituito dall'art. 4, co. 1, lett. b), L. 6 luglio 2002, n. 137.
(2) Il numero che così recitava: "*3) nel territorio, nel quale esercitano il comando, gli ufficiali generali, gli ammiragli e gli ufficiali superiori delle Forze armate dello Stato;*" è stato abrogato dall'art. 2268, co. 1, n. 980, D.Lgs. 15 marzo 2010, n. 66, con decorrenza dall'8 ottobre 2010.
(3) La Corte Costituzionale, con sentenza n. 27 del 6 febbraio 2009, ha dichiarato l'illegittimità costituzionale di questo numero, nella parte in cui prevede l'ineleggibilità dei direttori sanitari delle strutture convenzionate per i consigli del comune il cui territorio coincide con il territorio dell'azienda sanitaria locale o ospedaliera con cui sono convenzionate o lo ricomprende, ovvero dei comuni che concorrono a costituite l'azienda sanitaria locale o

ospedaliera con cui sono convenzionate.
(4) La parola: *"maggioritario"* è stata così sostituita dalle attuali: *"superiore al 50 per cento"* dall'art. 14-decies, co. 1, lett. a), D.L. 30 giugno 2005, n. 115, convertito con modificazioni, nella L. 17 agosto 2005, n. 168.
(5) Comma così modificato dagli artt. 2268, comma 1, n. 980), e 2272, comma 1, D.Lgs. 15 marzo 2010, n. 66 e, successivamente, dall'art. 8, comma 13-sexies, D.L. 19 giugno 2015, n. 78, convertito, con modificazioni, dalla L. 6 agosto 2015, n. 125.
(6) Alinea così modificato dall'art. 1, comma 23, lett. a), n. 1), L. 7 aprile 2014, n. 56, a decorrere dall'8 aprile 2014.
(7) Numero così sostituito dall'art. 1, comma 23, lett. a), n. 2), L. 7 aprile 2014, n. 56, a decorrere dall'8 aprile 2014.
(8) Per le nuove disposizioni in materia di città metropolitane, province e unioni e fusioni di comuni, vedi la L. 7 aprile 2014, n. 56.

Art. 61 (⁴)
Ineleggibilità e incompatibilità alla carica di sindaco e presidente di provincia (¹)

1. Non può essere eletto alla carica di sindaco o di presidente della provincia:
1) il ministro di un culto;
2) coloro che hanno ascendenti o discendenti ovvero parenti o affini fino al secondo grado che coprano nelle rispettive amministrazioni il posto di segretario comunale o provinciale. (²)

1-*bis*. Non possono ricoprire la carica di sindaco o di presidente di provincia coloro che hanno ascendenti o discendenti ovvero parenti o affini fino al secondo grado che coprano nelle rispettive amministrazioni il posto di appaltatore di lavori o di servizi comunali o provinciali o in qualunque modo loro fideiussore. (³)

(1) Rubrica così sostituita dall'art. 7, co. 1, lett. b-bis), D.L. 29 marzo 2004, n. 80, convertito con modificazioni, nella L. 28 maggio 2004, n. 140.
(2) Le parole: ", *di appaltatore di lavori o di servizi comunali o provinciali o in qualunque modo loro fideiussore*" sono state soppresse dall'art. 7, co. 1, lett. b-bis), n. 2), D.L. 29 marzo 2004, n. 80, convertito con modificazioni, nella L. 28 maggio 2004, n. 140.
(3) Comma aggiunto dall'art. 7, co. 1, lett. b-bis), n. 3) dal D.L. 29 marzo 2004, n. 80, convertito con modificazioni, nella L. 28 maggio 2004, n. 140.

(4) Per le nuove disposizioni in materia di città metropolitane, province e unioni e fusioni di comuni, vedi la L. 7 aprile 2014, n. 56.

Art. 62 (¹)
Decadenza dalla carica di sindaco e di presidente della provincia

1. Fermo restando quanto previsto dall'articolo 7 del decreto del Presidente della Repubblica 30 marzo 1957, n. 361, e dall'articolo 5 del decreto legislativo 20 dicembre 1993, n. 533, l'accettazione della candidatura a deputato o senatore comporta, in ogni caso, per i sindaci dei comuni con popolazione superiore ai 20.000 abitanti e per i presidenti delle province la decadenza dalle cariche elettive ricoperte.

(1) Per le nuove disposizioni in materia di città metropolitane, province e unioni e fusioni di comuni, vedi la L. 7 aprile 2014, n. 56.

Art. 63 (1) (5) (7)
Incompatibilità

1. Non può ricoprire la carica di sindaco, presidente della provincia, consigliere comunale, consigliere metropolitano, provinciale o circoscrizionale: (⁶)
1) l'amministratore o il dipendente con poteri di rappresentanza o di coordinamento di ente, istituto o azienda soggetti a vigilanza in cui vi sia almeno il 20 per cento di partecipazione rispettivamente da parte del comune o della provincia o che dagli stessi riceva, in via continuativa, una sovvenzione in tutto o in parte facoltativa, quando la parte facoltativa superi nell'anno il dieci per cento del totale delle entrate dell'ente; (²)
2) colui che, come titolare, amministratore, dipendente con poteri di rappresentanza o di coordinamento ha parte, direttamente o indirettamente, in servizi, esazioni di diritti, somministrazioni o appalti, nell'interesse del comune o della provincia, ovvero in società ed imprese volte al profitto di privati, sovvenzionate da detti enti in modo continuativo, quando le sovvenzioni non siano dovute in forza di una legge dello Stato o della Regione, fatta eccezione per i comuni con popolazione non superiore a 3.000 abitanti qualora la partecipazione dell'ente locale di appartenenza sia inferiore al 3 per cento e fermo restando quanto disposto dall'articolo 1, comma 718, della legge 27 dicembre 2006, n. 296; (³)

3) il consulente legale, amministrativo e tecnico che presta opera in modo continuativo in favore delle imprese di cui ai numeri 1) e 2) del presente comma;
4) colui che ha lite pendente, in quanto parte di un procedimento civile od amministrativo, rispettivamente, con il comune o la provincia. La pendenza di una lite in materia tributaria ovvero di una lite promossa ai sensi dell'articolo 9 del presente decreto non determina incompatibilità. Qualora il contribuente venga eletto amministratore comunale, competente a decidere sul suo ricorso è la commissione del comune capoluogo di circondario sede di tribunale ovvero sezione staccata di tribunale. Qualora il ricorso sia proposto contro tale comu-ne, competente a decidere è la commissione del comune capoluogo di provincia. Qualora il ricorso sia proposto contro quest'ultimo comune, competente a decidere è, in ogni caso, la commissione del comune capoluogo di Regione. Qualora il ricorso sia proposto contro quest'ultimo comune, competente a decidere è la commissione del capoluogo di provincia territorialmente più vicino. La lite promossa a seguito di o conseguente a sentenza di condanna determina incompatibilità soltanto in caso di affermazione di responsabilità con sentenza passata in giudicato. La costituzione di parte civile nel processo penale non costituisce causa di incompatibilità. La presente disposizione si applica anche ai procedimenti in corso; (⁴)
5) colui che, per fatti compiuti allorché era amministratore o impiegato, rispettivamente, del comune o della provincia ovvero di istituto o azienda da esso dipendente o vigilato, è stato, con sentenza passata in giudicato, dichiarato responsabile verso l'ente, istituto od azienda e non ha ancora estinto il debito;
6) colui che, avendo un debito liquido ed esigibile, rispettivamente, verso il comune o la provincia ovvero verso istituto od azienda da essi dipendenti è stato legalmente messo in mora ovvero, avendo un debito liquido ed esigibile per imposte, tasse e tributi nei riguardi di detti enti, abbia ricevuto invano notificazione dell'avviso di cui all'articolo 46 del decreto del Presidente della Repubblica 29 settembre 1973, n. 602;
7) colui che, nel corso del mandato, viene a trovarsi in una condizione di ineleggibilità prevista nei precedenti articoli.

2. L'ipotesi di cui al numero 2) del comma 1 non si applica a coloro che hanno parte in cooperative o consorzi di cooperative, iscritte regolarmente nei registri pubblici.

3. L'ipotesi di cui al numero 4) del comma 1 non si applica agli amministratori per fatto connesso con l'esercizio del mandato.

(1) La Corte Costituzionale ha dichiarato l'illegittimità costituzionale dell'articolo 63 del decreto legislativo 18 agosto 2000, n. 267 nella parte in cui non prevede l'incompatibilità tra la carica di parlamentare e quella di sindaco di un Comune con popolazione superiore ai 20.000 abitanti.
(2) Le parole: "*in cui vi sia almeno il 20 per cento di partecipazione*" sono state inserite dall'art. 14-decies, co. 1, lett. b), D.L. 30 giugno 2005, n. 115, convertito con modificazioni, nella L. 17 agosto 2005, n. 168.
(3) Il periodo: "*fatta eccezione per i comuni con popolazione non superiore a 3.000 abitanti qualora la partecipazione dell'ente locale di appartenenza sia inferiore al 3 per cento e fermo restando quanto disposto dall'articolo 1, comma 718, della legge 27 dicembre 2006, n. 296*" è stato inserito dall'art. 2, co. 42, D.L. 29 dicembre 2010, n. 225, convertito con modificazioni, nella L. 26 febbraio 2011, n. 10.
(4) Numero così modificato dall'art. 3-ter, co. 1, D.L. 22 febbraio 2002, n. 13, convertito con modificazioni, nella L. 24 aprile 2002, n. 75.
(5) La Corte costituzionale, con sentenza 3-5 giugno 2013, n. 120 (Gazz. Uff. 12 giugno 2013, n. 24 - Prima serie speciale), ha dichiarato l'illegittimità costituzionale del presente articolo, nella parte in cui non prevede l'incompatibilità tra la carica di parlamentare e quella di sindaco di un Comune con popolazione superiore ai 20.000 abitanti.
(6) Alinea così modificato dall'art. 1, comma 23, lett. b), L. 7 aprile 2014, n. 56, a decorrere dall'8 aprile 2014.
(7) Per le nuove disposizioni in materia di città metropolitane, province e unioni e fusioni di comuni, vedi la L. 7 aprile 2014, n. 56.

Art. 64 (²)
Incompatibilità tra consigliere comunale e provinciale e assessore nella rispettiva Giunta

1. La carica di assessore è incompatibile con la carica di consigliere comunale e provinciale.

2. Qualora un consigliere comunale o provinciale assuma la carica di assessore nella rispettiva Giunta, cessa dalla carica di consigliere all'atto dell'accettazione della nomina, ed al suo posto subentra il primo dei non eletti.

3. Le disposizioni di cui ai commi 1 e 2 non si applicano ai comuni con popolazione sino a 15.000 abitanti.

4. Il coniuge, gli ascendenti, i discendenti, i parenti e affini entro il terzo grado, del sindaco o del presidente della giunta provinciale, non possono far parte della rispettiva giunta né essere nominati rappresentanti del comune e della provincia. (¹)

(1) Comma così sostituito dall'art. 7, co. 1, lett. b-ter), D.L. 29 marzo 2004, n. 80, convertito con modificazioni, nella L. 28 maggio 2004, n. 140.
(2) Per le nuove disposizioni in materia di città metropolitane, province e unioni e fusioni di comuni, vedi la L. 7 aprile 2014, n. 56.

Art. 65 (²)
Incompatibilità per consigliere regionale, comunale e circoscrizionale (¹)

1. Le cariche di presidente provinciale, nonché di sindaco e di assessore dei comuni compresi nel territorio della regione, sono incompatibili con la carica di consigliere regionale.

2. Le cariche di consigliere comunale e circoscrizionale sono incompatibili, rispettivamente, con quelle di consigliere comunale di altro comune e di consigliere circoscrizionale di altra circoscrizione, anche di altro comune.

3. La carica di consigliere comunale è incompatibile con quella di consigliere di una circoscrizione dello stesso o di altro comune.

(1) Articolo così sostituito dall'art. 1, comma 23, lett. c), L. 7 aprile 2014, n. 56, a decorrere dall'8 aprile 2014.
(2) Per le nuove disposizioni in materia di città metropolitane, province e unioni e fusioni di comuni, vedi la L. 7 aprile 2014, n. 56.

Art. 66 (¹)
Incompatibilità per gli organi delle aziende sanitarie locali e ospedaliere

1. La carica di direttore generale, di direttore amministrativo e di direttore sanitario delle aziende sanitarie locali e ospedaliere è incompatibile con quella di consigliere provinciale, di sindaco, di assessore comunale, di presidente o di assessore della comunità montana.

(1) Per le nuove disposizioni in materia di città metropolitane, province e unioni e fusioni di comuni, vedi la L. 7 aprile 2014, n. 56.

Art. 67 (¹)
Esimente alle cause di ineleggibilità o incompatibilità

1. Non costituiscono cause di ineleggibilità o di incompatibilità gli incarichi e le funzioni conferite ad amministratori del comune, della provincia e della circoscrizione previsti da norme di legge, statuto o regolamento in ragione del mandato elettivo.

(1) Per le nuove disposizioni in materia di città metropolitane, province e unioni e fusioni di comuni, vedi la L. 7 aprile 2014, n. 56.

Art. 68 (¹)
Perdita delle condizioni di eleggibilità e incompatibilità

1. La perdita delle condizioni di eleggibilità previste dal presente capo importa la decadenza dalla carica di sindaco, presidente della provincia, consigliere comunale, provinciale o circoscrizionale.

2. Le cause di incompatibilità, sia che esistano al momento della elezione sia che sopravvengano ad essa, importano la decadenza dalle predette cariche.

3. Ai fini della rimozione delle cause di ineleggibilità sopravvenute alle elezioni, ovvero delle cause di incompatibilità sono applicabili le disposizioni di cui ai commi 2, 3, 5, 6 e 7 dell'articolo 60.

4. La cessazione dalle funzioni deve avere luogo entro dieci giorni dalla data in cui è venuta a concretizzarsi la causa di ineleggibilità o di incompatibilità.

(1) Per le nuove disposizioni in materia di città metropolitane, province e unioni e fusioni di comuni, vedi la L. 7 aprile 2014, n. 56.

Art. 69 (¹)
Contestazione delle cause di ineleggibilità ed incompatibilità

1. Quando successivamente alla elezione si verifichi qualcuna delle condizioni previste dal presente capo come causa di ineleggibilità ovvero esista al momento della elezione o si verifichi successivamente qualcuna delle condizioni di incompatibilità previste dal presente capo il consiglio di cui l'interessato fa parte gliela contesta.

2. L'amministratore locale ha dieci giorni di tempo per formulare osservazioni o per eliminare le cause di ineleggibilità sopravvenute o di incompatibilità.

3. Nel caso in cui venga proposta azione di accertamento in sede giurisdizionale ai sensi del successivo articolo 70, il termine di dieci giorni previsto dal comma 2 decorre dalla data di notificazione del ricorso.

4. Entro i 10 giorni successivi alla scadenza del termine di cui al comma 2 il consiglio delibera definitivamente e, ove ritenga sussistente la causa di ineleggibilità o di incompatibilità, invita l'amministratore a rimuoverla o ad esprimere, se del caso, la opzione per la carica che intende conservare.

5. Qualora l'amministratore non vi provveda entro i successivi 10 giorni il consiglio lo dichiara decaduto. Contro la deliberazione adottata è ammesso ricorso giurisdizionale al tribunale competente per territorio.

6. La deliberazione deve essere, nel giorno successivo, depositata nella segreteria del consiglio e notificata, entro i cinque giorni successivi, a colui che è stato dichiarato decaduto.

7. Le deliberazioni di cui al presente articolo sono adottate di ufficio o su istanza di qualsiasi elettore.

(1) Per le nuove disposizioni in materia di città metropolitane, province e unioni e fusioni di comuni, vedi la L. 7 aprile 2014, n. 56.

Art. 70 (⁴)
Azione popolare

1. La decadenza dalla carica di sindaco, presidente della provincia, consigliere comunale, provinciale o circoscrizionale può essere promossa in prima istanza da qualsiasi cittadino elettore del comune, o da chiunque altro vi abbia interesse davanti al tribunale civile. ([1])

2. L'azione può essere promossa anche dal prefetto.

3. Alle controversie previste dal presente articolo si applica l'articolo 22 del decreto legislativo 1° settembre 2011, n. 150. ([2])

(...) ([3])

([1]) Il periodo: *"con ricorso da notificare all'amministratore ovvero agli amministratori interessati, nonché al sindaco o al presidente della provincia."* è stato abrogato dall'art. 34, co. 26, lett. a), D.Lgs. 1 settembre 2011, n.150.
([2]) Il comma che recitava: *"Per tali giudizi si osservano le norme di procedura ed i termini stabiliti dall'articolo 82 del decreto del Presidente della Repubblica 16 maggio 1960, n. 570."* è stato così sostituito dall'art. 34, co. 26, lett. b), D.Lgs. 1 settembre 2011, n.150.
([3]) Il comma che recitava: *"4. Contro la sentenza del Tribunale, sono ammesse le impugnazioni ed i ricorsi previsti dagli articoli 82/2 e 82/3 del decreto del Presidente della Repubblica 16 maggio 1960, n. 570."* è stato abrogato dall'art. 34, co. 26, lett. c), D.Lgs. 1 settembre 2011, n.150.
([4]) Per le nuove disposizioni in materia di città metropolitane, province e unioni e fusioni di comuni, vedi la L. 7 aprile 2014, n. 56.

Capo III

Sistema elettorale

Art. 71 ([3])
Elezione del sindaco e del consiglio comunale nei comuni sino a 15.000 abitanti

1. Nei comuni con popolazione sino a 15.000 abitanti, l'elezione dei consiglieri comunali si effettua con sistema maggioritario contestualmente alla elezione del sindaco.

2. Con la lista di candidati al consiglio comunale deve essere anche presentato il nome e cognome del candidato alla carica di sindaco e il programma amministrativo da affiggere all'albo pretorio.

3. Ciascuna candidatura alla carica di sindaco è collegata ad una lista di candidati alla carica di consigliere comunale, comprendente un numero di candidati non superiore al numero dei consiglieri da eleggere e non inferiore ai tre quarti.

3-bis. Nelle liste dei candidati è assicurata la rappresentanza di entrambi i sessi. Nelle medesime liste, nei comuni con popolazione compresa tra 5.000 e 15.000 abitanti, nessuno dei due sessi può esse-re rappresentato in misura superiore ai due terzi dei candidati, con arrotondamento all'unità superiore qualora il numero dei candidati del sesso meno rappresentato da comprendere nella lista contenga una cifra decimale inferiore a 50 centesimi. ([1]) ([4])

4. Nella scheda è indicato, a fianco del contrassegno, il candidato alla carica di sindaco.

5. Ciascun elettore ha diritto di votare per un candidato alla carica di sindaco, segnando il relativo contrassegno. Può altresì esprimere un voto di preferenza per un candidato alla carica di consigliere comuna-le compreso nella lista collegata al candidato alla carica di sindaco prescelto, scrivendone il cognome nella apposita riga stampata sotto il medesimo contrassegno. Nei comuni con popolazione compresa tra 5.000 e 15.000 abitanti, ciascun elettore può esprimere, nelle apposite righe stampate sotto il medesimo contrassegno, uno o due voti di preferenza, scrivendo il cognome di non più di due candidati compresi nella lista collegata al candidato alla carica di sindaco prescelto. Nel caso di espressione di due preferenze, esse devono riguardare candidati di sesso diverso della stessa lista, pena l'annullamento della seconda preferenza. ([2])

6. È proclamato eletto sindaco il candidato alla carica che ottiene il maggior numero di voti. In caso di parità di voti si procede ad un turno di ballottaggio fra i due candidati che hanno ottenuto il maggior numero di voti, da effettuarsi la seconda domenica successiva. In caso di ulteriore parità viene eletto il più anziano di età.

7. A ciascuna lista di candidati alla carica di consigliere si intendono attribuiti tanti voti quanti sono i voti conseguiti dal candidato alla carica di sindaco ad essa collegato.

DIRITTO AMMINISTRATIVO

8. Alla lista collegata al candidato alla carica di sindaco che ha riportato il maggior numero di voti sono attribuiti due terzi dei seggi assegnati al consiglio, con arrotondamento all'unità superiore qualora il numero dei consiglieri da assegnare alla lista contenga una cifra decimale superiore a 50 centesimi. I restanti seggi sono ripartiti proporzionalmente fra le altre liste. A tal fine si divide la cifra elettorale di ciascuna lista successivamente per 1, 2, 3, 4,... sino a concorrenza del numero dei seggi da assegnare e quindi si scelgono, tra i quozienti così ottenuti, i più alti, in numero eguale a quello dei seggi da assegnare, disponendoli in una graduatoria decrescente. Ciascuna lista ottiene tanti seggi quanti sono i quozienti ad essa appartenenti compresi nella graduatoria. A parità di quoziente, nelle cifre intere e decimali, il posto è attribuito alla lista che ha ottenuto la maggiore cifra elettorale e, a parità di quest'ultima, per sorteggio.

9. Nell'àmbito di ogni lista i candidati sono proclamati eletti consiglieri comunali secondo l'ordine delle rispettive cifre individuali, costituite dalla cifra di lista aumentata dei voti di preferenza. A parità di cifra, sono proclamati eletti i candidati che precedono nell'ordine di lista. Il primo seggio spettante a ciascuna lista di minoranza è attribuito al candidato alla carica di sindaco della lista medesima.

10. Ove sia stata ammessa e votata una sola lista, sono eletti tutti i candidati compresi nella lista, ed il candidato a sindaco collegato, purché essa abbia riportato un numero di voti validi non inferiore al 50 per cento dei votanti ed il numero dei votanti non sia stato inferiore al 50 per cento degli elettori iscritti nelle liste elettorali del comune. Qualora non si siano raggiunte tali percentuali, la elezione è nulla.

11. In caso di decesso di un candidato alla carica di sindaco, intervenuto dopo la presentazione delle candidature e prima del giorno fissato per le elezioni, si procede al rinvio delle elezioni con le modalità stabilite dall'articolo 18, terzo, quarto e quinto comma del decreto del Presidente della Repubblica 16 maggio 1960, n. 570, consentendo, in ogni caso, l'integrale rinnovo del procedimento di presentazione di tutte le liste e candidature a sindaco e a consigliere comunale.

(1) Comma inserito dall'art. 2, co. 1, lett. c), n. 1, L. 23 novembre 2012, n. 215.
(2) Il comma che recitava: "*5. Ciascun elettore ha diritto di votare per un candidato alla carica di sindaco, segnando il relativo contrassegno. Può altresì esprimere un voto di preferenza per un candidato alla carica di consigliere comunale compreso nella lista collegata al candidato alla carica di sindaco prescelto, scrivendone il cognome nella*

apposita riga stampata sotto il medesimo contrassegno." è stato così sostituito dall'art. 2, co. 1, lett. c), n. 2, L. 23 novembre 2012, n. 215.
(3) Per le nuove disposizioni in materia di città metropolitane, province e unioni e fusioni di comuni, vedi la L. 7 aprile 2014, n. 56.
(4) La Corte costituzionale, con sentenza 25 gennaio-10 marzo 2022, n. 62 (Gazz. Uff. 16 marzo 2022, n. 11 - Prima serie speciale), ha dichiarato l'illegittimità costituzionale del combinato disposto del presente comma e dell'art. 30, primo comma, lett. d-bis) ed e), D.P.R. 16 maggio 1960, n. 570, nella parte in cui non prevede l'esclusione delle liste che non assicurano la rappresentanza di entrambi i sessi nei comuni con popolazione inferiore a 5.000 abitanti.

Art. 72 ([2])
Elezione del sindaco nei comuni con popolazione superiore a 15.000 abitanti

1. Nei comuni con popolazione superiore a 15.000 abitanti, il sindaco è eletto a suffragio universale e diretto, contestualmente all'elezione del consiglio comunale.

2. Ciascun candidato alla carica di sindaco deve dichiarare all'atto della presentazione della candidatura il collegamento con una o più liste presentate per l'elezione del consiglio comunale. La dichiarazione ha efficacia solo se convergente con analoga dichiarazione resa dai delegati delle liste interessate.

3. La scheda per l'elezione del sindaco è quella stessa utilizzata per l'elezione del consiglio. La scheda reca i nomi e i cognomi dei candidati alla carica di sindaco, scritti entro un apposito rettangolo, sotto ai quali sono riportati i contrassegni della lista o delle liste con cui il candidato è collegato. Tali contrassegni devono essere riprodotti sulle schede con il diametro di centimetri 3. Ciascun elettore può, con un unico voto, votare per un candidato alla carica di sindaco e per una delle liste ad esso collegate, tracciando un segno sul contrassegno di una di tali liste. Ciascun elettore può altresì votare per un candidato alla carica di sindaco, anche non collegato alla lista prescelta, tracciando un segno sul relativo rettangolo.([1])

4. È proclamato eletto sindaco il candidato alla carica che ottiene la maggioranza assoluta dei voti validi.

5. Qualora nessun candidato ottenga la maggioranza di cui al comma 4, si procede ad un secondo turno elettorale che ha luogo la seconda domenica successiva a quella del primo. Sono ammessi al secondo turno i due candidati alla carica di sindaco che hanno ottenuto al primo turno il maggior numero di voti. In caso di parità di voti tra i candidati, è ammesso al ballottaggio il candidato collegato con la lista o il gruppo di liste per l'elezione del consiglio comunale che ha conseguito la maggiore cifra elettorale complessiva. A parità di cifra elettorale, partecipa al ballottaggio il candidato più anziano di età.

6. In caso di impedimento permanente o decesso di uno dei candidati ammessi al ballottaggio ai sensi del comma 5, secondo periodo, partecipa al ballottaggio il candidato che segue nella graduatoria. Detto ballottaggio ha luogo la domenica successiva al decimo giorno dal verificarsi dell'evento.

7. Per i candidati ammessi al ballottaggio rimangono fermi i collegamenti con le liste per l'elezione del consiglio dichiarati al primo turno. I candidati ammessi al ballottaggio hanno tuttavia facoltà, entro sette giorni dalla prima votazione, di dichiarare il collegamento con ulteriori liste rispetto a quelle con cui è stato effettuato il collegamento nel primo turno. Tutte le dichiarazioni di collegamento hanno efficacia solo se convergenti con analoghe dichiarazioni rese dai delegati delle liste interessate.

8. La scheda per il ballottaggio comprende il nome e il cognome dei candidati alla carica di sindaco, scritti entro l'apposito rettangolo, sotto il quale sono riprodotti i simboli delle liste collegate. Il voto si esprime tracciando un segno sul rettangolo entro il quale è scritto il nome del candidato prescelto.

9. Dopo il secondo turno è proclamato eletto sindaco il candidato che ha ottenuto il maggior numero di voti validi. In caso di parità di voti, è proclamato eletto sindaco il candidato collegato, ai sensi del comma 7, con la lista o il gruppo di liste per l'elezione del consiglio comunale che ha conseguito la maggiore cifra elettorale complessiva. A parità di cifra elettorale, è proclamato eletto sindaco il candidato più anziano d'età.

(1) Comma così modificato dall'art. 1-bis, co. 3, D.L. 27 gennaio 2009, n. 3, convertito con modificazioni, nella L. 25 marzo 2009, n. 26 e, successivamente, dall'art. 1, comma 400, lett. m), L. 27 dicembre 2013, n. 147, a decorrere dal 1° gennaio 2014.
(2) Per le nuove disposizioni in materia di città metropolitane, province e

unioni e fusioni di comuni, vedi la L. 7 aprile 2014, n. 56.

Art. 73 (²)
Elezione del consiglio comunale nei comuni con popolazione superiore a 15.000 abitanti

1. Le liste per l'elezione del consiglio comunale devono comprendere un numero di candidati non superiore al numero dei consiglieri da eleggere e non inferiore ai due terzi, con arrotondamento all'unità superiore qualora il numero dei consiglieri da comprendere nella lista contenga una cifra decimale superiore a 50 centesimi. Nelle liste dei candidati nessuno dei due sessi può essere rappresentato in misura superiore a due terzi, con arrotondamento all'unità superiore qualora il numero dei candidati del sesso meno rappresentato da comprendere nella lista contenga una cifra decimale inferiore a 50 centesimi. (¹)

2. Con la lista di candidati al consiglio comunale deve essere anche presentato il nome e cognome del candidato alla carica di sindaco e il programma amministrativo da affiggere all'albo pretorio. Più liste possono presentare lo stesso candidato alla carica di sindaco. In tal caso le liste debbono presentare il medesimo programma amministrativo e si considerano fra di loro collegate.

3. Il voto alla lista viene espresso, ai sensi del comma 3 dell'art. 72, tracciando un segno sul contrassegno della lista prescelta. Ciascun elettore può altresì esprimere, nelle apposite righe stampate sotto il medesimo contrassegno, uno o due voti di preferenza, scrivendo il cognome di non più di due candidati compresi nella lista da lui votata. Nel caso di espressione di due preferenze, esse devono riguardare candidati di sesso diverso della stessa lista, pena l'annullamento della seconda preferenza. I contrassegni devono essere riprodotti sulle schede con il diametro di centimetri 3. (²)

4. L'attribuzione dei seggi alle liste è effettuata successivamente alla proclamazione dell'elezione del sindaco al termine del primo o del secondo turno.

5. La cifra elettorale di una lista è costituita dalla somma dei voti validi riportati dalla lista stessa in tutte le sezioni del comune.

6. La cifra individuale di ciascun candidato a consigliere comunale è costituita dalla cifra di lista aumentata dei voti di preferenza.

7. Non sono ammesse all'assegnazione dei seggi quelle liste che abbiano ottenuto al primo turno meno del 3 per cento dei voti validi e che non appartengano a nessun gruppo di liste che abbia superato tale soglia.

8. Salvo quanto disposto dal comma 10, per l'assegnazione del numero dei consiglieri a ciascuna lista o a ciascun gruppo di liste collegate, nel turno di elezione del sindaco, con i rispettivi candidati alla carica di sindaco si divide la cifra elettorale di ciascuna lista o gruppo di liste collegate successivamente per 1, 2, 3, 4,... sino a concorrenza del numero dei consiglieri da eleggere e quindi si scelgono, fra i quozienti così ottenuti, i più alti, in numero eguale a quello dei consiglieri da eleggere, disponendoli in una graduatoria decrescente. Ciascuna lista o gruppo di liste avrà tanti rappresentanti quanti sono i quozienti ad essa appartenenti compresi nella graduatoria. A parità di quoziente, nelle cifre intere e decimali, il posto è attribuito alla lista o gruppo di liste che ha ottenuto la maggiore cifra elettorale e, a parità di quest'ultima, per sorteggio. Se ad una lista spettano più posti di quanti sono i suoi candidati, i posti eccedenti sono distribuiti, fra le altre liste, secondo l'ordine dei quozienti.

9. Nell'àmbito di ciascun gruppo di liste collegate la cifra elettorale di ciascuna di esse, corrispondente ai voti riportati nel primo turno, è divisa per 1, 2, 3, 4, ... sino a concorrenza del numero dei seggi spettanti al gruppo di liste. Si determinano in tal modo i quozienti più alti e, quindi, il numero dei seggi spettanti ad ogni lista.

10. Qualora un candidato alla carica di sindaco sia proclamato eletto al primo turno, alla lista o al gruppo di liste a lui collegate che non abbia già conseguito, ai sensi del comma 8, almeno il 60 per cento dei seggi del consiglio, ma abbia ottenuto almeno il 40 per cento dei voti validi, viene assegnato il 60 per cento dei seggi, sempreché nessuna altra lista o altro gruppo di liste collegate abbia superato il 50 per cento dei voti validi. Qualora un candidato alla carica di sindaco sia proclamato eletto al secondo turno, alla lista o al gruppo di liste ad esso collegate che non abbia già conseguito, ai sensi del comma 8, almeno il 60 per cento dei seggi del consiglio, viene assegnato il 60 per cento dei seggi, sempreché nessuna altra lista o altro gruppo di liste collegate al primo turno abbia già superato nel turno medesimo il 50 per cento dei voti validi. I restanti seggi vengono assegnati alle altre liste o gruppi di liste collegate ai sensi del comma 8.

11. Una volta determinato il numero dei seggi spettanti a ciascuna lista o gruppo di liste collegate, sono in primo luogo proclamati eletti alla carica di consigliere i candidati alla carica di sindaco, non risultati eletti, collegati a ciascuna lista che abbia ottenuto almeno un seggio. In caso di collegamento di più liste al medesimo candidato alla carica di sindaco risultato non eletto, il seggio spettante a quest'ultimo è detratto dai seggi complessivamente attribuiti al gruppo di liste collegate.

12. Compiute le operazioni di cui al comma 11 sono proclamati eletti consiglieri comunali i candidati di ciascuna lista secondo l'ordine delle rispettive cifre individuali. In caso di parità di cifra individuale, sono proclamati eletti i candidati che precedono nell'ordine di lista.

(1) Il comma che recitava: "*1. Le liste per l'elezione del consiglio comunale devono comprendere un numero di candidati non superiore al numero dei consiglieri da eleggere e non inferiore ai due terzi, con arrotondamento all'unità superiore qualora il numero dei consiglieri da comprendere nella lista contenga una cifra decimale superiore a 50 centesimi.*" è stato così modificato dall'art. 2, co. 1, lett. d), n. 1), L. 23 novembre 2012, n. 215.
(2) Il comma che recitava: "*3. Il voto alla lista viene espresso, ai sensi del comma 3 dell'art. 72, tracciando un segno sul contrassegno della lista prescelta. Ciascun elettore può esprimere inoltre un voto di preferenza per un candidato della lista da lui votata, scrivendone il cognome sull'apposita riga posta a fianco del contrassegno. I contrassegni devono essere riprodotti sulle schede con il diametro di centimetri 3*" è stato così modificato dall'art. 1-bis, co. 4, D.L. 27 gennaio 2009, n. 3, convertito con modificazioni, nella L. 25 marzo 2009, n. 26 e successivamente, dall'art. 2, co. 1, lett. d), n. 2), L. 23 novembre 2012, n. 215.
(2) Per le nuove disposizioni in materia di città metropolitane, province e unioni e fusioni di comuni, vedi la L. 7 aprile 2014, n. 56.

Art. 74 ([2])
Elezione del presidente della provincia

1. Il presidente della provincia è eletto a suffragio universale e diretto, contestualmente alla elezione del consiglio provinciale. La circoscrizione per l'elezione del presidente della provincia coincide con il territorio provinciale.

2. Oltre a quanto previsto dall'art. 14 della legge 8 marzo 1951, n. 122, e successive modificazioni, il deposito, l'affissione presso l'albo pretorio della provincia e la presentazione delle candidature alla carica di consigliere

provinciale e di presidente della provincia sono disciplinati dalle disposizioni di cui all'art. 3, commi 3 e 4, della legge 25 marzo 1993, n. 81, in quanto compatibili.

3. All'atto di presentare la propria candidatura ciascun candidato alla carica di presidente della provincia deve dichiarare di collegarsi ad almeno uno dei gruppi di candidati per l'elezione del consiglio provinciale. La dichiarazione di collegamento ha efficacia solo se convergente con analoga dichiarazione resa dai delegati dei gruppi interessati.

4. La scheda per l'elezione del presidente della provincia è quella stessa utilizzata per l'elezione del consiglio e reca, alla destra del nome e cognome di ciascun candidato alla carica di presidente della provincia, il contrassegno o i contrassegni del gruppo o dei gruppi di candidati al consiglio cui il candidato ha dichiarato di collegarsi. Alla destra di ciascun contrassegno è riportato il nome e cognome del candidato al consiglio provinciale facente parte del gruppo di candidati contraddistinto da quel contrassegno. I contrassegni devono essere riprodotti sulle schede con il diametro di centimetri 3. ([1])

5. Ciascun elettore può votare per uno dei candidati al consiglio provinciale tracciando un segno sul relativo contrassegno. Ciascun elettore può, altresì, votare sia per un candidato alla carica di presidente della provincia, tracciando un segno sul relativo rettangolo, sia per uno dei candidati al consiglio provinciale ad esso collegato, tracciando anche un segno sul relativo contrassegno. Il voto espresso nei modi suindicati si intende attribuito sia al candidato alla carica di consigliere provinciale corrispondente al contrassegno votato sia al candidato alla carica di presidente della provincia. Ciascun elettore può, infine, votare per un candidato alla carica di presidente della provincia tracciando un segno sul relativo rettangolo. Il voto in tal modo espresso si intende attribuito solo al candidato alla carica di presidente della provincia.

6. È proclamato eletto presidente della provincia il candidato alla carica che ottiene la maggioranza assoluta dei voti validi.

7. Qualora nessun candidato ottenga la maggioranza di cui al comma 6, si procede ad un secondo turno elettorale che ha luogo la seconda domenica successiva a quella del primo. Sono ammessi al secondo turno i due candidati alla carica di presidente della provincia che hanno ottenuto al primo turno il maggior numero di voti. In caso di parità di voti fra il

secondo ed il terzo candidato è ammesso al ballottaggio il più anziano di età.

8. In caso di impedimento permanente o decesso di uno dei candidati ammessi al ballottaggio, partecipa al secondo turno il candidato che segue nella graduatoria. Detto ballottaggio dovrà aver luogo la domenica successiva al decimo giorno dal verificarsi dell'evento.

9. I candidati ammessi al ballottaggio mantengono i collegamenti con i gruppi di candidati al consiglio provinciale dichiarati al primo turno. I candidati ammessi al ballottaggio hanno facoltà, entro sette giorni dalla prima votazione, di dichiarare il collegamento con ulteriori gruppi di candidati rispetto a quelli con cui è stato effettuato il collegamento nel primo turno. La dichiarazione ha efficacia solo se convergente con analoga dichiarazione resa dai delegati dei gruppi interessati.

10. La scheda per il ballottaggio comprende il nome ed il cognome dei candidati alla carica di presidente della provincia, scritti entro l'apposito rettangolo, sotto il quale sono riprodotti i simboli dei gruppi di candidati collegati. Il voto si esprime tracciando un segno sul rettangolo entro il quale è scritto il nome del candidato prescelto.

11. Dopo il secondo turno è proclamato eletto presidente della provincia il candidato che ha ottenuto il maggior numero di voti validi. In caso di parità di voti, è proclamato eletto presidente della provincia il candidato collegato con il gruppo o i gruppi di candidati per il consiglio provinciale che abbiano conseguito la maggiore cifra elettorale complessiva. A parità di cifra elettorale, è proclamato eletto il candidato più anziano di età.

(1) Comma così modificato dall'art. 1-bis, co. 5, D.L. 27 gennaio 2009, n. 3, convertito con modificazioni, nella L. 25 marzo 2009, n. 26.
(2) Per le nuove disposizioni in materia di città metropolitane, province e unioni e fusioni di comuni, vedi la L. 7 aprile 2014, n. 56.

Art. 75 ([1])
Elezione del consiglio provinciale

DIRITTO AMMINISTRATIVO

1. L'elezione dei consiglieri provinciali è effettuata sulla base di collegi uninominali e secondo le disposizioni dettate dalla legge 8 marzo 1951, n. 122, e successive modificazioni, in quanto compatibili con le norme di cui all'articolo 74 e al presente articolo.

2. Con il gruppo di candidati collegati deve essere anche presentato il nome e cognome del candidato alla carica di presidente della provincia e il programma amministrativo da affiggere all'albo pretorio. Più gruppi possono presentare lo stesso candidato alla carica di presidente della provincia. In tal caso i gruppi debbono presentare il medesimo programma amministrativo e si considerano fra di loro collegati.

3. L'attribuzione dei seggi del consiglio provinciale ai gruppi di candidati collegati è effettuata dopo la proclamazione dell'elezione del presidente della provincia.

4. La cifra elettorale di ogni gruppo è data dal totale dei voti validi ottenuti da tutti i candidati del gruppo stesso nei singoli collegi della provincia.

5. Non sono ammessi all'assegnazione dei seggi i gruppi di candidati che abbiano ottenuto al primo turno meno del 3 per cento dei voti validi e che non appartengano a nessuna coalizione di gruppi che abbia superato tale soglia.

6. Per l'assegnazione dei seggi a ciascun gruppo di candidati collegati, si divide la cifra elettorale conseguita da ciascun gruppo di candidati successivamente per 1, 2, 3, 4,.... sino a concorrenza del numero di consiglieri da eleggere. Quindi tra i quozienti così ottenuti si scelgono i più alti, in numero eguale a quello dei consiglieri da eleggere, disponendoli in una graduatoria decrescente. A ciascun gruppo di candidati sono assegnati tanti rappresentanti quanti sono i quozienti ad esso appartenenti compresi nella graduatoria. A parità di quoziente, nelle cifre intere e decimali, il posto è attribuito al gruppo di candidati che ha ottenuto la maggior cifra elettorale e, a parità di quest'ultima, per sorteggio. Se ad un gruppo spettano più posti di quanti sono i suoi candidati, i posti eccedenti sono distribuiti tra gli altri gruppi, secondo l'ordine dei quozienti.

7. Le disposizioni di cui al comma 6 si applicano quando il gruppo o i gruppi di candidati collegati al candidato proclamato eletto presidente della provincia abbiano conseguito almeno il 60 per cento dei seggi assegnati al consiglio provinciale.

8. Qualora il gruppo o i gruppi di candidati collegati al candidato proclamato eletto presidente della provincia non abbiano conseguito almeno il 60 per cento dei seggi assegnati al consiglio provinciale, a tale gruppo o gruppi di candidati viene assegnato il 60 per cento dei seggi, con arrotondamento all'unità superiore qualora il numero dei consiglieri da attribuire al gruppo o ai gruppi contenga una cifra decimale superiore a 50 centesimi. In caso di collegamento di più gruppi con il candidato proclamato eletto presidente, per determinare il numero di seggi spettanti a ciascun gruppo, si dividono le rispettive cifre elettorali corrispondenti ai voti riportati al primo turno, per 1, 2, 3, 4, ... sino a concorrenza del numero dei seggi da assegnare. Si determinano in tal modo i quozienti più alti e, quindi, il numero dei seggi spettanti ad ogni gruppo di candidati.

9. I restanti seggi sono attribuiti agli altri gruppi di candidati ai sensi del comma 6.

10. Una volta determinato il numero dei seggi spettanti a ciascun gruppo di candidati, sono in primo luogo proclamati eletti alla carica di consigliere i candidati alla carica di presidente della provincia non risultati eletti, collegati a ciascun gruppo di candidati che abbia ottenuto almeno un seggio. In caso di collegamento di più gruppi con il candidato alla carica di presidente della provincia non eletto, il seggio spettante a quest'ultimo è detratto dai seggi complessivamente attribuiti ai gruppi di candidati collegati.

11. Compiute le operazioni di cui al comma 10 sono proclamati eletti consiglieri provinciali i candidati di ciascun gruppo secondo l'ordine delle rispettive cifre individuali.

12. La cifra individuale dei candidati a consigliere provinciale viene determinata moltiplicando il numero dei voti validi ottenuto da ciascun candidato per cento e dividendo il prodotto per il totale dei voti validi espressi nel collegio per i candidati a consigliere provinciale. Nel caso di candidature presentate in più di un collegio si assume, ai fini della graduatoria, la maggiore cifra individuale riportata dal candidato.

(1) Per le nuove disposizioni in materia di città metropolitane, province e unioni e fusioni di comuni, vedi la L. 7 aprile 2014, n. 56.

Art. 76 ([1])
Anagrafe degli amministratori locali e regionali

1. Avvenuta la proclamazione degli eletti, il competente ufficio del Ministero dell'interno in materia elettorale raccoglie i dati relativi agli eletti a cariche locali e regionali nella apposita anagrafe degli amministratori locali, nonché i dati relativi alla tenuta ed all'aggiornamento anche in corso di mandato.

2. L'anagrafe è costituita dalle notizie relative agli eletti nei comuni, province e regioni concernenti i dati anagrafici, la lista o gruppo di appartenenza o di collegamento, il titolo di studio e la professione esercitata. I dati sono acquisiti presso comuni, province e regioni, anche attraverso i sistemi di comunicazione telematica.

3. Per gli amministratori non elettivi l'anagrafe è costituita dai dati indicati al comma 2 consensualmente forniti dagli amministratori stessi.

4. Al fine di assicurare la massima trasparenza è riconosciuto a chiunque il diritto di prendere visione ed estrarre copia, anche su supporto informatico, dei dati contenuti nell'anagrafe.

(1) Per le nuove disposizioni in materia di città metropolitane, province e unioni e fusioni di comuni, vedi la L. 7 aprile 2014, n. 56.

Capo IV

Status degli amministratori locali

Art. 77 ([1])
Definizione di amministratore locale

1. La Repubblica tutela il diritto di ogni cittadino chiamato a ricoprire cariche pubbliche nelle amministrazioni degli enti locali ad espletare il mandato, disponendo del tempo, dei servizi e delle risorse necessari ed usufruendo di indennità e di rimborsi spese nei modi e nei limiti previsti dalla legge.

2. Il presente capo disciplina il regime delle aspettative, dei permessi e delle indennità degli amministratori degli enti locali. Per amministratori si intendono, ai soli fini del presente capo, i sindaci, anche metropolitani, i

presidenti delle province, i consiglieri dei comuni anche metropolitani e delle province, i componenti delle giunte comunali, metropolitane e provinciali, i presidenti dei consigli comunali, metropolitani e provinciali, i presidenti, i consiglieri e gli assessori delle comunità montane, i componenti degli organi delle unioni di comuni e dei consorzi fra enti locali, nonché i componenti degli organi di decentramento.

(1) Per le nuove disposizioni in materia di città metropolitane, province e unioni e fusioni di comuni, vedi la L. 7 aprile 2014, n. 56.

Art. 78 (²)
Doveri e condizione giuridica

1. Il comportamento degli amministratori, nell'esercizio delle proprie funzioni, deve essere improntato all'imparzialità e al principio di buona amministrazione, nel pieno rispetto della distinzione tra le funzioni, competenze e responsabilità degli amministratori di cui all'articolo 77, comma 2, e quelle proprie dei dirigenti delle rispettive amministrazioni.

2. Gli amministratori di cui all'articolo 77, comma 2, devono astenersi dal prendere parte alla discussione ed alla votazione di delibere riguardanti interessi propri o di loro parenti o affini sino al quarto grado. L'obbligo di astensione non si applica ai provvedimenti normativi o di carattere generale, quali i piani urbanistici, se non nei casi in cui sussista una correlazione immediata e diretta fra il contenuto della deliberazione e specifici interessi dell'amministratore o di parenti o affini fino al quarto grado.

3. I componenti la Giunta comunale competenti in materia di urbanistica, di edilizia e di lavori pubblici devono astenersi dall'esercitare attività professionale in materia di edilizia privata e pubblica nel territorio da essi amministrato.

4. Nel caso di piani urbanistici, ove la correlazione immediata e diretta di cui al comma 2 sia stata accertata con sentenza passata in giudicato, le parti di strumento urbanistico che costituivano oggetto della correlazione sono annullate e sostituite mediante nuova variante urbanistica parziale. Nelle more dell'accertamento di tale stato di correlazione immediata e diretta tra il contenuto della deliberazione e specifici interessi dell'amministratore o di parenti o affini è sospesa la validità delle relative disposizioni del piano urbanistico.

5. Al sindaco ed al presidente della provincia, nonché agli assessori ed ai consiglieri comunali e provinciali è vietato ricoprire incarichi e assumere consulenze presso enti ed istituzioni dipendenti o comunque sottoposti al controllo ed alla vigilanza dei relativi comuni e province.

6. Gli amministratori lavoratori dipendenti, pubblici e privati, non possono essere soggetti, se non per consenso espresso, a trasferimenti durante l'esercizio del mandato. La richiesta dei predetti lavoratori di avvicinamento al luogo in cui viene svolto il mandato amministrativo deve essere esaminata dal datore di lavoro con criteri di priorità. (¹)

(1) I periodi che così recitavano: *"Nell'assegnazione della sede per l'espletamento del servizio militare di leva o di sue forme sostitutive è riconosciuta agli amministratori locali la priorità per la sede di espletamento del mandato amministrativo o per le sedi a questa più vicine. Il servizio sostitutivo di leva non può essere espletato nell'ente nel quale il soggetto è amministratore o in un ente dipendente o controllato dalla medesima amministrazione."* sono stati abrogati dall'art. 2268, co. 1, D.Lgs. 15 marzo 2010, n. 66.
(2) Per le nuove disposizioni in materia di città metropolitane, province e unioni e fusioni di comuni, vedi la L. 7 aprile 2014, n. 56.

Art. 79 (⁴)
Permessi e licenze

1. I lavoratori dipendenti, pubblici e privati, componenti dei consigli comunali, provinciali, metropolitani, delle comunità montane e delle unioni di comuni, nonché dei consigli circoscrizionali dei comuni con popolazione superiore a 500.000 abitanti, hanno diritto di assentarsi dal servizio per il tempo strettamente necessario per la partecipazione a ciascuna seduta dei rispettivi consigli e per il raggiungimento del luogo di suo svolgimento. (¹) Nel caso in cui i consigli si svolgano in orario serale, i predetti lavoratori hanno diritto di non riprendere il lavoro prima delle ore 8 del giorno successivo; nel caso in cui i lavori dei consigli si protraggano oltre la mezzanotte, hanno diritto di assentarsi dal servizio per l'intera giornata successiva.

2. (...) (²)

3. I lavoratori dipendenti facenti parte delle giunte comunali, provinciali, metropolitane, delle comunità montane, nonché degli organi esecutivi dei consigli circoscrizionali, dei municipi, delle unioni di comuni e dei consorzi fra enti locali, ovvero facenti parte delle commissioni consiliari o

circoscrizionali formalmente istituite nonché delle commissioni comunali previste per legge, ovvero membri delle conferenze dei capogruppo e degli organismi di pari opportunità, previsti dagli statuti e dai regolamenti consiliari, hanno diritto di assentarsi dal servizio per partecipare alle riunioni degli organi di cui fanno parte per la loro effettiva durata. Il diritto di assentarsi di cui al presente comma comprende il tempo per raggiungere il luogo della riunione e rientrare al posto di lavoro. ([3])

4. I componenti degli organi esecutivi dei comuni, delle province, delle città metropolitane, delle unioni di comuni, delle comunità montane e dei consorzi fra enti locali, e i presidenti dei consigli comunali, provinciali e circoscrizionali, nonché i presidenti dei gruppi consiliari delle province e dei comuni con popolazione superiore a 15.000 abitanti, hanno diritto, oltre ai permessi di cui ai precedenti commi, di assentarsi dai rispettivi posti di lavoro per un massimo di 24 ore lavorative al mese, elevate a 48 ore per i sindaci, presidenti delle province, sindaci metropolitani, presidenti delle comunità montane, presidenti dei consigli provinciali e dei comuni con popolazione superiore a 30.000 abitanti.

5. I lavoratori dipendenti di cui al presente articolo hanno diritto ad ulteriori permessi non retribuiti sino ad un massimo di 24 ore lavorative mensili qualora risultino necessari per l'espletamento del mandato.

6. L'attività ed i tempi di espletamento del mandato per i quali i lavoratori chiedono ed ottengono permessi, retribuiti e non retribuiti, devono essere prontamente e puntualmente documentati mediante attestazione dell'ente.

(1) Le parole: *"per l'intera giornata in cui sono convocati i rispettivi consigli."* Sono state così sostituite dall'art. 16, co. 21, D.L. 13 agosto 2011, n. 138, convertito con L. 14 settembre 2011, n. 148.
(2) Questo comma che così recitava: *"2. Le disposizioni di cui al comma 1 si applicano altresì nei confronti dei militari di leva o richiamati e di coloro che svolgono il servizio sostitutivo previsto dalla legge. Ai sindaci, ai presidenti di provincia, ai presidenti delle comunità montane che svolgono servizio militare di leva o che sono richiamati o che svolgono il servizio sostitutivo, spetta, a richiesta, una licenza illimitata in attesa di congedo per la durata del mandato."* è stato abrogato dall'art. 2268, co. 1, D.Lgs. 15 marzo 2010, n. 66.
(3) Il periodo che così recitava: *"Le disposizioni di cui al presente comma si applicano altresì nei confronti dei militari di leva o di coloro che sono richiamati o che svolgono il servizio sostitutivo."* È stato abrogato dall'art. 2268, co. 1, D.Lgs. 15 marzo 2010, n. 66.

(4) Per le nuove disposizioni in materia di città metropolitane, province e unioni e fusioni di comuni, vedi la L. 7 aprile 2014, n. 56.

Art. 80 ([1])
Oneri per permessi retribuiti

1. Le assenze dal servizio di cui ai commi 1, 2, 3 e 4 dell'articolo 79 sono retribuite al lavoratore dal datore di lavoro. Gli oneri per i permessi retribuiti dei lavoratori dipendenti da privati o da enti pubblici economici sono a carico dell'ente presso il quale gli stessi lavoratori esercitano le funzioni pubbliche di cui all'articolo 79. L'ente, su richiesta documentata del datore di lavoro, è tenuto a rimborsare quanto dallo stesso corrisposto, per retribuzioni ed assicurazioni, per le ore o giornate di effettiva assenza del lavoratore. Il rimborso viene effettuato dall'ente entro trenta giorni dalla richiesta. Le somme rimborsate sono esenti da imposta sul valore aggiunto ai sensi dell'articolo 8, comma 35, della legge 11 marzo 1988, n. 67.

(1) Per le nuove disposizioni in materia di città metropolitane, province e unioni e fusioni di comuni, vedi la L. 7 aprile 2014, n. 56.

Art. 81 ([3])
Aspettative

1. I sindaci, i presidenti delle province, i presidenti dei consigli comunali e provinciali, i presidenti delle comunità montane e delle unioni di comuni, nonché i membri delle giunte di comuni e province, ([1]) che siano lavoratori dipendenti possono essere collocati a richiesta in aspettativa non retribuita per tutto il periodo di espletamento del mandato. Il periodo di aspettativa è considerato come servizio effettivamente prestato, nonché come legittimo impedimento per il compimento del periodo di prova. I consiglieri di cui all'articolo 77, comma 2, se a domanda collocati in aspettativa non retribuita per il periodo di espletamento del mandato, assumono a proprio carico l'intero pagamento degli oneri previdenziali, assistenziali e di ogni altra natura previsti dall'articolo 86. ([2])

(1) Le parole: *"Gli amministratori locali di cui all'articolo 77, comma 2"* sono state così sostituite dalle parole da: *"I sindaci, i presidenti delle province..."* fino a: *2... delle giunte di comuni e province"* dalla L. 24 dicembre 2007, n. 244.
(2) Questo periodo è stato aggiunto dalla L. 24 dicembre 2007, n. 244.
(3) Per le nuove disposizioni in materia di città metropolitane, province e unioni e fusioni di comuni, vedi la L. 7 aprile 2014, n. 56.

Art. 82 ([8])
Indennità

1. Il decreto di cui al comma 8 del presente articolo determina una indennità di funzione, nei limiti fissati dal presente articolo, per il sindaco, il presidente della provincia, il sindaco metropolitano, il presidente della comunità montana, i presidenti dei consigli circoscrizionali dei soli comuni capoluogo di provincia, ([1]) i presidenti dei consigli comunali e provinciali, nonché i componenti degli organi esecutivi dei comuni e ove previste delle loro articolazioni, delle province, delle città metropolitane, delle comunità montane, delle unioni di comuni e dei consorzi fra enti locali. Tale indennità è dimezzata per i lavoratori dipendenti che non abbiano richiesto l'aspettativa.

2. I consiglieri comunali e provinciali hanno diritto di percepire, nei limiti fissati dal presente capo, un gettone di presenza per la partecipazione a consigli e commissioni. In nessun caso l'ammontare percepito nell'ambito di un mese da un consigliere può superare l'importo pari ad un quarto dell'indennità massima prevista per il rispettivo sindaco o presidente in base al decreto di cui al comma 8. Nessuna indennità è dovuta ai consiglieri circoscrizionali ad eccezione dei consiglieri circoscrizionali delle città metropolitane per i quali l'ammontare del gettone di presenza non può superare l'importo pari ad un quarto dell'indennità prevista per il rispettivo presidente. In nessun caso gli oneri a carico dei predetti enti per i permessi retribuiti dei lavoratori dipendenti da privati o da enti pubblici economici possono mensilmente superare, per ciascun consigliere circoscrizionale, l'importo pari ad un quarto dell'indennità prevista per il rispettivo presidente. ([2])

3. Ai soli fini dell'applicazione delle norme relative al divieto di cumulo tra pensione e redditi, le indennità di cui ai commi 1 e 2 non sono assimilabili ai redditi da lavoro di qualsiasi natura.

(...) (³)

5. Le indennità di funzione previste dal presente capo non sono tra loro cumulabili. L'interessato opta per la percezione di una delle due indennità ovvero per la percezione del 50 per cento di ciascuna.

(...) (⁴)

7. Agli amministratori ai quali viene corrisposta l'indennità di funzione prevista dal presente capo non è dovuto alcun gettone per la partecipazione a sedute degli organi collegiali del medesimo ente, né di commissioni che di quell'organo costituiscono articolazioni interne ed esterne.

8. La misura delle indennità di funzione e dei gettoni di presenza di cui al presente articolo è determinata, senza maggiori oneri a carico del bilancio dello Stato, con decreto del Ministro dell'interno, di concerto con il Ministro del tesoro, del bilancio e della programmazione economica, ai sensi dell'articolo 17, comma 3, della legge 23 agosto 1988, n. 400, sentita la Conferenza Stato-città ed autonomie locali nel rispetto dei seguenti criteri:
a) equiparazione del trattamento per categorie di amministratori;
b) articolazione delle indennità in rapporto con la dimensione demografica degli enti, tenuto conto delle fluttuazioni stagionali della popolazione, della percentuale delle entrate proprie dell'ente rispetto al totale delle entrate, nonché dell'ammontare del bilancio di parte corrente;
c) articolazione dell'indennità di funzione dei presidenti dei consigli, dei vice sindaci e dei vice presidenti delle province, degli assessori, in rapporto alla misura della stessa stabilita per il sindaco e per il presidente della provincia. Al presidente e agli assessori delle unioni di comuni, dei consorzi fra enti locali e delle comunità montane sono attribuite le indennità di funzione nella misura massima del 50 per cento dell'indennità prevista per un comune avente popolazione pari alla popolazione dell'unione di comuni, del consorzio fra enti locali o alla popolazione montana della comunità montana; (⁵)
d) definizione di speciali indennità di funzione per gli amministratori delle città metropolitane in relazione alle particolari funzioni ad esse assegnate;

(...) (⁶)

f) previsione dell'integrazione dell'indennità dei sindaci e dei presidenti di provincia, a fine mandato, con una somma pari a una indennità mensile, spettante per ciascun anno di mandato.

8-bis. La misura dell'indennità di funzione di cui al presente articolo spettante ai sindaci dei comuni con popolazione fino a 3.000 abitanti è incrementata fino all'85 per cento della misura dell'indennità spettante ai sindaci dei comuni con popolazione fino a 5.000 abitanti. ([9])

9. Su richiesta della Conferenza Stato-città ed autonomie locali si può procedere alla revisione del decreto ministeriale di cui al comma 8 con la medesima procedura ivi indicata.

10. Il decreto ministeriale di cui al comma 8 è rinnovato ogni tre anni ai fini dell'adeguamento della misura delle indennità e dei gettoni di presenza sulla base della media degli indici annuali dell'ISTAT di variazione del costo della vita applicando, alle misure stabilite per l'anno precedente, la variazione verificatasi nel biennio nell'indice dei prezzi al consumo rilevata dall'ISTAT e pubblicata nella Gazzetta Ufficiale relativa al mese di luglio di inizio ed al mese di giugno di termine del biennio.

11. La corresponsione dei gettoni di presenza è comunque subordinata alla effettiva partecipazione del consigliere a consigli e commissioni; il regolamento ne stabilisce termini e modalità. ([7])

---

(1) Le parole: *"dei soli comuni capoluogo di provincia"* sono state inserite dall'art. 1, co. 731, lett. a), L. 27 dicembre 2006, n. 296.
(2) Comma modificato dall'art. 1, comma 731, lett. b), L. 27 dicembre 2006, n. 296, a decorrere dal 1° gennaio 2007, sostituito dall'art. 2, comma 25, lett. a), L. 24 dicembre 2007, n. 244, a decorrere dal 1° gennaio 2008 e, successivamente, dall'art. 5, comma 6, lett. a), D.L. 31 maggio 2010, n. 78, convertito, con modificazioni, dalla L. 30 luglio 2010, n. 122. Infine, il presente comma è stato così modificato dall'art. 2, comma 9-quater, D.L. 29 dicembre 2010, n. 225, convertito, con modificazioni, dalla L. 26 febbraio 2011, n. 10.
(3) Il comma: *"4. Gli statuti e i regolamenti degli enti possono prevedere che all'interessato competa, a richiesta, la trasformazione del gettone di presenza in una indennità di funzione, sempre che tale regime di indennità comporti per l'ente pari o minori oneri finanziari. Il regime di indennità di funzione per i consiglieri prevede l'applicazione di detrazioni dalle indennità in caso di non giustificata assenza dalle sedute degli organi collegiali."* è stato abrogato dall'art. 2, co. 25, lett. b), L. 24 dicembre 2007, n. 244.
(4) Il comma: *"6. Le indennità di funzione sono cumulabili con i gettoni di presenza quando siano dovuti per mandati elettivi presso enti diversi, ricoperti dalla stessa*

persona." è stato abrogato dall'art. 2, co. 25, lett. b), L. 24 dicembre 2007, n. 244.
(5) Questa lettera è stata così sostituita dall'art. 2, co. 25, lett. c), L. 24 dicembre 2007, n. 244.
(6) La lettera che così recitava: "*e) determinazione dell'indennità spettante al presidente della provincia e al sindaco dei comuni con popolazione superiore a dieci mila abitanti, comunque, non inferiore al trattamento economico fondamentale del segretario generale dei rispettivi enti; per i comuni con popolazione inferiore a dieci mila abitanti, nella determinazione dell'indennità si tiene conto del trattamento economico fondamentale del segretario comunale;*" è stata soppressa dall'art. 5, co. 6, lett. b), n. 2), D.L. 31 maggio 2010, n. 78, convertito con L. 30 luglio 2010, n. 122.
(7) Questo comma è stato così sostituito dall'art. 76, co. 3, D.L. 25 giugno 2008, n. 112, convertito con modificazioni, nella L. 6 agosto 2008, n. 133.
(8) Per le nuove disposizioni in materia di città metropolitane, province e unioni e fusioni di comuni, vedi la L. 7 aprile 2014, n. 56.
(9) Comma inserito dall' art. 57-quater, comma 1, D.L. 26 ottobre 2019, n. 124, convertito, con modificazioni, dalla L. 19 dicembre 2019, n. 157.

Art. 83 (^{1}) (^{4})
Divieto di cumulo.

1. I parlamentari nazionali ed europei, nonché i consiglieri regionali non possono percepire i gettoni di presenza o altro emolumento comunque denominato (^{2}) previsti dal presente capo.

2. Salve le disposizioni previste per le forme associative degli enti locali, gli amministratori locali di cui all'articolo 77, comma 2, non percepiscono alcun compenso (^{3}) per la partecipazione ad organi o commissioni comunque denominate, se tale partecipazione è connessa all'esercizio delle proprie funzioni pubbliche.

3. In caso di cariche incompatibili, le indennità di funzione non sono cumulabili; ai soggetti che si trovano in tale condizione, fino al momento dell'esercizio dell'opzione o comunque sino alla rimozione della condizione di incompatibilità, l'indennità per la carica sopraggiunta non viene corrisposta.

(1) Articolo così sostituito dall'art. 2, co. 26, L. 24 dicembre 2007, n. 244.
(2) Le parole: "*o altro emolumento comunque denominato*" sono state introdotte dall'art. 5, co. 8, lett. a), D.L. 31 maggio 2010, n. 78, convertito con modificazioni, nella L. 30 luglio 2010, n. 122.
(3) Le parole: "*tranne quello dovuto per spese di indennità di missione,*" sono state soppresse dall'art. 5, co. 8, lett. b), D.L. 31 maggio 2010, n. 78, convertito con modificazioni, nella L. 30 luglio 2010, n. 122.
(4) Per le nuove disposizioni in materia di città metropolitane, province e unioni e fusioni di comuni, vedi la L. 7 aprile 2014, n. 56.

Art. 84 ([1]) ([3])
Rimborso delle spese di viaggio.

1. Agli amministratori che, in ragione del loro mandato, si rechino fuori del capoluogo del comune ove ha sede il rispettivo ente, previa autorizzazione del capo dell'amministrazione, nel caso di componenti degli organi esecutivi, ovvero del presidente del consiglio, nel caso di consiglieri, è dovuto esclusivamente il rimborso delle spese di viaggio effettivamente sostenute ([2]) nella misura fissata con decreto del Ministro dell'interno e del Ministro dell'economia e delle finanze, d'intesa con la Conferenza Stato-città ed autonomie locali.

2. La liquidazione del rimborso delle spese è effettuata dal dirigente competente, su richiesta dell'interessato, corredata della documentazione delle spese di viaggio e soggiorno effettivamente sostenute e di una dichiarazione sulla durata e sulle finalità della missione.

3. Agli amministratori che risiedono fuori del capoluogo del comune ove ha sede il rispettivo ente spetta il rimborso per le sole spese di viaggio effettivamente sostenute per la partecipazione ad ognuna delle sedute dei rispettivi organi assembleari ed esecutivi, nonché per la presenza necessaria presso la sede degli uffici per lo svolgimento delle funzioni proprie o delegate.

(1) Articolo così sostituito dall'art. 2, co. 27, L. 24 dicembre 2007, n. 244.
(2) Le parole: "*sono dovute*" sono state sostituite dalle parole: "*è dovuto*" e le parole: "*nonché un rimborso forfetario onnicomprensivo per le altre spese,*" sono state soppresse dall'art. 5, co. 9, lett. b), D.L. 31 maggio 2010, n. 78, convertito con modificazioni, nella L. 30 luglio 2010, n. 122.
(3) Per le nuove disposizioni in materia di città metropolitane, province e unioni e fusioni di comuni, vedi la L. 7 aprile 2014, n. 56.

Art. 85 (¹)
Partecipazione alle associazioni rappresentative degli enti locali.

1. Le norme stabilite dal presente capo, relative alla posizione, al trattamento e ai permessi dei lavoratori pubblici e privati chiamati a funzioni elettive, si applicano anche per la partecipazione dei rappresentanti degli enti locali alle associazioni internazionali, nazionali e regionali tra enti locali.

2. Le spese che gli enti locali ritengono di sostenere, per la partecipazione dei componenti dei propri organi alle riunioni e alle attività degli organi nazionali e regionali delle associazioni, fanno carico ai bilanci degli enti stessi.

(1) Per le nuove disposizioni in materia di città metropolitane, province e unioni e fusioni di comuni, vedi la L. 7 aprile 2014, n. 56.

Art. 86 (¹)
Oneri previdenziali, assistenziali e assicurativi e disposizioni fiscali e assicurative.

1. L'amministrazione locale prevede a proprio carico, dandone comunicazione tempestiva ai datori di lavoro, il versamento degli oneri assistenziali, previdenziali e assicurativi ai rispettivi istituti per i sindaci, per i presidenti di provincia, per i presidenti di comunità montane, di unioni di comuni e di consorzi fra enti locali, per gli assessori provinciali e per gli assessori dei comuni con popolazione superiore a 10.000 abitanti, per i presidenti dei consigli dei comuni con popolazione superiore a 50.000 abitanti, per i presidenti dei consigli provinciali che siano collocati in aspettativa non retribuita ai sensi del presente testo unico. La medesima disposizione si applica per i presidenti dei consigli circoscrizionali nei casi in cui il comune abbia attuato nei loro confronti un effettivo decentramento di funzioni e per i presidenti delle aziende anche consortili fino all'approvazione della riforma in materia di servizi pubblici locali che si trovino nelle condizioni previste dall'articolo 81.

2. Agli amministratori locali che non siano lavoratori dipendenti e che rivestano le cariche di cui al comma 1 l'amministrazione locale provvede, allo stesso titolo previsto dal comma 1, al pagamento di una cifra forfettaria

annuale, versata per quote mensili. Con decreto dei Ministri dell'interno, del lavoro e della previdenza sociale e del tesoro, del bilancio e della programmazione economica sono stabiliti i criteri per la determinazione delle quote forfettarie in coerenza con quanto previsto per i lavoratori dipendenti, da conferire alla forma pensionistica presso la quale il soggetto era iscritto o continua ad essere iscritto alla data dell'incarico.

3. L'amministrazione locale provvede, altresì, a rimborsare al datore di lavoro la quota annuale di accantonamento per l'indennità di fine rapporto entro i limiti di un dodicesimo dell'indennità di carica annua da parte dell'ente e per l'eventuale residuo da parte dell'amministratore.

4. Alle indennità di funzione e ai gettoni di presenza si applicano le disposizioni di cui all'articolo 26, comma 1, della legge 23 dicembre 1994, n. 724.

5. Gli enti locali di cui all'articolo 2 del presente testo unico, senza nuovi o maggiori oneri per la finanza pubblica, possono assicurare i propri amministratori contro i rischi conseguenti all'espletamento del loro mandato. Il rimborso delle spese legali per gli amministratori locali è ammissibile, senza nuovi o maggiori oneri per la finanza pubblica, nel limite massimo dei parametri stabiliti dal decreto di cui all'articolo 13, comma 6, della legge 31 dicembre 2012, n. 247, nel caso di conclusione del procedimento con sentenza di assoluzione o di emanazione di un provvedimento di archiviazione, in presenza dei seguenti requisiti:
a) assenza di conflitto di interessi con l'ente amministrato;
b) presenza di nesso causale tra funzioni esercitate e fatti giuridicamente rilevanti;
c) assenza di dolo o colpa grave. (2)

6. Al fine di conferire certezza alla posizione previdenziale e assistenziale dei soggetti destinatari dei benefici di cui al comma 1 è consentita l'eventuale ripetizione degli oneri assicurativi, assistenziali e previdenziali, entro cinque anni dalla data del loro versamento, se precedente alla data di entrata in vigore della legge 3 agosto 1999, n. 265, ed entro tre anni se successiva.

(1) Per le nuove disposizioni in materia di città metropolitane, province e unioni e fusioni di comuni, vedi la L. 7 aprile 2014, n. 56.
(2) Comma così sostituito dall'art. 7-bis, comma 1, D.L. 19 giugno 2015, n. 78, convertito, con modificazioni, dalla L. 6 agosto 2015, n. 125.

Art. 87 (¹)
Consigli di amministrazione delle aziende speciali.

1. Fino all'approvazione della riforma in materia di servizi pubblici locali, ai componenti dei consigli di amministrazione delle aziende speciali anche consortili si applicano le disposizioni contenute nell'articolo 78, comma 2, nell'articolo 79, commi 3 e 4, nell'articolo 81, nell'articolo 85 e nell'articolo 86.

(2) Per le nuove disposizioni in materia di città metropolitane, province e unioni e fusioni di comuni, vedi la L. 7 aprile 2014, n. 56.

PARTE I

Ordinamento istituzionale

TITOLO IV

Organizzazione e personale

Capo I

Uffici e personale

Art. 88 (¹)
Disciplina applicabile agli uffici ed al personale degli enti locali.

1. All'ordinamento degli uffici e del personale degli enti locali, ivi compresi i dirigenti ed i segretari comunali e provinciali, si applicano le disposizioni del decreto legislativo 3 febbraio 1993, n. 29, e successive modificazioni ed integrazioni, e le altre disposizioni di legge in materia di organizzazione e lavoro nelle pubbliche amministrazioni nonché quelle contenute nel presente testo unico.

(1) Per le nuove disposizioni in materia di città metropolitane, province e unioni e fusioni di comuni, vedi la L. 7 aprile 2014, n. 56.

Art. 89 (¹)
Fonti.

1. Gli enti locali disciplinano, con propri regolamenti, in conformità allo statuto, l'ordinamento generale degli uffici e dei servizi, in base a criteri di autonomia, funzionalità ed economicità di gestione e secondo princìpi di professionalità e responsabilità.

2. La potestà regolamentare degli enti locali si esercita, tenendo conto di quanto demandato alla contrattazione collettiva nazionale, nelle seguenti materie:
a) responsabilità giuridiche attinenti ai singoli operatori nell'espletamento delle procedure amministrative;
b) organi, uffici, modi di conferimento della titolarità dei medesimi;
c) princìpi fondamentali di organizzazione degli uffici;
d) procedimenti di selezione per l'accesso al lavoro e di avviamento al lavoro;
e) ruoli, dotazioni organiche e loro consistenza complessiva;
f) garanzia della libertà di insegnamento ed autonomia professionale nello svolgimento dell'attività didattica, scientifica e di ricerca;
g) disciplina della responsabilità e delle incompatibilità tra impiego nelle pubbliche amministrazioni ed altre attività e casi di divieto di cumulo di impieghi e incarichi pubblici.

3. I regolamenti di cui al comma 1, nella definizione delle procedure per le assunzioni, fanno riferimento ai princìpi fissati dall'articolo 36 del decreto legislativo 3 febbraio 1993, n. 29, e successive modificazioni ed integrazioni.

4. In mancanza di disciplina regolamentare sull'ordinamento degli uffici e dei servizi o per la parte non disciplinata dalla stessa, si applica la procedura di reclutamento prevista dal decreto del Presidente della Repubblica 9 maggio 1994, n. 487.

5. Gli enti locali, nel rispetto dei princìpi fissati dal presente testo unico, provvedono alla rideterminazione delle proprie dotazioni organiche, nonché all'organizzazione e gestione del personale nell'àmbito della propria autonomia normativa ed organizzativa con i soli limiti derivanti dalle

proprie capacità di bilancio e dalle esigenze di esercizio delle funzioni, dei servizi e dei compiti loro attribuiti. Restano salve le disposizioni dettate dalla normativa concernente gli enti locali dissestati e strutturalmente deficitari.

6. Nell'àmbito delle leggi, nonché dei regolamenti di cui al comma 1, le determinazioni per l'organizzazione degli uffici e le misure inerenti alla gestione dei rapporti di lavoro sono assunte dai soggetti preposti alla gestione con la capacità e i poteri del privato datore di lavoro.

(1) Per le nuove disposizioni in materia di città metropolitane, province e unioni e fusioni di comuni, vedi la L. 7 aprile 2014, n. 56.

Art. 90 ([2])
Uffici di supporto agli organi di direzione politica.

1. Il regolamento sull'ordinamento degli uffici e dei servizi può prevedere la costituzione di uffici posti alle dirette dipendenze del sindaco, del presidente della provincia, della Giunta o degli assessori, per l'esercizio delle funzioni di indirizzo e di controllo loro attribuite dalla legge, costituiti da dipendenti dell'ente, ovvero, salvo che per gli enti dissestati o strutturalmente deficitari, da collaboratori assunti con contratto a tempo determinato, i quali, se dipendenti da una pubblica amministrazione, sono collocati in aspettativa senza assegni.

2. Al personale assunto con contratto di lavoro subordinato a tempo determinato si applica il contratto collettivo nazionale di lavoro del personale degli enti locali.

3. Con provvedimento motivato della Giunta, al personale di cui al comma 2 il trattamento economico accessorio previsto dai contratti collettivi può essere sostituito da un unico emolumento comprensivo dei compensi per il lavoro straordinario, per la produttività collettiva e per la qualità della prestazione individuale.

3-bis. Resta fermo il divieto di effettuazione di attività gestionale anche nel caso in cui nel contratto individuale di lavoro il trattamento economico, prescindendo dal possesso del titolo di studio, è parametrato a quello dirigenziale. (1)

(1) Comma aggiunto dall'art. 11, comma 4, D.L. 24 giugno 2014, n. 90, convertito, con modificazioni, dalla L. 11 agosto 2014, n. 114.

(2) Per le nuove disposizioni in materia di città metropolitane, province e unioni e fusioni di comuni, vedi la L. 7 aprile 2014, n. 56.

Art. 91 ([1])
Assunzioni.

1. Gli enti locali adeguano i propri ordinamenti ai princìpi di funzionalità e di ottimizzazione delle risorse per il migliore funzionamento dei servizi compatibilmente con le disponibilità finanziarie e di bilancio. Gli organi di vertice delle amministrazioni locali sono tenuti alla programmazione triennale del fabbisogno di personale, comprensivo delle unità di cui alla legge 12 marzo 1999, n. 68, finalizzata alla riduzione programmata delle spese del personale.

2. Gli enti locali, ai quali non si applicano discipline autorizzatorie delle assunzioni, programmano le proprie politiche di assunzioni adeguandosi ai princìpi di riduzione complessiva della spesa di personale, in particolare per nuove assunzioni, di cui ai commi 2-*bis*, 3, 3-*bis* e 3-*ter* dell'articolo 39 del decreto legislativo 27 dicembre 1997, n. 449, per quanto applicabili, realizzabili anche mediante l'incremento della quota di personale ad orario ridotto o con altre tipologie contrattuali flessibili nel quadro delle assunzioni compatibili con gli obiettivi della programmazione e giustificate dai processi di riordino o di trasferimento di funzioni e competenze.

3. Gli enti locali che non versino nelle situazioni strutturalmente deficitarie possono prevedere concorsi interamente riservati al personale dipendente, solo in relazione a particolari profili o figure professionali caratterizzati da una professionalità acquisita esclusivamente all'interno dell'ente.

4. Per gli enti locali le graduatorie concorsuali rimangono efficaci per un termine di tre anni dalla data di pubblicazione per l'eventuale copertura dei posti che si venissero a rendere successivamente vacanti e disponibili, fatta eccezione per i posti istituiti o trasformati successivamente all'indizione del concorso medesimo.

(1) Per le nuove disposizioni in materia di città metropolitane, province e unioni e fusioni di comuni, vedi la L. 7 aprile 2014, n. 56.

Art. 92 (¹)
Rapporti di lavoro a tempo determinato e a tempo parziale.

1. Gli enti locali possono costituire rapporti di lavoro a tempo parziale e a tempo determinato, pieno o parziale, nel rispetto della disciplina vigente in materia. I dipendenti degli enti locali a tempo parziale, purché autorizzati dall'amministrazione di appartenenza, possono prestare attività lavorativa presso altri enti.

2. Nei comuni interessati da mutamenti demografici stagionali in relazione a flussi turistici o a particolari manifestazioni anche a carattere periodico, al fine di assicurare il mantenimento di adeguati livelli quantitativi e qualitativi dei servizi pubblici, il regolamento può prevedere particolari modalità di selezione per l'assunzione del personale a tempo determinato per esigenze temporanee o stagionali, secondo criteri di rapidità e trasparenza ed escludendo ogni forma di discriminazione. Si applicano, in ogni caso, le disposizioni dei commi 7 e 8 dell'articolo 36 del decreto legislativo 3 febbraio 1993, n. 29, e successive modificazioni ed integrazioni.

(1) Per le nuove disposizioni in materia di città metropolitane, province e unioni e fusioni di comuni, vedi la L. 7 aprile 2014, n. 56.

Art. 93 (¹)
Responsabilità patrimoniale.

1. Per gli amministratori e per il personale degli enti locali si osservano le disposizioni vigenti in materia di responsabilità degli impiegati civili dello Stato.

2. Il tesoriere ed ogni altro agente contabile che abbia maneggio di pubblico denaro o sia incaricato della gestione dei beni degli enti locali, nonché coloro che si ingeriscano negli incarichi attribuiti a detti agenti devono rendere il conto della loro gestione e sono soggetti alla giurisdizione della Corte dei conti secondo le norme e le procedure previste dalle leggi vigenti.

3. Gli agenti contabili degli enti locali, salvo che la Corte dei conti lo richieda, non sono tenuti alla trasmissione della documentazione occorrente per il giudizio di conto di cui all'articolo 74 del regio decreto 18 novembre

1923, n. 2440, ed agli articoli 44 e seguenti del regio decreto 12 luglio 1934, n. 1214.

4. L'azione di responsabilità si prescrive in cinque anni dalla commissione del fatto. La responsabilità nei confronti degli amministratori e dei dipendenti dei comuni e delle province è personale e non si estende agli eredi salvo il caso in cui vi sia stato illecito arricchimento del dante causa e conseguente illecito arricchimento degli eredi stessi.

(1) Per le nuove disposizioni in materia di città metropolitane, province e unioni e fusioni di comuni, vedi la L. 7 aprile 2014, n. 56.

Art. 94 ([1])
Responsabilità disciplinare.

1. Qualora ricorra alcuna delle condizioni di cui alle lettere *a)*, *b)*, *c)*, *d)* ed *e)* del comma 1 dell'articolo 58, nonché alle lettere *a)*, *b)* e *c)* del comma 1 dell'articolo 59 nei confronti del personale dipendente delle amministrazioni locali, compresi gli enti ivi indicati, si fa luogo alla immediata sospensione dell'interessato dalla funzione o dall'ufficio ricoperti. La sospensione è disposta dal responsabile dell'ufficio secondo la specifica competenza, con le modalità e procedure previste dai rispettivi ordinamenti. A tal fine i provvedimenti emanati dal giudice sono comunicati, a cura della cancelleria del tribunale o della segreteria del pubblico ministero, ai responsabili delle amministrazioni o enti locali indicati nelle predette disposizioni.

2. Al personale dipendente di cui al comma precedente si applicano altresì le disposizioni del comma 5 dell'articolo 58 e del comma 6 dell'articolo 59 previa attivazione del procedimento disciplinare.

(1) Per le nuove disposizioni in materia di città metropolitane, province e unioni e fusioni di comuni, vedi la L. 7 aprile 2014, n. 56.

Art. 95 ([1])
Dati sul personale degli enti locali.

1. Il Ministero dell'interno aggiorna periodicamente, sentiti l'Associazione nazionale comuni italiani (Anci), l'Unione delle province d'Italia (Upi) e

l'Unione nazionale comuni, comunità enti montani (Uncem), i dati del censimento generale del personale in servizio presso gli enti locali.

2. Resta ferma la disciplina sulla banca dati sulle dotazioni organiche degli enti locali prevista dall'articolo 16-*ter* del decreto-legge 18 gennaio 1993, n. 8, convertito, con modificazioni, dalla legge 19 marzo 1993, n. 68.

(1) Per le nuove disposizioni in materia di città metropolitane, province e unioni e fusioni di comuni, vedi la L. 7 aprile 2014, n. 56.

Art. 96 ([1])
Riduzione degli organismi collegiali.

1. Al fine di conseguire risparmi di spese e recuperi di efficienza nei tempi dei procedimenti amministrativi i consigli e le giunte, secondo le rispettive competenze, con provvedimento da emanare entro sei mesi dall'inizio di ogni esercizio finanziario, individuano i comitati, le commissioni, i consigli ed ogni altro organo collegiale con funzioni amministrative ritenuti indispensabili per la realizzazione dei fini istituzionali dell'amministrazione o dell'ente interessato. Gli organismi non identificati come indispensabili sono soppressi a decorrere dal mese successivo all'emanazione del provvedimento. Le relative funzioni sono attribuite all'ufficio che riveste preminente competenza nella materia.

(1) Per le nuove disposizioni in materia di città metropolitane, province e unioni e fusioni di comuni, vedi la L. 7 aprile 2014, n. 56.

Capo II

Segretari comunali e provinciali

Art. 97 ([1])
Ruolo e funzioni.

DIRITTO AMMINISTRATIVO

1. Il comune e la provincia hanno un segretario titolare dipendente dall'Agenzia autonoma per la gestione dell'albo dei segretari comunali e provinciali, di cui all'articolo 102 e iscritto all'albo di cui all'articolo 98.

2. Il segretario comunale e provinciale svolge compiti di collaborazione e funzioni di assistenza giuridico-amministrativa nei confronti degli organi dell'ente in ordine alla conformità dell'azione amministrativa alle leggi, allo statuto ed ai regolamenti.

3. Il sindaco e il presidente della provincia, ove si avvalgano della facoltà prevista dal comma 1 dell'articolo 108, contestualmente al provvedimento di nomina del direttore generale disciplinano, secondo l'ordinamento dell'ente e nel rispetto dei loro distinti ed autonomi ruoli, i rapporti tra il segretario ed il direttore generale.

4. Il segretario sovrintende allo svolgimento delle funzioni dei dirigenti e ne coordina l'attività, salvo quando ai sensi e per gli effetti del comma 1 dell'articolo 108 il sindaco e il presidente della provincia abbiano nominato il direttore generale. Il segretario inoltre:
a) partecipa con funzioni consultive, referenti e di assistenza alle riunioni del consiglio e della Giunta e ne cura la verbalizzazione;
b) esprime il parere di cui all'articolo 49, in relazione alle sue competenze, nel caso in cui l'ente non abbia responsabili dei servizi;
c) roga, su richiesta dell'ente, i contratti nei quali l'ente è parte e autentica scritture private ed atti unilaterali nell'interesse dell'ente; (²)
d) esercita ogni altra funzione attribuitagli dallo statuto o dai regolamenti, o conferitagli dal sindaco o dal presidente della provincia;
e) esercita le funzioni di direttore generale nell'ipotesi prevista dall'articolo 108, comma 4.

5. Il regolamento sull'ordinamento degli uffici e dei servizi, può prevedere un vicesegretario per coadiuvare il segretario e sostituirlo nei casi di vacanza, assenza o impedimento.

6. Il rapporto di lavoro dei segretari comunali e provinciali è disciplinato dai contratti collettivi ai sensi del decreto legislativo 3 febbraio 1993, n. 29, e successive modificazioni ed integrazioni.

(1) Per le nuove disposizioni in materia di città metropolitane, province e unioni e fusioni di comuni, vedi la L. 7 aprile 2014, n. 56.
(2) Lettera così modificata dall'art. 10, comma 2-quater, D.L. 24 giugno 2014, n. 90, convertito, con modificazioni, dalla L. 11 agosto 2014, n. 114.

Art. 98 (¹)
Albo nazionale.

1. L'albo nazionale dei segretari comunali e provinciali, al quale si accede per concorso, è articolato in sezioni regionali.

2. Il numero complessivo degli iscritti all'albo non può essere superiore al numero dei comuni e delle province ridotto del numero delle sedi unificate, maggiorato di una percentuale determinata ogni due anni dal consiglio di amministrazione dell'Agenzia di cui all'articolo 102 e funzionale all'esigenza di garantire una adeguata opportunità di scelta da parte dei sindaci e dei presidenti di provincia.

3. I comuni possono stipulare convenzioni per l'ufficio di segretario comunale comunicandone l'avvenuta costituzione alla Sezione regionale dell'Agenzia. Tali convenzioni possono essere stipulate anche tra comune e provincia e tra province. (²)

4. L'iscrizione all'albo è subordinata al possesso dell'abilitazione concessa dalla Scuola superiore per la formazione e la specializzazione dei dirigenti della pubblica amministrazione locale ovvero dalla sezione autonoma della Scuola superiore dell'amministrazione dell'interno.

5. Al relativo corso si accede mediante concorso nazionale a cui possono partecipare i laureati in giurisprudenza, scienze politiche, economia.

(1) Per le nuove disposizioni in materia di città metropolitane, province e unioni e fusioni di comuni, vedi la L. 7 aprile 2014, n. 56.
(2) Comma così modificato dall'art. 4, comma 4-bis, D.L. 19 giugno 2015, n. 78, convertito, con modificazioni, dalla L. 6 agosto 2015, n. 125.

Art. 99 (¹)
Nomina.

1. Il sindaco e il presidente della provincia nominano il segretario, che dipende funzionalmente dal capo dell'amministrazione, scegliendolo tra gli iscritti all'albo di cui all'articolo 98.

2. Salvo quanto disposto dall'articolo 100, la nomina ha durata corrispondente a quella del mandato del sindaco o del presidente della provincia che lo ha nominato. Il segretario cessa automaticamente dall'incarico con la cessazione del mandato del sindaco e del presidente della provincia, continuando ad esercitare le funzioni sino alla nomina del nuovo segretario.

3. La nomina è disposta non prima di sessanta giorni e non oltre centoventi giorni dalla data di insediamento del sindaco e del presidente della provincia, decorsi i quali il segretario è confermato.

(1) Per le nuove disposizioni in materia di città metropolitane, province e unioni e fusioni di comuni, vedi la L. 7 aprile 2014, n. 56.

Art. 100 ([1])
Revoca.

1. Il segretario può essere revocato con provvedimento motivato del sindaco o del presidente della provincia, previa deliberazione della Giunta, per violazione dei doveri d'ufficio.

(1) Per le nuove disposizioni in materia di città metropolitane, province e unioni e fusioni di comuni, vedi la L. 7 aprile 2014, n. 56.

Art. 101 ([4])
Disponibilità e mobilità.

1. Il segretario comunale o provinciale non confermato, revocato o comunque privo di incarico è collocato in posizione di disponibilità per la durata massima di due anni. ([1])

2. Durante il periodo di disponibilità rimane iscritto all'albo ed è posto a disposizione dell'Agenzia autonoma di cui all'articolo 102 per le attività dell'Agenzia stessa o per l'attività di consulenza, nonché per incarichi di supplenza e di reggenza, ovvero per l'espletamento di funzioni corrispondenti alla qualifica rivestita presso altre amministrazioni pubbliche che lo richiedano con oneri a carico dell'ente presso cui presta servizio. Per il periodo di disponibilità al segretario compete il trattamento economico in godimento in relazione agli incarichi conferiti.

2-*bis*. Durante il periodo in cui il segretario comunale o provinciale è utilizzato in posizione di distacco, comando, aspettativa, fuori ruolo o altra analoga posizione presso altre amministrazioni pubbliche e in ogni altro caso previsto dalla legge, il termine di collocamento in disponibilità resta sospeso. (²)

3. Nel caso di collocamento in disponibilità per mancato raggiungimento di risultati imputabile al segretario oppure motivato da gravi e ricorrenti violazioni dei doveri d'ufficio, allo stesso, salva diversa sanzione, compete il trattamento economico tabellare spettante per la sua qualifica detratti i compensi percepiti a titolo di indennità per l'espletamento degli incarichi di cui al comma 2.

4. Decorsi due anni senza che abbia preso servizio in qualità di titolare in altra sede il segretario viene collocato d'ufficio in mobilità presso altre pubbliche amministrazioni nella piena salvaguardia della posizione giuridica ed economica. (¹)

4-bis. Le disposizioni di cui all'articolo 23-bis del decreto legislativo 30 marzo 2001, n. 165, si applicano ai segretari comunali e provinciali equiparati ai dirigenti statali ai fini delle procedure di mobilità per effetto del contratto collettivo nazionale di lavoro. Alla cessazione dell'incarico, il segretario comunale o provinciale viene collocato nella posizione di disponibilità nell'àmbito dell'albo di appartenenza. (³)

(1) Le parole: "*quattro anni*" sono state così sostituite dall'art. 1, co. 46, L. 30 dicembre 2004, n. 311.
(2) Comma inserito dall'art. 3-quater, D.L. 28 maggio 2004, n. 136, convertito con modificazioni, nella L. 27 luglio 2004, n. 186.
(3) Comma aggiunto dall'art. 7, co. 2, L. 15 luglio 2002, n. 145.
(4) Per le nuove disposizioni in materia di città metropolitane, province e unioni e fusioni di comuni, vedi la L. 7 aprile 2014, n. 56.

Art. 102 (²)
Agenzia autonoma per la gestione dell'albo dei segretari comunali e provinciali.

(...) (¹).

(1) L'articolo che così recitava: *"1. È istituita l'Agenzia autonoma per la gestione dell'albo dei segretari comunali e provinciali, avente personalità giuridica di diritto pubblico e sottoposta alla vigilanza del Ministero dell'Interno.*
2. L'Agenzia è gestita da un consiglio di amministrazione, nominato con decreto del Presidente del Consiglio dei Ministri e composto da due sindaci nominati dall'Anci, da un presidente di provincia designato dall'Upi, da tre segretari comunali e provinciali eletti tra gli iscritti all'albo e da tre esperti designati dalla Conferenza Stato-città e autonomie locali. Il consiglio elegge nel proprio seno un presidente e un vicepresidente.
3. Con la stessa composizione e con le stesse modalità sono costituiti i consigli di amministrazione delle sezioni regionali.
4. L'Agenzia, con deliberazione del consiglio nazionale di amministrazione, può adeguare la dotazione organica in relazione alle esigenze di funzionamento, entro i limiti derivanti dalle disponibilità di bilancio. Al reclutamento del personale, ferma restando l'utilizzazione delle procedure e degli istituti previsti dal comma 2, lettera a), dell'articolo 103, si provvede anche con le modalità previste dall'articolo 36 del decreto legislativo 3 febbraio 1993, n. 29, e successive modificazioni, nel rispetto della disciplina programmatoria delle assunzioni del personale prevista dall'articolo 39 della legge 27 dicembre 1997, n. 449, e successive modificazioni.
5. All'Agenzia è attribuito un fondo finanziario di mobilità a carico degli enti locali, disciplinato dal regolamento di cui all'articolo 103, percentualmente determinato sul trattamento economico del segretario dell'ente, graduato in rapporto alla dimensione dell'ente, e definito in sede di accordo contrattuale.
6. Per il proprio funzionamento e per quello della Scuola superiore per la formazione e la specializzazione dei dirigenti della pubblica amministrazione locale l'Agenzia si avvale del fondo di mobilità di cui al comma 5 a cui sono attribuiti i proventi dei diritti di segreteria di cui all'articolo 42 della legge 8 giugno 1962, n. 604, e successive modificazioni." è stato abrogato dall'art. 7, co. 31-septies, D.L. 31 maggio 2010, n. 78, convertito con modificazioni, nella L. 30 luglio 2010, n. 122.
(2) Per le nuove disposizioni in materia di città metropolitane, province e unioni e fusioni di comuni, vedi la L. 7 aprile 2014, n. 56.

Art. 103 (²)
Organizzazione e funzionamento dell'Agenzia autonoma.

(...) (¹).

(1) L'articolo che così recitava: *"1. Salvo quanto previsto dal presente testo unico, sono disciplinati con regolamento, emanato ai sensi dell'articolo 17, comma 2, della legge 23 agosto 1988, n. 400, su proposta del Ministro competente, sentite le organizzazioni sindacali e le rappresentanze degli enti locali, l'organizzazione, il funzionamento e*

*l'ordinamento contabile dell'Agenzia, l'amministrazione dell'albo e la sua articolazione in sezioni e in fasce professionali, le modalità di svolgimento dei concorsi per l'iscrizione all'albo, il passaggio tra le fasce professionali, il procedimento disciplinare e le modalità di utilizzazione dei segretari non chiamati a ricoprire sedi di segreteria.
2. Il regolamento si conforma ai seguenti princìpi e criteri direttivi:
a) reclutamento del personale da destinare all'Agenzia mediante utilizzo delle procedure in materia di mobilità, ricorrendo prioritariamente, anche in deroga alle disposizioni dell'ordinamento speciale, al personale dell'amministrazione civile dell'interno, utilizzando anche l'istituto del comando o del fuori ruolo;
b) previsione di un esame di idoneità per l'iscrizione all'albo riservato ai frequentatori dei corsi promossi dalla Scuola superiore per la formazione e la specializzazione dei dirigenti della pubblica amministrazione locale, ovvero dalla sezione autonoma della Scuola superiore dell'amministrazione dell'interno;
c) disciplina dell'ordinamento contabile dell'Agenzia anche in deroga alle disposizioni sulla contabilità generale dello Stato, fermo restando l'obbligo di sottoporre il rendiconto della gestione finanziaria al controllo della Corte dei Conti;
d) utilizzazione in via prioritaria dei segretari non chiamati a ricoprire sedi di segreteria per le esigenze dell'Agenzia e per incarichi di supplenza e di reggenza, ovvero per l'espletamento di funzioni corrispondenti alla qualifica rivestita presso altre amministrazioni pubbliche con oneri retributivi a loro carico."* è stato abrogato dall'art. 7, co. 31-septies, D.L. 31 maggio 2010, n. 78, convertito con modificazioni, nella L. 30 luglio 2010, n. 122.
(2) Per le nuove disposizioni in materia di città metropolitane, province e unioni e fusioni di comuni, vedi la L. 7 aprile 2014, n. 56.

Art. 104 ([2])
Scuola superiore della pubblica amministrazione locale e scuole regionali e interregionali.

1. L'organizzazione, il funzionamento e l'ordinamento contabile della Scuola superiore per la formazione e la specializzazione dei dirigenti della pubblica amministrazione locale e delle scuole di cui al comma 2 sono disciplinati con regolamento, determinando i criteri per l'eventuale stipula di convenzioni per l'attività formativa anche in sede decentrata con istituti, enti, società di formazione e ricerca. ([1])

2. L'Agenzia istituisce scuole regionali ed interregionali per la formazione e la specializzazione dei segretari comunali e provinciali e dei dirigenti della pubblica amministrazione locale ovvero può avvalersi, previa convenzione,

della sezione autonoma della Scuola superiore dell'amministrazione dell'interno.

(1) Per la riduzione dell'autorizzazione di spesa prevista dal presente comma, vedi l'art. 15, comma 3, lett. b), D.L. 31 agosto 2013, n. 102, convertito, con modificazioni, dalla L. 28 ottobre 2013, n. 124.
(2) Per le nuove disposizioni in materia di città metropolitane, province e unioni e fusioni di comuni, vedi la L. 7 aprile 2014, n. 56.

Art. 105 ([1])
Regioni a statuto speciale.

1. Le regioni a statuto speciale e le province autonome di Trento e di Bolzano disciplinano le materie di cui al presente capo con propria legislazione.

2. Nel territorio della Regione Trentino-Alto Adige, fino all'emanazione di apposita legge regionale, rimane ferma l'applicazione del titolo VI della legge 11 marzo 1972, n. 118.

(1) Per le nuove disposizioni in materia di città metropolitane, province e unioni e fusioni di comuni, vedi la L. 7 aprile 2014, n. 56.

Art. 106 ([1])
Disposizioni finali e transitorie.

1. Fino alla stipulazione di una diversa disciplina del contratto collettivo nazionale di lavoro resta ferma la classificazione dei comuni e delle province ai fini dell'assegnazione del segretario prevista dalle tabelle A e B allegate al decreto del Presidente della Repubblica 23 giugno 1972, n. 749.

2. I segretari già iscritti alla sezione speciale dell'albo ai sensi dell'articolo 17, comma 82, della legge 15 maggio 1997, n. 127, e trasferiti presso altre pubbliche amministrazioni, permangono nel ruolo statale e mantengono ad esaurimento qualifica e trattamento economico pensionabile in godimento.

3. Ai fini dell'attuazione della legge 8 marzo 1999, n. 50, i segretari comunali di cui all'articolo 18, comma 14, del decreto del Presidente della Repubblica

4 dicembre 1997, n. 465, o all'articolo 39, comma 22, della legge 27 dicembre 1997, n. 449, possono essere collocati o mantenuti in posizione di fuori ruolo con decreto del Presidente del Consiglio dei Ministri, anche dopo il trasferimento alle amministrazioni di destinazione e con effetto dalla data di entrata in vigore della citata legge n. 50 del 1999. Gli oneri relativi al trattamento economico, fondamentale ed accessorio, dei predetti dipendenti rimangono a carico dell'Agenzia autonoma per la gestione dell'albo dei segretari comunali fino alla data del trasferimento alle amministrazioni di destinazione; successivamente sono a queste imputate. Analogamente si provvede, con decreto del Ministro dell'interno, di concerto con il Ministro per la funzione pubblica, per i segretari comunali in servizio presso il Ministero dell'interno ai sensi dell'articolo 34, comma 2, del decreto del Presidente della Repubblica 4 dicembre 1997, n. 465.

(1) Per le nuove disposizioni in materia di città metropolitane, province e unioni e fusioni di comuni, vedi la L. 7 aprile 2014, n. 56.

Capo III

Dirigenza ed incarichi

Art. 107 ([1])
Funzioni e responsabilità della dirigenza.

1. Spetta ai dirigenti la direzione degli uffici e dei servizi secondo i criteri e le norme dettati dagli statuti e dai regolamenti. Questi si uniformano al principio per cui i poteri di indirizzo e di controllo politico-amministrativo spettano agli organi di governo, mentre la gestione amministrativa, finanziaria e tecnica è attribuita ai dirigenti mediante autonomi poteri di spesa, di organizzazione delle risorse umane, strumentali e di controllo.

2. Spettano ai dirigenti tutti i compiti, compresa l'adozione degli atti e provvedimenti amministrativi che impegnano l'amministrazione verso l'esterno, non ricompresi espressamente dalla legge o dallo statuto tra le funzioni di indirizzo e controllo politico-amministrativo degli organi di governo dell'ente o non rientranti tra le funzioni del segretario o del direttore generale, di cui rispettivamente agli articoli 97 e 108.

3. Sono attribuiti ai dirigenti tutti i compiti di attuazione degli obiettivi e dei programmi definiti con gli atti di indirizzo adottati dai medesimi organi, tra i

quali in particolare, secondo le modalità stabilite dallo statuto o dai regolamenti dell'ente:
a) la presidenza delle commissioni di gara e di concorso;
b) la responsabilità delle procedure d'appalto e di concorso;
c) la stipulazione dei contratti;
d) gli atti di gestione finanziaria, ivi compresa l'assunzione di impegni di spesa;
e) gli atti di amministrazione e gestione del personale;
f) i provvedimenti di autorizzazione, concessione o analoghi, il cui rilascio presupponga accertamenti e valutazioni, anche di natura discrezionale, nel rispetto di criteri predeterminati dalla legge, dai regolamenti, da atti generali di indirizzo, ivi comprese le autorizzazioni e le concessioni edilizie;
g) tutti i provvedimenti di sospensione dei lavori, abbattimento e riduzione in pristino di competenza comunale, nonché i poteri di vigilanza edilizia e di irrogazione delle sanzioni amministrative previsti dalla vigente legislazione statale e regionale in materia di prevenzione e repressione dell'abusivismo edilizio e paesaggistico-ambientale;
h) le attestazioni, certificazioni, comunicazioni, diffide, verbali, autenticazioni, legalizzazioni ed ogni altro atto costituente manifestazione di giudizio e di conoscenza;
i) gli atti ad essi attribuiti dallo statuto e dai regolamenti o, in base a questi, delegati dal sindaco.

4. Le attribuzioni dei dirigenti, in applicazione del principio di cui all'articolo 1, comma 4, possono essere derogate soltanto espressamente e ad opera di specifiche disposizioni legislative.

5. A decorrere dalla data di entrata in vigore del presente testo unico, le disposizioni che conferiscono agli organi di cui al Capo I Titolo III l'adozione di atti di gestione e di atti o provvedimenti amministrativi, si intendono nel senso che la relativa competenza spetta ai dirigenti, salvo quanto previsto dall'articolo 50, comma 3, e dall'articolo 54.

6. I dirigenti sono direttamente responsabili, in via esclusiva, in relazione agli obiettivi dell'ente, della correttezza amministrativa, della efficienza e dei risultati della gestione.

7. Alla valutazione dei dirigenti degli enti locali si applicano i princìpi contenuti nell'articolo 5, commi 1 e 2, del decreto legislativo 30 luglio 1999, n. 286, secondo le modalità previste dall'articolo 147 del presente testo unico.

DIRITTO AMMINISTRATIVO

(1) Per le nuove disposizioni in materia di città metropolitane, province e unioni e fusioni di comuni, vedi la L. 7 aprile 2014, n. 56.

Art. 108 ([1])
Direttore generale.

1. Il sindaco nei comuni con popolazione superiore ai 15.000 abitanti e il presidente della provincia, previa deliberazione della Giunta comunale o provinciale, possono nominare un direttore generale, al di fuori della dotazione organica e con contratto a tempo determinato, e secondo criteri stabiliti dal regolamento di organizzazione degli uffici e dei servizi, che provvede ad attuare gli indirizzi e gli obiettivi stabiliti dagli organi di governo dell'ente, secondo le direttive impartite dal sindaco o dal presidente della provincia, e che sovrintende alla gestione dell'ente, perseguendo livelli ottimali di efficacia ed efficienza. Compete in particolare al direttore generale la predisposizione del piano dettagliato di obiettivi previsto dall'articolo 197, comma 2, lettera *a*), nonché la proposta di piano esecutivo di gestione previsto dall'articolo 169. A tali fini, al direttore generale rispondono, nell'esercizio delle funzioni loro assegnate, i dirigenti dell'ente, ad eccezione del segretario del comune e della provincia.

2. Il direttore generale è revocato dal sindaco o dal presidente della provincia, previa deliberazione della Giunta comunale o provinciale. La durata dell'incarico non può eccedere quella del mandato del sindaco o del presidente della provincia.

3. Nei comuni con popolazione inferiore ai 15.000 abitanti è consentito procedere alla nomina del direttore generale previa stipula di convenzione tra comuni le cui popolazioni assommate raggiungano i 15.000 abitanti. In tal caso il direttore generale dovrà provvedere anche alla gestione coordinata o unitaria dei servizi tra i comuni interessati.

4. Quando non risultino stipulate le convenzioni previste dal comma 3 e in ogni altro caso in cui il direttore generale non sia stato nominato, le relative funzioni possono essere conferite dal sindaco o dal presidente della provincia al segretario.

(1) Per le nuove disposizioni in materia di città metropolitane, province e unioni e fusioni di comuni, vedi la L. 7 aprile 2014, n. 56.

DIRITTO AMMINISTRATIVO

Art. 109 ([1])
Conferimento di funzioni dirigenziali.

1. Gli incarichi dirigenziali sono conferiti a tempo determinato, ai sensi dell'articolo 50, comma 10, con provvedimento motivato e con le modalità fissate dal regolamento sull'ordinamento degli uffici e dei servizi, secondo criteri di competenza professionale, in relazione agli obiettivi indicati nel programma amministrativo del sindaco o del presidente della provincia e sono revocati in caso di inosservanza delle direttive del sindaco o del presidente della provincia, della Giunta o dell'assessore di riferimento, o in caso di mancato raggiungimento al termine di ciascun anno finanziario degli obiettivi assegnati nel piano esecutivo di gestione previsto dall'articolo 169 o per responsabilità particolarmente grave o reiterata e negli altri casi disciplinati dai contratti collettivi di lavoro. L'attribuzione degli incarichi può prescindere dalla precedente assegnazione di funzioni di direzione a seguito di concorsi.

2. Nei comuni privi di personale di qualifica dirigenziale le funzioni di cui all'articolo 107, commi 2 e 3, fatta salva l'applicazione dell'articolo 97, comma 4, lettera *d*), possono essere attribuite, a seguito di provvedimento motivato del sindaco, ai responsabili degli uffici o dei servizi, indipendentemente dalla loro qualifica funzionale, anche in deroga a ogni diversa disposizione.

(1) Per le nuove disposizioni in materia di città metropolitane, province e unioni e fusioni di comuni, vedi la L. 7 aprile 2014, n. 56.

Art. 110 ([3])
Incarichi a contratto. ([4])

1. Lo statuto può prevedere che la copertura dei posti di responsabili dei servizi o degli uffici, di qualifiche dirigenziali o di alta specializzazione, possa avvenire mediante contratto a tempo determinato. Per i posti di qualifica dirigenziale, il regolamento sull'ordinamento degli uffici e dei servizi definisce la quota degli stessi attribuibile mediante contratti a tempo determinato, comunque in misura non superiore al 30 per cento dei posti istituiti nella dotazione organica della medesima qualifica e, comunque, per almeno una unità. Fermi restando i requisiti richiesti per la qualifica da

ricoprire, gli incarichi a contratto di cui al presente comma sono conferiti previa selezione pubblica volta ad accertare, in capo ai soggetti interessati, il possesso di comprovata esperienza pluriennale e specifica professionalità nelle materie oggetto dell'incarico. ([1])

2. Il regolamento sull'ordinamento degli uffici e dei servizi, negli enti in cui è prevista la dirigenza, stabilisce i limiti, i criteri e le modalità con cui possono essere stipulati, al di fuori della dotazione organica, contratti a tempo determinato per i dirigenti e le alte specializzazioni, fermi restando i requisiti richiesti per la qualifica da ricoprire. Tali contratti sono stipulati in misura complessivamente non superiore al 5 per cento del totale della dotazione organica della dirigenza e dell'area direttiva e comunque per almeno una unità. Negli altri enti, il regolamento sull'ordinamento degli uffici e dei servizi stabilisce i limiti, i criteri e le modalità con cui possono essere stipulati, al di fuori della dotazione organica, solo in assenza di professionalità analoghe presenti all'interno dell'ente, contratti a tempo determinato di dirigenti, alte specializzazioni o funzionari dell'area direttiva, fermi restando i requisiti richiesti per la qualifica da ricoprire. Tali contratti sono stipulati in misura complessivamente non superiore al 5 per cento della dotazione organica dell'ente arrotondando il prodotto all'unità superiore, o ad una unità negli enti con una dotazione organica inferiore alle 20 unità.

3. I contratti di cui ai precedenti commi non possono avere durata superiore al mandato elettivo del sindaco o del presidente della provincia in carica. Il trattamento economico, equivalente a quello previsto dai vigenti contratti collettivi nazionali e decentrati per il personale degli enti locali, può essere integrato, con provvedimento motivato della Giunta, da una indennità *ad personam*, commisurata alla specifica qualificazione professionale e culturale, anche in considerazione della temporaneità del rapporto e delle condizioni di mercato relative alle specifiche competenze professionali. Il trattamento economico e l'eventuale indennità *ad personam* sono definiti in stretta correlazione con il bilancio dell'ente e non vanno imputati al costo contrattuale e del personale.

4. Il contratto a tempo determinato è risolto di diritto nel caso in cui l'ente locale dichiari il dissesto o venga a trovarsi nelle situazioni strutturalmente deficitarie.

5. Per il periodo di durata degli incarichi di cui ai commi 1 e 2 del presente articolo nonché dell'incarico di cui all'articolo 108, i dipendenti delle

pubbliche amministrazioni sono collocati in aspettativa senza assegni, con riconoscimento dell'anzianità di servizio. (²)

6. Per obiettivi determinati e con convenzioni a termine, il regolamento può prevedere collaborazioni esterne ad alto contenuto di professionalità.

(1) Comma così sostituito dall'art. 11, comma 1, lett. a), D.L. 24 giugno 2014, n. 90, convertito, con modificazioni, dalla L. 11 agosto 2014, n. 114.
(2) Comma così sostituito dall'art. 11, comma 1, lett. b), D.L. 24 giugno 2014, n. 90, convertito, con modificazioni, dalla L. 11 agosto 2014, n. 114.
(3) Per le nuove disposizioni in materia di città metropolitane, province e unioni e fusioni di comuni, vedi la L. 7 aprile 2014, n. 56.
(4) Il presente articolo corrisponde all'*art. 51, commi 5, 5-bis e 7, L. 8 giugno 1990, n. 142*, e all'*art. 6, comma 5, L. 15 maggio 1997, n. 127*, ora abrogati. Vedi, anche, l'*art. 1, D.L. 12 luglio 2004, n. 168*, il *comma 715 dell'art. 1, L. 27 dicembre 2006, n. 296* e l'*art. 34-bis, comma 1, D.L. 23 settembre 2022, n. 144*, convertito, con modificazioni, dalla *L. 17 novembre 2022, n. 175*.

Art. 111 (¹)
Adeguamento della disciplina della dirigenza.

1. Gli enti locali, tenendo conto delle proprie peculiarità, nell'esercizio della propria potestà statutaria e regolamentare, adeguano lo statuto ed il regolamento ai princìpi del presente capo e del capo II del decreto legislativo del 3 febbraio 1993, n. 29, e successive modificazioni ed integrazioni.

(1) Per le nuove disposizioni in materia di città metropolitane, province e unioni e fusioni di comuni, vedi la L. 7 aprile 2014, n. 56.

PARTE I

Ordinamento istituzionale

TITOLO V

Servizi e interventi pubblici locali

Art. 112 (²) (³)
Servizi pubblici locali.

[1. Gli enti locali, nell'àmbito delle rispettive competenze, provvedono alla gestione dei servizi pubblici che abbiano per oggetto produzione di beni ed attività rivolte a realizzare fini sociali e a promuovere lo sviluppo economico e civile delle comunità locali.

[2. I servizi riservati in via esclusiva ai comuni e alle province sono stabiliti dalla legge.] (¹)

3. Ai servizi pubblici locali si applica il capo III del decreto legislativo 30 luglio 1999, n. 286, relativo alla qualità dei servizi pubblici locali e carte dei servizi.]

(1) Comma abrogato dalla Legge 28 dicembre 2001, n. 448.
(2) Per le nuove disposizioni in materia di città metropolitane, province e unioni e fusioni di comuni, vedi la L. 7 aprile 2014, n. 56.
(3) Articolo abrogato dall'*art. 37, comma 1, lett. b), D.Lgs. 23 dicembre 2022, n. 201*, a decorrere dal 31 dicembre 2022, ai sensi di quanto disposto dall'*art. 39, comma 1, del medesimo D.Lgs. n. 201/2022.*

Art. 113 (¹) (¹⁴) (¹⁵)
Gestione delle reti ed erogazione dei servizi pubblici locali di rilevanza economica.

[1. Le disposizioni del presente articolo che disciplinano le modalità di gestione ed affidamento dei servizi pubblici locali concernono la tutela della concorrenza e sono inderogabili ed integrative delle discipline di settore. Restano ferme le altre disposizioni di settore e quelle di attuazione di specifiche normative comunitarie. Restano esclusi dal campo di applicazione del presente articolo i settori disciplinati dai decreti legislativi 16 marzo 1999, n. 79, e 23 maggio 2000, n. 164.

1-*bis*. Le disposizioni del presente articolo non si applicano al settore del trasporto pubblico locale che resta disciplinato dal decreto legislativo 19 novembre 1997, n. 422, e successive modificazioni. (²)

2. Gli enti locali non possono cedere la proprietà degli impianti, delle reti e delle altre dotazioni destinati all'esercizio dei servizi pubblici di cui al comma 1, salvo quanto stabilito dal comma 13.

2-*bis*. Le disposizioni del presente articolo non si applicano agli impianti di trasporti a fune per la mobilità turistico-sportiva esercitati in aree montane. (²)

3. Le discipline di settore stabiliscono i casi nei quali l'attività di gestione delle reti e degli impianti destinati alla produzione dei servizi pubblici locali di cui al comma 1 può essere separata da quella di erogazione degli stessi. È, in ogni caso, garantito l'accesso alle reti a tutti i soggetti legittimati all'erogazione dei relativi servizi.

4. Qualora sia separata dall'attività di erogazione dei servizi, per la gestione delle reti, degli impianti e delle altre dotazioni patrimoniali gli enti locali, anche in forma associata, si avvalgono:
a) di soggetti allo scopo costituiti, nella forma di società di capitali con la partecipazione totalitaria di capitale pubblico cui può essere affidata direttamente tale attività, a condizione che gli enti pubblici titolari del capitale sociale esercitino sulla società un controllo analogo a quello esercitato sui propri servizi e che la società realizzi la parte più importante della propria attività con l'ente o gli enti pubblici che la controllano;
b) di imprese idonee, da individuare mediante procedure ad evidenza pubblica, ai sensi del comma 7. (³)

5. (...) (³) (⁴).

5-bis. (...) (³) (⁵).

5-*ter*. In ogni caso in cui la gestione della rete, separata o integrata con l'erogazione dei servizi, non sia stata affidata con gara ad evidenza pubblica, i soggetti gestori di cui ai precedenti commi provvedono all'esecuzione dei lavori comunque connessi alla gestione della rete esclusivamente mediante contratti di appalto o di concessione di lavori pubblici, aggiudicati a seguito di procedure di evidenza pubblica, ovvero in economia nei limiti di cui all'articolo 24 della legge 11 febbraio 1994, n. 109, e all'articolo 143 del regolamento di cui al decreto del Presidente della Repubblica 21 dicembre 1999, n. 554. Qualora la gestione della rete, separata o integrata con la gestione dei servizi, sia stata affidata con procedure di gara, il soggetto gestore può realizzare direttamente i lavori connessi alla gestione della rete, purché qualificato ai sensi della normativa vigente e purché la gara espletata abbia avuto ad oggetto sia la gestione del servizio relativo alla rete, sia l'esecuzione dei lavori connessi. Qualora, invece, la gara abbia avuto ad oggetto esclusivamente la gestione del servizio relativo alla rete, il gestore deve appaltare i lavori a terzi con le procedure ad evidenza pubblica previste dalla legislazione vigente. (³)

6. (…) (³) (⁶).

7. (…) (³) (⁷).

8. (…) (⁸).

9. Alla scadenza del periodo di affidamento, e in esito alla successiva gara di affidamento, le reti, gli impianti e le altre dotazioni patrimoniali di proprietà degli enti locali o delle società di cui al comma 13 sono assegnati al nuovo gestore. (³) (⁹)

10. È vietata ogni forma di differenziazione nel trattamento dei gestori di pubblico servizio in ordine al regime tributario, nonché alla concessione da chiunque dovuta di contribuzioni o agevolazioni per la gestione del servizio.

11. I rapporti degli enti locali con le società di erogazione del servizio e con le società di gestione delle reti e degli impianti sono regolati da contratti di servizio, allegati ai capitolati di gara, che dovranno prevedere i livelli dei servizi da garantire e adeguati strumenti di verifica del rispetto dei livelli previsti.

12. L'ente locale può cedere tutto o in parte la propria partecipazione nelle società erogatrici di servizi mediante procedure ad evidenza pubblica da rinnovarsi alla scadenza del periodo di affidamento. Tale cessione non comporta effetti sulla durata delle concessioni e degli affidamenti in essere. (³)

13. Gli enti locali, anche in forma associata, nei casi in cui non sia vietato dalle normative di settore, possono conferire la proprietà delle reti, degli impianti, e delle altre dotazioni patrimoniali a società a capitale interamente pubblico, che è incedibile. Tali società pongono le reti, gli impianti e le altre dotazioni patrimoniali a disposizione dei gestori incaricati della gestione del servizio o, ove prevista la gestione separata della rete, dei gestori di quest'ultima, a fronte di un canone stabilito dalla competente Autorità di settore, ove prevista, o dagli enti locali. Alla società suddetta gli enti locali

possono anche assegnare, ai sensi della lettera *a*) del comma 4, la gestione delle reti, nonché il compito di espletare le gare di cui al comma 5. (³)

14. (...) (³) (¹⁰)

15. Le disposizioni del presente articolo non si applicano alle regioni a statuto speciale e alle province autonome di Trento e di Bolzano, se incompatibili con le attribuzioni previste dallo statuto e dalle relative norme di attuazione.

16. (...) (³) (¹¹).

17. (...) (³) (¹²).

18. (...) (³) (¹³).]

(1) Questo articolo è stato così modificato dalla L. 28 dicembre 2001, n. 448, dal D.L. 30 settembre 2003, n. 269 e dall'art. 4, L. 24 dicembre 2003, n. 350.
(2) Comma inserito dall'art. 1, co. 48, L. 15 dicembre 2004, n. 308.
(3) Comma abrogato dall'art. 12, co. 1, lett. a), D.P.R. 7 settembre 2010, n. 168.
(4) Il comma che così recitava: *"5. L'erogazione del servizio avviene secondo le discipline di settore e nel rispetto della normativa dell'Unione europea, con conferimento della titolarità del servizio:*
a) a società di capitali individuate attraverso l'espletamento di gare con procedure ad evidenza pubblica;
b) a società a capitale misto pubblico privato nelle quali il socio privato venga scelto attraverso l'espletamento di gare con procedure ad evidenza pubblica che abbiano dato garanzia di rispetto delle norme interne e comunitarie in materia di concorrenza secondo le linee di indirizzo emanate dalle autorità competenti attraverso provvedimenti o circolari specifiche;
c) a società a capitale interamente pubblico a condizione che l'ente o gli enti pubblici titolari del capitale sociale esercitino sulla società un controllo analogo a quello esercitato sui propri servizi e che la società realizzi la parte più importante della propria attività con l'ente o gli enti pubblici che la controllano." era stato sostituito dall'art.14, D.L. 30 settembre 2003, n. 269 e successivamente è stato abrogato dall'art. 12, D.P.R. 7 settembre 2010, n. 168.
(5) Il comma che così recitava: *"5-bis. Le normative di settore, al fine di superare assetti monopolistici, possono introdurre regole che assicurino concorrenzialità nella*

gestione dei servizi da esse disciplinati prevedendo, nel rispetto delle disposizioni di cui al comma 5, criteri di gradualità nella scelta della modalità di conferimento del servizio." è stato aggiunto dall'art. 4, D.L. 30 settembre 2003, n. 269e poi abrogato dall'art. 12, co. 1, lett. a), D.P.R. 7 settembre 2010, n. 168.

(6) Il comma che così recitava: *"6. Non sono ammesse a partecipare alle gare di cui al comma 5 le società che, in Italia o all'estero, gestiscono a qualunque titolo servizi pubblici locali in virtù di un affidamento diretto, di una procedura non ad evidenza pubblica, o a seguito dei relativi rinnovi; tale divieto si estende alle società controllate o collegate, alle loro controllanti, nonché alle società controllate o collegate con queste ultime. Sono parimenti esclusi i soggetti di cui al comma 4."* è stato abrogato dall'art. 12, co. 1, lett. a), D.P.R. 7 settembre 2010, n. 168.

(7) La Corte costituzionale, con sentenza n. 272 del 27 luglio 2004, ha dichiarato l'illegittimità costituzionale del secondo e terzo periodo di questo comma e del D.L. 30 settembre 2003, n. 269 che ha aggiunto l'ultimo periodo. Successivamente, questo comma, che così recitava: *"7. La gara di cui al comma 5 è indetta nel rispetto degli standard qualitativi, quantitativi, ambientali, di equa distribuzione sul territorio e di sicurezza definiti dalla competente Autorità di settore o, in mancanza di essa, dagli enti locali. La gara è aggiudicata sulla base del migliore livello di qualità e sicurezza e delle condizioni economiche e di prestazione del servizio, dei piani di investimento per lo sviluppo e il potenziamento delle reti e degli impianti, per il loro rinnovo e manutenzione, nonché dei contenuti di innovazione tecnologica e gestionale. Tali elementi fanno parte integrante del contratto di servizio. Le previsioni di cui al presente comma devono considerarsi integrative delle discipline di settore."* è stato abrogato dall'art. 12, co. 1, lett. a), D.P.R. 7 settembre 2010, n. 168.

(8) Il comma che così recitava: *"8. Qualora sia economicamente più vantaggioso, è consentito l'affidamento contestuale con gara di una pluralità di servizi pubblici locali diversi da quelli del trasporto collettivo. In questo caso, la durata dell'affidamento, unica per tutti i servizi, non può essere superiore alla media calcolata sulla base della durata degli affidamenti indicata dalle discipline di settore."* è stato abrogato dall'art. 12, co. 1, lett. a), D.P.R. 7 settembre 2010, n. 168.

(9) Le parole: *"Sono, inoltre, assegnati al nuovo gestore le reti o loro porzioni, gli impianti e le altre dotazioni realizzate, in attuazione dei piani di investimento di cui al comma 7, dal gestore uscente. A quest'ultimo è dovuto da parte del nuovo gestore un indennizzo pari al valore dei beni non ancora ammortizzati, il cui ammontare è indicato nel bando di gara."* sono state abrogate dall'art.12, co. 1, lett. a), D.P.R. 7 settembre 2010, n. 168.

(10) Il comma che così recitava: *"14. Fermo restando quanto disposto dal comma 3, se le reti, gli impianti e le altre dotazioni patrimoniali per la gestione dei servizi di cui al comma 1 sono di proprietà di soggetti diversi dagli enti locali, questi possono essere autorizzati a gestire i servizi o loro segmenti, a condizione che siano rispettati gli standard di cui al comma 7 e siano praticate tariffe non superiori alla media regionale, salvo che le discipline di carattere settoriale o le relative Autorità dispongano*

diversamente. Tra le parti è in ogni caso stipulato, ai sensi del comma 11, un contratto di servizio in cui sono definite, tra l'altro, le misure di coordinamento con gli eventuali altri gestori." è stato abrogato dall'art. 12, co. 1, lett. a), D.P.R. 7 settembre 2010, n. 168.
(11) Comma aggiunto dall'art. 14, D.L. 30 settembre 2003, n. 269 e poi modificato dall'art. 4, L. 24 dicembre 2003, n. 350. Le parole: *", relativamente al solo servizio idrico integrato al 31 dicembre 2007,"* sono state poi inserite al D.L. 4 luglio 2006, n. 223 e poi modificate dal D.L. 25 giugno 2008, n. 133. Succesivamente questo comma, che così recitava: *"15-bis. Nel caso in cui le disposizioni previste per i singoli settori non stabiliscano un congruo periodo di transizione, ai fini dell'attuazione delle disposizioni previste nel presente articolo, le concessioni rilasciate con procedure diverse dall'evidenza pubblica cessano comunque entro e non oltre la data del 31 dicembre 2006, relativamente al solo servizio idrico integrato al 31 dicembre 2010, senza necessità di apposita deliberazione dell'ente affidante. Sono escluse dalla cessazione le concessioni affidate a società a capitale misto pubblico privato nelle quali il socio privato sia stato scelto mediante procedure ad evidenza pubblica che abbiano dato garanzia di rispetto delle norme interne e comunitarie in materia di concorrenza, nonché quelle affidate a società a capitale interamente pubblico a condizione che gli enti pubblici titolari del capitale sociale esercitino sulla società un controllo analogo a quello esercitato sui propri servizi e che la società realizzi la parte più importante della propria attività con l'ente o gli enti pubblici che la controllano. Sono altresì escluse dalla cessazione le concessioni affidate alla data del 1° ottobre 2003 a società già quotate in borsa e a quelle da esse direttamente partecipate a tale data a condizione che siano concessionarie esclusive del servizio, nonché a società originariamente a capitale interamente pubblico che entro la stessa data abbiano provveduto a collocare sul mercato quote di capitale attraverso procedure ad evidenza pubblica, ma, in entrambe le ipotesi indicate, le concessioni cessano comunque allo spirare del termine equivalente a quello della durata media delle concessioni aggiudicate nello stesso settore a seguito di procedure di evidenza pubblica, salva la possibilità di determinare caso per caso la cessazione in una data successiva qualora la stessa risulti proporzionata ai tempi di recupero di particolari investimenti effettuati da parte del gestore."* è stato abrogato dall'art. 12, co. 1, lett. a), D.P.R. 7 settembre 2010, n. 168.
(12) Il comma che così recitava: *"15-ter. Il termine del 31 dicembre 2006, relativamente al solo servizio idrico integrato al 31 dicembre 2010, di cui al comma 15-bis, può essere differito ad una data successiva, previo accordo, raggiunto caso per caso, con la Commissione europea, alle condizioni sotto indicate:*
a) nel caso in cui, almeno dodici mesi prima dello scadere del suddetto termine si dia luogo, mediante una o più fusioni, alla costituzione di una nuova società capace di servire un bacino di utenza complessivamente non inferiore a due volte quello originariamente servito dalla società maggiore; in questa ipotesi il differimento non può comunque essere superiore ad un anno;
b) nel caso in cui, entro il termine di cui alla lettera a), un'impresa affidataria, anche a seguito di una o più fusioni, si trovi ad operare in un àmbito corrispondente almeno

all'intero territorio provinciale ovvero a quello ottimale, laddove previsto dalle norme vigenti; in questa ipotesi il differimento non può comunque essere superiore a due anni." era stato aggiunto dall'art. 14, D.L. 30 settembre 2003, n. 269. Successivamente le parole: *", relativamente al solo servizio idrico integrato al 31 dicembre 2007,"* sono state inserite al D.L. 4 luglio 2006, n. 223 e poi modificate dal D.L. 25 giugno 2008, n. 133. Da ultimo il comma è stato abrogato dall'art. 12, co. 1, lett. a), D.P.R. 7 settembre 2010, n. 168.
(13) Il comma che così recitava: *"15-quater. A decorrere dal 1° gennaio 2007 si applica il divieto di cui al comma 6, salvo nei casi in cui si tratti dell'espletamento delle prime gare aventi ad oggetto i servizi forniti dalle società partecipanti alla gara stessa. Con regolamento da emanare ai sensi dell'articolo 17, comma 1, della legge 23 agosto 1988, n. 400, e successive modificazioni, sentite le Autorità indipendenti del settore e la Conferenza unificata di cui all'articolo 8 del decreto legislativo 28 agosto 1997, n. 281, il Governo definisce le condizioni per l'ammissione alle gare di imprese estere, o di imprese italiane che abbiano avuto all'estero la gestione del servizio senza ricorrere a procedure di evidenza pubblica, a condizione che, nel primo caso, sia fatto salvo il principio di reciprocità e siano garantiti tempi certi per l'effettiva apertura dei relativi mercati."* era stato aggiunto dall'art. 14, D.L. 30 settembre 2003, n. 269 e da ultimo abrogato dall'art. 12, co. 1, lett. a), D.P.R. 7 settembre 2010, n. 168.
(14) Per le nuove disposizioni in materia di città metropolitane, province e unioni e fusioni di comuni, vedi la L. 7 aprile 2014, n. 56.
(15) Articolo abrogato dall'*art. 37, comma 1, lett. b), D.Lgs. 23 dicembre 2022, n. 201*, a decorrere dal 31 dicembre 2022, ai sensi di quanto disposto dall'*art. 39, comma 1, del medesimo D.Lgs. n. 201/2022*.

Art. 113-bis (5)
Gestione dei servizi pubblici locali privi di rilevanza industriale. (¹) (²)

1. Ferme restando le disposizioni previste per i singoli settori, i servizi pubblici locali privi di rilevanza industriale sono gestiti mediante affidamento diretto a:
a) istituzioni;
b) aziende speciali, anche consortili;
c) società a capitale interamente pubblico a condizione che gli enti pubblici titolari del capitale sociale esercitino sulla società un controllo analogo a quello esercitato sui propri servizi e che la società realizzi la parte più importante della propria attività con l'ente o gli enti pubblici che la controllano. (³)

2. È consentita la gestione in economia quando, per le modeste dimensioni o per le caratteristiche del servizio, non sia opportuno procedere ad affidamento ai soggetti di cui al comma 1.

3. Gli enti locali possono procedere all'affidamento diretto dei servizi culturali e del tempo libero anche ad associazioni e fondazioni da loro costituite o partecipate.

4. (...) ([4])

5. I rapporti tra gli enti locali ed i soggetti erogatori dei servizi di cui al presente articolo sono regolati da contratti di servizio.

---

(1) Questo articolo è stato inserito dall'art. 35, co. 15, L. 28 dicembre 2001, n. 448 e successivamente dichiarato incostituzionale dalla Corte costituzionale, con sentenza n. 272 del 27 luglio 2004.
(2) La parola: *"industriale"* è stata sostituita dalla parola: *"economica"* dall'art. 14, co. 2, D.L. 30 settembre 2003, n. 269, convertito con modificazioni, nella L. 24 novembre 2003, n. 326. La Corte costituzionale, con sentenza n. 272 del 27 luglio 2004, ha dichiarato l'illegittimità costituzionale dell'art. 14, co. 2, del D.L. 30 settembre 2003, n. 269.
(3) Questa lettera è stata così sostituita dall'art. 14, co. 2, del D.L. 30 settembre 2003, n. 269, convertito con modificazioni nella L. 24 novembre 2003, n. 326. La Corte costituzionale, con sentenza n. 272 del 27 luglio 2004, ha dichiarato l'illegittimità costituzionale dell'art. 14, co. 2, del D.L. 30 settembre 2003, n. 269.
(4) Il comma: *"4. Quando sussistono ragioni tecniche, economiche o di utilità sociale, i servizi di cui ai commi 1, 2 e 3 possono essere affidati a terzi, in base a procedure ad evidenza pubblica, secondo le modalità stabilite dalle normative di settore."* è stato abrogato dal D.L. 30 settembre 2003, n. 269, convertito con modificazioni nella L. 24 novembre 2003, n. 326.
(5) Per le nuove disposizioni in materia di città metropolitane, province e unioni e fusioni di comuni, vedi la L. 7 aprile 2014, n. 56.

Art. 114 ([3])
Aziende speciali ed istituzioni.

1. L'azienda speciale è ente strumentale dell'ente locale dotato di personalità giuridica, di autonomia imprenditoriale e di proprio statuto, approvato dal consiglio comunale o provinciale. L'azienda speciale conforma la propria gestione ai principi contabili generali contenuti nell'allegato n. 1 al decreto

legislativo 23 giugno 2011, n. 118, e successive modificazioni, ed ai principi del codice civile. (⁴)

2. L'istituzione è organismo strumentale dell'ente locale per l'esercizio di servizi sociali, dotato di autonomia gestionale. L'istituzione conforma la propria gestione ai principi contabili generali e applicati allegati al decreto legislativo 23 giugno 2011, n. 118 e successive modificazioni e integrazioni ed adotta il medesimo sistema contabile dell'ente locale che lo ha istituito, nel rispetto di quanto previsto dall'art. 151, comma 2. L'ente locale che si avvale della facoltà di non tenere la contabilità economico patrimoniale di cui all'art. 232, comma 3, può imporre alle proprie istituzioni l'adozione della contabilità economico-patrimoniale. (⁷)

3. Organi dell'azienda e dell'istituzione sono il consiglio di amministrazione, il presidente e il direttore, al quale compete la responsabilità gestionale. Le modalità di nomina e revoca degli amministratori sono stabilite dallo statuto dell'ente locale.

4. L'azienda e l'istituzione conformano la loro attività a criteri di efficacia, efficienza ed economicità ed hanno l'obbligo dell'equilibrio economico, considerando anche i proventi derivanti dai trasferimenti, fermo restando, per l'istituzione, l'obbligo del pareggio finanziario. (⁸)

5. Nell'àmbito della legge, l'ordinamento ed il funzionamento delle aziende speciali sono disciplinati dal proprio statuto e dai regolamenti, quelli delle istituzioni sono disciplinati dallo statuto e dai regolamenti dell'ente locale da cui dipendono.

5-bis. Le aziende speciali e le istituzioni si iscrivono e depositano i propri bilanci al registro delle imprese o nel repertorio delle notizie economico-amministrative della camera di commercio, industria, artigianato e agricoltura del proprio territorio entro il 31 maggio di ciascun anno. (¹)

6. L'ente locale conferisce il capitale di dotazione; determina le finalità e gli indirizzi; approva gli atti fondamentali; esercita la vigilanza; verifica i risultati della gestione; provvede alla copertura degli eventuali costi sociali.

7. Il collegio dei revisori dei conti dell'ente locale esercita le sue funzioni anche nei confronti delle istituzioni. Lo statuto dell'azienda speciale prevede un apposito organo di revisione, nonché forme autonome di verifica della gestione.

8. Ai fini di cui al comma 6 sono fondamentali i seguenti atti dell'azienda da sottoporre all'approvazione del consiglio comunale: ([2])
a) il piano-programma, comprendente un contratto di servizio che disciplini i rapporti tra ente locale ed azienda speciale;
b) il budget economico almeno triennale; ([6])
c) il bilancio di esercizio; ([6])
d) il piano degli indicatori di bilancio ([6]).

8-bis. Ai fini di cui al comma 6, sono fondamentali i seguenti atti dell'istituzione da sottoporre all'approvazione del consiglio comunale:
a) il piano-programma, di durata almeno triennale, che costituisce il documento di programmazione dell'istituzione;
b) il bilancio di previsione almeno triennale, predisposto secondo lo schema di cui all'allegato n. 9 del decreto legislativo 23 giugno 2011, n. 118, e successive modificazioni, completo dei relativi allegati;
c) le variazioni di bilancio;
d) il rendiconto della gestione predisposto secondo lo schema di cui all'allegato n. 10 del decreto legislativo 23 giugno 2011, n. 118, e successive modificazioni, completo dei relativi allegati. ([5])

(1) Comma aggiunto dall'art. 25, co. 2, lett. a), D.L. 24 gennaio 2012, n. 1, convertito con modificazioni, nella L. 24 marzo 2012, n. 27 , modificato dall'art. 4, comma 12, D.L. 31 agosto 2013, n. 101, convertito, con modificazioni, dalla L. 30 ottobre 2013, n. 125, e, successivamente, così sostituito dall'art. 1, comma 560, L. 27 dicembre 2013, n. 147, a decorrere dal 1° gennaio 2014.
(2) Alinea così modificato dall'art. 25, co. 2, lett. b), D.L. 24 gennaio 2012, n. 1, convertito con L. 24 marzo 2012, n. 27 e, successivamente, dall'art. 74, comma 1, n. 1), lett. d), D.Lgs. 23 giugno 2011, n. 118, aggiunto dall'art. 1, comma 1, lett. aa), D.Lgs. 10 agosto 2014, n. 126.
(3) Per le nuove disposizioni in materia di città metropolitane, province e unioni e fusioni di comuni, vedi la L. 7 aprile 2014, n. 56.
(4) Comma così modificato dall'art. 74, comma 1, n. 1), lett. a), D.Lgs. 23 giugno 2011, n. 118, aggiunto dall'art. 1, comma 1, lett. aa), D.Lgs. 10 agosto 2014, n. 126.
(5) Comma aggiunto dall'art. 74, comma 1, n. 1), lett. e), D.Lgs. 23 giugno 2011, n. 118, aggiunto dall'art. 1, comma 1, lett. aa), D.Lgs. 10 agosto 2014, n. 126.
(6) Lettera così sostituita dall'art. 74, comma 1, n. 1), lett. e), D.Lgs. 23 giugno 2011, n. 118, aggiunto dall'art. 1, comma 1, lett. aa), D.Lgs. 10 agosto 2014, n. 126.
(7) Comma così modificato dall'art. 74, comma 1, n. 1), lett. b), D.Lgs. 23 giugno 2011, n. 118, aggiunto dall'art. 1, comma 1, lett. aa), D.Lgs. 10

agosto 2014, n. 126.
(8) Comma così modificato dall'art. 74, comma 1, n. 1), lett. c), D.Lgs. 23 giugno 2011, n. 118, aggiunto dall'art. 1, comma 1, lett. aa), D.Lgs. 10 agosto 2014, n. 126.

Art. 115 ([5])
Trasformazione delle aziende speciali in società per azioni.

1. I comuni, le province e gli altri enti locali possono, per atto unilaterale, trasformare le aziende speciali in società di capitali, ([1]) di cui possono restare azionisti unici per un periodo comunque non superiore a due anni dalla trasformazione. Il capitale iniziale di tali società è determinato dalla deliberazione di trasformazione in misura non inferiore al fondo di dotazione delle aziende speciali risultante dall'ultimo bilancio di esercizio approvato e comunque in misura non inferiore all'importo minimo richiesto per la costituzione delle società medesime. L'eventuale residuo del patrimonio netto conferito è imputato a riserve e fondi, mantenendo ove possibile le denominazioni e le destinazioni previste nel bilancio delle aziende originarie. Le società conservano tutti i diritti e gli obblighi anteriori alla trasformazione e subentrano pertanto in tutti i rapporti attivi e passivi delle aziende originarie.

2. La deliberazione di trasformazione tiene luogo di tutti gli adempimenti in materia di costituzione delle società previsti dalla normativa vigente, ferma l'applicazione delle disposizioni degli articoli 2330, commi terzo e quarto, e 2330-*bis* del codice civile.

3. Ai fini della definitiva determinazione dei valori patrimoniali conferiti, entro tre mesi dalla costituzione delle società, gli amministratori devono richiedere a un esperto designato dal presidente del tribunale una relazione giurata ai sensi e per gli effetti dell'articolo 2343, primo comma, del codice civile. Entro sei mesi dal ricevimento di tale relazione gli amministratori e i sindaci determinano i valori definitivi di conferimento dopo avere controllato le valutazioni contenute nella relazione stessa e, se sussistono fondati motivi, aver proceduto alla revisione della stima. Fino a quando i valori di conferimento non sono stati determinati in via definitiva le azioni delle società sono inalienabili.

4. Le società di cui al comma 1 possono essere costituite anche ai fini dell'applicazione delle norme di cui al decreto-legge 31 maggio 1994, n. 332, convertito, con modificazioni, dalla legge 30 luglio 1994, n. 474.

5. (...) (²)

6. Il conferimento e l'assegnazione dei beni degli enti locali e delle aziende speciali alle società di cui al comma 1 sono esenti da imposizioni fiscali, dirette e indirette, statali e regionali.

7. La deliberazione di cui al comma 1 può anche prevedere la scissione dell'azienda speciale e la destinazione a società di nuova costituzione di un ramo aziendale di questa. Si applicano, in tal caso, per quanto compatibili, le disposizioni di cui ai commi da 1 a 6 del presente articolo, nonché agli articoli 2504-*septies* e 2504-*decies* del codice civile.

7-*bis*. Le disposizioni di cui ai commi precedenti si applicano anche alla trasformazione dei consorzi, intendendosi sostituita al consiglio comunale l'assemblea consortile. In questo caso le deliberazioni sono adottate a maggioranza dei componenti; gli enti locali che non intendono partecipare alla società hanno diritto alla liquidazione sulla base del valore nominale iscritto a bilancio della relativa quota di capitale. (³)

7-*ter*. Alla privatizzazione di enti ed aziende delle regioni a statuto ordinario e ad autonomia speciale, fermo restando quanto stabilito dalla legislazione regionale in materia, si applicano le disposizioni di cui ai precedenti commi. Delle obbligazioni sorte anteriormente alla costituzione delle società di capitali di cui al comma 1 rispondono in ogni caso le regioni. (⁴)

(1) Le parole: *"costituite ai sensi dell'articolo 113, lettera c)"* sono state soppresse e le parole: *"per azioni"* sono state così sostituite dalle attuali: *"di capitali"* dall'art. 35, co. 12, lett. d), n. 1), L. 28 dicembre 2001, n. 448.
(2) Il comma: *"5. Le partecipazioni nelle società di cui al comma 1 possono essere alienate anche ai fini e con le modalità di cui all'articolo 116."* è stato abrogato dall'art. 35, co. 12, lett. d), n. 2), L. 28 dicembre 2001, n. 448.
(3) Comma aggiunto dall'art. 35, co. 12, lett. d), n. 3), L. 28 dicembre 2001, n. 448.
(4) Questo comma è stato aggiunto dall'art. 7-ter, D.L. 30 settembre 2005, n. 203, convertito con modificazioni, L. 2 dicembre 2005, n. 248.
(5) Per le nuove disposizioni in materia di città metropolitane, province e unioni e fusioni di comuni, vedi la L. 7 aprile 2014, n. 56.

Art. 116 ([1])
Società per azioni con partecipazione minoritaria di enti locali.

[........]

(1) Articolo abrogato dall'art. 28, comma 1, lett. a),D.Lgs. 19 agosto 2016, n. 175.

Art 117 ([1]) ([2])
Tariffe dei servizi.

[1. Gli enti interessati approvano le tariffe dei servizi pubblici in misura tale da assicurare l'equilibrio economico-finanziario dell'investimento e della connessa gestione. I criteri per il calcolo della tariffa relativa ai servizi stessi sono i seguenti:
a) la corrispondenza tra costi e ricavi in modo da assicurare la integrale copertura dei costi, ivi compresi gli oneri di ammortamento tecnico-finanziario;
b) l'equilibrato rapporto tra i finanziamenti raccolti ed il capitale investito;
c) l'entità dei costi di gestione delle opere, tenendo conto anche degli investimenti e della qualità del servizio;
d) l'adeguatezza della remunerazione del capitale investito, coerente con le prevalenti condizioni di mercato.

2. La tariffa costituisce il corrispettivo dei servizi pubblici; essa è determinata e adeguata ogni anno dai soggetti proprietari, attraverso contratti di programma di durata poliennale, nel rispetto del disciplinare e dello statuto conseguenti ai modelli organizzativi prescelti.

3. Qualora i servizi siano gestiti da soggetti diversi dall'ente pubblico per effetto di particolari convenzioni e concessioni dell'ente o per effetto del modello organizzativo di società mista, la tariffa è riscossa dal soggetto che gestisce i servizi pubblici.

(1) Per le nuove disposizioni in materia di città metropolitane, province e unioni e fusioni di comuni, vedi la L. 7 aprile 2014, n. 56.
(2) Articolo abrogato dall'*art. 37, comma 1, lett. b), D.Lgs. 23 dicembre 2022, n.*

201, a decorrere dal 31 dicembre 2022, ai sensi di quanto disposto dall'*art. 39, comma 1, del medesimo D.Lgs. n. 201/2022*.

Art. 118 (³)
Regime del trasferimento di beni.

1. I trasferimenti di beni mobili ed immobili effettuati dai comuni, dalle province e dai consorzi fra tali enti a favore di aziende speciali o di società di capitali di cui al comma 13 dell'articolo 113 (¹) sono esenti, senza limiti di valore, dalle imposte di bollo, di registro, di incremento di valore, ipotecarie, catastali e da ogni altra imposta, spesa, tassa o diritto di qualsiasi specie o natura. Gli onorari previsti per i periti designati dal tribunale per la redazione della stima di cui all'articolo 2343 del codice civile, nonché gli onorari previsti per i notai incaricati della redazione degli atti conseguenti ai trasferimenti, sono ridotti alla metà.

2. Le disposizioni previste nel comma 1 si applicano anche ai trasferimenti ed alle retrocessioni di aziende, di complessi aziendali o di rami di essi posti in essere nell'àmbito di procedure di liquidazione di aziende municipali e provinciali o di aziende speciali, adottate a norma delle disposizioni vigenti in materia di revoca del servizio e di liquidazione di aziende speciali, qualora dette procedure siano connesse o funzionali alla contestuale o successiva costituzione di società per azioni, aventi per oggetto lo svolgimento del medesimo servizio pubblico in precedenza svolto dalle aziende soppresse, purché i beni, i diritti, le aziende o rami di aziende trasferiti o retrocessi vengano effettivamente conferiti nella costituenda società per azioni. Le stesse disposizioni si applicano altresì ai conferimenti di aziende, di complessi aziendali o di rami di essi da parte delle province e dei comuni in sede di costituzione o trasformazione dei consorzi in aziende speciali e consortili ai sensi degli articoli 31 e 274, comma 4, per la costituzione di società per azioni ai sensi dell'articolo 116, ovvero per la costituzione, anche mediante atto unilaterale, da parte di enti locali, di società per azioni al fine di dismetterne le partecipazioni ai sensi del decreto-legge 31 maggio 1994, n. 332, convertito, con modificazioni, dalla legge 30 luglio 1994, n. 474, e successive modificazioni.

3. (...) (²).

(1) Le parole: "società per azioni, costituite ai sensi dell'art. 113, lettera a)" sono state così sostituite dall'art. 35, co. 12, lett. f), n. 1),L. 28 dicembre 2001, n. 448.
(2) Il comma che recitava: "*3. Ai trasferimenti di beni destinati a pubblico servizio, da parte di province e comuni, in favore di società costituite ai sensi dell'articolo 113,*

lettera e), e dell'articolo 116, nonché dei consorzi e delle aziende speciali di cui, rispettivamente, agli articoli 31 e 114 non si applicano le disposizioni relative alla cessione dei beni patrimoniali degli enti pubblici territoriali." è stato abrogato dall'art. 35, co. 12, lett. f), n. 2), L. 28 dicembre 2001, n. 448.
(3) Per le nuove disposizioni in materia di città metropolitane, province e unioni e fusioni di comuni, vedi la L. 7 aprile 2014, n. 56.

Art. 119 ([1])
Contratti di sponsorizzazione, accordi di collaborazione e convenzioni.

1. In applicazione dell'articolo 43 della legge 27 dicembre 1997, n. 449, al fine di favorire una migliore qualità dei servizi prestati, i comuni, le province e gli altri enti locali indicati nel presente testo unico, possono stipulare contratti di sponsorizzazione ed accordi di collaborazione, nonché convenzioni con soggetti pubblici o privati diretti a fornire consulenze o servizi aggiuntivi.

(1) Per le nuove disposizioni in materia di città metropolitane, province e unioni e fusioni di comuni, vedi la L. 7 aprile 2014, n. 56.

Art. 120 ([2])
Società di trasformazione urbana.

1. Le città metropolitane e i comuni, anche con la partecipazione della provincia e della Regione, possono costituire società per azioni per progettare e realizzare interventi di trasformazione urbana, in attuazione degli strumenti urbanistici vigenti. A tal fine le deliberazioni dovranno in ogni caso prevedere che gli azionisti privati delle società per azioni siano scelti tramite procedura di evidenza pubblica.

2. Le società di trasformazione urbana provvedono alla preventiva acquisizione degli immobili interessati dall'intervento, alla trasformazione e alla commercializzazione degli stessi. Le acquisizioni possono avvenire consensualmente o tramite ricorso alle procedure di esproprio da parte del comune. ([1])

3. Gli immobili interessati dall'intervento di trasformazione sono individuati con delibera del consiglio comunale. L'individuazione degli immobili equivale a dichiarazione di pubblica utilità, anche per gli immobili non interessati da opere pubbliche. Gli immobili di proprietà degli enti locali interessati dall'intervento possono essere conferiti alla società anche a titolo di concessione. ([1])

4. I rapporti tra gli enti locali azionisti e la società per azioni di trasformazione urbana sono disciplinati da una convenzione contenente, a pena di nullità, gli obblighi e i diritti delle parti.

(1) Comma così sostituito dall'art. 44, co. 1, lett. a) e b), Legge 1 agosto 2002, n. 166.
(2) Per le nuove disposizioni in materia di città metropolitane, province e unioni e fusioni di comuni, vedi la L. 7 aprile 2014, n. 56.

Art. 121 ([2])
Occupazione d'urgenza di immobili. ([1])

(...) ([1]).

(1) L'articolo: *"1. L'amministrazione comunale può disporre, in presenza dei presupposti di cui alla legge 3 gennaio 1978, n. 1, e successive modificazioni, l'occupazione d'urgenza degli immobili necessari per la realizzazione di opere e lavori pubblici o di pubblico interesse, compresi gli interventi di edilizia residenziale pubblica e quelli necessari per servizi pubblici locali di cui al presente titolo. Per le opere ed i lavori di cui al precedente periodo la redazione dello stato di consistenza può avvenire contestualmente al verbale di immissione nel possesso ai sensi dell'articolo 3 della legge 3 gennaio 1978, n. 1, e successive modificazioni."* è stato abrogato dall'art. 58, co. 1, n. 138), D.P.R. 8 giugno 2001, n. 327 a decorrere dal 1 gennaio 2002, prorogato al termine del 30 giugno 2003 dal D.L. 20 giugno 2002, n. 122.
(2) Per le nuove disposizioni in materia di città metropolitane, province e unioni e fusioni di comuni, vedi la L. 7 aprile 2014, n. 56.

Art. 122 ([1])
Lavori socialmente utili.

[......]

(1) Articolo abrogato dall'art. 28, comma 1, lett. a),D.Lgs. 19 agosto 2016, n. 175.

Art. 123 ([2])
Norma transitoria.

1. Resta fermo l'obbligo per gli enti locali di adeguare l'ordinamento delle aziende speciali alle disposizioni di cui all'articolo 114; gli enti locali iscrivono per gli effetti di cui al primo comma dell'articolo 2331 del codice civile, le aziende speciali nel registro delle imprese.

2. Restano salvi gli effetti degli atti e dei contratti che le medesime aziende speciali hanno posto in essere anteriormente alla data di attuazione del registro delle imprese, di cui all'articolo 8 della legge 29 dicembre 1993, n. 580.

3. (...) ([1]).

(1) Il comma che recitava: "3. *Le norme del regio decreto 15 ottobre 1925, n. 2578, si applicano fino all'adeguamento delle aziende speciali alla disciplina del presente testo unico; si applicano altresì per l'esercizio del diritto di riscatto relativo ai rapporti in corso di esecuzione*" è stato abrogato dall'art. 35, co. 12. lett. g), L. 28 dicembre 2001, n. 448.
(2) Per le nuove disposizioni in materia di città metropolitane, province e unioni e fusioni di comuni, vedi la L. 7 aprile 2014, n. 56.

PARTE I

Ordinamento istituzionale

TITOLO VI

Controlli

Capo I

Controllo sugli atti

Art. 124 ([2])
Pubblicazione delle deliberazioni.

1. Tutte le deliberazioni del comune e della provincia sono pubblicate mediante pubblicazione ([1]) all'albo pretorio, nella sede dell'ente, per quindici giorni consecutivi, salvo specifiche disposizioni di legge.

2. Tutte le deliberazioni degli altri enti locali sono pubblicate mediante affissione all'albo pretorio del comune ove ha sede l'ente, per quindici giorni consecutivi, salvo specifiche disposizioni.

(1) Comma così modificato dall'art. 9, comma 5-bis, D.L. 18 ottobre 2012, n. 179, convertito con modificazioni, nella L. 17 dicembre 2012, n. 221.
(2) Per le nuove disposizioni in materia di città metropolitane, province e unioni e fusioni di comuni, vedi la L. 7 aprile 2014, n. 56.

Art. 125 ([1])
Comunicazione delle deliberazioni ai capigruppo.

1. Contestualmente all'affissione all'albo le deliberazioni adottate dalla Giunta sono trasmesse in elenco ai capigruppo consiliari; i relativi testi sono messi a disposizione dei consiglieri nelle forme stabilite dallo statuto o dal regolamento.

(1) Per le nuove disposizioni in materia di città metropolitane, province e unioni e fusioni di comuni, vedi la L. 7 aprile 2014, n. 56.

Art 126 ([1])
Deliberazioni soggette in via necessaria al controllo preventivo di legittimità.

1. Il controllo preventivo di legittimità di cui all'articolo 130 della Costituzione sugli atti degli enti locali si esercita esclusivamente sugli statuti

dell'ente, sui regolamenti di competenza del consiglio, esclusi quelli attinenti all'autonomia organizzativa e contabile dello stesso consiglio, sui bilanci annuali e pluriennali e relative variazioni, adottate o ratificate dal consiglio, sul rendiconto della gestione, secondo le disposizioni del presente testo unico.

2. Il controllo preventivo di legittimità si estende anche agli atti delle Istituzioni pubbliche di assistenza e beneficenza.

(1) Per le nuove disposizioni in materia di città metropolitane, province e unioni e fusioni di comuni, vedi la L. 7 aprile 2014, n. 56.

Art. 127 ([1])
Controllo eventuale.

1. Le deliberazioni della Giunta e del consiglio sono sottoposte al controllo, nei limiti delle illegittimità denunziate, quando un quarto dei consiglieri provinciali o un quarto dei consiglieri nei comuni con popolazione superiore a 15.000 abitanti ovvero un quinto dei consiglieri nei comuni con popolazione sino a 15.000 abitanti ne facciano richiesta scritta e motivata con l'indicazione delle norme violate, entro dieci giorni dall'affissione all'albo pretorio, quando le deliberazioni stesse riguardino:
a) appalti e affidamento di servizi o forniture di importo superiore alla soglia di rilievo comunitario;
b) dotazioni organiche e relative variazioni;
c) assunzioni del personale.

2. Nei casi previsti dal comma 1, il controllo è esercitato dal comitato regionale di controllo ovvero, se istituito, dal difensore civico comunale o provinciale. L'organo che procede al controllo, se ritiene che la deliberazione sia illegittima, ne da comunicazione all'ente, entro quindici giorni dalla richiesta, e lo invita ad eliminare i vizi riscontrati. In tal caso, se l'ente non ritiene di modificare la delibera, essa acquista efficacia se viene confermata con il voto favorevole della maggioranza assoluta dei componenti il consiglio.

3. La Giunta può altresì sottoporre al controllo preventivo di legittimità dell'organo regionale di controllo ogni altra deliberazione dell'ente secondo le modalità di cui all'articolo 133.

(1) Per le nuove disposizioni in materia di città metropolitane, province e unioni e fusioni di comuni, vedi la L. 7 aprile 2014, n. 56.

Art. 128 (¹)
Comitato regionale di controllo.

1. Per l'esercizio del controllo di legittimità è istituito, con decreto del presidente della Giunta regionale, il comitato regionale di controllo sugli atti dei comuni e delle province.

2. Sono disciplinate con legge regionale l'elezione, a maggioranza qualificata dei componenti del comitato regionale di controllo di cui all'articolo 130, comma 1, lettera *a*), e comma 2, prima parte, la tempestiva sostituzione degli stessi in caso di morte, dimissioni, decadenza per reiterate assenze ingiustificate o incompatibilità sopravvenuta, nonché per la supplenza del presidente.

3. La legge regionale può articolare il comitato in sezioni per territorio o per materia, salvaguardando con forme opportune l'unitarietà di indirizzo. A tal fine la Regione, in collaborazione con gli uffici del comitato, cura la pubblicazione periodica delle principali decisioni del comitato regionale di controllo con le relative motivazioni di riferimento.

4. Le pronunce degli organi di controllo previsti nel presente capo sono provvedimenti definitivi.

5. I componenti dei comitati regionali di controllo sono personalmente e solidalmente responsabili nei confronti degli enti locali per i danni a questi arrecati con dolo o colpa grave nell'esercizio delle loro funzioni.

(1) Per le nuove disposizioni in materia di città metropolitane, province e unioni e fusioni di comuni, vedi la L. 7 aprile 2014, n. 56.

Art. 129 (¹)
Servizi di consulenza del comitato regionale di controllo.

1. Possono essere attivati nell'àmbito dei comitati regionali di controllo servizi di consulenza ai quali gli enti locali possono rivolgersi al fine di

ottenere preventivi elementi valutativi in ordine all'adozione di atti o provvedimenti di particolare complessità o che attengano ad aspetti nuovi dell'attività deliberativa. La Regione disciplina con propria normativa le modalità organizzative e di espletamento dei servizi di consulenza.

(1) Per le nuove disposizioni in materia di città metropolitane, province e unioni e fusioni di comuni, vedi la L. 7 aprile 2014, n. 56.

Art. 130 ([1])
Composizione del comitato.

1. Il comitato regionale di controllo e ogni sua eventuale sezione sono composti:
a) da quattro esperti eletti dal consiglio regionale, di cui:
1) uno iscritto da almeno dieci anni nell'albo degli avvocati, scelto in una terna proposta dal competente ordine professionale;
2) uno iscritto da almeno dieci anni all'albo dei dottori commercialisti o dei ragionieri, scelto in una terna proposta dai rispettivi ordini professionali;
3) uno scelto tra chi abbia ricoperto complessivamente per almeno cinque anni la carica di sindaco, di presidente della provincia, di consigliere regionale o di parlamentare nazionale, ovvero tra i funzionari statali, regionali o degli enti locali in quiescenza, con qualifica non inferiore a dirigente od equiparata;
4) uno scelto tra i magistrati o gli avvocati dello Stato in quiescenza, o tra i professori di ruolo di università in materie giuridiche ed amministrative ovvero tra i segretari comunali o provinciali in quiescenza;
b) da un esperto designato dal commissario del Governo scelto fra funzionari dell'Amministrazione civile dell'interno in servizio nelle rispettive province.

2. Il consiglio regionale elegge non più di due componenti supplenti aventi i requisiti di cui alla lettera *a)* del comma 1; un terzo supplente, avente i requisiti di cui alla lettera *b)* del comma 1, è designato dal commissario del Governo.

3. In caso di assenza od impedimento dei componenti effettivi, di cui rispettivamente alle lettere *a)* e *b)* del comma 1, intervengono alle sedute i componenti supplenti, eletti o designati per la stessa categoria.

4. Il comitato ed ogni sua sezione eleggono nel proprio seno il presidente ed un vicepresidente scelti tra i componenti eletti dal consiglio regionale.

5. Funge da segretario un funzionario della Regione.

6. Il comitato e le sezioni sono rinnovati integralmente a seguito di nuove elezioni del consiglio regionale, nonché quando si dimetta contemporaneamente la maggioranza dei rispettivi componenti.

7. Il presidente ed il vicepresidente del comitato, se dipendenti pubblici, sono collocati fuori ruolo; se dipendenti privati, sono collocati in aspettativa non retribuita.

8. Ai componenti del comitato si applicano le norme relative ai permessi ed alle aspettative previsti per gli amministratori locali.

(1) Per le nuove disposizioni in materia di città metropolitane, province e unioni e fusioni di comuni, vedi la L. 7 aprile 2014, n. 56.

Art. 131 ([1])
Incompatibilità ed ineleggibilità.

1. Non possono essere eletti e non possono far parte dei comitati regionali di controllo:
a) i deputati, i senatori, i parlamentari europei;
b) i consiglieri e gli assessori regionali;
c) gli amministratori di enti locali o di altri enti soggetti a controllo del comitato, nonché coloro che abbiano ricoperto tali cariche nell'anno precedente alla costituzione del medesimo comitato;
d) coloro che si trovano nelle condizioni di ineleggibilità alle cariche di cui alle lettere *b)* e *c)*, con esclusione dei magistrati e dei funzionari dello Stato;
e) i dipendenti ed i contabili della Regione e degli enti locali sottoposti al controllo del comitato nonché i dipendenti dei partiti presenti nei consigli degli enti locali della Regione;
f) i componenti di altro comitato regionale di controllo o delle sezioni di esso;
g) coloro che prestano attività di consulenza o di collaborazione presso la Regione o enti sottoposti al controllo regionale;
h) coloro che ricoprono incarichi direttivi o esecutivi nei partiti a livello

provinciale, regionale o nazionale, nonché coloro che abbiano ricoperto tali incarichi nell'anno precedente alla costituzione del comitato.

(1) Per le nuove disposizioni in materia di città metropolitane, province e unioni e fusioni di comuni, vedi la L. 7 aprile 2014, n. 56.

Art. 132 (¹)
Funzionamento del comitato.

1. Il funzionamento dei comitati regionali di controllo e delle loro sezioni, le indennità da attribuire ai componenti, le funzioni del presidente e del vicepresidente, le forme di pubblicità della attività dei comitati e di consultazione delle decisioni, nonché il rilascio di copie di esse sono disciplinati dalla legge regionale.

2. Le spese per il funzionamento dei comitati regionali di controllo e dei loro uffici, nonché la corresponsione di un'indennità di carica ai componenti sono a carico della Regione.

3. La Regione provvede alle strutture serventi del comitato regionale di controllo ispirandosi ai princìpi dell'adeguatezza funzionale e dell'autonomia dell'organo.

(1) Per le nuove disposizioni in materia di città metropolitane, province e unioni e fusioni di comuni, vedi la L. 7 aprile 2014, n. 56.

Art. 133 (¹)
Modalità del controllo preventivo di legittimità.

1. Il controllo di legittimità comporta la verifica della conformità dell'atto alle norme vigenti ed alle norme statutarie specificamente indicate nel provvedimento di annullamento, per quanto riguarda la competenza, la forma e la procedura, e rimanendo esclusa ogni diversa valutazione

dell'interesse pubblico perseguito. Nell'esame del bilancio preventivo e del rendiconto della gestione il controllo di legittimità comprende la coerenza interna degli atti e la corrispondenza dei dati contabili con quelli delle deliberazioni, nonché con i documenti giustificativi allegati alle stesse.

2. Il comitato regionale di controllo, entro dieci giorni dalla ricezione degli atti di cui all'articolo 126, comma 1, può disporre l'audizione dei rappresentanti dell'ente deliberante o può richiedere, per una sola volta, chiarimenti o elementi integrativi di giudizio in forma scritta. In tal caso il termine per l'esercizio del controllo viene sospeso e riprende a decorrere dalla data della trasmissione dei chiarimenti o elementi integrativi o dell'audizione dei rappresentanti.

3. Il comitato può indicare all'ente interessato le modificazioni da apportare alle risultanze del rendiconto della gestione con l'invito ad adottarle entro il termine massimo di trenta giorni.

4. Nel caso di mancata adozione delle modificazioni entro il termine di cui al comma 3, o di annullamento della deliberazione di adozione del rendiconto della gestione da parte del comitato di controllo, questo provvede alla nomina di uno o più commissari per la redazione del conto stesso.

5. Non può essere riesaminato il provvedimento sottoposto a controllo nel caso di annullamento in sede giurisdizionale di una decisione negativa di controllo.

(1) Per le nuove disposizioni in materia di città metropolitane, province e unioni e fusioni di comuni, vedi la L. 7 aprile 2014, n. 56.

Art. 134 (¹)
Esecutività delle deliberazioni.

1. La deliberazione soggetta al controllo necessario di legittimità deve essere trasmessa a pena di decadenza entro il quinto giorno successivo all'adozione. Essa diventa esecutiva se entro 30 giorni dalla trasmissione della stessa il comitato regionale di controllo non trasmetta all'ente interessato un provvedimento motivato di annullamento. Le deliberazioni

diventano comunque esecutive qualora prima del decorso dello stesso termine il comitato regionale di controllo dia comunicazione di non aver riscontrato vizi di legittimità.

2. Nel caso delle deliberazioni soggette a controllo eventuale la richiesta di controllo sospende l'esecutività delle stesse fino all'avvenuto esito del controllo.

3. Le deliberazioni non soggette a controllo necessario o non sottoposte a controllo eventuale diventano esecutive dopo il decimo giorno dalla loro pubblicazione.

4. Nel caso di urgenza le deliberazioni del consiglio o della Giunta possono essere dichiarate immediatamente eseguibili con il voto espresso dalla maggioranza dei componenti.

(1) Per le nuove disposizioni in materia di città metropolitane, province e unioni e fusioni di comuni, vedi la L. 7 aprile 2014, n. 56.

Art. 135 ([1])
Comunicazione deliberazioni al prefetto.

1. Il prefetto, nell'esercizio dei poteri conferitigli dalla legge o a lui delegati dal Ministro dell'interno, ai sensi dell'articolo 2, comma 2-*quater,* del decreto-legge 29 ottobre 1991, n. 345, convertito, con modificazioni, dalla legge 30 dicembre 1991, n. 410, e successive modificazioni ed integrazioni, qualora ritenga, sulla base di fondati elementi comunque acquisiti, che esistano tentativi di infiltrazioni di tipo mafioso nelle attività riguardanti appalti, concessioni, subappalti, cottimi, noli a caldo o contratti similari per la realizzazione di opere e di lavori pubblici, ovvero quando sia necessario assicurare il regolare svolgimento delle attività delle pubbliche amministrazioni, richiede ai competenti organi statali e regionali gli interventi di controllo e sostitutivi previsti dalla legge.

2. Ai medesimi fini indicati nel comma 1 il prefetto può chiedere che siano sottoposte al controllo preventivo di legittimità le deliberazioni degli enti locali relative ad acquisti, alienazioni, appalti ed in generale a tutti i contratti, con le modalità e i termini previsti dall'articolo 133, comma 1. Le predette

deliberazioni sono comunicate al prefetto contestualmente all'affissione all'albo.

(1) Per le nuove disposizioni in materia di città metropolitane, province e unioni e fusioni di comuni, vedi la L. 7 aprile 2014, n. 56.

Art. 136 ([1])
Poteri sostitutivi per omissione o ritardo di atti obbligatori.

1. Qualora gli enti locali, sebbene invitati a provvedere entro congruo termine, ritardino o omettano di compiere atti obbligatori per legge, si provvede a mezzo di commissario *ad acta* nominato dal difensore civico regionale, ove costituito, ovvero dal comitato regionale di controllo. Il commissario *ad acta* provvede entro sessanta giorni dal conferimento dell'incarico.

(1) Per le nuove disposizioni in materia di città metropolitane, province e unioni e fusioni di comuni, vedi la L. 7 aprile 2014, n. 56.

Art. 137 ([1])
Poteri sostitutivi del Governo.

1. Con riferimento alle funzioni e ai compiti spettanti agli enti locali, in caso di accertata inattività che comporti inadempimento agli obblighi derivanti dall'appartenenza alla Unione europea o pericolo di grave pregiudizio agli interessi nazionali, il Presidente del Consiglio dei Ministri, su proposta del Ministro competente per materia, assegna all'ente inadempiente un congruo termine per provvedere.

2. Decorso inutilmente tale termine, il Consiglio dei Ministri, sentito il soggetto inadempiente, nomina un commissario che provvede in via sostitutiva.

3. In casi di assoluta urgenza, non si applica la procedura di cui al comma 1 e il Consiglio dei Ministri può adottare il provvedimento di cui al comma 2, su proposta del Presidente del Consiglio dei Ministri, di concerto con il Ministro competente. Il provvedimento in tal modo adottato ha immediata esecuzione ed è immediatamente comunicato alla Conferenza Stato-città e autonomie locali allargata ai rappresentanti delle comunità montane, che ne può chiedere il riesame, nei termini e con gli effetti previsti dall'articolo 8, comma 3, della legge 15 marzo 1997, n. 59.

4. Restano ferme le disposizioni in materia di poteri sostitutivi previste dalla legislazione vigente.

(1) Per le nuove disposizioni in materia di città metropolitane, province e unioni e fusioni di comuni, vedi la L. 7 aprile 2014, n. 56.

Art. 138 ([1])
Annullamento straordinario.

1. In applicazione dell'articolo 2, comma 3, lettera p), della legge 23 agosto 1988, n. 400, il Governo, a tutela dell'unità dell'ordinamento, con decreto del Presidente della Repubblica, previa deliberazione del Consiglio dei Ministri, su proposta del Ministro dell'interno, ha facoltà, in qualunque tempo, di annullare, d'ufficio o su denunzia, sentito il Consiglio di Stato, gli atti degli enti locali viziati da illegittimità.

(1) Per le nuove disposizioni in materia di città metropolitane, province e unioni e fusioni di comuni, vedi la L. 7 aprile 2014, n. 56.

Art. 139 ([1])
Pareri obbligatori.

1. Ai pareri obbligatori delle amministrazioni statali, anche ad ordinamento autonomo, delle regioni e di ogni altro ente sottoposto a tutela statale, regionale e subregionale, prescritti da qualsiasi norma avente forza di legge

ai fini della programmazione, progettazione ed esecuzione di opere pubbliche o di altre attività degli enti locali, si applicano le disposizioni dell'articolo 16 della legge 7 agosto 1990, n. 241, e successive modifiche ed integrazioni, salvo specifiche disposizioni di legge.

(1) Per le nuove disposizioni in materia di città metropolitane, province e unioni e fusioni di comuni, vedi la L. 7 aprile 2014, n. 56.

Art. 140 ([1])
Norma finale.

1. Le disposizioni del presente capo si applicano anche agli altri enti di cui all'articolo 2, compresi i consorzi cui partecipano enti locali, con esclusione di quelli che gestiscono attività aventi rilevanza economica ed imprenditoriale e, ove previsto dallo statuto, dei consorzi per la gestione dei servizi sociali, intendendosi sostituiti alla Giunta e al consiglio del comune o della provincia i corrispondenti organi di governo.

(1) Per le nuove disposizioni in materia di città metropolitane, province e unioni e fusioni di comuni, vedi la L. 7 aprile 2014, n. 56.

Capo II

Controllo sugli organi

Art. 141 ([3])
Scioglimento e sospensione dei consigli comunali e provinciali.

1. I consigli comunali e provinciali vengono sciolti con decreto del Presidente della Repubblica, su proposta del Ministro dell'interno:
a) quando compiano atti contrari alla Costituzione o per gravi e persistenti

violazioni di legge, nonché per gravi motivi di ordine pubblico;
b) quando non possa essere assicurato il normale funzionamento degli organi e dei servizi per le seguenti cause:
1) impedimento permanente, rimozione, decadenza, decesso del sindaco o del presidente della provincia;
2) dimissioni del sindaco o del presidente della provincia;
3) cessazione dalla carica per dimissioni contestuali, ovvero rese anche con atti separati purché contemporaneamente presentati al protocollo dell'ente, della metà più uno dei membri assegnati, non computando a tal fine il sindaco o il presidente della provincia;
4) riduzione dell'organo assembleare per impossibilità di surroga alla metà dei componenti del consiglio;
c) quando non sia approvato nei termini il bilancio;
c-bis) nelle ipotesi in cui gli enti territoriali al di sopra dei mille abitanti siano sprovvisti dei relativi strumenti urbanistici generali e non adottino tali strumenti entro diciotto mesi dalla data di elezione degli organi. In questo caso, il decreto di scioglimento del consiglio è adottato su proposta del Ministro dell'interno di concerto con il Ministro delle infrastrutture e dei trasporti. ([1])

2. Nella ipotesi di cui alla lettera *c*) del comma 1, trascorso il termine entro il quale il bilancio deve essere approvato senza che sia stato predisposto dalla Giunta il relativo schema, l'organo regionale di controllo nomina un commissario affinché lo predisponga d'ufficio per sottoporlo al consiglio. In tal caso e comunque quando il consiglio non abbia approvato nei termini di legge lo schema di bilancio predisposto dalla Giunta, l'organo regionale di controllo assegna al consiglio, con lettera notificata ai singoli consiglieri, un termine non superiore a 20 giorni ([4]) per la sua approvazione, decorso il quale si sostituisce, mediante apposito commissario, all'amministrazione inadempiente. Del provvedimento sostitutivo è data comunicazione al prefetto che inizia la procedura per lo scioglimento del consiglio.

2-*bis*. Nell'ipotesi di cui alla lettera *c-bis*) del comma 1, trascorso il termine entro il quale gli strumenti urbanistici devono essere adottati, la regione segnala al prefetto gli enti inadempienti. Il prefetto invita gli enti che non abbiano provveduto ad adempiere all'obbligo nel termine di quattro mesi. A tal fine gli enti locali possono attivare gli interventi, anche sostitutivi, previsti dallo statuto secondo criteri di neutralità, di sussidiarietà e di adeguatezza. Decorso infruttuosamente il termine di quattro mesi, il prefetto inizia la procedura per lo scioglimento del consiglio. ([2])

3. Nei casi diversi da quelli previsti dal numero 1) della lettera *b*) del comma 1, con il decreto di scioglimento si provvede alla nomina di un commissario, che esercita le attribuzioni conferitegli con il decreto stesso.

4. Il rinnovo del consiglio nelle ipotesi di scioglimento deve coincidere con il primo turno elettorale utile previsto dalla legge.

5. I consiglieri cessati dalla carica per effetto dello scioglimento continuano ad esercitare, fino alla nomina dei successori, gli incarichi esterni loro eventualmente attribuiti.

6. Al decreto di scioglimento è allegata la relazione del Ministro contenente i motivi del provvedimento; dell'adozione del decreto di scioglimento è data immediata comunicazione al parlamento. Il decreto è pubblicato nella «Gazzetta Ufficiale» della Repubblica italiana.

7. Iniziata la procedura di cui ai commi precedenti ed in attesa del decreto di scioglimento, il prefetto, per motivi di grave e urgente necessità, può sospendere, per un periodo comunque non superiore a novanta giorni, i consigli comunali e provinciali e nominare un commissario per la provvisoria amministrazione dell'ente.

8. Ove non diversamente previsto dalle leggi regionali le disposizioni di cui al presente articolo si applicano, in quanto compatibili, agli altri enti locali di cui all'articolo 2, comma 1 ed ai consorzi tra enti locali. Il relativo provvedimento di scioglimento degli organi comunque denominati degli enti locali di cui al presente comma è disposto con decreto del Ministro dell'interno.

(1) Lettera inserita dall'art. 32, co. 7, D.L. 30 settembre 2003, n. 269, convertito con modificazioni, nella L. 24 novembre 2003, n. 326.
(2) Comma inserito dall'art. 32, co. 8, D.L. 30 settembre 2003, n. 269, convertito con modificazioni, nella L. 24 novembre 2003, n. 326.
(3) Per le nuove disposizioni in materia di città metropolitane, province e unioni e fusioni di comuni, vedi la L. 7 aprile 2014, n. 56.
(4) A norma di quanto disposto dall'art. 18, comma 3-ter, D.L. 24 aprile 2017, n. 50, convertito, con modificazioni, dalla L. 21 giugno 2017, n. 96, per l'anno 2017 il presente termine è stabilito in cinquanta giorni.

Art. 142 (²)
Rimozione e sospensione di amministratori locali.

1. Con decreto del Ministro dell'interno il sindaco, il presidente della provincia, i presidenti dei consorzi e delle comunità montane, i componenti dei consigli e delle giunte, i presidenti dei consigli circoscrizionali possono essere rimossi quando compiano atti contrari alla Costituzione o per gravi e persistenti violazioni di legge o per gravi motivi di ordine pubblico.

1-*bis*. Nei territori in cui vige lo stato di emergenza nel settore dello smaltimento dei rifiuti dichiarato ai sensi della legge 24 febbraio 1992, n. 225, in caso di grave inosservanza degli obblighi posti a carico delle province inerenti ala programmazione ed organizzazione del recupero e dello smaltimento dei rifiuti a livello provinciale ed alla individuazione delle zone idonee alla localizzazione degli impianti di recupero e smaltimento dei rifiuti, ovvero in caso di grave inosservanza di specifici obblighi posti a carico dei comuni inerenti alla disciplina delle modalità del servizio di raccolta e trasporto dei rifiuti urbani, della raccolta differenziata, della promozione del recupero delle diverse frazioni di rifiuti, della raccolta e trasporto dei rifiuti primari di imballaggio ai sensi degli articoli 197 e 198 del decreto legislativo 3 aprile 2006, n. 152, anche come precisati dalle ordinanze di protezione civile, il Sottosegretario di Stato delegato alla gestione dell'emergenza assegna all'ente interessato un congruo termine perentorio per adottare i provvedimenti dovuti o necessari: decorso inutilmente tale termine, su proposta motivata del medesimo Sottosegretario, con decreto del Ministro dell'interno possono essere rimossi il sindaco, il presidente della provincia o i componenti dei consigli e delle giunte. (¹)

2. In attesa del decreto, il prefetto può sospendere gli amministratori di cui al comma 1 qualora sussistano motivi di grave e urgente necessità.

3. Sono fatte salve le disposizioni dettate dagli articoli 58 e 59.

---

(1) Comma inserito dall'art. 3, co. 1, D.L. 6 novembre 2008, n. 172, convertito con modificazioni, nella L. 30 dicembre 2008, n. 210.
(2) Per le nuove disposizioni in materia di città metropolitane, province e unioni e fusioni di comuni, vedi la L. 7 aprile 2014, n. 56.

DIRITTO AMMINISTRATIVO

Art. 143
Scioglimento dei consigli comunali e provinciali conseguente a fenomeni di infiltrazione e di condizionamento di tipo mafioso o similare. Responsabilità dei dirigenti e dipendenti

1. Fuori dai casi previsti dall' articolo 141, i consigli comunali e provinciali sono sciolti quando, anche a seguito di accertamenti effettuati a norma dell' articolo 59, comma 7, emergono concreti, univoci e rilevanti elementi su collegamenti diretti o indiretti con la criminalità organizzata di tipo mafioso o similare degli amministratori di cui all' articolo 77, comma 2, ovvero su forme di condizionamento degli stessi, tali da determinare un'alterazione del procedimento di formazione della volontà degli organi elettivi ed amministrativi e da compromettere il buon andamento o l'imparzialità delle amministrazioni comunali e provinciali, nonché il regolare funzionamento dei servizi ad esse affidati, ovvero che risultino tali da arrecare grave e perdurante pregiudizio per lo stato della sicurezza pubblica.

2. Al fine di verificare la sussistenza degli elementi di cui al comma 1 anche con riferimento al segretario comunale o provinciale, al direttore generale, ai dirigenti ed ai dipendenti dell'ente locale, il prefetto competente per territorio dispone ogni opportuno accertamento, di norma promuovendo l'accesso presso l'ente interessato. In tal caso, il prefetto nomina una commissione d'indagine, composta da tre funzionari della pubblica amministrazione, attraverso la quale esercita i poteri di accesso e di accertamento di cui è titolare per delega del Ministro dell'interno ai sensi dell' articolo 2, comma 2-quater, del decreto-legge 29 ottobre 1991, n. 345, convertito, con modificazioni, dalla legge 30 dicembre 1991, n. 410. Entro tre mesi dalla data di accesso, rinnovabili una volta per un ulteriore periodo massimo di tre mesi, la commissione termina gli accertamenti e rassegna al prefetto le proprie conclusioni.

3. Entro il termine di quarantacinque giorni dal deposito delle conclusioni della commissione d'indagine, ovvero quando abbia comunque diversamente acquisito gli elementi di cui al comma 1 ovvero in ordine alla sussistenza di forme di condizionamento degli organi amministrativi ed elettivi, il prefetto, sentito il comitato provinciale per l'ordine e la sicurezza pubblica integrato con la partecipazione del procuratore della Repubblica competente per territorio, invia al Ministro dell'interno una relazione nella quale si dà conto della eventuale sussistenza degli elementi di cui al comma 1 anche con riferimento al segretario comunale o provinciale, al direttore generale, ai dirigenti e ai dipendenti dell'ente locale. Nella relazione sono, altresì, indicati gli appalti, i contratti e i servizi interessati dai fenomeni di compromissione o interferenza con la criminalità organizzata o comunque

connotati da condizionamenti o da una condotta antigiuridica. Nei casi in cui per i fatti oggetto degli accertamenti di cui al presente articolo o per eventi connessi sia pendente procedimento penale, il prefetto può richiedere preventivamente informazioni al procuratore della Repubblica competente, il quale, in deroga all'articolo 329 del codice di procedura penale, comunica tutte le informazioni che non ritiene debbano rimanere segrete per le esigenze del procedimento.

4. Lo scioglimento di cui al comma 1 è disposto con decreto del Presidente della Repubblica, su proposta del Ministro dell'interno, previa deliberazione del Consiglio dei ministri entro tre mesi dalla trasmissione della relazione di cui al comma 3, ed è immediatamente trasmesso alle Camere. Nella proposta di scioglimento sono indicati in modo analitico le anomalie riscontrate ed i provvedimenti necessari per rimuovere tempestivamente gli effetti più gravi e pregiudizievoli per l'interesse pubblico; la proposta indica, altresì, gli amministratori ritenuti responsabili delle condotte che hanno dato causa allo scioglimento. Lo scioglimento del consiglio comunale o provinciale comporta la cessazione dalla carica di consigliere, di sindaco, di presidente della provincia, di componente delle rispettive giunte e di ogni altro incarico comunque connesso alle cariche ricoperte, anche se diversamente disposto dalle leggi vigenti in materia di ordinamento e funzionamento degli organi predetti.

5. Anche nei casi in cui non sia disposto lo scioglimento, qualora la relazione prefettizia rilevi la sussistenza degli elementi di cui al comma 1 con riferimento al segretario comunale o provinciale, al direttore generale, ai dirigenti o ai dipendenti a qualunque titolo dell'ente locale, con decreto del Ministro dell'interno, su proposta del prefetto, è adottato ogni provvedimento utile a far cessare immediatamente il pregiudizio in atto e ricondurre alla normalità la vita amministrativa dell'ente, ivi inclusa la sospensione dall'impiego del dipendente, ovvero la sua destinazione ad altro ufficio o altra mansione con obbligo di avvio del procedimento disciplinare da parte dell'autorità competente.

6. A decorrere dalla data di pubblicazione del decreto di scioglimento sono risolti di diritto gli incarichi di cui all' articolo 110, nonché gli incarichi di revisore dei conti e i rapporti di consulenza e di collaborazione coordinata e continuativa che non siano stati rinnovati dalla commissione straordinaria di cui all' articolo 144 entro quarantacinque giorni dal suo insediamento.

7. Nel caso in cui non sussistano i presupposti per lo scioglimento o l'adozione di altri provvedimenti di cui al comma 5, il Ministro dell'interno,

entro tre mesi dalla trasmissione della relazione di cui al comma 3, emana comunque un decreto di conclusione del procedimento in cui dà conto degli esiti dell'attività di accertamento. Le modalità di pubblicazione dei provvedimenti emessi in caso di insussistenza dei presupposti per la proposta di scioglimento sono disciplinate dal Ministro dell'interno con proprio decreto.

7-bis. Nell'ipotesi di cui al comma 7, qualora dalla relazione del prefetto emergano, riguardo ad uno o più settori amministrativi, situazioni sintomatiche di condotte illecite gravi e reiterate, tali da determinare un'alterazione delle procedure e da compromettere il buon andamento e l'imparzialità delle amministrazioni comunali o provinciali, nonché il regolare funzionamento dei servizi ad esse affidati, il prefetto, sulla base delle risultanze dell'accesso, al fine di far cessare le situazioni riscontrate e di ricondurre alla normalità l'attività amministrativa dell'ente, individua, fatti salvi i profili di rilevanza penale, i prioritari interventi di risanamento indicando gli atti da assumere, con la fissazione di un termine per l'adozione degli stessi, e fornisce ogni utile supporto tecnico-amministrativo a mezzo dei propri uffici. Decorso inutilmente il termine fissato, il prefetto assegna all'ente un ulteriore termine, non superiore a 20 giorni, per la loro adozione, scaduto il quale si sostituisce, mediante commissario ad acta, all'amministrazione inadempiente. Ai relativi oneri gli enti locali provvedono con le risorse disponibili a legislazione vigente sui propri bilanci. ([1])

8. Se dalla relazione prefettizia emergono concreti, univoci e rilevanti elementi su collegamenti tra singoli amministratori e la criminalità organizzata di tipo mafioso, il Ministro dell'interno trasmette la relazione di cui al comma 3 all'autorità giudiziaria competente per territorio, ai fini dell'applicazione delle misure di prevenzione previste nei confronti dei soggetti di cui all' articolo 1 della legge 31 maggio 1965, n. 575.

9. Il decreto di scioglimento è pubblicato nella Gazzetta Ufficiale. Al decreto sono allegate la proposta del Ministro dell'interno e la relazione del prefetto, salvo che il Consiglio dei ministri disponga di mantenere la riservatezza su parti della proposta o della relazione nei casi in cui lo ritenga strettamente necessario.

10. Il decreto di scioglimento conserva i suoi effetti per un periodo da dodici mesi a diciotto mesi prorogabili fino ad un massimo di ventiquattro mesi in casi eccezionali, dandone comunicazione alle Commissioni parlamentari competenti, al fine di assicurare il regolare funzionamento dei

servizi affidati alle amministrazioni, nel rispetto dei princìpi di imparzialità e di buon andamento dell'azione amministrativa. Le elezioni degli organi sciolti ai sensi del presente articolo si svolgono in occasione del turno annuale ordinario di cui all' articolo 1 della legge 7 giugno 1991, n. 182, e successive modificazioni. Nel caso in cui la scadenza della durata dello scioglimento cada nel secondo semestre dell'anno, le elezioni si svolgono in un turno straordinario da tenersi in una domenica compresa tra il 15 ottobre e il 15 dicembre. La data delle elezioni è fissata ai sensi dell' articolo 3 della citata legge n. 182 del 1991, e successive modificazioni. L'eventuale provvedimento di proroga della durata dello scioglimento è adottato non oltre il cinquantesimo giorno antecedente alla data di scadenza della durata dello scioglimento stesso, osservando le procedure e le modalità stabilite nel comma 4.

11. Fatta salva ogni altra misura interdittiva ed accessoria eventualmente prevista, gli amministratori responsabili delle condotte che hanno dato causa allo scioglimento di cui al presente articolo non possono essere candidati alle elezioni per la Camera dei deputati, per il Senato della Repubblica e per il Parlamento europeo nonché alle elezioni regionali, provinciali, comunali e circoscrizionali, in relazione ai due turni elettorali successivi allo scioglimento stesso, qualora la loro incandidabilità sia dichiarata con provvedimento definitivo. Ai fini della dichiarazione d'incandidabilità il Ministro dell'interno invia senza ritardo la proposta di scioglimento di cui al comma 4 al tribunale competente per territorio, che valuta la sussistenza degli elementi di cui al comma 1 con riferimento agli amministratori indicati nella proposta stessa. Si applicano, in quanto compatibili, le procedure di cui al libro IV, titolo II, capo VI, del codice di procedura civile. (2)

12. Quando ricorrono motivi di urgente necessità, il prefetto, in attesa del decreto di scioglimento, sospende gli organi dalla carica ricoperta, nonché da ogni altro incarico ad essa connesso, assicurando la provvisoria amministrazione dell'ente mediante invio di commissari. La sospensione non può eccedere la durata di sessanta giorni e il termine del decreto di cui al comma 10 decorre dalla data del provvedimento di sospensione.

13. Si fa luogo comunque allo scioglimento degli organi, a norma del presente articolo, quando sussistono le condizioni indicate nel comma 1, ancorché ricorrano le situazioni previste dall' articolo 141.

(1) Comma inserito dall' art. 28, comma 1, D.L. 4 ottobre 2018, n. 113, convertito, con modificazioni, dalla L. 1° dicembre 2018, n. 132.

(2) Comma così modificato dall' art. 28, comma 1-bis, D.L. 4 ottobre 2018, n. 113, convertito, con modificazioni, dalla L. 1° dicembre 2018, n. 132.

Art. 144 ([1])
Commissione straordinaria e Comitato di sostegno e monitoraggio.

1. Con il decreto di scioglimento di cui all'articolo 143 è nominata una commissione straordinaria per la gestione dell'ente, la quale esercita le attribuzioni che le sono conferite con il decreto stesso. La commissione è composta di tre membri scelti tra funzionari dello Stato, in servizio o in quiescenza, e tra magistrati della giurisdizione ordinaria o amministrativa in quiescenza. La commissione rimane in carica fino allo svolgimento del primo turno elettorale utile.

2. Presso il Ministero dell'interno è istituito, con personale della amministrazione, un comitato di sostegno e di monitoraggio dell'azione delle commissioni straordinarie di cui al comma 1 e dei comuni riportati a gestione ordinaria.

3. Con decreto del Ministro dell'interno, adottato a norma dell'articolo 17, comma 3, della legge 23 agosto 1988, n. 400, sono determinate le modalità di organizzazione e funzionamento della commissione straordinaria per l'esercizio delle attribuzioni ad essa conferite, le modalità di pubblicizzazione degli atti adottati dalla commissione stessa, nonché le modalità di organizzazione e funzionamento del comitato di cui al comma 2.

(1) Per le nuove disposizioni in materia di città metropolitane, province e unioni e fusioni di comuni, vedi la L. 7 aprile 2014, n. 56.

Art. 145 ([1])
Gestione straordinaria.

1. Quando in relazione alle situazioni indicate nel comma 1 dell'articolo 143 sussiste la necessità di assicurare il regolare funzionamento dei servizi degli enti nei cui confronti è stato disposto lo scioglimento, il prefetto, su richiesta della commissione straordinaria di cui al comma 1 dell'articolo 144, può disporre, anche in deroga alle norme vigenti, l'assegnazione in via temporanea, in posizione di comando o distacco, di personale amministrativo e tecnico di amministrazioni ed enti pubblici, previa intesa con gli stessi, ove occorra anche in posizione di sovraordinazione. Al personale assegnato spetta un compenso mensile lordo proporzionato alle prestazioni da rendere, stabilito dal prefetto in misura non superiore al 50 per cento del compenso spettante a ciascuno dei componenti della commissione straordinaria, nonché, ove dovuto, il trattamento economico di missione stabilito dalla legge per i dipendenti dello Stato in relazione alla qualifica funzionale posseduta nell'amministrazione di appartenenza. Tali competenze sono a carico dello Stato e sono corrisposte dalla prefettura, sulla base di idonea documentazione giustificativa, sugli accreditamenti emessi, in deroga alle vigenti disposizioni di legge, dal Ministero dell'interno. La prefettura, in caso di ritardo nell'emissione degli accreditamenti è autorizzata a prelevare le somme occorrenti sui fondi in genere della contabilità speciale. Per il personale non dipendente dalle amministrazioni centrali o periferiche dello Stato, la prefettura provvede al rimborso al datore di lavoro dello stipendio lordo, per la parte proporzionalmente corrispondente alla durata delle prestazioni rese. Agli oneri derivanti dalla presente disposizione si provvede con una quota parte del 10 per cento delle somme di denaro confiscate ai sensi della legge 31 maggio 1965, n. 575, e successive modificazioni, nonché del ricavato delle vendite disposte a norma dell'articolo 4, commi 4 e 6, del decreto-legge 14 giugno 1989, n. 230, convertito, con modificazioni, dalla legge 4 agosto 1989, n. 282, relative ai beni mobili o immobili ed ai beni costituiti in azienda confiscati ai sensi della medesima legge n. 575/1965. Alla scadenza del periodo di assegnazione, la commissione straordinaria potrà rilasciare, sulla base della valutazione dell'attività prestata dal personale assegnato, apposita certificazione di lodevole servizio che costituisce titolo valutabile ai fini della progressione di carriera e nei concorsi interni e pubblici nelle amministrazioni dello Stato, delle regioni e degli enti locali.

2. Per far fronte a situazioni di gravi disservizi e per avviare la sollecita realizzazione di opere pubbliche indifferibili, la commissione straordinaria di cui al comma 1 dell'articolo 144, entro il termine di sessanta giorni dall'insediamento, adotta un piano di priorità degli interventi, anche con riferimento a progetti già approvati e non eseguiti. Gli atti relativi devono essere nuovamente approvati dalla commissione straordinaria. La relativa deliberazione, esecutiva a norma di legge, è inviata entro dieci giorni al

prefetto il quale, sentito il comitato provinciale della pubblica amministrazione opportunamente integrato con i rappresentanti di uffici tecnici delle amministrazioni statali, regionali o locali, trasmette gli atti all'amministrazione regionale territorialmente competente per il tramite del commissario del Governo, o alla Cassa depositi e prestiti, che provvedono alla dichiarazione di priorità di accesso ai contributi e finanziamenti a carico degli stanziamenti comunque destinati agli investimenti degli enti locali. Le disposizioni del presente comma si applicano ai predetti enti anche in deroga alla disciplina sugli enti locali dissestati, limitatamente agli importi totalmente ammortizzabili con contributi statali o regionali ad essi effettivamente assegnati.

3. Le disposizioni di cui ai commi 1 e 2 si applicano, a far tempo dalla data di insediamento degli organi e fino alla scadenza del mandato elettivo, anche alle amministrazioni comunali e provinciali, i cui organi siano rinnovati al termine del periodo di scioglimento disposto ai sensi del comma 1 dell'articolo 143.

4. Nei casi in cui lo scioglimento è disposto anche con riferimento a situazioni di infiltrazione o di condizionamento di tipo mafioso, connesse all'aggiudicazione di appalti di opere o di lavori pubblici o di pubbliche forniture, ovvero l'affidamento in concessione di servizi pubblici locali, la commissione straordinaria di cui al comma 1 dell'articolo 144 procede alle necessarie verifiche con i poteri del collegio degli ispettori di cui all'articolo 14 del decreto-legge 13 maggio 1991, n. 152, convertito, con modificazioni, dalla legge 12 luglio 1991, n. 203. A conclusione degli accertamenti, la commissione straordinaria adotta tutti i provvedimenti ritenuti necessari e può disporre d'autorità la revoca delle deliberazioni già adottate, in qualunque momento e fase della procedura contrattuale, o la rescissione del contratto già concluso.

5. Ferme restando le forme di partecipazione popolare previste dagli statuti in attuazione dell'articolo 8, comma 3, la commissione straordinaria di cui al comma 1 dell'articolo 144, allo scopo di acquisire ogni utile elemento di conoscenza e valutazione in ordine a rilevanti questioni di interesse generale si avvale, anche mediante forme di consultazione diretta, dell'apporto di rappresentanti delle forze politiche in àmbito locale, dell'Anci, dell'Upi, delle organizzazioni di volontariato e di altri organismi locali particolarmente interessati alle questioni da trattare.

(1) Per le nuove disposizioni in materia di città metropolitane, province e unioni e fusioni di comuni, vedi la L. 7 aprile 2014, n. 56.

Art. 145-bis (¹) (²)
Gestione finanziaria.

1. Per i comuni con popolazione inferiore a 20.000 abitanti i cui organi consiliari sono stati sciolti ai sensi dell'articolo 143, su richiesta della Commissione straordinaria di cui al comma 1 dell'articolo 144, il Ministero dell'interno provvede all'anticipazione di un importo calcolato secondo i criteri di cui al comma 2 del presente articolo. L'anticipazione è subordinata all'approvazione di un piano di risanamento della situazione finanziaria, predisposto con le stesse modalità previste per gli enti in stato di dissesto finanziario dalle norme vigenti. Il piano è predisposto dalla Commissione straordinaria ed è approvato con decreto del Ministro dell'interno, su parere della Commissione per la finanza e gli organici degli enti locali, di cui all'articolo 155.

2. L'importo dell'anticipazione di cui al comma 1 è pari all'importo dei residui attivi derivanti dal titolo primo e dal titolo terzo dell'entrata, come risultanti dall'ultimo rendiconto approvato, sino ad un limite massimo determinato in misura pari a cinque annualità dei trasferimenti erariali correnti e della quota di compartecipazione al gettito dell'IRPEF, e calcolato in base agli importi spettanti al singolo comune per l'anno nel quale perviene la richiesta. Dall'anticipazione spettante sono detratti gli importi già corrisposti a titolo di trasferimenti o di compartecipazione al gettito dell'IRPEF per l'esercizio in corso. A decorrere dall'esercizio successivo il Ministero dell'interno provvederà, in relazione al confronto tra l'anticipazione attribuita e gli importi annualmente spettanti a titolo di trasferimenti correnti e di compartecipazione al gettito dell'IRPEF, ad effettuare le compensazioni e determinare gli eventuali conguagli sino al completo recupero dell'anticipazione medesima.

3. L'organo di revisione dell'ente locale è tenuto a vigilare sull'attuazione del piano di risanamento, segnalando alla Commissione straordinaria o all'amministrazione successivamente subentrata le difficoltà riscontrate e gli eventuali scostamenti dagli obiettivi. Il mancato svolgimento di tali compiti da parte dell'organo di revisione è considerato grave inadempimento.

4. Il finanziamento dell'anticipazione di cui al comma 1 avviene con contestuale decurtazione dei trasferimenti erariali agli enti locali e le somme

DIRITTO AMMINISTRATIVO

versate dall'ente sciolto ai sensi dell'articolo 143 affluiscono ai trasferimenti erariali dell'anno successivo e sono assegnate nella stessa misura della detrazione. Le modalità di versamento dell'annualità sono indicate dal Ministero dell'interno all'ente locale secondo le norme vigenti.

(1) Articolo inserito dall'art. 6, co. 1-bis, D.L. 29 marzo 2004, n. 80, convertito con modificazioni, nella L. 28 maggio 2004, n. 140.
(2) Per le nuove disposizioni in materia di città metropolitane, province e unioni e fusioni di comuni, vedi la L. 7 aprile 2014, n. 56.

Art. 146 (²)
Norma finale.

1. Le disposizioni di cui agli articoli 143, 144, 145 si applicano anche agli altri enti locali di cui all'articolo 2, comma 1, nonché ai consorzi di comuni e province, agli organi comunque denominati delle aziende sanitarie locali ed ospedaliere, alle aziende speciali dei comuni e delle province e ai consigli circoscrizionali, in quanto compatibili con i relativi ordinamenti.

2. Il Ministro dell'interno presenta al Parlamento una relazione annuale (¹) sull'attività svolta dalla gestione straordinaria dei singoli comuni.

(1) L'originaria parola: *"semestrale"* è stata così sostituita dall'art. 1-bis, D.L. 31 marzo 2003, n. 50, convertito con modificazioni, nella L. 20 maggio 2003, n. 116.
(2) Per le nuove disposizioni in materia di città metropolitane, province e unioni e fusioni di comuni, vedi la L. 7 aprile 2014, n. 56.

Capo III

Controlli interni

Art. 147 (²)
Tipologia dei controlli interni.

DIRITTO AMMINISTRATIVO

1. Gli enti locali, nell'ambito della loro autonomia normativa e organizzativa, individuano strumenti e metodologie per garantire, attraverso il controllo di regolarità amministrativa e contabile, la legittimità, la regolarità e la correttezza dell'azione amministrativa.

2. Il sistema di controllo interno è diretto a:
a) verificare, attraverso il controllo di gestione, l'efficacia, l'efficienza e l'economicità dell'azione amministrativa, al fine di ottimizzare, anche mediante tempestivi interventi correttivi, il rapporto tra obiettivi e azioni realizzate, nonché tra risorse impiegate e risultati;
b) valutare l'adeguatezza delle scelte compiute in sede di attuazione dei piani, dei programmi e degli altri strumenti di determinazione dell'indirizzo politico, in termini di congruenza tra i risultati conseguiti e gli obiettivi predefiniti;
c) garantire il costante controllo degli equilibri finanziari della gestione di competenza, della gestione dei residui e della gestione di cassa, anche ai fini della realizzazione degli obiettivi di finanza pubblica de-terminati dal patto di stabilità interno, mediante l'attività di coordinamento e di vigilanza da parte del responsabile del servizio finanziario, nonché l'attività di controllo da parte dei responsabili dei servizi;
d) verificare, attraverso l'affidamento e il controllo dello stato di attuazione di indirizzi e obiettivi gestionali, anche in riferimento all'articolo 170, comma 6, la redazione del bilancio consolidato nel rispetto di quanto previsto dal decreto legislativo 23 giugno 2011, n. 118, e successive modificazioni, l'efficacia, l'efficienza e l'economicità degli organismi gestionali esterni dell'ente; ([3])
e) garantire il controllo della qualità dei servizi erogati, sia direttamente, sia mediante organismi gestionali esterni, con l'impiego di metodologie dirette a misurare la soddisfazione degli utenti esterni e interni dell'ente.

3. Le lettere d) ed e) del comma 2 si applicano solo agli enti locali con popolazione superiore a 100.000 abitanti in fase di prima applicazione, a 50.000 abitanti per il 2014 e a 15.000 abitanti a decorrere dal 2015.

4. Nell'ambito della loro autonomia normativa e organizzativa, gli enti locali disciplinano il sistema dei controlli interni secondo il principio della distinzione tra funzioni di indirizzo e compiti di gestione, anche in deroga agli altri principi di cui all'articolo 1, comma 2, del decreto legislativo 30 luglio 1999, n. 286, e successive modificazioni. Partecipano all'organizzazione del sistema dei controlli interni il segretario dell'ente, il

direttore generale, laddove previsto, i responsabili dei servizi e le unità di controllo, laddove istituite.

5. Per l'effettuazione dei controlli di cui al comma 1, più enti locali possono istituire uffici unici, mediante una convenzione che ne regoli le modalità di costituzione e di funzionamento.

(1) L'articolo che recitava: "*1. Gli enti locali, nell'àmbito della loro autonomia norma-iva ed organizzativa, individuano strumenti e metodologie adeguati a:*
a) garantire attraverso il controllo di regolarità amministrativa e contabile, la legitti-mità, regolarità e correttezza dell'azione amministrativa;
b) verificare, attraverso il controllo di gestione, l'efficacia, efficienza ed economicità dell'azione amministrativa, al fine di ottimizzare, anche mediante tempestivi interventi di correzione, il rapporto tra costi e risultati;
c) valutare le prestazioni del personale con qualifica dirigenziale;
d) valutare l'adeguatezza delle scelte compiute in sede di attuazione dei piani, programmi ed altri strumenti di determinazione dell'indirizzo politico, in termini di congruenza tra risultati conseguiti e obiettivi predefiniti.
2. I controlli interni sono ordinati secondo il principio della distinzione tra funzioni di indirizzo e compiti di gestione, quale risulta dagli articoli 3, comma 1, lettere b) e c), e 14 del decreto legislativo 3 febbraio 1993, n. 29, e successive modificazioni ed integrazioni.
3. L'organizzazione dei controlli interni è effettuata dagli enti locali anche in deroga agli altri princìpi di cui all'articolo 1, comma 2, del decreto legislativo 30 luglio 1999, n. 286.
4. Per l'effettuazione dei controlli di cui al comma 1, più enti locali possono istituire uffici unici, mediante convenzione che ne regoli le modalità di costituzione e di funzionamento.
5. Nell'àmbito dei comitati provinciali per la pubblica amministrazione, d'intesa con le province, sono istituite apposite strutture di consulenza e supporto, delle quali possono avvalersi gli enti locali per l'esercizio dei controlli previsti dal decreto legislativo 30 luglio 1999, n. 286. A tal fine, i predetti comitati possono essere integrati con esperti nelle materie di pertinenza." è stato così sostituito dall'art. 3, co. 1, lett. d), D.L. 10 ottobre 2012, n. 174, convertito con modificazioni, dalla L. 7 dicembre 2012, n. 213.
(2) Per le nuove disposizioni in materia di città metropolitane, province e unioni e fusioni di comuni, vedi la L. 7 aprile 2014, n. 56.
(3) Lettera così modificata dall'art. 74, comma 1, n. 2), D.Lgs. 23 giugno 2011, n. 118, aggiunto dall'art. 1, comma 1, lett. aa), D.Lgs. 10 agosto 2014, n. 126.

Art. 147-bis. ([2])
Controllo di regolarità amministrativa e contabile ([1])

1. Il controllo di regolarità amministrativa e contabile è assicurato, nella fase preventiva della formazione dell'atto, da ogni responsabile di servizio ed è esercitato attraverso il rilascio del parere di regolarità tecnica attestante la regolarità e la correttezza dell'azione amministrativa. Il controllo contabile è effettuato dal responsabile del servizio finanziario ed è esercitato attraverso il rilascio del parere di regolarità contabile e del visto attestante la copertura finanziaria.

2. Il controllo di regolarità amministrativa è inoltre assicurato, nella fase successiva, secondo principi generali di revisione aziendale e modalità definite nell'ambito dell'autonomia organizzativa dell'ente, sotto la direzione del segretario, in base alla normativa vigente. Sono soggette al controllo le determinazioni di impegno di spesa, i contratti e gli altri atti amministrativi, scelti secondo una selezione casuale effettuata con motivate tecniche di campionamento.

3. Le risultanze del controllo di cui al comma 2 sono trasmesse periodicamente, a cura del segretario, ai responsabili dei servizi, unitamente alle direttive cui conformarsi in caso di riscontrate irregolarità, nonché ai revisori dei conti e agli organi di valutazione dei risultati dei dipendenti, come documenti utili per la valutazione, e al consiglio comunale.

(1) Articolo inserito dall'art. 3, co. 1, lett. d), D.L. 10 ottobre 2012, n. 174, convertito con modificazioni, dalla L. 7 dicembre 2012, n. 213.
(2) Per le nuove disposizioni in materia di città metropolitane, province e unioni e fusioni di comuni, vedi la L. 7 aprile 2014, n. 56.

Per approfondimenti leggi l'articolo "**I controlli successivi di regolarità amministrativa**" di Roberto Rizzi.

Art. 147-ter. (2)
Controllo strategico (1)

1. Per verificare lo stato di attuazione dei programmi secondo le linee approvate dal Consiglio, l'ente locale con popolazione superiore a 100.000 abitanti in fase di prima applicazione, a 50.000 abitanti per il 2014 e a 15.000 abitanti a decorrere dal 2015 definisce, secondo la propria autonomia organizzativa, metodologie di controllo strategico finalizzate alla rilevazione dei risultati conseguiti rispetto agli obiettivi predefiniti, degli aspetti economico-finanziari connessi ai risultati ottenuti, dei tempi di realizzazione rispetto alle previsioni, delle procedure operative attuate confrontate con i

progetti elaborati, della qualità dei servizi erogati e del grado di soddisfazione della domanda espressa, degli aspetti socio-economici. L'ente locale con popolazione superiore a 100.000 abitanti in fase di prima applicazione, a 50.000 abitanti per il 2014 e a 15.000 abitanti a decorrere dal 2015 può esercitare in forma associata la funzione di controllo strategico.

2. L'unità preposta al controllo strategico, che è posta sotto la direzione del direttore generale, laddove previsto, o del segretario comunale negli enti in cui non è prevista la figura del direttore generale, elabora rapporti periodici, da sottoporre all'organo esecutivo e al consiglio per la successiva predisposizione di deliberazioni consiliari di ricognizione dei programmi.

(1) Articolo inserito dall'art. 3, co. 1, lett. d), D.L. 10 ottobre 2012, n. 174, convertito, con modificazioni, dalla L. 7 dicembre 2012, n. 213.
(2) Per le nuove disposizioni in materia di città metropolitane, province e unioni e fusioni di comuni, vedi la L. 7 aprile 2014, n. 56.

Art. 147-quater. ([3])
Controlli sulle società partecipate non quotate ([1])

1. L'ente locale definisce, secondo la propria autonomia organizzativa, un sistema di controlli sulle società non quotate, partecipate dallo stesso ente locale. Tali controlli sono esercitati dalle strutture proprie dell'ente locale, che ne sono responsabili.

2. Per l'attuazione di quanto previsto al comma 1 del presente articolo, l'amministrazione definisce preventivamente, in riferimento all'articolo 170, comma 6, gli obiettivi gestionali a cui deve tendere la società partecipata, secondo parametri qualitativi e quantitativi, e organizza un idoneo sistema informativo finalizzato a rilevare i rapporti finanziari tra l'ente proprietario e la società, la situazione contabile, gestionale e organizzativa della società, i contratti di servizio, la qualità dei servizi, il rispetto delle norme di legge sui vincoli di finanza pubblica.

3. Sulla base delle informazioni di cui al comma 2, l'ente locale effettua il monitoraggio periodico sull'andamento delle società non quotate partecipate, analizza gli scostamenti rispetto agli obiettivi assegnati e individua le opportune azioni correttive, anche in riferimento a possibili squilibri economico-finanziari rilevanti per il bilancio dell'ente.

4. I risultati complessivi della gestione dell'ente locale e delle aziende non quotate partecipate sono rilevati mediante bilancio consolidato, secondo la

competenza economica, predisposto secondo le modalità previste dal decreto legislativo 23 giugno 2011, n. 118, e successive modificazioni. (⁴)

5. Le disposizioni del presente articolo si applicano, in fase di prima applicazione, agli enti locali con popolazione superiore a 100.000 abitanti, per l'anno 2014 agli enti locali con popolazione superiore a 50.000 abitanti e, a decorrere dall'anno 2015, agli enti locali con popolazione superiore a 15.000 abitanti, ad eccezione del comma 4, che si applica a tutti gli enti locali a decorrere dall'anno 2015, secondo le disposizioni recate dal decreto legislativo 23 giugno 2011, n. 118. Le disposizioni del presente articolo non si applicano alle società quotate e a quelle da esse controllate ai sensi dell'articolo 2359 del codice civile. A tal fine, per società quotate partecipate dagli enti di cui al presente articolo si intendono le società emittenti strumenti finanziari quotati in mercati regolamentati. (²)

(1) Articolo inserito dall'art. 3, co. 1, lett. d), D.L. 10 ottobre 2012, n. 174, convertito, con modificazioni, dalla L. 7 dicembre 2012, n. 213.
(2) Comma così modificato dall'art. 9, comma 9-ter, D.L. 31 agosto 2013, n. 102, convertito, con modificazioni, dalla L. 28 ottobre 2013, n. 124.
(3) Per le nuove disposizioni in materia di città metropolitane, province e unioni e fusioni di comuni, vedi la L. 7 aprile 2014, n. 56.
(4) Comma così modificato dall'art. 74, comma 1, n. 3), D.Lgs. 23 giugno 2011, n. 118, aggiunto dall'art. 1, comma 1, lett. aa), D.Lgs. 10 agosto 2014, n. 126; per l'applicabilità di tale disposizione vedi l'art. 80, comma 1, del medesimo D.Lgs. n. 118/2011.

Art. 147-quinquies. (²)
Controllo sugli equilibri finanziari (¹)

1. Il controllo sugli equilibri finanziari è svolto sotto la direzione e il coordinamento del responsabile del servizio finanziario e mediante la vigilanza dell'organo di revisione, prevedendo il coinvolgimento attivo degli organi di governo, del direttore generale, ove previsto, del segretario e dei responsabili dei servizi, secondo le rispettive responsabilità.

2. Il controllo sugli equilibri finanziari è disciplinato nel regolamento di contabilità dell'ente ed è svolto nel rispetto delle disposizioni dell'ordinamento finanziario e contabile degli enti locali, e delle norme che regolano il concorso degli enti locali alla realizzazione degli obiettivi di finanza pubblica, nonché delle norme di attuazione dell'articolo 81 della Costituzione.

3. Il controllo sugli equilibri finanziari implica anche la valutazione degli effetti che si determinano per il bilancio finanziario dell'ente in relazione all'andamento economico-finanziario degli organismi gestionali esterni.

(1) Articolo inserito dall'art. 3, co. 1, lett. d), D.L. 10 ottobre 2012, n. 174, convertito, con modificazioni, dalla L. 7 dicembre 2012, n. 213.
(2) Per le nuove disposizioni in materia di città metropolitane, province e unioni e fusioni di comuni, vedi la L. 7 aprile 2014, n. 56.

Capo IV

Controlli esterni sulla gestione

Art. 148 ([4])
Controllo della Corte dei Conti.

1. Le sezioni regionali della Corte dei conti, con cadenza annuale, nell'ambito del controllo di legittimità e regolarità delle gestioni, verificano il funzionamento dei controlli interni ai fini del rispetto delle regole contabili e dell'equilibrio di bilancio di ciascun ente locale. A tale fine, il sindaco, relativamente ai comuni con popolazione superiore ai 15.000 abitanti, o il presidente della provincia, avvalendosi del direttore generale, quando presente, o del segretario negli enti in cui non è prevista la figura del direttore generale, trasmette annualmente alla sezione regionale di controllo della Corte dei conti un referto sul sistema dei controlli interni, adottato sulla base delle linee guida deliberate dalla sezione delle autonomie della Corte dei conti e sui controlli effettuati nell'anno, entro trenta giorni dalla data di entrata in vigore della presente disposizione; il referto è, altresì, inviato al presidente del consiglio comunale o provinciale. ([3])

2. Il Ministero dell'economia e delle finanze - Dipartimento della Ragioneria generale dello Stato può attivare verifiche sulla regolarità della gestione amministrativo-contabile, ai sensi dell'articolo 14, comma 1, lettera d), della legge 31 dicembre 2009, n. 196, oltre che negli altri casi previsti dalla legge, qualora un ente evidenzi, anche attraverso le rilevazioni SIOPE, situazioni di squilibrio finanziario riferi-bili ai seguenti indicatori:

a) ripetuto utilizzo dell'anticipazione di tesoreria;
b) disequilibrio consolidato della parte corrente del bilancio;
c) anomale modalità di gestione dei servizi per conto di terzi;
d) aumento non giustificato di spesa degli organi politici istituzionali. ([2])

3. Le sezioni regionali di controllo della Corte dei conti possono attivare le procedure di cui al comma 2. ([2])

4. In caso di rilevata assenza o inadeguatezza degli strumenti e delle metodologie di cui al secondo periodo del comma 1 del presente articolo, fermo restando quanto previsto dall'articolo 1 della legge 14 gennaio 1994, n. 20, e successive modificazioni, e dai commi 5 e 5-bis dell'articolo 248 del presente testo unico, le sezioni giurisdizionali regionali della Corte dei conti irrogano agli amministratori responsabili la condanna ad una sanzione pecuniaria da un minimo di cinque fino ad un massimo di venti volte la retribuzione mensile lorda dovuta al momento di commissione della violazione. ([1])

(1) Articolo così sostituito dall'art. 3, co. 1, lett. e), D.L. 10 ottobre 2012, n. 174, convertito con modificazioni, nella L. 7 dicembre 2012, n. 213.
(2) La Corte Costituzionale, con sentenza 26 febbraio - 6 marzo 2014, (Gazz. Uff. 12 marzo 2014, n. 12), ha dichiarato l'illegittimità costituzionale del presente comma, con efficacia nei confronti delle Regioni autonome Friuli-Venezia Giulia e Sardegna..
(3) Comma così sostituito dall'art. 33, comma 1, D.L. 24 giugno 2014, n. 91, convertito, con modificazioni, dalla L. 11 agosto 2014, n. 116.
(4) Per le nuove disposizioni in materia di città metropolitane, province e unioni e fusioni di comuni, vedi la L. 7 aprile 2014, n. 56.

Art. 148-bis. ([2])
Rafforzamento del controllo della Corte dei conti sulla gestione finanziaria degli enti locali ([1])

1. Le sezioni regionali di controllo della Corte dei conti esaminano i bilanci preventivi e i rendiconti consuntivi degli enti locali ai sensi dell'articolo 1, commi 166 e seguenti, della legge 23 dicembre 2005, n. 266, per la verifica del rispetto degli obiettivi annuali posti dal patto di stabilità interno, dell'osservanza del vincolo previsto in materia di indebitamento dall'articolo 119, sesto comma, della Costituzione, della sostenibilità dell'indebitamento, dell'assenza di irregolarità, suscettibili di pregiudicare, anche in prospettiva, gli equilibri economico-finanziari degli enti.

2. Ai fini della verifica prevista dal comma 1, le sezioni regionali di controllo della Corte dei conti accertano altresì che i rendiconti degli enti locali tengano conto anche delle partecipazioni in società controllate e alle quali è affidata la gestione di servizi pubblici per la collettività locale e di servizi strumentali all'ente.

3. Nell'ambito della verifica di cui ai commi 1 e 2, l'accertamento, da parte delle competenti sezioni regionali di controllo della Corte dei conti, di squilibri economico-finanziari, della mancata copertura di spese, della violazione di norme finalizzate a garantire la regolarità della gestione finanziaria, o del mancato rispetto degli obiettivi posti con il patto di stabilità interno comporta per gli enti interessati l'obbligo di adottare, entro sessanta giorni dalla comunicazione del deposito della pronuncia di accertamento, i provvedimenti idonei a rimuovere le irregolarità e a ripristinare gli equilibri di bilancio. Tali provvedimenti sono trasmessi alle sezioni regionali di controllo della Corte dei conti che li verificano nel termine di trenta giorni dal ricevimento. Qualora l'ente non provveda alla trasmissione dei suddetti provvedimenti o la verifica delle sezioni regionali di controllo dia esito negativo, è preclusa l'attuazione dei programmi di spesa per i quali è stata accertata la mancata copertura o l'insussistenza della relativa sostenibilità finanziaria.

(1) Articolo inserito dall'art. 3, co. 1, lett. e), D.L. 10 ottobre 2012, n. 174, convertito, con modificazioni, dalla L. 7 dicembre 2012, n. 213.
(2) Per le nuove disposizioni in materia di città metropolitane, province e unioni e fusioni di comuni, vedi la L. 7 aprile 2014, n. 56.

PARTE II

Ordinamento finanziario e contabile

TITOLO I

Disposizioni generali

Art. 149 ([1])
Princìpi generali in materia di finanza propria e derivata.

1. L'ordinamento della finanza locale è riservato alla legge, che la coordina con la finanza statale e con quella regionale.

2. Ai comuni e alle province la legge riconosce, nell'àmbito della finanza pubblica, autonomia finanziaria fondata su certezza di risorse proprie e trasferite.

3. La legge assicura, altresì, agli enti locali potestà impositiva autonoma nel campo delle imposte, delle tasse e delle tariffe, con conseguente adeguamento della legislazione tributaria vigente. A tal fine i comuni e le province in forza dell'articolo 52 del decreto legislativo 15 dicembre 1997, n. 446, e successive modificazioni possono disciplinare con regolamento le proprie entrate, anche tributarie, salvo per quanto attiene alla individuazione e definizione delle fattispecie imponibili, dei soggetti passivi e dell'aliquota massima dei singoli tributi, nel rispetto delle esigenze di semplificazione degli adempimenti dei contribuenti. Per quanto non regolamentato si applicano le disposizioni di legge vigenti.

4. La finanza dei comuni e delle province è costituita da:
a) imposte proprie;
b) addizionali e compartecipazioni ad imposte erariali o regionali;
c) tasse e diritti per servizi pubblici;
d) trasferimenti erariali;
e) trasferimenti regionali;
f) altre entrate proprie, anche di natura patrimoniale;
g) risorse per investimenti;
h) altre entrate.

5. I trasferimenti erariali sono ripartiti in base a criteri obiettivi che tengano conto della popolazione, del territorio e delle condizioni socio-economiche, nonché in base ad una perequata distribuzione delle risorse che tenga conto degli squilibri di fiscalità locale.

6. Lo Stato assegna specifici contributi per fronteggiare situazioni eccezionali.

7. Le entrate fiscali finanziano i servizi pubblici ritenuti necessari per lo sviluppo della comunità ed integrano la contribuzione erariale per l'erogazione dei servizi pubblici indispensabili.

8. A ciascun ente locale spettano le tasse, i diritti, le tariffe e i corrispettivi sui servizi di propria competenza. Gli enti locali determinano per i servizi pubblici tariffe o corrispettivi a carico degli utenti, anche in modo non generalizzato. Lo Stato e le Regioni, qualora prevedano per legge casi di gratuità nei servizi di competenza dei comuni e delle province ovvero fissino prezzi e tariffe inferiori al costo effettivo della prestazione, debbono garantire agli enti locali risorse finanziarie compensative.

9. La legge determina un fondo nazionale ordinario per contribuire ad investimenti degli enti locali destinati alla realizzazione di opere pubbliche di preminente interesse sociale ed economico.

10. La legge determina un fondo nazionale speciale per finanziare con criteri perequativi gli investimenti destinati alla realizzazione di opere pubbliche unicamente in aree o per situazioni definite dalla legge statale.

11. L'ammontare complessivo dei trasferimenti e dei fondi è determinato in base a parametri fissati dalla legge per ciascuno degli anni previsti dal bilancio pluriennale dello Stato e non è riducibile nel triennio.

12. Le regioni concorrono al finanziamento degli enti locali per la realizzazione del piano regionale di sviluppo e dei programmi di investimento, assicurando la copertura finanziaria degli oneri necessari all'esercizio di funzioni trasferite o delegate.

13. Le risorse spettanti a comuni e province per spese di investimento previste da leggi settoriali dello Stato sono distribuite sulla base di programmi regionali. Le regioni, inoltre, determinano con legge i finanziamenti per le funzioni da esse attribuite agli enti locali in relazione al costo di gestione dei servizi sulla base della programmazione regionale.

(1) Per le nuove disposizioni in materia di città metropolitane, province e unioni e fusioni di comuni, vedi la L. 7 aprile 2014, n. 56.

Art. 150 ([1])
Princìpi in materia di ordinamento finanziario e contabile.

1. L'ordinamento finanziario e contabile degli enti locali è riservato alla legge dello Stato e stabilito dalle disposizioni di principio del presente testo unico e del decreto legislativo 23 giugno 2011, n. 118. ([1])

2. L'ordinamento stabilisce per gli enti locali i princìpi in materia di programmazione, gestione e rendicontazione, nonché i princìpi relativi alle attività di investimento, al servizio di tesoreria, ai compiti ed alle attribuzioni dell'organo di revisione economico-finanziaria e, per gli enti cui sia applicabile, alla disciplina del risanamento finanziario.

3. (.....) ([3])

(1) Per le nuove disposizioni in materia di città metropolitane, province e unioni e fusioni di comuni, vedi la L. 7 aprile 2014, n. 56.
(2) Comma così modificato dall'art. 74, comma 1, n. 4), lett. a), D.Lgs. 23 giugno 2011, n. 118, aggiunto dall'art. 1, comma 1, lett. aa), D.Lgs. 10 agosto 2014, n. 126; per l'applicabilità di tale disposizione vedi l'art. 80, comma 1, del medesimo D.Lgs. n. 118/2011.
(3) Comma abrogato dall'art. 74, comma 1, n. 4), lett. b), D.Lgs. 23 giugno 2011, n. 118, aggiunto dall'art. 1, comma 1, lett. aa), D.Lgs. 10 agosto 2014, n. 126; per l'applicabilità di tale disposizione vedi l'art. 80, comma 1, del medesimo D.Lgs. n. 118/2011.

Art. 151 ([1]) ([2])
Principi generali.

1. Gli enti locali ispirano la propria gestione al principio della programmazione. A tal fine presentano il Documento unico di programmazione entro il 31 luglio ([5]) di ogni anno e deliberano il bilancio di previsione finanziario entro il 31 dicembre ([6]) riferiti ad un orizzonte temporale almeno triennale. Le previsioni del bilancio sono elaborate sulla base delle linee strategiche contenute nel documento unico di programmazione, osservando i princìpi contabili generali ed applicati allegati al decreto legislativo 23 giugno 2011, n. 118, e successive modificazioni. I termini possono essere differiti con decreto del Ministro dell'interno, d'intesa con il Ministro dell'economia e delle finanze, sentita la Conferenza Stato-città ed autonomie locali, in presenza di motivate esigenze. ([3])

2. Il Documento unico di programmazione è composto dalla Sezione strategica, della durata pari a quelle del mandato amministrativo, e dalla Sezione operativa di durata pari a quello del bilancio di previsione finanziario.

3. Il bilancio di previsione finanziario comprende le previsioni di competenza e di cassa del primo esercizio del periodo considerato e le previsioni di competenza degli esercizi successivi. Le previsioni riguardanti il primo esercizio costituiscono il bilancio di previsione finanziario annuale.

4. Il sistema contabile degli enti locali garantisce la rilevazione unitaria dei fatti gestionali sotto il profilo finanziario, economico e patrimoniale, attraverso l'adozione:

a) della contabilità finanziaria, che ha natura autorizzatoria e consente la rendicontazione della gestione finanziaria;

b) della contabilità economico-patrimoniale ai fini conoscitivi, per la rilevazione degli effetti economici e patrimoniali dei fatti gestionali e per consentire la rendicontazione economico e patrimoniale.

5. I risultati della gestione finanziaria, economico e patrimoniale sono dimostrati nel rendiconto comprendente il conto del bilancio, il conto economico e lo stato patrimoniale.

6. Al rendiconto è allegata una relazione della Giunta sulla gestione che esprime le valutazioni di efficacia dell'azione condotta sulla base dei risultati conseguiti, e gli altri documenti previsti dall'art. 11, comma 4, del decreto legislativo 23 giugno 2011, n. 118.

7. Il rendiconto è deliberato dall'organo consiliare entro il 30 aprile dell'anno successivo.

8. Entro il 30 settembre l'ente approva il bilancio consolidato con i bilanci dei propri organismi e enti strumentali e delle società controllate e partecipate, secondo il principio applicato n. 4/4 di cui al decreto legislativo 23 giugno 2011, n. 118. [4]

8-bis. Se il bilancio di previsione non è deliberato entro il termine del primo esercizio cui si riferisce, il rendiconto della gestione relativo a tale esercizio è approvato indicando nelle voci riguardanti le 'Previsioni definitive di competenza' gli importi delle previsioni definitive del bilancio provvisorio gestito nel corso dell'esercizio ai sensi dell'articolo 163, comma 1. Ferma restando la procedura prevista dall'articolo 141 per gli enti locali che non rispettano i termini per l'approvazione dei bilanci di previsione e dei rendiconti e fermo restando quanto previsto dall'articolo 52 del codice della giustizia contabile, di cui all'*allegato 1 al decreto legislativo 26 agosto 2016, n. 174*, l'approvazione del rendiconto determina il venir meno dell'obbligo di deliberare il bilancio di previsione dell'esercizio cui il rendiconto si riferisce. (7)

(1) Articolo modificato dall'art. 2-quater, comma 6, lett. a), D.L. 7 ottobre 2008, n. 154, convertito, con modificazioni, dalla L. 4 dicembre 2008, n. 189, e, successivamente, così sostituito dall'art. 74, comma 1, n. 5), D.Lgs. 23 giugno 2011, n. 118, aggiunto dall'art. 1, comma 1, lett. aa), D.Lgs. 10 agosto 2014, n. 126; per l'applicabilità di tale ultima disposizione vedi l'art. 80, comma 1, del medesimo D.Lgs. n. 118/2011.
(2) Per le nuove disposizioni in materia di città metropolitane, province e unioni e fusioni di comuni, vedi la L. 7 aprile 2014, n. 56.
(3) Comma così modificato dall'art. 1, comma 510, lett. a), L. 23 dicembre 2014, n. 190 .
(4) Comma così modificato dall'art. 1, comma 510, lett. b), L. 23 dicembre 2014, n. 190.
(5) Per la proroga del presente termine vedi l'art. unico, comma 1, D.M. 3 luglio 2015 e, successivamente, l'art. 1, comma 1, D.M. 28 ottobre 2015.
(6) Il presente termine è stato:
- per l'anno 2001, differito al 28 febbraio 2001 dall'*art. 1, D.M. 21 dicembre 2000* e al 31 marzo 2001 dall'*art. 1, D.M. 16 febbraio 2001*;
- per l'anno 2002, differito al 28 febbraio 2002 dall'*art. 1, D.M. 20 dicembre 2001* e al 31 marzo 2002 dall'*art. 1, D.M. 27 febbraio 2002*;
- per l'anno 2003, differito al 31 marzo 2003 dall'*art. 1, D.M. 19 dicembre 2002* e al 30 maggio 2003 dall'*art. 1, comma 1, D.L. 31 marzo 2003, n. 50*, convertito, con modificazioni, dalla *L. 20 maggio 2003, n. 116*, e al 30 giugno 2003, limitatamente al comune di Lipari, dall'art. 9, O.P.C.M. 7 marzo 2003, n. 3266;
- per l'anno 2004, differito al 31 marzo 2004 dall'*art. 1, D.M. 23 dicembre 2003* e al 31 maggio 2004 dall'*art. 1, D.L. 29 marzo 2004, n. 80*;
- per l'anno 2005, prorogato al 31 marzo 2005 dall'*art. 1, comma 1, D.L. 30 dicembre 2004, n. 314*, convertito, con modificazioni, dalla *L. 1° marzo 2005, n. 26* e al 31 maggio 2005 dall'*art. 1, comma 1, D.L. 31 marzo 2005, n. 44*;
- per l'anno 2006, differito al 31 marzo 2006 dall'*art. 1, comma 155, L. 23 dicembre 2005, n. 266* e al 31 maggio 2006 dall'*art. 1, comma 1, D.M. 27 marzo 2006*;
- per l'anno 2007, differito al 31 marzo 2007 dall'*art. 1, comma 1, D.M. 30*

novembre 2006 e al 30 aprile 2007 dall'*art. 1, comma 1, D.M. 19 marzo 2007*;
- per l'anno 2008, differito al 31 marzo 2008 dall'*art. 1, D.M. 20 dicembre 2007* e al 31 maggio 2008 dall'*art. 1, comma 1, D.M. 20 marzo 2008*;
- per l'anno 2009, differito al 31 marzo 2009 dall'*art. 1, comma 1, D.M. 19 dicembre 2008*, al 31 maggio 2009 dall'*art. 1, comma 1, D.M. 26 marzo 2009* e, per gli enti locali colpiti dagli eventi sismici nella regione Abruzzo, al 31 luglio 2009, dall'*art. 1, D.M. 30 aprile 2009*;
- per l'anno 2010, differito al 30 aprile 2010 dall'*art. 1, comma 1, D.M. 17 dicembre 2009* e al 30 giugno 2010, dall'*art. 1, O.P.C.M. 16 aprile 2010, n. 3866* per gli enti locali colpiti dagli eventi sismici nella regione Abruzzo, e dall'*art. 1, comma 1, D.M. 29 aprile 2010* per tutti gli enti locali;
- per l'anno 2011, differito al 31 marzo 2011 dall'*art. 1, comma 1, D.M. 17 dicembre 2010*, al 30 giugno 2011 dall'*art. 1, comma 1, D.M. 16 marzo 2011* e al 31 agosto 2011 dall'*art. 1, comma 1, D.M. 30 giugno 2011* e, per il comune di L'Aquila, dall'*art. 11, comma 1, O.P.C.M. 13 giugno 2011, n. 3945*;
- per l'anno 2012, differito al 31 marzo 2012 dall'*art. 1, comma 1, D.M. 21 dicembre 2011*, al 30 giugno 2012 dall'*art. 29, comma 16-quater, D.L. 29 dicembre 2011, n. 216*, convertito, con modificazioni, dalla *L. 24 febbraio 2012, n. 14*, al 31 agosto 2012 dall'*art. 1, comma 1, D.M. 20 giugno 2012* e al 31 ottobre 2012 dall'*art. 1, comma 1, D.M. 2 agosto 2012*;
- per l'anno 2013, differito al 30 giugno 2013 dall'*art. 1, comma 381, L. 24 dicembre 2012, n. 228*, al 30 settembre 2013, dallo stesso *art. 1, comma 381, L. 24 dicembre 2012, n. 228*, come modificato dall'*art. 10, comma 4-quater, lett. b), n. 1), D.L. 8 aprile 2013, n. 35*, convertito, con modificazioni, dalla *L. 6 giugno 2013, n. 64*, al 30 novembre 2013, dall'*art. 8, comma 1, D.L. 31 agosto 2013, n. 102*, convertito, con modificazioni, dalla *L. 28 ottobre 2013, n. 124* e, al 16 dicembre 2013, per i comuni della regione Sardegna colpiti dagli eventi atmosferici del mese di novembre 2013, dall'*art. unico, comma 1, D.M. 3 dicembre 2013*;
- per l'anno 2014, differito al 28 febbraio 2014 dall'*art. unico, D.M. 19 dicembre 2013*, al 30 aprile 2014 dall'*art. unico, D.M. 13 febbraio 2014*, al 31 luglio 2014, dall'*art. unico, D.M. 29 aprile 2014* e dall'*art. 2-bis, comma 1, D.L. 6 marzo 2014, n. 16*, convertito, con modificazioni, dalla *L. 2 maggio 2014, n. 68* e al 30 settembre 2014 dall'*art. unico, D.M. 18 luglio 2014*;
- per l'anno 2015, differito al 31 marzo 2015 dall'*art. unico, D.M. 24 dicembre 2014*, al 31 maggio 2015, dall'*art. unico, D.M. 16 marzo 2015* al 30 luglio 2015, dall'*art. unico, D.M. 13 maggio 2015* e al 30 settembre 2015, relativamente alle città metropolitane, alle province e agli enti locali della Regione Siciliana, dall'*art. unico D.M. 30 luglio 2015*;
- per l'anno 2016, differito al 31 marzo 2016 dall'*art. 2, comma 1, D.M. 28 ottobre 2015* e, successivamente, al 30 aprile 2016 dall'*art. 1, comma 1, D.M. 1° marzo 2016*, per gli enti locali; al 31 luglio 2016 dall'*art. 1, comma 1, del medesimo D.M. 1° marzo 2016*, per le città metropolitane e le province;

- per l'anno 2017, differito al 31 marzo 2017 dall'*art. 5, comma 11, D.L. 30 dicembre 2016, n. 244*, convertito, con modificazioni, dalla *L. 27 febbraio 2017, n. 19*, per gli enti locali;
- per il bilancio di previsione 2017/2019 delle Città metropolitane e delle province, differito al 30 giugno 2017 dall'*art. 1, comma 1, D.M. 30 marzo 2017* e, successivamente, al 30 settembre 2017 dall'*art. 1, comma 1, D.M. 7 luglio 2017*;
- per il bilancio di previsione 2018/2020 degli enti locali, differito al 28 febbraio 2018 dall'*art. unico, comma 1, D.M. 29 novembre 2017* e, successivamente, al 31 marzo 2018 dall'*art. unico, comma 1, D.M. 9 febbraio 2018*;
- per il bilancio di previsione 2019/2021 degli enti locali, differito al 28 febbraio 2019 dall'*art. unico, comma 1, D.M. 7 dicembre 2018*, al 31 marzo 2019 dall'*art. unico, comma 1, D.M. 25 gennaio 2019* e, per gli enti locali che hanno adottato la procedura di riequilibrio finanziario pluriennale e che hanno riformulato o rimodulato i piani di riequilibrio ai sensi ai sensi dell'*art. 1, comma 714, della legge 28 dicembre 2015, n. 208*, come sostituito dall'*art. 1, comma 434, della legge 11 dicembre 2016, n. 232*, al 30 aprile 2019, dall'*art. unico, comma 1, D.M. 28 marzo 2019* e al 31 luglio 2019, dall'*art. unico, comma 1, D.M. 24 aprile 2019*, e al 30 giugno 2019, dall'*art. unico, comma 2, del citato D.M. 28 marzo 2019*, per gli enti locali interessati dai gravi eventi sismici indicati in premessa allo stesso provvedimento
- per il bilancio di previsione 2020/2022 degli enti locali, differito al 31 marzo 2020, dall'*art. unico, comma 1, D.M. 13 dicembre 2019*, al 30 aprile 2020, dall'*art. unico, comma 1, D.M. 28 febbraio 2020*, al 30 settembre 2020, dall'*art. 107, comma 2, D.L. 17 marzo 2020, n. 18*, convertito, con modificazioni, dalla *L. 24 aprile 2020, n. 27*, come modificato dall'*art. 106, comma 3-bis, D.L. 19 maggio 2020, n. 34*, convertito, con modificazioni, dalla *L. 17 luglio 2020, n. 77* e, successivamente, al 31 ottobre 2020, dall'*art. 53, comma 7, D.L. 14 agosto 2020, n. 104*, convertito, con modificazioni, dalla *L. 13 ottobre 2020, n. 126* e dall'*art. unico, comma 1, D.M. 30 settembre 2020*;
- per il bilancio di previsione 2021/2023 differito al 31 gennaio 2021 dall'*art. 107, comma 2, D.L. 17 marzo 2020, n. 18*, convertito, con modificazioni, dalla *L. 24 aprile 2020, n. 27*, come modificato dall'*art. 106, comma 3-bis, D.L. 19 maggio 2020, n. 34*, convertito, con modificazioni, dalla *L. 17 luglio 2020, n. 77*, al 31 marzo 2021, dall'*art. unico, comma 1, D.M. 13 gennaio 2021*, al 30 aprile 2021, dall'*art. 30, comma 4, D.L. 22 marzo 2021, n. 41*, convertito, con modificazioni, dalla *L. 21 maggio 2021, n. 69*, al 31 maggio 2021, dall'*art. 11-quater, comma 2, D.L. 22 aprile 2021, n. 52*, convertito, con modificazioni, dalla *L. 17 giugno 2021, n. 87*, e, successivamente, al 31 luglio 2021, dall'*art. 52, comma 2, lett. b), D.L. 25 maggio 2021, n. 73*, convertito, con modificazioni, dalla *L. 23 luglio 2021, n. 106*;
- per il bilancio di previsione 2022/2024 degli enti locali, differito al 31

marzo 2022, dall'*art. unico, comma 1, D.M. 24 dicembre 2021* e, successivamente, al 31 maggio 2022 dall'*art. 3, comma 5-sexiesdecies, D.L. 30 dicembre 2021, n. 228*, convertito, con modificazioni, dalla *L. 25 febbraio 2022, n. 15*, al 30 giugno 2022, dall'*art. unico, comma 1, D.M. 31 maggio 2022*, al 31 luglio 2022, dall'*art. unico, comma 1, D.M. 28 giugno 2022* e, successivamente, al 31 agosto 2022, dall'*art. unico, comma 1, D.M. 28 luglio 2022*;
- Per il bilancio di previsione 2023/2025 degli enti locali, differito al 31 marzo 2023, dall'*art. unico, comma 1, D.M. 13 dicembre 2022* e, successivamente, per il bilancio di previsione 2023, al 30 aprile 2023, dall'*art. 1, comma 775, L. 29 dicembre 2022, n. 197*.
(7) Comma aggiunto dall'*art. 16, comma 9-bis, D.L. 9 agosto 2022, n. 115*, convertito, con modificazioni, dalla *L. 21 settembre 2022, n. 142*.

Art. 152 ([1])
Regolamento di contabilità.

1. Con il regolamento di contabilità ciascun ente locale applica i princìpi contabili stabiliti dal presente testo unico e dal decreto legislativo 23 giugno 2011, n. 118, e successive modificazioni, con modalità organizzative corrispondenti alle caratteristiche di ciascuna comunità, ferme restando le disposizioni previste dall'ordinamento per assicurare l'unitarietà ed uniformità del sistema finanziario e contabile. ([2])

2. Il regolamento di contabilità assicura, di norma, la conoscenza consolidata dei risultati globali delle gestioni relative ad enti od organismi costituiti per l'esercizio di funzioni e servizi.

3. Il regolamento di contabilità stabilisce le norme relative alle competenze specifiche dei soggetti dell'amministrazione preposti alla programmazione, adozione ed attuazione dei provvedimenti di gestione che hanno carattere finanziario e contabile, in armonia con le disposizioni del presente testo unico e delle altre leggi vigenti.

4. I regolamenti di contabilità sono approvati nel rispetto delle norme della parte seconda del presente testo unico, da considerarsi come princìpi generali con valore di limite inderogabile, con eccezione delle sottoelencate norme, le quali non si applicano qualora il regolamento di contabilità dell'ente rechi una differente disciplina:
a) art. 177; ([3])
b) art. 185, comma 3; ([3])
c) articoli 197 e 198; ([3])
d) art. 205; ([3])

e) articoli 213 e 219; (³)
f) articoli 235, commi 2 e 3, 237, 238.

(1) Per le nuove disposizioni in materia di città metropolitane, province e unioni e fusioni di comuni, vedi la L. 7 aprile 2014, n. 56.
(2) Comma così modificato dall'art. 74, comma 1, n. 6), lett. a), D.Lgs. 23 giugno 2011, n. 118, aggiunto dall'art. 1, comma 1, lett. aa), D.Lgs. 10 agosto 2014, n. 126; per l'applicabilità di tale disposizione vedi l'art. 80, comma 1, del medesimo D.Lgs. n. 118/2011.
(3) Lettera così sostituita dall'art. 74, comma 1, n. 6), lett. b), D.Lgs. 23 giugno 2011, n. 118, aggiunto dall'art. 1, comma 1, lett. aa), D.Lgs. 10 agosto 2014, n. 126; per l'applicabilità di tale disposizione vedi l'art. 80, comma 1, del medesimo D.Lgs. n. 118/2011.

Art. 153 (³)
Servizio economico-finanziario.

1. Con il regolamento sull'ordinamento degli uffici e dei servizi sono disciplinati l'organizzazione del servizio finanziario, o di ragioneria o qualificazione corrispondente, secondo le dimensioni demografiche e l'importanza economico-finanziaria dell'ente. Al servizio è affidato il coordinamento e la gestione dell'attività finanziaria.

2. È consentito stipulare apposite convenzioni tra gli enti per assicurare il servizio a mezzo di strutture comuni.

3. Il responsabile del servizio finanziario di cui all'articolo 151, comma 4, si identifica con il responsabile del servizio o con i soggetti preposti alle eventuali articolazioni previste dal regolamento di contabilità.

4. Il responsabile del servizio finanziario, di ragioneria o qualificazione corrispondente, è preposto alla verifica di veridicità delle previsioni di entrata e di compatibilità delle previsioni di spesa, avanzate dai vari servizi, da iscriversi nel bilancio di previsione ed alla verifica periodica dello stato di accertamento delle entrate e di impegno delle spese, alla regolare tenuta della contabilità economico-patrimoniale e più in generale alla salvaguardia degli equilibri finanziari e complessivi della gestione e dei vincoli di finanza pubblica. Nell'esercizio di tali funzioni il responsabile del servizio finanziario agisce in autonomia nei limiti di quanto disposto dai principi

finanziari e contabili, dalle norme ordinamentali e dai vincoli di finanza pubblica. (¹)

5. Il regolamento di contabilità disciplina le modalità con le quali vengono resi i pareri di regolarità contabile sulle proposte di deliberazione ed apposto il visto di regolarità contabile sulle determinazioni dei soggetti abilitati. Il responsabile del servizio finanziario effettua le attestazioni di copertura della spesa in relazione alle disponibilità effettive esistenti negli stanziamenti di spesa e, quando occorre, in relazione allo stato di realizzazione degli accertamenti di entrata vincolata secondo quanto previsto dal regolamento di contabilità.

6. Il regolamento di contabilità disciplina le segnalazioni obbligatorie dei fatti e delle valutazioni del responsabile finanziario al legale rappresentante dell'ente, al consiglio dell'ente nella persona del suo pre-sidente, al segretario ed all'organo di revisione, nonché alla competente sezione regionale di controllo della Corte dei conti ove si rilevi che la gestione delle entrate o delle spese correnti evidenzi il costituirsi di situazioni - non compensabili da maggiori entrate o minori spese - tali da pregiudicare gli equilibri del bilancio. In ogni caso la segnalazione è effettuata entro sette giorni dalla conoscenza dei fatti. Il consiglio provvede al riequilibrio a norma dell'articolo 193, entro trenta giorni dal ricevimento della segnalazione, anche su proposta della giunta. (²)

7. Lo stesso regolamento prevede l'istituzione di un servizio di economato, cui viene preposto un responsabile, per la gestione di cassa delle spese di ufficio di non rilevante ammontare.

(1) Comma così modificato dall'art. 3, co. 1, lett. f), n. 1), D.L. 10 ottobre 2012, n. 174, convertito con modificazioni, nella L. 7 dicembre 2012, n. 213 e, successivamente, dall'art. 74, comma 1, n. 7), D.Lgs. 23 giugno 2011, n. 118, aggiunto dall'art. 1, comma 1, lett. aa), D.Lgs. 10 agosto 2014, n. 126; per l'applicabilità di tale ultima disposizione vedi l'art. 80, comma 1, del medesimo D.Lgs. n. 118/2011..
(2) Comma così modificato dall'art. 3, co. 1, lett. f), n. 1), D.L. 10 ottobre 2012, n. 174, convertito con modificazioni, nella L. 7 dicembre 2012, n. 213 .
(3) Per le nuove disposizioni in materia di città metropolitane, province e unioni e fusioni di comuni, vedi la L. 7 aprile 2014, n. 56.

Art. 154 ([1])
Osservatorio sulla finanza e la contabilità degli enti locali.

1. E' istituito, senza nuovi o maggiori oneri per la finanza pubblica, presso il Ministero dell'interno l'Osservatorio sulla finanza e la contabilità degli enti locali. (2)

2. L'Osservatorio ha il compito di promuovere, in raccordo con la Commissione per l'armonizzazione contabile degli enti territoriali di cui all'art. 3-bis del decreto legislativo 23 giugno 2011, n. 118, e successive modificazioni, l'adeguamento e la corretta applicazione dei principi contabili da parte degli enti locali e di monitorare la situazione della finanza pubblica locale attraverso studi ed analisi, anche in relazione agli effetti prodotti dall'applicazione della procedura di riequilibrio finanziario pluriennale di cui all'art. 243-bis. Nell'ambito dei suoi compiti, l'Osservatorio esprime pareri, indirizzi ed orientamenti. (2)

3. Con decreto del Ministro dell'interno, di concerto con il Ministro dell'economia e delle finanze, sentita la Conferenza Stato-città, sono disciplinate le modalità di organizzazione e di funzionamento. (2)

4. La partecipazione ai lavori dell'Osservatorio è a titolo gratuito e non dà diritto ad alcun compenso o rimborso spese. (2)

5. Il Ministro dell'interno può assegnare ulteriori funzioni nell'ambito delle finalità generali del comma 2 ed emanare norme di funzionamento e di organizzazione. (3)

6. L'Osservatorio si avvale delle strutture e dell'organizzazione della Direzione centrale per la finanza locale e per i servizi finanziari dell'Amministrazione civile del Ministero dell'interno.

7. (4)

(1) Per le nuove disposizioni in materia di città metropolitane, province e unioni e fusioni di comuni, vedi la L. 7 aprile 2014, n. 56.
(2) Comma così sostituito dall'art. 74, comma 1, n. 8), lett. a), D.Lgs. 23 giugno 2011, n. 118, aggiunto dall'art. 1, comma 1, lett. aa), D.Lgs. 10 agosto 2014, n. 126; per l'applicabilità di tale disposizione vedi l'art. 80, comma 1, del medesimo D.Lgs. n. 118/2011.

(3) Per il regolamento di organizzazione e di funzionamento dell'Osservatorio di cui al presente comma, vedi il D.M. 14 settembre 2005, n. 220.
(4) Comma abrogato dall'art. 74, comma 1, n. 8), lett. b), D.Lgs. 23 giugno 2011, n. 118, aggiunto dall'art. 1, comma 1, lett. aa), D.Lgs. 10 agosto 2014, n. 126; per l'applicabilità di tale disposizione vedi l'art. 80, comma 1, del medesimo D.Lgs. n. 118/2011.

Art. 155 ([1])
Commissione per la finanza e gli organici degli enti locali.

1. La Commissione per la finanza e gli organici degli enti locali operante presso il Ministero dell'interno, già denominata Commissione di ricerca per la finanza locale, svolge i seguenti compiti:
a) controllo centrale, da esercitare prioritariamente in relazione alla verifica della compatibilità finanziaria, sulle dotazioni organiche e sui provvedimenti di assunzione di personale degli enti dissestati e degli enti strutturalmente deficitari, ai sensi dell'articolo 243;
b) parere da rendere al Ministro dell'interno sul provvedimento di approvazione o diniego del piano di estinzione delle passività, ai sensi dell'articolo 256, comma 7;
c) proposta al Ministro dell'interno di misure straordinarie per il pagamento della massa passiva in caso di insufficienza delle risorse disponibili, ai sensi dell'articolo 256, comma 12;
d) parere da rendere in merito all'assunzione del mutuo con la Cassa depositi e prestiti da parte dell'ente locale, ai sensi dell'articolo 255, comma 5;
e) parere da rendere al Ministro dell'interno sul provvedimento di approvazione o diniego dell'ipotesi di bilancio stabilmente riequilibrato, ai sensi dell'articolo 261;
f) proposta al Ministro dell'interno di adozione delle misure necessarie per il risanamento dell'ente locale, a seguito del ricostituirsi di disavanzo di amministrazione o insorgenza di debiti fuori bilancio non ripianabili con i normali mezzi o mancato rispetto delle prescrizioni poste a carico dell'ente, ai sensi dell'articolo 268;
g) parere da rendere al Ministro dell'interno sul provvedimento di sostituzione di tutto o parte dell'organo straordinario di liquidazione, ai sensi dell'articolo 254, comma 8;
h) approvazione, previo esame, della rideterminazione della pianta organica dell'ente locale dissestato, ai sensi dell'articolo 259, comma 7.

2. La composizione e le modalità di funzionamento della Commissione sono disciplinate con regolamento da adottarsi ai sensi dell'articolo 17, comma 1, della legge 23 agosto 1988, n. 400.

(1) Per le nuove disposizioni in materia di città metropolitane, province e unioni e fusioni di comuni, vedi la L. 7 aprile 2014, n. 56.

Art. 156 ([1])
Classi demografiche e popolazione residente.

1. Ai fini dell'applicazione delle disposizioni contenute nella parte seconda del presente testo unico valgono per i comuni, se non diversamente disciplinato, le seguenti classi demografiche:
a) comuni con meno di 500 abitanti;
b) comuni da 500 a 999 abitanti;
c) comuni da 1.000 a 1.999 abitanti;
d) comuni da 2.000 a 2.999 abitanti;
e) comuni da 3.000 a 4.999 abitanti;
f) comuni da 5.000 a 9.999 abitanti;
g) comuni da 10.000 a 19.999 abitanti;
h) comuni da 20.000 a 59.999 abitanti;
i) comuni da 60.000 a 99.999 abitanti;
l) comuni da 100.000 a 249.999 abitanti;
m) comuni da 250.000 a 499.999 abitanti;
n) comuni da 500.000 abitanti ed oltre.

2. Le disposizioni del presente testo unico e di altre leggi e regolamenti relative all'attribuzione di contributi erariali di qualsiasi natura, nonché all'inclusione nel sistema di tesoreria unica di cui alla legge 29 ottobre 1984, n. 720, alla disciplina del dissesto finanziario ed alla disciplina dei revisori dei conti, che facciano riferimento alla popolazione, vanno interpretate, se non diversamente disciplinato, come concernenti la popolazione residente calcolata alla fine del penultimo anno precedente per le province ed i comuni secondo i dati dell'Istituto nazionale di statistica, ovvero secondo i dati dell'Uncem per le comunità montane. Per le comunità montane e i comuni di nuova istituzione si utilizza l'ultima popolazione disponibile.

(1) Per le nuove disposizioni in materia di città metropolitane, province e unioni e fusioni di comuni, vedi la L. 7 aprile 2014, n. 56.

Art. 157 (¹)
Consolidamento dei conti pubblici.

1. Ai fini del consolidamento dei conti pubblici gli enti locali rispettano le disposizioni di cui agli articoli 13, 14 e 15 della legge 31 dicembre 2009, n. 196, e successive modificazioni, e di cui al titolo I del decreto legislativo 23 giugno 2011, n. 118, e successive modificazioni. (2)

1-bis. Per le stesse finalità di cui al comma 1 gli enti locali garantiscono la rilevazione unitaria dei fatti gestionali attraverso l'adozione di un piano integrato dei conti, articolato in piano finanziario, economico e patrimoniale secondo lo schema di cui all'allegato n. 6 del decreto legislativo 23 giugno 2011, n. 118, e successive modificazioni. Il livello minimo di articolazione del piano dei conti finanziario, ai fini del raccordo con i capitoli e gli articoli, ove previsti, del piano esecutivo di gestione è costituito almeno dal quarto livello. (3)

1-ter. Al fine di garantire la tracciabilità di tutte le operazioni gestionali e la movimentazione delle voci del piano dei conti integrato, ad ogni transazione è attribuita una codifica da applicare secondo le modalità previste dagli articoli 5, 6 e 7 del decreto legislativo 23 giugno 2011, n. 118, e successive integrazioni. (3)

1-quater. Le previsioni di competenza e di cassa, aggregate secondo l'articolazione del piano dei conti di quarto livello, ed i risultati della gestione aggregati secondo l'articolazione del piano dei conti, sono trasmessi alla banca dati unitaria delle amministrazioni pubbliche di cui all'art. 13 della legge 31 dicembre 2009, n. 196, sulla base di schemi, tempi e modalità definiti con decreto del Ministro dell'economia e delle finanze. (3)

(1) Per le nuove disposizioni in materia di città metropolitane, province e unioni e fusioni di comuni, vedi la L. 7 aprile 2014, n. 56.
(2) Comma così modificato dall'art. 74, comma 1, n. 9), lett. a), D.Lgs. 23 giugno 2011, n. 118, aggiunto dall'art. 1, comma 1, lett. aa), D.Lgs. 10 agosto 2014, n. 126; per l'applicabilità di tale disposizione vedi l'art. 80, comma 1, del medesimo D.Lgs. n. 118/2011.
(3) Comma aggiunto dall'art. 74, comma 1, n. 9), lett. b), D.Lgs. 23 giugno 2011, n. 118, aggiunto dall'art. 1, comma 1, lett. aa), D.Lgs. 10 agosto 2014, n. 126; per l'applicabilità di tale disposizione vedi l'art. 80, comma 1, del medesimo D.Lgs. n. 118/2011.

Art. 158 (¹)
Rendiconto dei contributi straordinari. (²)

1. Per tutti i contributi straordinari assegnati da amministrazioni pubbliche agli enti locali è dovuta la presentazione del rendiconto all'amministrazione erogante entro sessanta giorni dal termine dell'esercizio finanziario relativo, a cura del segretario e del responsabile del servizio finanziario.

2. Il rendiconto, oltre alla dimostrazione contabile della spesa, documenta i risultati ottenuti in termini di efficienza ed efficacia dell'intervento.

3. Il termine di cui al comma 1 è perentorio. La sua inosservanza comporta l'obbligo di restituzione del contributo straordinario assegnato.

4. Ove il contributo attenga ad un intervento realizzato in più esercizi finanziari l'ente locale è tenuto al rendiconto per ciascun esercizio.

(1) Per le nuove disposizioni in materia di città metropolitane, province e unioni e fusioni di comuni, vedi la L. 7 aprile 2014, n. 56.
(2) Sull'applicabilità delle disposizioni del presente articolo, per l'anno 2020, vedi l'*art. 112-bis, comma 4, D.L. 19 maggio 2020, n. 34*, convertito, con modificazioni, dalla *L. 17 luglio 2020, n. 77*, e, successivamente, per l'anno 2022, vedi l'*art. 5, comma 6-ter, D.L. 23 settembre 2022, n. 144*, convertito, con modificazioni, dalla *L. 17 novembre 2022, n. 175*.

Art. 159 (²)
Norme sulle esecuzioni nei confronti degli enti locali.

1. Non sono ammesse procedure di esecuzione e di espropriazione forzata nei confronti degli enti locali presso soggetti diversi dai rispettivi tesorieri. Gli atti esecutivi eventualmente intrapresi non determinano vincoli sui beni oggetto della procedura espropriativa.

2. Non sono soggette ad esecuzione forzata, a pena di nullità rilevabile anche d'ufficio dal giudice, le somme di competenza degli enti locali destinate a:
a) pagamento delle retribuzioni al personale dipendente e dei conseguenti oneri previdenziali per i tre mesi successivi;

b) pagamento delle rate di mutui e di prestiti obbligazionari scadenti nel semestre in corso;
c) espletamento dei servizi locali indispensabili. (¹)

3. Per l'operatività dei limiti all'esecuzione forzata di cui al comma 2 occorre che l'organo esecutivo, con deliberazione da adottarsi per ogni semestre e notificata al tesoriere, quantifichi preventivamente gli importi delle somme destinate alle suddette finalità. (¹)

4. Le procedure esecutive eventualmente intraprese in violazione del comma 2 non determinano vincoli sulle somme né limitazioni all'attività del tesoriere. (¹)

5. I provvedimenti adottati dai commissari nominati a seguito dell'esperimento delle procedure di cui all'articolo 37 della legge 6 dicembre 1971, n. 1034, e di cui all'articolo 27, comma 1, numero 4, del testo unico delle leggi sul Consiglio di Stato, emanato con regio decreto 26 giugno 1924, n. 1054, devono essere muniti dell'attestazione di copertura finanziaria prevista dall'articolo 151, comma 4, e non possono avere ad oggetto le somme di cui alle lettere *a)*, *b)* e *c)* del comma 2, quantificate ai sensi del comma 3.

(1) La Corte costituzionale con sentenza 18 giugno 2003, n. 211 ha dichiarato l'illegittimità costituzionale del presente comma "nella parte in cui non prevede che la impignorabilità delle somme destinate ai fini indicati alle lettere a), b) e c) del comma 2 non operi qualora, dopo la adozione da parte dell'organo esecutivo della deliberazione semestrale di preventiva quantificazione degli importi delle somme destinate alle suddette finalità e la notificazione di essa al soggetto tesoriere dell'ente locale, siano emessi mandati a titoli diversi da quelli vincolati, senza seguire l'ordine cronologico delle fatture così come pervenute per il pagamento o, se non è prescritta fattura, delle deliberazioni di impegno da parte dell'ente stesso".
(2) Per le nuove disposizioni in materia di città metropolitane, province e unioni e fusioni di comuni, vedi la L. 7 aprile 2014, n. 56.

Art. 160 (¹)
Approvazione di modelli e schemi contabili.

(........)

(1) Articolo abrogato dall'art. 74, comma 1, n. 10), D.Lgs. 23 giugno 2011, n. 118, aggiunto dall'art. 1, comma 1, lett. aa), D.Lgs. 10 agosto 2014, n. 126; per l'applicabilità di tale disposizione vedi l'art. 80, comma 1, del medesimo D.Lgs. n. 118/2011.

Art. 161 (²)
Certificazioni di bilancio. (¹)

1. I comuni, le province, le città metropolitane, le unioni di comuni e le comunità montane sono tenuti a redigere apposite certificazioni sui principali dati del bilancio di previsione e del rendiconto della gestione ed a trasmetterli al Ministero dell'interno. Le certificazioni sono firmate dal segretario, dal responsabile del servizio finanziario e dall'organo di revisione economico-finanziario.

2. Le modalità per la struttura, la redazione, nonché la data di scadenza per la trasmissione delle certificazioni sono stabilite con decreto del Ministero dell'interno, previo parere dell'Anci e dell'Upi, da pubblicare nella Gazzetta Ufficiale della Repubblica italiana.

3. La mancata trasmissione del certificato, da parte dei comuni e delle province, comporta la sospensione del pagamento delle risorse finanziarie a qualsiasi titolo dovute dal Ministero dell'interno, ivi comprese quelle a titolo di fondo di solidarietà comunale.

4. I dati delle certificazioni sono resi noti sulle pagine del sito internet della Direzione centrale della finanza locale del Ministero dell'interno e vengono resi disponibili per l'inserimento nella banca dati unitaria istituita presso il Ministero dell'economia e delle finanze ai sensi dell'articolo 13 della legge 31 dicembre 2009 n. 196.

5. I certificati al rendiconto della gestione degli enti locali dell'esercizio finanziario 2014 e degli esercizi seguenti sono trasmessi al Ministero dell'interno entro il 31 maggio dell'esercizio successivo, mentre la data di scadenza per la trasmissione dei certificati al bilancio di previsione resta fissata con il decreto ministeriale di cui al comma 2.

(1) Articolo modificato dall'art. 27, comma 7, lett. a), L. 28 dicembre 2001, n. 448, a decorrere dal 1° gennaio 2002 e dall'art. 2-quater, comma 5, D.L. 7 ottobre 2008, n. 154, convertito, con modificazioni, dalla L. 4 dicembre 2008, n. 189. Successivamente, il presente articolo è stato così sostituito dall'art. 43, comma 1, D.L. 24 aprile 2014, n. 66, convertito, con

modificazioni, dalla L. 23 giugno 2014, n. 89. Per la sostituzione del presente articolo, a decorrere dal 1° novembre 2019, vedi l' art. 1, comma 903, L. 30 dicembre 2018, n. 145.
(2) Per le nuove disposizioni in materia di città metropolitane, province e unioni e fusioni di comuni, vedi la L. 7 aprile 2014, n. 56.

PARTE II

Ordinamento finanziario e contabile

TITOLO II

Programmazione e bilanci

Capo I

Programmazione

Art. 162 ([1])
Princìpi del bilancio.

1. Gli enti locali deliberano annualmente il bilancio di previsione finanziario riferito ad almeno un triennio, comprendente le previsioni di competenza e di cassa del primo esercizio del periodo considerato e le previsioni di competenza degli esercizi successivi, osservando i principi contabili generali e applicati allegati al decreto legislativo 23 giugno 2011, n. 118, e successive modificazioni. ([1])

2. Il totale delle entrate finanzia indistintamente il totale delle spese, salvo le eccezioni di legge.

3. L'unità temporale della gestione è l'anno finanziario, che inizia il 1° gennaio e termina il 31 dicembre dello stesso anno; dopo tale termine non possono più effettuarsi accertamenti di entrate e impegni di spesa in conto dell'esercizio scaduto.

4. Tutte le entrate sono iscritte in bilancio al lordo delle spese di riscossione a carico degli enti locali e di altre eventuali spese ad esse connesse. Parimenti tutte le spese sono iscritte in bilancio integralmente, senza alcuna riduzione delle correlative entrate. La gestione finanziaria è unica come il relativo bilancio di previsione: sono vietate le gestioni di entrate e di spese che non siano iscritte in bilancio.

5. Il bilancio di previsione è redatto nel rispetto dei princìpi di veridicità ed attendibilità, sostenuti da analisi riferite ad un adeguato arco di tempo o, in mancanza, da altri idonei parametri di riferimento.

6. Il bilancio di previsione è deliberato in pareggio finanziario complessivo per la competenza, comprensivo dell'utilizzo dell'avanzo di amministrazione e del recupero del disavanzo di amministrazione e garantendo un fondo di cassa finale non negativo. Inoltre, le previsioni di competenza relative alle spese correnti sommate alle previsioni di competenza relative ai trasferimenti in c/capitale, al saldo negativo delle partite finanziarie e alle quote di capitale delle rate di ammortamento dei mutui e degli altri prestiti, con l'esclusione dei rimborsi anticipati, non possono essere complessivamente superiori alle previsioni di competenza dei primi tre titoli dell'entrata, ai contribuiti destinati al rimborso dei prestiti e all'utilizzo dell'avanzo di competenza di parte corrente e non possono avere altra forma di finanziamento, salvo le eccezioni tassativamente indicate nel principio applicato alla contabilità finanziaria necessarie a garantire elementi di flessibilità degli equilibri di bilancio ai fini del rispetto del principio dell'integrità. [3]

7. Gli enti assicurano ai cittadini ed agli organismi di partecipazione, di cui all'articolo 8, la conoscenza dei contenuti significativi e caratteristici del bilancio annuale e dei suoi allegati con le modalità previste dallo statuto e dai regolamenti.

(1) Per le nuove disposizioni in materia di città metropolitane, province e unioni e fusioni di comuni, vedi la L. 7 aprile 2014, n. 56.
(2) Comma così modificato dall'art. 74, comma 1, n. 11), lett. a), D.Lgs. 23 giugno 2011, n. 118, aggiunto dall'art. 1, comma 1, lett. aa), D.Lgs. 10 agosto 2014, n. 126; per l'applicabilità di tale disposizione vedi l'art. 80, comma 1, del medesimo D.Lgs. n. 118/2011.
(3) Comma così sostituito dall'art. 74, comma 1, n. 11), lett. b), D.Lgs. 23 giugno 2011, n. 118, aggiunto dall'art. 1, comma 1, lett. aa), D.Lgs. 10 agosto 2014, n. 126; per l'applicabilità di tale disposizione vedi l'art. 80, comma 1, del medesimo D.Lgs. n. 118/2011.

Art. 163 (¹) (²)
Esercizio provvisorio e gestione provvisoria.

1. Se il bilancio di previsione non è approvato dal Consiglio entro il 31 dicembre dell'anno precedente, la gestione finanziaria dell'ente si svolge nel rispetto dei principi applicati della contabilità finanziaria riguardanti l'esercizio provvisorio o la gestione provvisoria. Nel corso dell'esercizio provvisorio o della gestione provvisoria, gli enti gestiscono gli stanziamenti di competenza previsti nell'ultimo bilancio approvato per l'esercizio cui si riferisce la gestione o l'esercizio provvisorio, ed effettuano i pagamenti entro i limiti determinati dalla somma dei residui al 31 dicembre dell'anno precedente e degli stanziamenti di competenza al netto del fondo pluriennale vincolato.

2. Nel caso in cui il bilancio di esercizio non sia approvato entro il 31 dicembre e non sia stato autorizzato l'esercizio provvisorio, o il bilancio non sia stato approvato entro i termini previsti ai sensi del comma 3, è consentita esclusivamente una gestione provvisoria nei limiti dei corrispondenti stanziamenti di spesa dell'ultimo bilancio approvato per l'esercizio cui si riferisce la gestione provvisoria. Nel corso della gestione provvisoria l'ente può assumere solo obbligazioni derivanti da provvedimenti giurisdizionali esecutivi, quelle tassativamente regolate dalla legge e quelle necessarie ad evitare che siano arrecati danni patrimoniali certi e gravi all'ente. Nel corso della gestione provvisoria l'ente può disporre pagamenti solo per l'assolvimento delle obbligazioni già assunte, delle obbligazioni derivanti da provvedimenti giurisdizionali esecutivi e di obblighi speciali tassativamente regolati dalla legge, per le spese di personale, di residui passivi, di rate di mutuo, di canoni, imposte e tasse, ed, in particolare, per le sole operazioni necessarie ad evitare che siano arrecati danni patrimoniali certi e gravi all'ente.

3. L'esercizio provvisorio è autorizzato con legge o con decreto del Ministro dell'interno che, ai sensi di quanto previsto dall'art. 151, primo comma, differisce il termine di approvazione del bilancio, d'intesa con il Ministro dell'economia e delle finanze, sentita la Conferenza Stato-città ed autonomia locale, in presenza di motivate esigenze. Nel corso dell'esercizio provvisorio non è consentito il ricorso all'indebitamento e gli enti possono impegnare solo spese correnti, le eventuali spese correlate riguardanti le partite di giro, lavori pubblici di somma urgenza o altri interventi di somma urgenza. Nel

corso dell'esercizio provvisorio è consentito il ricorso all'anticipazione di tesoreria di cui all'art. 222.

[4. All'avvio dell'esercizio provvisorio o della gestione provvisoria l'ente trasmette al tesoriere l'elenco dei residui presunti alla data del 1° gennaio e gli stanziamenti di competenza riguardanti l'anno a cui si riferisce l'esercizio provvisorio o la gestione provvisoria previsti nell'ultimo bilancio di previsione approvato, aggiornati alle variazioni deliberate nel corso dell'esercizio precedente, indicanti - per ciascuna missione, programma e titolo - gli impegni già assunti e l'importo del fondo pluriennale vincolato.] ([3])

5. Nel corso dell'esercizio provvisorio, gli enti possono impegnare mensilmente,unitamente alla quota dei dodicesimi non utilizzata nei mesi precedenti, per ciascun programma, le spese di cui al comma 3, per importi non superiori ad un dodicesimo degli stanziamenti del secondo esercizio del bilancio di previsione deliberato l'anno precedente, ridotti delle somme già impegnate negli esercizi precedenti e dell'importo accantonato al fondo pluriennale vincolato, con l'esclusione delle spese:

a) tassativamente regolate dalla legge;

b) non suscettibili di pagamento frazionato in dodicesimi;

c) a carattere continuativo necessarie per garantire il mantenimento del livello qualitativo e quantitativo dei servizi esistenti, impegnate a seguito della scadenza dei relativi contratti.

[6. I pagamenti riguardanti spese escluse dal limite dei dodicesimi di cui al comma 5 sono individuati nel mandato attraverso l'indicatore di cui all'art. 185, comma 2, lettera i-bis).] ([3])

7. Nel corso dell'esercizio provvisorio, sono consentite le variazioni di bilancio previste dall'art. 187, comma 3-quinquies, quelle riguardanti le variazioni del fondo pluriennale vincolato, quelle necessarie alla reimputazione agli esercizi in cui sono esigibili, di obbligazioni riguardanti entrate vincolate già assunte, e delle spese correlate, nei casi in cui anche la spesa è oggetto di reimputazione l'eventuale aggiornamento delle spese già impegnate. Tali variazioni rilevano solo ai fini della gestione dei dodicesimi.

(1) Per le nuove disposizioni in materia di città metropolitane, province e unioni e fusioni di comuni, vedi la L. 7 aprile 2014, n. 56.

(2) Articolo così sostituito dall'art. 74, comma 1, n. 12), D.Lgs. 23 giugno 2011, n. 118, aggiunto dall'art. 1, comma 1, lett. aa), D.Lgs. 10 agosto 2014, n. 126; per l'applicabilità di tale disposizione vedi l'art. 80, comma 1, del medesimo D.Lgs. n. 118/2011.
(3) Comma abrogato dall' art. 52, comma 1, D.L. 14 agosto 2020, n. 104, convertito, con modificazioni, dalla L. 13 ottobre 2020, n. 126.

Art. 164 ([1]) ([2])
Caratteristiche del bilancio.

1. L'unità di voto del bilancio per l'entrata è la tipologia e per la spesa è il programma, articolato in titoli.

2. Il bilancio di previsione finanziario ha carattere autorizzatorio, costituendo limite, per ciascuno degli esercizi considerati:

a) agli accertamenti e agli incassi riguardanti le accensioni di prestiti;

b) agli impegni e ai pagamenti di spesa. Non comportano limiti alla gestione le previsioni riguardanti i rimborsi delle anticipazioni di tesoreria e le partite di giro.

(1) Per le nuove disposizioni in materia di città metropolitane, province e unioni e fusioni di comuni, vedi la L. 7 aprile 2014, n. 56.
(2) Articolo così sostituito dall'art. 74, comma 1, n. 13), D.Lgs. 23 giugno 2011, n. 118, aggiunto dall'art. 1, comma 1, lett. aa), D.Lgs. 10 agosto 2014, n. 126; per l'applicabilità di tale disposizione vedi l'art. 80, comma 1, del medesimo D.Lgs. n. 118/2011.

Art. 165 ([1])
Struttura del bilancio.

1. Il bilancio di previsione finanziario è composto da due parti, relative rispettivamente all'entrata ed alla spesa ed è redatto secondo lo schema previsto dall'allegato n. 9 del decreto legislativo 23 giugno 2011, n. 118, e successive modificazioni. ([2])

2. Le previsioni di entrata del bilancio di previsione sono classificate, secondo le modalità indicate all'art. 15 del decreto legislativo 23 giugno 2011, n. 118, in:

a) titoli, definiti secondo la fonte di provenienza delle entrate;

b) tipologie, definite in base alla natura delle entrate, nell'ambito di ciascuna fonte di provenienza. ([3])

3. Ai fini della gestione, nel Piano esecutivo di gestione, le tipologie sono ripartite in categorie, in capitoli ed eventualmente in articoli. Le categorie di entrata degli enti locali sono individuate nell'elenco di cui all'allegato n. 13/2 del decreto legislativo 23 giugno 2011, n. 118, e successive modificazioni. Nell'ambito delle categorie è data separata evidenza delle eventuali quote di entrata non ricorrente. La Giunta, contestualmente alla proposta di bilancio, trasmette, a fini conoscitivi, la proposta di articolazione delle tipologie in categorie. ([3])

4. Le previsioni di spesa del bilancio di previsione sono classificate secondo le modalità indicate all'art. 14 del decreto legislativo 23 giugno 2011, n. 118 in:

a) missioni, che rappresentano le funzioni principali e gli obiettivi strategici perseguiti dagli enti locali, utilizzando risorse finanziarie, umane e strumentali ad esse destinate;

b) programmi, che rappresentano gli aggregati omogenei di attività volte a perseguire gli obiettivi definiti nell'ambito delle missioni. I programmi sono ripartiti in titoli e sono raccordati alla relativa codificazione COFOG di secondo livello (Gruppi), secondo le corrispondenze individuate nel glossario, di cui al comma 3-ter dell'art. 14, che costituisce parte integrante dell'allegato n. 14. ([3])

5. Ai fini della gestione, nel Piano esecutivo di gestione, i programmi sono ripartiti in titoli, macroaggregati, capitoli ed eventualmente in articoli. I macroaggregati di spesa degli enti locali sono individuati nell'elenco di cui all'allegato n. 14 del decreto legislativo 23 giugno 2011, n. 118, e successive modificazioni. La Giunta, contestualmente alla proposta di bilancio trasmette, a fini conoscitivi, la proposta di articolazione dei programmi in macroaggregati. ([3])

6. Il bilancio di previsione finanziario indica, per ciascuna unità di voto:

a) l'ammontare presunto dei residui attivi o passivi alla chiusura dell'esercizio precedente a quello cui il bilancio si riferisce;

b) l'ammontare delle previsioni di competenza e di cassa definitive dell'anno precedente a quello cui si riferisce il bilancio;

c) l'ammontare degli accertamenti e degli impegni che si prevede di imputare in ciascuno degli esercizi cui il bilancio si riferisce, nel rispetto del principio della competenza finanziaria;

d) l'ammontare delle entrate che si prevede di riscuotere o delle spese di cui si autorizza il pagamento nel primo esercizio considerato nel bilancio, senza distinzioni fra riscossioni e pagamenti in conto competenza e in conto residui. (3)

7. In bilancio, prima di tutte le entrate e le spese, sono iscritti:

a) in entrata gli importi relativi al fondo pluriennale vincolato di parte corrente e al fondo pluriennale vincolato in c/capitale;

b) in entrata del primo esercizio gli importi relativi all'utilizzo dell'avanzo di amministrazione presunto, nei casi individuati dall'art. 187, commi 3 e 3-bis, con l'indicazione della quota vincolata del risultato di amministrazione utilizzata anticipatamente;

c) in uscita l'importo del disavanzo di amministrazione presunto al 31 dicembre dell'esercizio precedente cui il bilancio si riferisce. Il disavanzo di amministrazione presunto può essere iscritto nella spesa degli esercizi successivi secondo le modalità previste dall'art. 188;

d) in entrata del primo esercizio il fondo di cassa presunto dell'esercizio precedente. (3)

8. In bilancio, gli stanziamenti di competenza relativi alla spesa di cui al comma 6, lettere b) e c), individuano:

a) la quota che è già stata impegnata negli esercizi precedenti con imputazione all'esercizio cui si riferisce il bilancio;

b) la quota di competenza costituita dal fondo pluriennale vincolato, destinata alla copertura degli impegni che sono stati assunti negli esercizi precedenti con imputazione agli esercizi successivi e degli impegni che si prevede di assumere nell'esercizio con imputazione agli esercizi successivi. Con riferimento a tale quota non è possibile impegnare e pagare con imputazione all'esercizio cui lo stanziamento si riferisce. Agli stanziamenti di spesa riguardanti il fondo pluriennale vincolato è attribuito il codice della missione e del programma di spesa cui il fondo si riferisce e il codice del piano dei conti relativo al fondo pluriennale vincolato. (³)

9. I bilanci di previsione degli enti locali recepiscono, per quanto non contrasta con la normativa del presente testo unico, le norme recate dalle leggi delle rispettive regioni di appartenenza riguardanti le entrate e le spese relative a funzioni delegate, al fine di consentire la possibilità del controllo regionale sulla destinazione dei fondi assegnati agli enti locali e l'omogeneità delle classificazioni di dette spese nei bilanci di previsione degli enti rispetto a quelle contenute nei rispettivi bilanci di previsione regionali. Le entrate e le spese per le funzioni delegate dalle regioni non possono essere collocate tra i servizi per conto di terzi nei bilanci di previsione degli enti locali. (³)

10. Il bilancio di previsione si conclude con più quadri riepilogativi, secondo gli schemi previsti dall'allegato n. 9 del decreto legislativo 23 giugno 2011, n. 118, e successive modificazioni. (³)

11. Formano oggetto di specifica approvazione del consiglio le previsioni di cui al comma 6, lettere c) e d), per ogni unità di voto, e le previsioni del comma 7. (³)

(1) Per le nuove disposizioni in materia di città metropolitane, province e unioni e fusioni di comuni, vedi la L. 7 aprile 2014, n. 56.
(2) Comma così modificato dall'art. 74, comma 1, n. 14), lett. a), D.Lgs. 23 giugno 2011, n. 118, aggiunto dall'art. 1, comma 1, lett. aa), D.Lgs. 10 agosto 2014, n. 126; per l'applicabilità di tale disposizione vedi l'art. 80, comma 1, del medesimo D.Lgs. n. 118/2011.
(3) Comma così sostituito dall'art. 74, comma 1, n. 14), lett. b), D.Lgs. 23 giugno 2011, n. 118, aggiunto dall'art. 1, comma 1, lett. aa), D.Lgs. 10 agosto 2014, n. 126, che ha sostituito gli originari commi da 2 a 14 con gli attuali commi da 2 a 11; per l'applicabilità di tale disposizione vedi l'art. 80, comma 1, del medesimo D.Lgs. n. 118/2011.
Fondo di riserva.

Art. 166 (²)
Fondo di riserva

1. Nella missione "Fondi e Accantonamenti", all'interno del programma "Fondo di riserva", gli enti locali iscrivono un fondo di riserva non inferiore allo 0,30 e non superiore al 2 per cento del totale delle spese correnti di competenza inizialmente previste in bilancio. (³)

2. Il fondo è utilizzato, con deliberazioni dell'organo esecutivo da comunicare all'organo consiliare nei tempi stabiliti dal regolamento di contabilità, nei casi in cui si verifichino esigenze straordinarie di bilancio o le dotazioni degli interventi di spesa corrente si rivelino insufficienti.

2-bis. La metà della quota minima prevista dai commi 1 e 2-ter è riservata alla copertura di eventuali spese non prevedibili, la cui mancata effettuazione comporta danni certi all'amministrazione. (¹)

2-ter. Nel caso in cui l'ente si trovi in una delle situazioni previste dagli articoli 195 e 222, il limite minimo previsto dal comma 1 è stabilito nella misura dello 0,45 per cento del totale delle spese correnti inizialmente previste in bilancio. (¹)

2-quater. Nella missione "Fondi e Accantonamenti", all'interno del programma "Fondo di riserva", gli enti locali iscrivono un fondo di riserva di cassa non inferiore allo 0,2 per cento delle spese finali, utilizzato con deliberazioni dell'organo esecutivo. (⁴)

(1) Comma aggiunto dall'art. 3, co. 1, lett. g), D.L. 10 ottobre 2012, n. 174, convertito con modificazioni, dalla L. 7 dicembre 2012, n. 213.
(2) Per le nuove disposizioni in materia di città metropolitane, province e unioni e fusioni di comuni, vedi la L. 7 aprile 2014, n. 56.
(3) Comma così sostituito dall'art. 74, comma 1, n. 15), lett. a), D.Lgs. 23 giugno 2011, n. 118, aggiunto dall'art. 1, comma 1, lett. aa), D.Lgs. 10 agosto 2014, n. 126; per l'applicabilità di tale disposizione vedi l'art. 80, comma 1, del medesimo D.Lgs. n. 118/2011.
(4) Comma aggiunto dall'art. 74, comma 1, n. 15), lett. b), D.Lgs. 23 giugno 2011, n. 118, aggiunto dall'art. 1, comma 1, lett. aa), D.Lgs. 10 agosto 2014, n. 126; per l'applicabilità di tale disposizione vedi l'art. 80, comma 1, del medesimo D.Lgs. n. 118/2011.

Art. 167 (¹) (²)
Ammortamento dei beni.

1. Nella missione "Fondi e Accantonamenti", all'interno del programma "Fondo crediti di dubbia esigibilità" è stanziato l'accantonamento al fondo crediti di dubbia esigibilità, il cui ammontare è determinato in considerazione dell'importo degli stanziamenti di entrata di dubbia e difficile esazione, secondo le modalità indicate nel principio applicato della

contabilità finanziaria di cui all'allegato n. 4/2 al decreto legislativo 23 giugno 2011, n. 118, e successive modificazioni.

2. Una quota del risultato di amministrazione è accantonata per il fondo crediti di dubbia esigibilità, il cui ammontare è determinato, secondo le modalità indicate nel principio applicato della contabilità finanziaria di cui all'allegato n. 4/2 al decreto legislativo 23 giugno 2011, n. 118 e successive modificazioni e integrazioni, in considerazione dell'ammontare dei crediti di dubbia e difficile esazione, e non può essere destinata ad altro utilizzo.

3. E' data facoltà agli enti locali di stanziare nella missione "Fondi e accantonamenti", all'interno del programma "Altri fondi", ulteriori accantonamenti riguardanti passività potenziali, sui quali non è possibile impegnare e pagare. A fine esercizio, le relative economie di bilancio confluiscono nella quota accantonata del risultato di amministrazione, utilizzabili ai sensi di quanto previsto dall'art. 187, comma 3. Quando si accerta che la spesa potenziale non può più verificarsi, la corrispondente quota del risultato di amministrazione è liberata dal vincolo.

(1) Comma modificato dall'art. 27, co. 7, lett. b), L. 28 dicembre 2001, n. 448, a decorrere dal 1° gennaio 2002 e, successivamente, così sostituito dall'art. 74, comma 1, n. 16), D.Lgs. 23 giugno 2011, n. 118, aggiunto dall'art. 1, comma 1, lett. aa), D.Lgs. 10 agosto 2014, n. 126; per l'applicabilità di tale ultima disposizione vedi l'art. 80, comma 1, del medesimo D.Lgs. n. 118/2011.
(2) Per le nuove disposizioni in materia di città metropolitane, province e unioni e fusioni di comuni, vedi la L. 7 aprile 2014, n. 56.

Art. 168 ([1])
Servizi per conto di terzi e le partite di giro. ([2])

1. Le entrate e le spese relative ai servizi per conto di terzi e le partite di giro, che costituiscono al tempo stesso un debito ed un credito per l'ente, comprendono le transazioni poste in essere per conto di altri soggetti, in assenza di qualsiasi discrezionalità come individuate dal principio applicato della contabilità finanziaria di cui all'allegato n. 4/2 del decreto legislativo 23 giugno 2011, n. 118, e successive modificazioni. ([3])

2. Le partite di giro riguardano le operazioni effettuate come sostituto di imposta, per la gestione dei fondi economali e le altre operazioni previste

nel principio applicato della contabilità finanziaria di cui all'allegato n. 4/2 del decreto legislativo 23 giugno 2011, n. 118, e successive modificazioni. (4)

2-bis. Le previsioni e gli accertamenti d'entrata riguardanti i servizi per conto di terzi e le partite di giro conservano l'equivalenza con le corrispondenti previsioni e impegni di spesa, e viceversa. A tal fine, le obbligazioni giuridicamente perfezionate attive e passive che danno luogo ad entrate e spese riguardanti tali operazioni sono registrate e imputate all'esercizio in cui l'obbligazione è perfezionata, in deroga al principio contabile generale n. 16. (5)

2-ter. Non comportando discrezionalità e autonomia decisionale, gli stanziamenti riguardanti le operazioni per conto di terzi e le partite di giro non hanno natura autorizzatoria. (5)

(1) Per le nuove disposizioni in materia di città metropolitane, province e unioni e fusioni di comuni, vedi la L. 7 aprile 2014, n. 56.
(2) Rubrica così modificata dall'art. 74, comma 1, n. 17), lett. a), D.Lgs. 23 giugno 2011, n. 118, aggiunto dall'art. 1, comma 1, lett. aa), D.Lgs. 10 agosto 2014, n. 126; per l'applicabilità di tale disposizione vedi l'art. 80, comma 1, del medesimo D.Lgs. n. 118/2011.
(3) Comma così modificato dall'art. 74, comma 1, n. 17), lett. b), D.Lgs. 23 giugno 2011, n. 118, aggiunto dall'art. 1, comma 1, lett. aa), D.Lgs. 10 agosto 2014, n. 126; per l'applicabilità di tale disposizione vedi l'art. 80, comma 1, del medesimo D.Lgs. n. 118/2011.
(4) Comma così sostituito dall'art. 74, comma 1, n. 17), lett. b), D.Lgs. 23 giugno 2011, n. 118, aggiunto dall'art. 1, comma 1, lett. aa), D.Lgs. 10 agosto 2014, n. 126; per l'applicabilità di tale disposizione vedi l'art. 80, comma 1, del medesimo D.Lgs. n. 118/2011.
(5) Comma aggiunto dall'art. 74, comma 1, n. 17), lett. c), D.Lgs. 23 giugno 2011, n. 118, aggiunto dall'art. 1, comma 1, lett. aa), D.Lgs. 10 agosto 2014, n. 126; per l'applicabilità di tale disposizione vedi l'art. 80, comma 1, del medesimo D.Lgs. n. 118/2011.

Art. 169 (1) (2)
Piano esecutivo di gestione.

1. La giunta delibera il piano esecutivo di gestione (PEG) entro venti giorni dall'approvazione del bilancio di previsione, in termini di competenza . Con riferimento al primo esercizio il PEG è redatto anche in termini di cassa.Il PEG è riferito ai medesimi esercizi considerati nel bilancio, individua gli obiettivi della gestione ed affida gli stessi, unitamente alle dotazioni necessarie, ai responsabili dei servizi.

2. Nel PEG le entrate sono articolate in titoli, tipologie, categorie, capitoli, ed eventualmente in articoli, secondo il rispettivo oggetto. Le spese sono articolate in missioni, programmi, titoli, macroaggregati, capitoli ed eventualmente in articoli. I capitoli costituiscono le unità elementari ai fini della gestione e della rendicontazione, e sono raccordati al quarto livello del piano dei conti finanziario di cui all'art. 157.

3. L'applicazione dei commi 1 e 2 del presente articolo è facoltativa per gli enti locali con popolazione inferiore a 5.000 abitanti, fermo restando l'obbligo di rilevare unitariamente i fatti gestionali secondo la struttura del piano dei conti di cui all'art. 157, comma 1-bis.

3-bis. Il PEG è deliberato in coerenza con il bilancio di previsione e con il documento unico di programmazione. Al PEG è allegato il prospetto concernente la ripartizione delle tipologie in categorie e dei programmi in macroaggregati, secondo lo schema di cui all'allegato n. 8 al decreto legislativo 23 giugno 2011, n. 118, e successive modificazioni. ([3])
(1) Articolo modificato dall'art. 3, co. 1, lett. g-bis), D.L. 10 ottobre 2012, n. 174, convertito con modificazioni, nella L. 7 dicembre 2012, n. 213 e, successivamente, così sostituito dall'art. 74, comma 1, n. 18), D.Lgs. 23 giugno 2011, n. 118, aggiunto dall'art. 1, comma 1, lett. aa), D.Lgs. 10 agosto 2014, n. 126; per l'applicabilità di tale ultima disposizione vedi l'art. 80, comma 1, del medesimo D.Lgs. n. 118/2011.
(2) Per le nuove disposizioni in materia di città metropolitane, province e unioni e fusioni di comuni, vedi la L. 7 aprile 2014, n. 56.
(3) Comma così modificato dall'art. 1, comma 4, D.P.R. 24 giugno 2022, n. 81.

Art. 170 ([1]) ([2])
Documento unico di programmazione.

1. Entro il 31 luglio di ciascun anno la Giunta presenta al Consiglio il Documento unico di programmazione per le conseguenti deliberazioni. Entro il 15 novembre di ciascun anno, con lo schema di delibera del bilancio di previsione finanziario, la Giunta presenta al Consiglio la nota di aggiornamento del Documento unico di programmazione. Con riferimento

al periodo di programmazione decorrente dall'esercizio 2015, gli enti locali non sono tenuti alla predisposizione del documento unico di programmazione e allegano al bilancio annuale di previsione una relazione previsionale e programmatica che copra un periodo pari a quello del bilancio pluriennale, secondo le modalità previste dall'ordinamento contabile vigente nell'esercizio 2014. Il primo documento unico di programmazione è adottato con riferimento agli esercizi 2016 e successivi. Gli enti che hanno partecipato alla sperimentazione adottano la disciplina prevista dal presente articolo a decorrere dal 1° gennaio 2015.

2. Il Documento unico di programmazione ha carattere generale e costituisce la guida strategica ed operativa dell'ente.

3. Il Documento unico di programmazione si compone di due sezioni: la Sezione strategica e la Sezione operativa. La prima ha un orizzonte temporale di riferimento pari a quello del mandato amministrativo, la seconda pari a quello del bilancio di previsione.

4. Il documento unico di programmazione è predisposto nel rispetto di quanto previsto dal principio applicato della programmazione di cui all'allegato n. 4/1 del decreto legislativo 23 giugno 2011, n. 118, e successive modificazioni.

5. Il Documento unico di programmazione costituisce atto presupposto indispensabile per l'approvazione del bilancio di previsione.

6. Gli enti locali con popolazione fino a 5.000 abitanti predispongono il Documento unico di programmazione semplificato previsto dall'allegato n. 4/1 del decreto legislativo 23 giugno 2011, n. 118, e successive modificazioni.

7. Nel regolamento di contabilità sono previsti i casi di inammissibilità e di improcedibilità per le deliberazioni del Consiglio e della Giunta che non sono coerenti con le previsioni del Documento unico di programmazione.

(1) Per le nuove disposizioni in materia di città metropolitane, province e unioni e fusioni di comuni, vedi la L. 7 aprile 2014, n. 56.
(2) Articolo così sostituito dall'art. 74, comma 1, n. 19), D.Lgs. 23 giugno 2011, n. 118, aggiunto dall'art. 1, comma 1, lett. aa), D.Lgs. 10 agosto 2014, n. 126; per l'applicabilità di tale disposizione vedi l'art. 80, comma 1, del medesimo D.Lgs. n. 118/2011.

Art. 171 (¹)
Bilancio pluriennale.

(......)

(1) Articolo abrogato dall'art. 74, comma 1, n. 20), D.Lgs. 23 giugno 2011, n. 118, aggiunto dall'art. 1, comma 1, lett. aa), D.Lgs. 10 agosto 2014, n. 126; per l'applicabilità di tale disposizione vedi l'art. 80, comma 1, del medesimo D.Lgs. n. 118/2011.

Art. 172 (¹) (²)
Altri allegati al bilancio di previsione.

1. Al bilancio di previsione sono allegati i documenti previsti dall'art. 11, comma 3, del decreto legislativo 23 giugno 2011, n. 118, e successive modificazioni, e i seguenti documenti:

a) l'elenco degli indirizzi internet di pubblicazione del rendiconto della gestione, del bilancio consolidato deliberati e relativi al penultimo esercizio antecedente quello cui si riferisce il bilancio di previsione, dei rendiconti e dei bilanci consolidati delle unioni di comuni e dei soggetti considerati nel gruppo "amministrazione pubblica" di cui al principio applicato del bilancio consolidato allegato al decreto legislativo 23 giugno 2011, n. 118, e successive modificazioni, relativi al penultimo esercizio antecedente quello cui il bilancio si riferisce. Tali documenti contabili sono allegati al bilancio di previsione qualora non integralmente pubblicati nei siti internet indicati nell'elenco;

b) la deliberazione, da adottarsi annualmente prima dell'approvazione del bilancio, con la quale i comuni verificano la quantità e qualità di aree e fabbricati da destinarsi alla residenza, alle attività produttive e terziarie - ai sensi delle leggi 18 aprile 1962, n. 167, 22 ottobre 1971, n. 865, e 5 agosto 1978, n. 457, che potranno essere ceduti in proprietà od in diritto di superficie; con la stessa deliberazione i comuni stabiliscono il prezzo di cessione per ciascun tipo di area o di fabbricato;

c) le deliberazioni con le quali sono determinati, per l'esercizio successivo, le tariffe, le aliquote d'imposta e le eventuali maggiori detrazioni, le variazioni dei limiti di reddito per i tributi locali e per i servizi locali, nonché, per i servizi a domanda individuale, i tassi di copertura in percentuale del costo di gestione dei servizi stessi;

d) la tabella relativa ai parametri di riscontro della situazione di deficitarietà strutturale prevista dalle disposizioni vigenti in materia;

e) il prospetto della concordanza tra bilancio di previsione e obiettivo programmatico del patto di stabilità interno.

(1) Per le nuove disposizioni in materia di città metropolitane, province e unioni e fusioni di comuni, vedi la L. 7 aprile 2014, n. 56.
(2) Articolo così sostituito dall'art. 74, comma 1, n. 21), D.Lgs. 23 giugno 2011, n. 118, aggiunto dall'art. 1, comma 1, lett. aa), D.Lgs. 10 agosto 2014, n. 126; per l'applicabilità di tale disposizione vedi l'art. 80, comma 1, del medesimo D.Lgs. n. 118/2011.

Art. 173 ([1])
Valori monetari.

1. I valori monetari contenuti nel bilancio pluriennale e nella relazione previsionale e programmatica sono espressi con riferimento ai periodi ai quali si riferiscono, tenendo conto del tasso di inflazione programmato.

(1) Per le nuove disposizioni in materia di città metropolitane, province e unioni e fusioni di comuni, vedi la L. 7 aprile 2014, n. 56.

Capo II

Competenze in materia di bilanci

Art. 174 ([1])
Predisposizione ed approvazione del bilancio e dei suoi allegati.

1. Lo schema di bilancio di previsione, finanziario e il Documento unico di programmazione sono predisposti dall'organo esecutivo e da questo

presentati all'organo consiliare unitamente agli allegati entro il 15 novembre di ogni anno secondo quanto stabilito dal regolamento di contabilità. ([2])

2. Il regolamento di contabilità dell'ente prevede per tali adempimenti un congruo termine, nonché i termini entro i quali possono essere presentati da parte dei membri dell'organo consiliare e dalla Giunta emendamenti agli schemi di bilancio. A seguito di variazioni del quanormativo di riferimento sopravvenute, l'organo esecutivo presenta all'organo consiliare emendamenti allo schema di bilancio e alla nota di aggiornamento al Documento unico di programmazione in corso di approvazione. ([3])

3. Il bilancio di previsione finanziario è deliberato dall'organo consiliare entro il termine previsto dall'articolo 151. ([4])

4. Nel sito internet dell'ente locale sono pubblicati il bilancio di previsione, il piano esecutivo di gestione, le variazioni al bilancio di previsione, il bilancio di previsione assestato ed il piano esecutivo di gestione assestato. ([5])

(1) Per le nuove disposizioni in materia di città metropolitane, province e unioni e fusioni di comuni, vedi la L. 7 aprile 2014, n. 56.
(2) Comma così modificato dall'art. 74, comma 1, n. 22), lett. a), D.Lgs. 23 giugno 2011, n. 118, aggiunto dall'art. 1, comma 1, lett. aa), D.Lgs. 10 agosto 2014, n. 126; per l'applicabilità di tale disposizione vedi l'art. 80, comma 1, del medesimo D.Lgs. n. 118/2011. Successivamente, il presente comma è stato così modificato dall'art. 9-bis, comma 1, lett. a), nn. 1) e 2), D.L. 24 giugno 2016, n. 113, convertito, con modificazioni, dalla L. 7 agosto 2016, n. 160.
(3) Comma così modificato dall'art. 74, comma 1, n. 22), lett. b), D.Lgs. 23 giugno 2011, n. 118, aggiunto dall'art. 1, comma 1, lett. aa), D.Lgs. 10 agosto 2014, n. 126; per l'applicabilità di tale disposizione vedi l'art. 80, comma 1, del medesimo D.Lgs. n. 118/2011.
(4) Comma così modificato dall'art. 74, comma 1, n. 22), lett. c), D.Lgs. 23 giugno 2011, n. 118, aggiunto dall'art. 1, comma 1, lett. aa), D.Lgs. 10 agosto 2014, n. 126; per l'applicabilità di tale disposizione vedi l'art. 80, comma 1, del medesimo D.Lgs. n. 118/2011.
(5) Comma così sostituito dall'art. 74, comma 1, n. 22), lett. d), D.Lgs. 23 giugno 2011, n. 118, aggiunto dall'art. 1, comma 1, lett. aa), D.Lgs. 10 agosto 2014, n. 126; per l'applicabilità di tale disposizione vedi l'art. 80, comma 1, del medesimo D.Lgs. n. 118/2011.

Art. 175 (¹) (²)
Variazioni al bilancio di previsione ed al piano esecutivo di gestione.

1. Il bilancio di previsione finanziario può subire variazioni nel corso dell'esercizio di competenza e di cassa sia nella parte prima, relativa alle entrate, che nella parte seconda, relativa alle spese, per ciascuno degli esercizi considerati nel documento. (³)

2. Le variazioni al bilancio sono di competenza dell'organo consiliare salvo quelle previste dai commi 5-bis e 5-quater. (⁴)

3. Le variazioni al bilancio possono essere deliberate non oltre il 30 novembre di ciascun anno, fatte salve le seguenti variazioni, che possono essere deliberate sino al 31 dicembre di ciascun anno:

a) l'istituzione di tipologie di entrata a destinazione vincolata e il correlato programma di spesa;

b) l'istituzione di tipologie di entrata senza vincolo di destinazione, con stanziamento pari a zero, a seguito di accertamento e riscossione di entrate non previste in bilancio, secondo le modalità disciplinate dal principio applicato della contabilità finanziaria;

c) l'utilizzo delle quote del risultato di amministrazione vincolato ed accantonato per le finalità per le quali sono stati previsti;

d) quelle necessarie alla reimputazione agli esercizi in cui sono esigibili, di obbligazioni riguardanti entrate vincolate già assunte e, se necessario, delle spese correlate;

e) le variazioni delle dotazioni di cassa di cui al comma 5-bis, lettera d);

f) le variazioni di cui al comma 5-quater, lettera b);

g) le variazioni degli stanziamenti riguardanti i versamenti ai conti di tesoreria statale intestati all'ente e i versamenti a depositi bancari intestati all'ente. (⁵) (⁶)

4. Ai sensi dell'articolo 42 le variazioni di bilancio possono essere adottate dall'organo esecutivo in via d'urgenza opportunamente motivata, salvo ratifica, a pena di decadenza, da parte dell'organo consiliare entro i sessanta

giorni seguenti e comunque entro il 31 dicembre dell'anno in corso se a tale data non sia scaduto il predetto termine. (⁷)

5. In caso di mancata o parziale ratifica del provvedimento di variazione adottato dall'organo esecutivo, l'organo consiliare è tenuto ad adottare nei successivi trenta giorni, e comunque sempre entro il 31 dicembre dell'esercizio in corso, i provvedimenti ritenuti necessari nei riguardi dei rapporti eventualmente sorti sulla base della deliberazione non ratificata.

5-bis. L'organo esecutivo con provvedimento amministrativo approva le variazioni del piano esecutivo di gestione, salvo quelle di cui al comma 5-quater, e le seguenti variazioni del bilancio di previsione non aventi natura discrezionale, che si configurano come meramente applicative delle decisioni del Consiglio, per ciascuno degli esercizi considerati nel bilancio:

a) variazioni riguardanti l'utilizzo della quota vincolata e accantonata del risultato di amministrazione nel corso dell'esercizio provvisorio consistenti nella mera reiscrizione di economie di spesa derivanti da stanziamenti di bilancio dell'esercizio precedente corrispondenti a entrate vincolate, secondo le modalità previste dall'art. 187, comma 3-quinquies;

b) variazioni compensative tra le dotazioni delle missioni e dei programmi riguardanti l'utilizzo di risorse comunitarie e vincolate, nel rispetto della finalità della spesa definita nel provvedimento di assegnazione delle risorse, o qualora le variazioni siano necessarie per l'attuazione di interventi previsti da intese istituzionali di programma o da altri strumenti di programmazione negoziata, già deliberati dal Consiglio;

c) variazioni compensative tra le dotazioni delle missioni e dei programmi limitatamente alle spese per il personale, conseguenti a provvedimenti di trasferimento del personale all'interno dell'ente;

d) variazioni delle dotazioni di cassa, salvo quelle previste dal comma 5-quater, garantendo che il fondo di cassa alla fine dell'esercizio sia non negativo;

e) variazioni riguardanti il fondo pluriennale vincolato di cui all'art. 3, comma 5, del decreto legislativo 23 giugno 2011, n. 118, effettuata entro i termini di approvazione del rendiconto in deroga al comma 3; (⁸)

e-bis) variazioni compensative tra macroaggregati dello stesso programma all'interno della stessa missione ([15]).

5-ter. Con il regolamento di contabilità si disciplinano le modalità di comunicazione al Consiglio delle variazioni di bilancio di cui al comma 5-bis. ([8])

5-quater. Nel rispetto di quanto previsto dai regolamenti di contabilità, i responsabili della spesa o, in assenza di disciplina, il responsabile finanziario, possono effettuare, per ciascuno degli esercizi del bilancio:

a) le variazioni compensative del piano esecutivo di gestione fra capitoli di entrata della medesima categoria e fra i capitoli di spesa del medesimo macroaggregato, escluse le variazioni dei capitoli appartenenti ai macroaggregati riguardanti i trasferimenti correnti, i contributi agli investimenti, ed ai trasferimenti in conto capitale, che sono di competenza della Giunta;

b) le variazioni di bilancio fra gli stanziamenti riguardanti il fondo pluriennale vincolato e gli stanziamenti correlati, in termini di competenza e di cassa, escluse quelle previste dall'art. 3, comma 5, del decreto legislativo 23 giugno 2011, n. 118. Le variazioni di bilancio riguardanti le variazioni del fondo pluriennale vincolato sono comunicate trimestralmente alla giunta;

c) le variazioni di bilancio riguardanti l'utilizzo della quota vincolata del risultato di amministrazione derivanti da stanziamenti di bilancio dell'esercizio precedente corrispondenti a entrate vincolate, in termini di competenza e di cassa, secondo le modalità previste dall'art. 187, comma 3-quinquies;

d) le variazioni degli stanziamenti riguardanti i versamenti ai conti di tesoreria statale intestati all'ente e i versamenti a depositi bancari intestati all'ente;

e) le variazioni necessarie per l'adeguamento delle previsioni, compresa l'istituzione di tipologie e programmi, riguardanti le partite di giro e le operazioni per conto di terzi; ([8])

e-bis) in caso di variazioni di esigibilità della spesa, le variazioni relative a stanziamenti riferiti a operazioni di indebitamento già autorizzate e perfezionate, contabilizzate secondo l'andamento della correlata spesa, e le variazioni a stanziamenti correlati ai contributi a rendicontazione, escluse quelle previste dall'articolo 3, comma 4, del decreto legislativo 23 giugno 2011, n. 118. Le suddette variazioni di bilancio sono comunicate trimestralmente alla giunta ([16]).

5-quinquies. Le variazioni al bilancio di previsione disposte con provvedimenti amministrativi, nei casi previsti dal presente decreto, e le variazioni del piano esecutivo di gestione non possono essere disposte con il medesimo provvedimento amministrativo. Le determinazioni dirigenziali di variazione compensativa dei capitoli del piano esecutivo di gestione di cui al comma 5-quater sono effettuate al fine di favorire il conseguimento degli obiettivi assegnati ai dirigenti. (8)

6. Sono vietate le variazioni di giunta compensative tra macroaggregati appartenenti a titoli diversi. (9)

7. Sono vietati gli spostamenti di dotazioni dai capitoli iscritti nei titoli riguardanti le entrate e le spese per conto di terzi e partite di giro in favore di altre parti del bilancio. Sono vietati gli spostamenti di somme tra residui e competenza. (10)

8. Mediante la variazione di assestamento generale, deliberata dall'organo consiliare dell'ente entro il 31 luglio di ciascun anno, si attua la verifica generale di tutte le voci di entrata e di uscita, compreso il fondo di riserva ed il fondo di cassa, al fine di assicurare il mantenimento del pareggio di bilancio. (11)

9. Le variazioni al piano esecutivo di gestione di cui all'articolo 169 sono di competenza dell'organo esecutivo, salvo quelle previste dal comma 5-quater, e possono essere adottate entro il 15 dicembre di ciascun anno, fatte salve le variazioni correlate alle variazioni di bilancio previste al comma 3, che possono essere deliberate sino al 31 dicembre di ciascun anno. (12)

[9-bis. Le variazioni al bilancio di previsione sono trasmesse al tesoriere inviando il prospetto di cui all'art. 10, comma 4, del decreto legislativo 23 giugno 2011, n. 118, e successive modificazioni, allegato al provvedimento di approvazione della variazione. Sono altresì trasmesse al tesoriere:

a) le variazioni dei residui a seguito del loro riaccertamento;

b) le variazioni del fondo pluriennale vincolato effettuate nel corso dell'esercizio finanziario. (13)]

9-ter. Nel corso dell'esercizio 2015 sono applicate le norme concernenti le variazioni di bilancio vigenti nell'esercizio 2014, fatta salva la disciplina del fondo pluriennale vincolato e del riaccertamento straordinario dei residui.

Gli enti che hanno partecipato alla sperimentazione nel 2014 adottano la disciplina prevista dal presente articolo a decorrere dal 1° gennaio 2015. (¹⁴)

(1) Per le nuove disposizioni in materia di città metropolitane, province e unioni e fusioni di comuni, vedi la L. 7 aprile 2014, n. 56.
(2) Per la proroga dei termini previsti dal presente articolo, relativamente ai comuni indicati nell'art. 1, D.L. 28 aprile 2009, n. 39, convertito, con modificazioni, dalla L. 24 giugno 2009, n. 77, vedi l'art. 1, Ordinanza 25 novembre 2009, n. 3822; per la proroga del termine relativamente al comune di Roma, vedi l'art. 78, comma 7, D.L. 25 giugno 2008, n. 112, convertito, con modificazioni, dalla L. 6 agosto 2008, n. 133.
(3) Comma così modificato dall'art. 74, comma 1, n. 23), lett. a), D.Lgs. 23 giugno 2011, n. 118, aggiunto dall'art. 1, comma 1, lett. aa), D.Lgs. 10 agosto 2014, n. 126; per l'applicabilità di tale disposizione vedi l'art. 80, comma 1, del medesimo D.Lgs. n. 118/2011.
(4) Comma così modificato dall'art. 74, comma 1, n. 23), lett. b), D.Lgs. 23 giugno 2011, n. 118, aggiunto dall'art. 1, comma 1, lett. aa), D.Lgs. 10 agosto 2014, n. 126; per l'applicabilità di tale disposizione vedi l'art. 80, comma 1, del medesimo D.Lgs. n. 118/2011.
(5) Comma così modificato dall'art. 74, comma 1, n. 23), lett. c), D.Lgs. 23 giugno 2011, n. 118, aggiunto dall'art. 1, comma 1, lett. aa), D.Lgs. 10 agosto 2014, n. 126; per l'applicabilità di tale disposizione vedi l'art. 80, comma 1, del medesimo D.Lgs. n. 118/2011.
(6) Per le deliberazioni delle variazioni di bilancio degli enti locali il cui territorio risulta gravemente danneggiato dagli eventi alluvionali dei mesi di settembre, ottobre e novembre 2000, relative agli anni 2000 e 2001, vedi l'art. 6, Ordinanza 23 novembre 2000, n. 3095.
(7) Comma così modificato dall'art. 74, comma 1, n. 23), lett. d), DD.Lgs. 23 giugno 2011, n. 118, aggiunto dall'art. 1, comma 1, lett. aa), D.Lgs. 10 agosto 2014, n. 126; per l'applicabilità di tale disposizione vedi l'art. 80, comma 1, del medesimo D.Lgs. n. 118/2011.
(8) Comma inserito dall'art. 74, comma 1, n. 23), lett. e), D.Lgs. 23 giugno 2011, n. 118, aggiunto dall'art. 1, comma 1, lett. aa), D.Lgs. 10 agosto 2014, n. 126; per l'applicabilità di tale disposizione vedi l'art. 80, comma 1, del medesimo D.Lgs. n. 118/2011.
(9) Comma così sostituito dall'art. 74, comma 1, n. 23), lett. f), D.Lgs. 23 giugno 2011, n. 118, aggiunto dall'art. 1, comma 1, lett. aa), D.Lgs. 10 agosto 2014, n. 126; per l'applicabilità di tale disposizione vedi l'art. 80, comma 1, del medesimo D.Lgs. n. 118/2011.
(10) Comma così modificato dall'art. 74, comma 1, n. 23), lett. g), D.Lgs. 23 giugno 2011, n. 118, aggiunto dall'art. 1, comma 1, lett. aa), D.Lgs. 10 agosto 2014, n. 126; per l'applicabilità di tale disposizione vedi l'art. 80, comma 1, del medesimo D.Lgs. n. 118/2011.

(11) Comma così modificato dall'art. 74, comma 1, n. 23), lett. h), D.Lgs. 23 giugno 2011, n. 118, aggiunto dall'art. 1, comma 1, lett. aa), D.Lgs. 10 agosto 2014, n. 126; per l'applicabilità di tale disposizione vedi l'art. 80, comma 1, del medesimo D.Lgs. n. 118/2011.
(12) Comma così modificato dall'art. 74, comma 1, n. 23), lett. i), D.Lgs. 23 giugno 2011, n. 118, aggiunto dall'art. 1, comma 1, lett. aa), D.Lgs. 10 agosto 2014, n. 126; per l'applicabilità di tale disposizione vedi l'art. 80, comma 1, del medesimo D.Lgs. n. 118/2011.
(13) Comma aggiunto dall'art. 74, comma 1, n. 23), lett. l), D.Lgs. 23 giugno 2011, n. 118, aggiunto dall'art. 1, comma 1, lett. aa), D.Lgs. 10 agosto 2014, n. 126; per l'applicabilità di tale disposizione vedi l'art. 80, comma 1, del medesimo D.Lgs. n. 118/2011. Comma abrogato dall' art. 52, comma 1, D.L. 14 agosto 2020, n. 104, convertito, con modificazioni, dalla L. 13 ottobre 2020, n. 126.
(14) Comma aggiunto dall'art. 74, comma 1, n. 23), lett. m), D.Lgs. 23 giugno 2011, n. 118, aggiunto dall'art. 1, comma 1, lett. aa), D.Lgs. 10 agosto 2014, n. 126; per l'applicabilità di tale disposizione vedi l'art. 80, comma 1, del medesimo D.Lgs. n. 118/2011.
(15) Lettera aggiunta dall'art. 9-bis, comma 1, lett. b), D.L. 24 giugno 2016, n. 113, convertito, con modificazioni, dalla L. 7 agosto 2016, n. 160.
(16) Lettera aggiunta dall'art. 9-bis, comma 1, lett. c), D.L. 24 giugno 2016, n. 113, convertito, con modificazioni, dalla L. 7 agosto 2016, n. 160.

Art. 176 ([1])
Prelevamenti dal fondo di riserva e dai fondi spese potenziali. ([2])

1. I prelevamenti dal fondo di riserva, dal fondo di riserva di cassa e dai fondi spese potenziali sono di competenza dell'organo esecutivo e possono essere deliberati sino al 31 dicembre di ciascun anno. ([3])

(1) Per le nuove disposizioni in materia di città metropolitane, province e unioni e fusioni di comuni, vedi la L. 7 aprile 2014, n. 56.
(2) Rubrica così modificata dall'art. 74, comma 1, n. 24), lett. a), D.Lgs. 23 giugno 2011, n. 118, aggiunto dall'art. 1, comma 1, lett. aa), D.Lgs. 10 agosto 2014, n. 126; per l'applicabilità di tale disposizione vedi l'art. 80, comma 1, del medesimo D.Lgs. n. 118/2011.
(3) Comma così modificato dall'art. 74, comma 1, n. 24), lett. b), D.Lgs. 23 giugno 2011, n. 118, aggiunto dall'art. 1, comma 1, lett. aa), D.Lgs. 10

agosto 2014, n. 126; per l'applicabilità di tale disposizione vedi l'art. 80, comma 1, del medesimo D.Lgs. n. 118/2011.

Art. 177 ([1])
Competenze dei responsabili dei servizi.

1. Il responsabile del servizio, nel caso in cui ritiene necessaria una modifica della dotazione assegnata per sopravvenute esigenze successive all'adozione degli atti di programmazione, propone la modifica con modalità definite dal regolamento di contabilità.

2. La mancata accettazione della proposta di modifica della dotazione deve essere motivata dall'organo esecutivo.

(1) Per le nuove disposizioni in materia di città metropolitane, province e unioni e fusioni di comuni, vedi la L. 7 aprile 2014, n. 56.

PARTE II

Ordinamento finanziario e contabile

TITOLO III

Gestione del bilancio

Capo I

Entrate

Art. 178 ([1])
Fasi dell'entrata.

1. Le fasi di gestione delle entrate sono l'accertamento, la riscossione ed il versamento.

(1) Per le nuove disposizioni in materia di città metropolitane, province e unioni e fusioni di comuni, vedi la L. 7 aprile 2014, n. 56.

Art. 179 ([1])
Accertamento.

1. L'accertamento costituisce la prima fase di gestione dell'entrata mediante la quale, sulla base di idonea documentazione, viene verificata la ragione del credito e la sussistenza di un idoneo titolo giuridico, individuato il debitore, quantificata la somma da incassare, nonché fissata la relativa scadenza. Le entrate relative al titolo "Accensione prestiti" sono accertate nei limiti dei rispettivi stanziamenti di competenza del bilancio. ([2])

2. L'accertamento delle entrate avviene distinguendo le entrate ricorrenti da quelle non ricorrenti attraverso la codifica della transazione elementare di cui agli articoli 5 e 6 del decreto legislativo 23 giugno 2011, n. 118, e successive modificazioni, seguendo le seguenti disposizioni: ([3])

a) per le entrate di carattere tributario, a seguito di emissione di ruoli o a seguito di altre forme stabilite per legge;

b) per le entrate patrimoniali e per quelle provenienti dalla gestione di servizi a carattere produttivo e di quelli connessi a tariffe o contribuzioni dell'utenza, a seguito di acquisizione diretta o di emissione di liste di carico;

c) per le entrate relative a partite compensative delle spese del titolo "Servizi per conto terzi e partite di giro", in corrispondenza dell'assunzione del relativo impegno di spesa; ([4])

c-bis) per le entrate derivanti da trasferimenti e contributi da altre amministrazioni pubbliche a seguito della comunicazione dei dati identificativi dell'atto amministrativo di impegno dell'amministrazione erogante relativo al contributo o al finanziamento; ([5])

d) per le altre entrate, anche di natura eventuale o variabile, mediante contratti, provvedimenti giudiziari o atti amministrativi specifici, salvo i casi, tassativamente previsti nel principio applicato della contabilità finanziaria, per cui è previsto l'accertamento per cassa ([6]).

3. Il responsabile del procedimento con il quale viene accertata l'entrata trasmette al responsabile del servizio finanziario l'idonea documentazione di cui al comma 2, ai fini dell'annotazione nelle scritture contabili, secondo i tempi ed i modi previsti dal regolamento di contabilità dell'ente, nel rispetto di quanto previsto dal presente decreto e dal principio generale della competenza finanziaria e dal principio applicato della contabilità finanziaria di cui agli allegati n. 1 e n. 4/2 del decreto legislativo 23 giugno 2011, n. 118, e successive modificazioni. [7]

3-bis. L'accertamento dell'entrata è registrato quando l'obbligazione è perfezionata, con imputazione alle scritture contabili riguardanti l'esercizio in cui l'obbligazione viene a scadenza. Non possono essere riferite ad un determinato esercizio finanziario le entrate il cui diritto di credito non venga a scadenza nello stesso esercizio finanziario. E' vietato l'accertamento attuale di entrate future. Le entrate sono registrate nelle scritture contabili anche se non determinano movimenti di cassa effettivi. [8]

(1) Per le nuove disposizioni in materia di città metropolitane, province e unioni e fusioni di comuni, vedi la L. 7 aprile 2014, n. 56.
(2) Comma così modificato dall'art. 74, comma 1, n. 25), lett. a), D.Lgs. 23 giugno 2011, n. 118, aggiunto dall'art. 1, comma 1, lett. aa), D.Lgs. 10 agosto 2014, n. 126; per l'applicabilità di tale disposizione vedi l'art. 80, comma 1, del medesimo D.Lgs. n. 118/2011.
(3) Alinea così modificato dall'art. 74, comma 1, n. 25), lett. b), D.Lgs. 23 giugno 2011, n. 118, aggiunto dall'art. 1, comma 1, lett. aa), D.Lgs. 10 agosto 2014, n. 126; per l'applicabilità di tale disposizione vedi l'art. 80, comma 1, del medesimo D.Lgs. n. 118/2011.
(4) Lettera così modificata dall'art. 74, comma 1, n. 25), lett. c), D.Lgs. 23 giugno 2011, n. 118, aggiunto dall'art. 1, comma 1, lett. aa), D.Lgs. 10 agosto 2014, n. 126; per l'applicabilità di tale disposizione vedi l'art. 80, comma 1, del medesimo D.Lgs. n. 118/2011.
(5) Lettera inserita dall'art. 74, comma 1, n. 25), lett. d), D.Lgs. 23 giugno 2011, n. 118, aggiunto dall'art. 1, comma 1, lett. aa), D.Lgs. 10 agosto 2014, n. 126; per l'applicabilità di tale disposizione vedi l'art. 80, comma 1, del medesimo D.Lgs. n. 118/2011.
(6) Lettera così modificata dall'art. 74, comma 1, n. 25), lett. e), D.Lgs. 23 giugno 2011, n. 118, aggiunto dall'art. 1, comma 1, lett. aa), D.Lgs. 10 agosto 2014, n. 126; per l'applicabilità di tale disposizione vedi l'art. 80, comma 1, del medesimo D.Lgs. n. 118/2011.
(7) Comma così modificato dall'art. 74, comma 1, n. 25), lett. f), D.Lgs. 23 giugno 2011, n. 118, aggiunto dall'art. 1, comma 1, lett. aa), D.Lgs. 10 agosto 2014, n. 126; per l'applicabilità di tale disposizione vedi l'art. 80, comma 1, del medesimo D.Lgs. n. 118/2011.

(8) Comma aggiunto dall'art. 74, comma 1, n. 25), lett. g), D.Lgs. 23 giugno 2011, n. 118, aggiunto dall'art. 1, comma 1, lett. aa), D.Lgs. 10 agosto 2014, n. 126; per l'applicabilità di tale disposizione vedi l'art. 80, comma 1, del medesimo D.Lgs. n. 118/2011.

Art. 180 ([1])
Riscossione.

1. La riscossione costituisce la successiva fase del procedimento dell'entrata, che consiste nel materiale introito da parte del tesoriere o di altri eventuali incaricati della riscossione delle somme dovute all'ente.

2. La riscossione è disposta a mezzo di ordinativo di incasso, fatto pervenire al tesoriere nelle forme e nei tempi previsti dalla convenzione di cui all'articolo 210.

3. L'ordinativo d'incasso è sottoscritto dal responsabile del servizio finanziario o da altro dipendente individuato dal regolamento di contabilità e contiene almeno:

a) l'indicazione del debitore;

b) l'ammontare della somma da riscuotere;

c) la causale;

d) gli eventuali vincoli di destinazione delle entrate derivanti da legge, da trasferimenti o da prestiti; ([2])

e) l'indicazione del titolo e della tipologia, distintamente per residui o competenza; ([3])

f) la codifica di bilancio; ([4])

g) il numero progressivo;

h) l'esercizio finanziario e la data di emissione;

h-bis) la codifica SIOPE di cui all'art. 14 della legge 31 dicembre 2009, n. 196; (5)

h-ter) i codici della transazione elementare di cui agli articoli da 5 a 7, del decreto legislativo 23 giugno 2011, n. 118 (5).

4. Il tesoriere deve accettare, senza pregiudizio per i diritti dell'ente, la riscossione di ogni somma, versata in favore dell'ente, ivi comprese le entrate di cui al comma 4-ter, anche senza la preventiva emissione di ordinativo d'incasso. In tale ipotesi il tesoriere ne dà immediata comunicazione all'ente, richiedendo la regolarizzazione. L'ente procede alla regolarizzazione dell'incasso entro i successivi 60 giorni e, comunque, entro i termini previsti per la resa del conto del tesoriere. (6)

4-bis. Gli ordinativi di incasso che si riferiscono ad entrate di competenza dell'esercizio in corso sono tenuti distinti da quelli relativi ai residui, garantendone la numerazione unica per esercizio e progressiva. Gli ordinativi di incasso, sia in conto competenza sia in conto residui, sono imputati contabilmente all'esercizio in cui il tesoriere ha incassato le relative entrate, anche se la comunicazione è pervenuta all'ente nell'esercizio successivo. (7)

4-ter. Gli incassi derivanti dalle accensioni di prestiti sono disposti nei limiti dei rispettivi stanziamenti di cassa. (7)

4-quater. E' vietata l'imputazione provvisoria degli incassi in attesa di regolarizzazione alle partite di giro. (7)

4-quinquies. Gli ordinativi d'incasso non riscossi entro il termine dell'esercizio sono restituiti dal tesoriere all'ente per l'annullamento e la successiva emissione nell'esercizio successivo in conto residui. (7)

4-sexies. I codici di cui al comma 3, lettera h-ter), possono essere applicati all'ordinativo di incasso a decorrere dal 1° gennaio 2016. (7)

.

(1) Per le nuove disposizioni in materia di città metropolitane, province e unioni e fusioni di comuni, vedi la L. 7 aprile 2014, n. 56.
(2) Lettera così modificata dall'art. 74, comma 1, n. 26), lett. a), D.Lgs. 23 giugno 2011, n. 118, aggiunto dall'art. 1, comma 1, lett. aa), D.Lgs. 10 agosto 2014, n. 126; per l'applicabilità di tale disposizione vedi l'art. 80,

comma 1, del medesimo D.Lgs. n. 118/2011.
(3) Lettera così modificata dall'art. 74, comma 1, n. 26), lett. b), D.Lgs. 23 giugno 2011, n. 118, aggiunto dall'art. 1, comma 1, lett. aa), D.Lgs. 10 agosto 2014, n. 126; per l'applicabilità di tale disposizione vedi l'art. 80, comma 1, del medesimo D.Lgs. n. 118/2011.
(4) Lettera così modificata dall'art. 74, comma 1, n. 26), lett. c), D.Lgs. 23 giugno 2011, n. 118, aggiunto dall'art. 1, comma 1, lett. aa), D.Lgs. 10 agosto 2014, n. 126; per l'applicabilità di tale disposizione vedi l'art. 80, comma 1, del medesimo D.Lgs. n. 118/2011.
(5) Lettera aggiunta dall'art. 74, comma 1, n. 26), lett. d), D.Lgs. 23 giugno 2011, n. 118, aggiunto dall'art. 1, comma 1, lett. aa), D.Lgs. 10 agosto 2014, n. 126; per l'applicabilità di tale disposizione vedi l'art. 80, comma 1, del medesimo D.Lgs. n. 118/2011.
(6) Comma così modificato dall'art. 74, comma 1, n. 26), lett. e), D.Lgs. 23 giugno 2011, n. 118, aggiunto dall'art. 1, comma 1, lett. aa), D.Lgs. 10 agosto 2014, n. 126; per l'applicabilità di tale disposizione vedi l'art. 80, comma 1, del medesimo D.Lgs. n. 118/2011.
(7) Comma aggiunto dall'art. 74, comma 1, n. 26), lett. f), D.Lgs. 23 giugno 2011, n. 118, aggiunto dall'art. 1, comma 1, lett. aa), D.Lgs. 10 agosto 2014, n. 126; per l'applicabilità di tale disposizione vedi l'art. 80, comma 1, del medesimo D.Lgs. n. 118/2011.

Art. 181 ([1])
Versamento.

1. Il versamento costituisce l'ultima fase dell'entrata, consistente nel trasferimento delle somme riscosse nelle casse dell'ente.

2. Gli incaricati della riscossione, interni ed esterni, versano al tesoriere le somme riscosse nei termini e nei modi fissati dalle disposizioni vigenti e da eventuali accordi convenzionali, salvo quelli a cui si applicano gli articoli 22 e seguenti del decreto legislativo 13 aprile 1999, n. 112.

3. Gli incaricati interni, designati con provvedimento formale dell'amministrazione, versano le somme riscosse presso la tesoreria dell'ente con cadenza stabilita dal regolamento di contabilità, non superiori ai quindici giorni lavorativi. ([2])

(1) Per le nuove disposizioni in materia di città metropolitane, province e unioni e fusioni di comuni, vedi la L. 7 aprile 2014, n. 56.

(2) Comma così modificato dall'art. 74, comma 1, n. 27), D.Lgs. 23 giugno 2011, n. 118, aggiunto dall'art. 1, comma 1, lett. aa), D.Lgs. 10 agosto 2014, n. 126; per l'applicabilità di tale disposizione vedi l'art. 80, comma 1, del medesimo D.Lgs. n. 118/2011.

Capo II

Spese

Art. 182 (¹)
Fasi della spesa.

1. Le fasi di gestione della spesa sono l'impegno, la liquidazione, l'ordinazione ed il pagamento.

(1) Per le nuove disposizioni in materia di città metropolitane, province e unioni e fusioni di comuni, vedi la L. 7 aprile 2014, n. 56.

Art. 183 (¹)
Impegno di spesa.

1. L'impegno costituisce la prima fase del procedimento di spesa, con la quale, a seguito di obbligazione giuridicamente perfezionata è determinata la somma da pagare, determinato il soggetto creditore, indicata la ragione e la relativa scadenza e viene costituito il vincolo sulle previsioni di bilancio, nell'ambito della disponibilità finanziaria accertata ai sensi dell'articolo 151. (²)

2. Con l'approvazione del bilancio e successive variazioni, e senza la necessità di ulteriori atti, è costituito impegno sui relativi stanziamenti per le spese dovute:

a) per il trattamento economico tabellare già attribuito al personale dipendente e per i relativi oneri riflessi;

b) per le rate di ammortamento dei mutui e dei prestiti, interessi di preammortamento ed ulteriori oneri accessori nei casi in cui non si sia provveduto all'impegno nell'esercizio in cui il contratto di finanziamento è stato perfezionato; ([3])

c) per contratti di somministrazione riguardanti prestazioni continuative, nei casi in cui l'importo dell'obbligazione sia definita contrattualmente. Se l'importo dell'obbligazione non è predefinito nel contratto, con l'approvazione del bilancio si provvede alla prenotazione della spesa, per un importo pari al consumo dell'ultimo esercizio per il quale l'informazione è disponibile ([4]).

3. Durante la gestione possono anche essere prenotati impegni relativi a procedure in via di espletamento. I provvedimenti relativi per i quali entro il termine dell'esercizio non è stata assunta dall'ente l'obbligazione di spesa verso i terzi decadono e costituiscono economia della previsione di bilancio alla quale erano riferiti, concorrendo alla determinazione del risultato contabile di amministrazione di cui all'articolo 186. Le economie riguardanti le spese di investimento per lavori pubblici concorrono alla determinazione del fondo pluriennale secondo le modalità definite, entro il 30 aprile 2019, con decreto del Ministero dell'economia e delle finanze - Dipartimento della Ragioneria generale dello Stato, di concerto con il Ministero dell'interno - Dipartimento per gli affari interni e territoriali e con la Presidenza del Consiglio dei ministri - Dipartimento per gli affari regionali e le autonomie, su proposta della Commissione per l'armonizzazione degli enti territoriali di cui all'articolo 3-bis del decreto legislativo 23 giugno 2011, n. 118, al fine di adeguare il principio contabile applicato concernente la contabilità finanziaria previsto dall'allegato n. 4/2 del medesimo decreto legislativo. ([5])

4. Costituiscono inoltre economia le minori spese sostenute rispetto all'impegno assunto, verificate con la conclusione della fase della liquidazione.

5. Tutte le obbligazioni passive giuridicamente perfezionate, devono essere registrate nelle scritture contabili quando l'obbligazione è perfezionata, con

imputazione all'esercizio in cui l'obbligazione viene a scadenza, secondo le modalità previste dal principio applicato della contabilità finanziaria di cui all'allegato n. 4/2 del decreto legislativo 23 giugno 2011, n. 118. Non possono essere riferite ad un determinato esercizio finanziario le spese per le quali non sia venuta a scadere nello stesso esercizio finanziario la relativa obbligazione giuridica. Le spese sono registrate anche se non determinano movimenti di cassa effettivi. (6)

6. Gli impegni di spesa sono assunti nei limiti dei rispettivi stanziamenti di competenza del bilancio di previsione, con imputazione agli esercizi in cui le obbligazioni passive sono esigibili. Non possono essere assunte obbligazioni che danno luogo ad impegni di spesa corrente:

a) sugli esercizi successivi a quello in corso, a meno che non siano connesse a contratti o convenzioni pluriennali o siano necessarie per garantire la continuità dei servizi connessi con le funzioni fondamentali, fatta salva la costante verifica del mantenimento degli equilibri di bilancio, anche con riferimento agli esercizi successivi al primo;

b) sugli esercizi non considerati nel bilancio, a meno delle spese derivanti da contratti di somministrazione, di locazione, relative a prestazioni periodiche o continuative di servizi di cui all'art. 1677 del codice civile, delle spese correnti correlate a finanziamenti comunitari e delle rate di ammortamento dei prestiti, inclusa la quota capitale.Le obbligazioni che comportano impegni riguardanti le partite di giro e i rimborsi delle anticipazioni di tesoreria sono assunte esclusivamente in relazione alle esigenze della gestione. (7)

7. I provvedimenti dei responsabili dei servizi che comportano impegni di spesa sono trasmessi al responsabile del servizio finanziario e sono esecutivi con l'apposizione del visto di regolarità contabile attestante la copertura finanziaria. (7)

8. Al fine di evitare ritardi nei pagamenti e la formazione di debiti pregressi, il responsabile della spesa che adotta provvedimenti che comportano impegni di spesa ha l'obbligo di accertare preventivamente che il programma dei conseguenti pagamenti sia compatibile con i relativi stanziamenti di cassa e con le regole del patto di stabilità interno; la violazione dell'obbligo di accertamento di cui al presente comma comporta responsabilità disciplinare ed amministrativa. Qualora lo stanziamento di cassa, per ragioni sopravvenute, non consenta di far fronte all'obbligo contrattuale, l'amministrazione adotta le opportune iniziative, anche di tipo

contabile, amministrativo o contrattuale, per evitare la formazione di debiti pregressi. (7)

9. Il regolamento di contabilità disciplina le modalità con le quali i responsabili dei servizi assumono atti di impegno nel rispetto dei principi contabili generali e del principio applicato della contabilità finanziaria di cui agli allegati n. 1 e n. 4/2 del decreto legislativo 23 giugno 2011, n. 118, e successive modificazioni. A tali atti, da definire "determinazioni" e da classificarsi con sistemi di raccolta che individuano la cronologia degli atti e l'ufficio di provenienza, si applicano, in via preventiva, le procedure di cui ai commi 7 e 8. (8)

9-bis. Gli impegni sono registrati distinguendo le spese ricorrenti da quelle non ricorrenti attraverso la codifica della transazione elementare di cui agli articoli 5 e 6 del decreto legislativo 23 giugno 2011, n. 118, e successive modificazioni. (9)

(1) Per le nuove disposizioni in materia di città metropolitane, province e unioni e fusioni di comuni, vedi la L. 7 aprile 2014, n. 56.
(2) Comma così modificato dall'art. 74, comma 1, n. 28), lett. a), D.Lgs. 23 giugno 2011, n. 118, aggiunto dall'art. 1, comma 1, lett. aa), D.Lgs. 10 agosto 2014, n. 126; per l'applicabilità di tale disposizione vedi l'art. 80, comma 1, del medesimo D.Lgs. n. 118/2011.
(3) Lettera così modificata dall'art. 74, comma 1, n. 28), lett. b), D.Lgs. 23 giugno 2011, n. 118, aggiunto dall'art. 1, comma 1, lett. aa), D.Lgs. 10 agosto 2014, n. 126; per l'applicabilità di tale disposizione vedi l'art. 80, comma 1, del medesimo D.Lgs. n. 118/2011.
(4) Lettera così sostituita dall'art. 74, comma 1, n. 28), lett. c), D.Lgs. 23 giugno 2011, n. 118, aggiunto dall'art. 1, comma 1, lett. aa), D.Lgs. 10 agosto 2014, n. 126; per l'applicabilità di tale disposizione vedi l'art. 80, comma 1, del medesimo D.Lgs. n. 118/2011.
(5) Comma così modificato dall'art. 74, comma 1, n. 28), lett. d), D.Lgs. 23 giugno 2011, n. 118, aggiunto dall'art. 1, comma 1, lett. aa), D.Lgs. 10 agosto 2014, n. 126; per l'applicabilità di tale disposizione vedi l'art. 80, comma 1, del medesimo D.Lgs. n. 118/2011. Successivamente, il presente comma è stato così modificato dall' art. 1, comma 910, L. 30 dicembre 2018, n. 145, a decorrere dal 1° gennaio 2019.
(6) Comma modificato dall'art. 1-sexies, comma 1, lett. b), D.L. 31 marzo 2005, n. 44, convertito, con modificazioni, dalla L. 31 maggio 2005, n. 88 e, successivamente, così sostituito dall'art. 74, comma 1, n. 28), lett. e), D.Lgs. 23 giugno 2011, n. 118, aggiunto dall'art. 1, comma 1, lett. aa), D.Lgs. 10 agosto 2014, n. 126; per l'applicabilità di tale ultima disposizione vedi l'art. 80, comma 1, del medesimo D.Lgs. n. 118/2011.

(7) Comma così sostituito dall'art. 74, comma 1, n. 28), lett. e), D.Lgs. 23 giugno 2011, n. 118, aggiunto dall'art. 1, comma 1, lett. aa), D.Lgs. 10 agosto 2014, n. 126; per l'applicabilità di tale disposizione vedi l'art. 80, comma 1, del medesimo D.Lgs. n. 118/2011.
(8) Comma così modificato dall'art. 74, comma 1, n. 28), lett. f), D.Lgs. 23 giugno 2011, n. 118, aggiunto dall'art. 1, comma 1, lett. aa), D.Lgs. 10 agosto 2014, n. 126; per l'applicabilità di tale disposizione vedi l'art. 80, comma 1, del medesimo D.Lgs. n. 118/2011.
(9) Comma aggiunto dall'art. 74, comma 1, n. 28), lett. g), D.Lgs. 23 giugno 2011, n. 118, aggiunto dall'art. 1, comma 1, lett. aa), D.Lgs. 10 agosto 2014, n. 126; per l'applicabilità di tale disposizione vedi l'art. 80, comma 1, del medesimo D.Lgs. n. 118/2011.

Art. 184 ([1])
Liquidazione della spesa.

1. La liquidazione costituisce la successiva fase del procedimento di spesa attraverso la quale, in base ai documenti ed ai titoli atti a comprovare il diritto acquisito del creditore, si determina la somma certa e liquida da pagare nei limiti dell'ammontare dell'impegno definitivo assunto.

2. La liquidazione compete all'ufficio che ha dato esecuzione al provvedimento di spesa ed è disposta sulla base della documentazione necessaria a comprovare il diritto del creditore, a seguito del riscontro operato sulla regolarità della fornitura o della prestazione e sulla rispondenza della stessa ai requisiti quantitativi e qualitativi, ai termini ed alle condizioni pattuite.

3. L'atto di liquidazione, sottoscritto dal responsabile del servizio proponente, con tutti i relativi documenti giustificativi ed i riferimenti contabili è trasmesso al servizio finanziario per i conseguenti adempimenti.

4. Il servizio finanziario effettua, secondo i princìpi e le procedure della contabilità pubblica, i controlli e riscontri amministrativi, contabili e fiscali sugli atti di liquidazione.

(1) Per le nuove disposizioni in materia di città metropolitane, province e unioni e fusioni di comuni, vedi la L. 7 aprile 2014, n. 56.

Art. 185 (¹)
Ordinazione e pagamento.

1. Gli ordinativi di pagamento sono disposti nei limiti dei rispettivi stanziamenti di cassa, salvo i pagamenti riguardanti il rimborso delle anticipazioni di tesoreria, i servizi per conto terzi e le partite di giro. (²)

2. Il mandato di pagamento è sottoscritto dal dipendente dell'ente individuato dal regolamento di contabilità nel rispetto delle leggi vigenti e contiene almeno i seguenti elementi:

a) il numero progressivo del mandato per esercizio finanziario;

b) la data di emissione;

c) l'indicazione della missione, del programma e del titolo di bilancio cui è riferita la spesa e la relativa disponibilità, distintamente per residui o competenza e cassa; (³)

d) la codifica di bilancio; (⁴)

e) l'indicazione del creditore e, se si tratta di persona diversa, del soggetto tenuto a rilasciare quietanza, nonché il relativo codice fiscale o la partita IVA; (⁵)

f) l'ammontare della somma dovuta e la scadenza, qualora sia prevista dalla legge o sia stata concordata con il creditore;

g) la causale e gli estremi dell'atto esecutivo che legittima l'erogazione della spesa;

h) le eventuali modalità agevolative di pagamento se richieste dal creditore;

i) il rispetto degli eventuali vincoli di destinazione stabiliti per legge o relativi a trasferimenti o ai prestiti; (⁶)

i-bis) la codifica SIOPE di cui all'art. 14 della legge 31 dicembre 2009, n. 196; (⁷)

i-ter) i codici della transazione elementare di cui agli articoli da 5 a 7, del decreto legislativo 23 giugno 2011, n. 118; (⁷)

i-quater) l'identificazione delle spese non soggette al controllo dei dodicesimi di cui all'art. 163, comma 5, in caso di esercizio provvisorio (7).

3. Il mandato di pagamento è controllato, per quanto attiene alla sussistenza dell'impegno e della liquidazione e al rispetto dell'autorizzazione di cassa, dal servizio finanziario, che provvede altresì alle operazioni di contabilizzazione e di trasmissione al tesoriere. (8)

4. Il tesoriere effettua i pagamenti derivanti da obblighi tributari, da somme iscritte a ruolo, da delegazioni di pagamento, e da altri obblighi di legge, anche in assenza della preventiva emissione del relativo mandato di pagamento. Entro trenta giorni l'ente locale emette il relativo mandato ai fini della regolarizzazione, imputandolo contabilmente all'esercizio in cui il tesoriere ha effettuato il pagamento, anche se la relativa comunicazione è pervenuta all'ente nell'esercizio successivo. (9)

4-bis. I codici di cui al comma 2, lettera i-bis), possono essere applicati al mandato a decorrere dal 1° gennaio 2016. (10)

(1) Per le nuove disposizioni in materia di città metropolitane, province e unioni e fusioni di comuni, vedi la L. 7 aprile 2014, n. 56.
(2) Comma così sostituito dall'art. 74, comma 1, n. 29), lett. a), D.Lgs. 23 giugno 2011, n. 118, aggiunto dall'art. 1, comma 1, lett. aa), D.Lgs. 10 agosto 2014, n. 126; per l'applicabilità di tale disposizione vedi l'art. 80, comma 1, del medesimo D.Lgs. n. 118/2011.
(3) Lettera così sostituita dall'art. 74, comma 1, n. 29), lett. b), D.Lgs. 23 giugno 2011, n. 118, aggiunto dall'art. 1, comma 1, lett. aa), D.Lgs. 10 agosto 2014, n. 126; per l'applicabilità di tale disposizione vedi l'art. 80, comma 1, del medesimo D.Lgs. n. 118/2011.
(4) Lettera così modificata dall'art. 74, comma 1, n. 29), lett. c), D.Lgs. 23 giugno 2011, n. 118, aggiunto dall'art. 1, comma 1, lett. aa), D.Lgs. 10 agosto 2014, n. 126; per l'applicabilità di tale disposizione vedi l'art. 80, comma 1, del medesimo D.Lgs. n. 118/2011.
(5) Lettera così modificata dall'art. 74, comma 1, n. 29), lett. d), D.Lgs. 23 giugno 2011, n. 118, aggiunto dall'art. 1, comma 1, lett. aa), D.Lgs. 10 agosto 2014, n. 126; per l'applicabilità di tale disposizione vedi l'art. 80, comma 1, del medesimo D.Lgs. n. 118/2011.
(6) Lettera così modificata dall'art. 74, comma 1, n. 29), lett. e), D.Lgs. 23 giugno 2011, n. 118, aggiunto dall'art. 1, comma 1, lett. aa), D.Lgs. 10 agosto 2014, n. 126; per l'applicabilità di tale disposizione vedi l'art. 80, comma 1, del medesimo D.Lgs. n. 118/2011.
(7) Lettera aggiunta dall'art. 74, comma 1, n. 29), lett. f), D.Lgs. 23 giugno

2011, n. 118, aggiunto dall'art. 1, comma 1, lett. aa), D.Lgs. 10 agosto 2014, n. 126; per l'applicabilità di tale disposizione vedi l'art. 80, comma 1, del medesimo D.Lgs. n. 118/2011.
(8) Comma così modificato dall'art. 74, comma 1, n. 29), lett. g), D.Lgs. 23 giugno 2011, n. 118, aggiunto dall'art. 1, comma 1, lett. aa), D.Lgs. 10 agosto 2014, n. 126; per l'applicabilità di tale disposizione vedi l'art. 80, comma 1, del medesimo D.Lgs. n. 118/2011.
(9) Comma così modificato dall'art. 74, comma 1, n. 29), lett. h), D.Lgs. 23 giugno 2011, n. 118, aggiunto dall'art. 1, comma 1, lett. aa), D.Lgs. 10 agosto 2014, n. 126; per l'applicabilità di tale disposizione vedi l'art. 80, comma 1, del medesimo D.Lgs. n. 118/2011.
(10) Comma aggiunto dall'art. 74, comma 1, n. 29), lett. i), D.Lgs. 23 giugno 2011, n. 118, aggiunto dall'art. 1, comma 1, lett. aa), D.Lgs. 10 agosto 2014, n. 126; per l'applicabilità di tale disposizione vedi l'art. 80, comma 1, del medesimo D.Lgs. n. 118/2011.

Capo III

Risultato di amministrazione e residui

Art. 186 ([1])
Risultato contabile di amministrazione.

1. Il risultato contabile di amministrazione è accertato con l'approvazione del rendiconto dell'ultimo esercizio chiuso ed è pari al fondo di cassa aumentato dei residui attivi e diminuito dei residui passivi. Tale risultato non comprende le risorse accertate che hanno finanziato spese impegnate con imputazione agli esercizi successivi, rappresentate dal fondo pluriennale vincolato determinato in spesa del conto del bilancio. ([2])

1-bis. In occasione dell'approvazione del bilancio di previsione è determinato l'importo del risultato di amministrazione presunto dell'esercizio precedente cui il bilancio si riferisce. ([3])

(1) Per le nuove disposizioni in materia di città metropolitane, province e unioni e fusioni di comuni, vedi la L. 7 aprile 2014, n. 56.
(2) Comma così modificato dall'art. 74, comma 1, n. 30), lett. a), D.Lgs. 23 giugno 2011, n. 118, aggiunto dall'art. 1, comma 1, lett. aa), D.Lgs. 10

agosto 2014, n. 126; per l'applicabilità di tale disposizione vedi l'art. 80, comma 1, del medesimo D.Lgs. n. 118/2011.
(3) Comma aggiunto dall'art. 74, comma 1, n. 30), lett. b), D.Lgs. 23 giugno 2011, n. 118, aggiunto dall'art. 1, comma 1, lett. aa), D.Lgs. 10 agosto 2014, n. 126; per l'applicabilità di tale disposizione vedi l'art. 80, comma 1, del medesimo D.Lgs. n. 118/2011.

Art. 187 ([1]) ([2])
Composizione del risultato di amministrazione.

1. Il risultato di amministrazione è distinto in fondi liberi, fondi vincolati, fondi destinati agli investimenti e fondi accantonati. I fondi destinati agli investimenti sono costituiti dalle entrate in c/capitale senza vincoli di specifica destinazione non spese, e sono utilizzabili con provvedimento di variazione di bilancio solo a seguito dell'approvazione del rendiconto. L'indicazione della destinazione nel risultato di amministrazione per le entrate in conto capitale che hanno dato luogo ad accantonamento al fondo crediti di dubbia e difficile esazione è sospeso, per l'importo dell'accantonamento, sino all'effettiva riscossione delle stesse. I trasferimenti in conto capitale non sono destinati al finanziamento degli investimenti e non possono essere finanziati dal debito e dalle entrate in conto capitale destinate al finanziamento degli investimenti.I fondi accantonati comprendono gli accantonamenti per passività potenziali e il fondo crediti di dubbia esigibilità. Nel caso in cui il risultato di amministrazione non sia sufficiente a comprendere le quote vincolate, destinate e accantonate, l'ente è in disavanzo di amministrazione. Tale disavanzo è iscritto come posta a se stante nel primo esercizio del bilancio di previsione secondo le modalità previste dall'art. 188. ([3])

2. La quota libera dell'avanzo di amministrazione dell'esercizio precedente, accertato ai sensi dell'art. 186 e quantificato ai sensi del comma 1, può essere utilizzato con provvedimento di variazione di bilancio, per le finalità di seguito indicate in ordine di priorità:

a) per la copertura dei debiti fuori bilancio;

b) per i provvedimenti necessari per la salvaguardia degli equilibri di bilancio di cui all'art. 193 ove non possa provvedersi con mezzi ordinari;

c) per il finanziamento di spese di investimento;

d) per il finanziamento delle spese correnti a carattere non permanente;

e) per l'estinzione anticipata dei prestiti. Nelle operazioni di estinzione anticipata di prestiti, qualora l'ente non disponga di una quota sufficiente di avanzo libero, nel caso abbia somme accantonate per una quota pari al 100 per cento del fondo crediti di dubbia esigibilità, può ricorrere all'utilizzo di quote dell'avanzo destinato a investimenti solo a condizione che garantisca, comunque, un pari livello di investimenti aggiuntivi (7).

Resta salva la facoltà di impiegare l'eventuale quota del risultato di amministrazione "svincolata", in occasione dell'approvazione del rendiconto, sulla base della determinazione dell'ammontare definitivo della quota del risultato di amministrazione accantonata per il fondo crediti di dubbia esigibilità, per finanziare lo stanziamento riguardante il fondo crediti di dubbia esigibilità nel bilancio di previsione dell'esercizio successivo a quello cui il rendiconto si riferisce. (4)

3. Le quote del risultato presunto derivanti dall'esercizio precedente, costituite da accantonamenti risultanti dall'ultimo consuntivo approvato o derivanti da fondi vincolati possono essere utilizzate per le finalità cui sono destinate prima dell'approvazione del conto consuntivo dell'esercizio precedente, attraverso l'iscrizione di tali risorse, come posta a sé stante dell'entrata, nel primo esercizio del bilancio di previsione o con provvedimento di variazione al bilancio. L'utilizzo della quota vincolata o accantonata del risultato di amministrazione è consentito, sulla base di una relazione documentata del dirigente competente, anche in caso di esercizio provvisorio, esclusivamente per garantire la prosecuzione o l'avvio di attività soggette a termini o scadenza, la cui mancata attuazione determinerebbe danno per l'ente, secondo le modalità individuate al comma 3-quinquies. (3)

3-bis. L'avanzo di amministrazione non vincolato non può essere utilizzato nel caso in cui l'ente si trovi in una delle situazioni previste dagli articoli 195 e 222, fatto salvo l'utilizzo per i provvedimenti di riequilibrio di cui all'articolo 193. (5)

3-ter. Costituiscono quota vincolata del risultato di amministrazione le entrate accertate e le corrispondenti economie di bilancio:

a) nei casi in cui la legge o i principi contabili generali e applicati individuano un vincolo di specifica destinazione dell'entrata alla spesa;

b) derivanti da mutui e finanziamenti contratti per il finanziamento di investimenti determinati;

c) derivanti da trasferimenti erogati a favore dell'ente per una specifica destinazione determinata;

d) derivanti da entrate accertate straordinarie, non aventi natura ricorrente, cui l'amministrazione ha formalmente attribuito una specifica destinazione. E' possibile attribuire un vincolo di destinazione alle entrate straordinarie non aventi natura ricorrente solo se l'ente non ha rinviato la copertura del disavanzo di amministrazione negli esercizi successivi e ha provveduto nel corso dell'esercizio alla copertura di tutti gli eventuali debiti fuori bilancio, compresi quelli di cui all'art. 193.L'indicazione del vincolo nel risultato di amministrazione per le entrate vincolate che hanno dato luogo ad accantonamento al fondo crediti di dubbia e difficile esazione è sospeso, per l'importo dell'accantonamento, sino all'effettiva riscossione delle stesse. (6)

3-quater. Se il bilancio di previsione impiega quote vincolate del risultato di amministrazione presunto ai sensi del comma 3, entro il 31 gennaio la Giunta verifica l'importo delle quote vincolate del risultato di amministrazione presunto sulla base di un preconsuntivo relativo alle entrate e alle spese vincolate ed approva l'aggiornamento dell'allegato al bilancio di previsione di cui all'art. 11, comma 3, lettera a), del decreto legislativo 23 giugno 2011, n. 118, e successive modificazioni. Se la quota vincolata del risultato di amministrazione presunto è inferiore rispetto all'importo applicato al bilancio di previsione, l'ente provvede immediatamente alle necessarie variazioni di bilancio che adeguano l'impiego del risultato di amministrazione vincolato. (6)

3-quinquies. Le variazioni di bilancio che, in attesa dell'approvazione del consuntivo, applicano al bilancio quote vincolate o accantonate del risultato di amministrazione, sono effettuate solo dopo l'approvazione del prospetto aggiornato del risultato di amministrazione presunto da parte della Giunta di cui al comma 3-quater. Le variazioni consistenti nella mera re-iscrizione di economie di spesa derivanti da stanziamenti di bilancio dell'esercizio precedente corrispondenti a entrate vincolate, possono essere disposte dai dirigenti se previsto dal regolamento di contabilità o, in assenza di norme, dal responsabile finanziario. In caso di esercizio provvisorio tali variazioni sono di competenza della Giunta. (6)

3-sexies. Le quote del risultato presunto derivante dall'esercizio precedente costituite dagli accantonamenti effettuati nel corso dell'esercizio precedente possono essere utilizzate prima dell'approvazione del conto consuntivo dell'esercizio precedente, per le finalità cui sono destinate, con provvedimento di variazione al bilancio, se la verifica di cui al comma 3-quater e l'aggiornamento dell'allegato al bilancio di previsione di cui all'art. 11, comma 3, lettera a), del decreto legislativo 23 giugno 2011, n. 118, e successive modificazioni, sono effettuate con riferimento a tutte le entrate e le spese dell'esercizio precedente e non solo alle entrate e alle spese vincolate. ([6])

(1) Rubrica così sostituita dall'art. 74, comma 1, n. 31), lett. a), D.Lgs. 23 giugno 2011, n. 118, aggiunto dall'art. 1, comma 1, lett. aa), D.Lgs. 10 agosto 2014, n. 126; per l'applicabilità di tale disposizione vedi l'art. 80, comma 1, del medesimo D.Lgs. n. 118/2011.
(2) Per le nuove disposizioni in materia di città metropolitane, province e unioni e fusioni di comuni, vedi la L. 7 aprile 2014, n. 56.
(3) Comma così sostituito dall'art. 74, comma 1, n. 31), lett. b), D.Lgs. 23 giugno 2011, n. 118, aggiunto dall'art. 1, comma 1, lett. aa), D.Lgs. 10 agosto 2014, n. 126; per l'applicabilità di tale disposizione vedi l'art. 80, comma 1, del medesimo D.Lgs. n. 118/2011.
(4) Comma modificato dall'art. 2, comma 13, L. 24 dicembre 2007, n. 244, a decorrere dal 28 dicembre 2007, ai sensi di quanto disposto dall'art. 3, comma 164 della suddetta L. 244/2007 e, successivamente, così sostituito dall'art. 74, comma 1, n. 31), lett. b), D.Lgs. 23 giugno 2011, n. 118, aggiunto dall'art. 1, comma 1, lett. aa), D.Lgs. 10 agosto 2014, n. 126.
(5) Comma aggiunto dall'art. 3, comma 1, lett. h), D.L. 10 ottobre 2012, n. 174, convertito, con modificazioni, dalla L. 7 dicembre 2012, n. 213.
(6) Comma aggiunto dall'art. 74, comma 1, n. 31), lett. c), D.Lgs. 23 giugno 2011, n. 118, aggiunto dall'art. 1, comma 1, lett. aa), D.Lgs. 10 agosto 2014, n. 126; per l'applicabilità di tale ultima disposizione vedi l'art. 80, comma 1, del medesimo D.Lgs. n. 118/2011.
(7) Lettera così modificata dall'art. 26-bis, comma 1, D.L. 24 aprile 2017, n. 50, convertito, con modificazioni, dalla L. 21 giugno 2017, n. 96.

Art. 188 ([1])
Disavanzo di amministrazione.

1. L'eventuale disavanzo di amministrazione, accertato ai sensi dell'articolo 186, è immediatamente applicato all'esercizio in corso di gestione contestualmente alla delibera di approvazione del rendiconto. La mancata adozione della delibera che applica il disavanzo al bilancio in corso di

gestione è equiparata a tutti gli effetti alla mancata approvazione del rendiconto di gestione. Il disavanzo di amministrazione può anche essere ripianato negli esercizi successivi considerati nel bilancio di previsione, in ogni caso non oltre la durata della consiliatura, contestualmente all'adozione di una delibera consiliare avente ad oggetto il piano di rientro dal disavanzo nel quale siano individuati i provvedimenti necessari a ripristinare il pareggio. Il piano di rientro è sottoposto al parere del collegio dei revisori. Ai fini del rientro possono essere utilizzate le economie di spesa e tutte le entrate, ad eccezione di quelle provenienti dall'assunzione di prestiti e di quelle con specifico vincolo di destinazione, nonché i proventi derivanti da alienazione di beni patrimoniali disponibili e da altre entrate in c/capitale con riferimento a squilibri di parte capitale. Ai fini del rientro, in deroga all'art. 1, comma 169, della legge 27 dicembre 2006, n. 296, contestualmente, l'ente può modificare le tariffe e le aliquote relative ai tributi di propria competenza. La deliberazione, contiene l'analisi delle cause che hanno determinato il disavanzo, l'individuazione di misure strutturali dirette ad evitare ogni ulteriore potenziale disavanzo, ed è allegata al bilancio di previsione e al rendiconto, costituendone parte integrante. Con periodicità almeno semestrale il sindaco o il presidente trasmette al Consiglio una relazione riguardante lo stato di attuazione del piano di rientro, con il parere del collegio dei revisori. L'eventuale ulteriore disavanzo formatosi nel corso del periodo considerato nel piano di rientro deve essere coperto non oltre la scadenza del piano di rientro in corso. ([2])

1-bis. L'eventuale disavanzo di amministrazione presunto accertato ai sensi dell'art. 186, comma 1-bis, è applicato al bilancio di previsione dell'esercizio successivo secondo le modalità previste al comma 1. A seguito dell'approvazione del rendiconto e dell'accertamento dell'importo definitivo del disavanzo di amministrazione dell'esercizio precedente, si provvede all'adeguamento delle iniziative assunte ai sensi del presente comma. ([3])

1-ter. A seguito dell'eventuale accertamento di un disavanzo di amministrazione presunto nell'ambito delle attività previste dall'art. 187, comma 3-quinquies, effettuate nel corso dell'esercizio provvisorio nel rispetto di quanto previsto dall'art. 187, comma 3, si provvede alla tempestiva approvazione del bilancio di previsione. Nelle more dell'approvazione del bilancio la gestione prosegue secondo le modalità previste dall'art. 163, comma 3. ([3])

1-quater. Agli enti locali che presentino, nell'ultimo rendiconto deliberato, un disavanzo di amministrazione ovvero debiti fuori bilancio, ancorché da riconoscere, nelle more della variazione di bilancio che dispone la copertura del disavanzo e del riconoscimento e finanziamento del debito fuori bilancio, è fatto divieto di assumere impegni e pagare spese per servizi non espressamente previsti per legge. Sono fatte salve le spese da sostenere a fronte di impegni già assunti nei precedenti esercizi. (³)

(1) Per le nuove disposizioni in materia di città metropolitane, province e unioni e fusioni di comuni, vedi la L. 7 aprile 2014, n. 56.
2) Comma così modificato dall'art. 74, comma 1, n. 32), lett. a) e b), D.Lgs. 23 giugno 2011, n. 118, aggiunto dall'art. 1, comma 1, lett. aa), D.Lgs. 10 agosto 2014, n. 126; per l'applicabilità di tale disposizione vedi l'art. 80, comma 1, del medesimo D.Lgs. n. 118/2011.
(3) Comma aggiunto dall'art. 74, comma 1, n. 32), lett. c), D.Lgs. 23 giugno 2011, n. 118, aggiunto dall'art. 1, comma 1, lett. aa), D.Lgs. 10 agosto 2014, n. 126; per l'applicabilità di tale disposizione vedi l'art. 80, comma 1, del medesimo D.Lgs. n. 118/2011.

Art. 189 (¹)
Residui attivi.

1. Costituiscono residui attivi le somme accertate e non riscosse entro il termine dell'esercizio.

2. Sono mantenute tra i residui dell'esercizio esclusivamente le entrate accertate per le quali esiste un titolo giuridico che costituisca l'ente locale creditore della correlativa entrata, esigibile nell'esercizio, secondo i principi applicati della contabilità finanziaria di cui all'allegato n. 4/2 del decreto legislativo 23 giugno 2011, n. 118, e successive modificazioni. (²)

3. Alla chiusura dell'esercizio le somme rese disponibili dalla Cassa depositi e prestiti a titolo di finanziamento e non ancora prelevate dall'ente costituiscono residui attivi a valere dell'entrata classificata come prelievi da depositi bancari, nell'ambito del titolo Entrate da riduzione di attività finanziarie, tipologia Altre entrate per riduzione di attività finanziarie. (³)

4. Le somme iscritte tra le entrate di competenza e non accertate entro il termine dell'esercizio costituiscono minori entrate rispetto alle previsioni e, a tale titolo, concorrono a determinare i risultati finali della gestione. (⁴)

(1) Per le nuove disposizioni in materia di città metropolitane, province e unioni e fusioni di comuni, vedi la L. 7 aprile 2014, n. 56.
(2) Comma così modificato dall'art. 1-sexies, comma 1, lett. c), D.L. 31

marzo 2005, n. 44, convertito, con modificazioni, dalla L. 31 maggio 2005, n. 88 e, successivamente, dall'art. 74, comma 1, n. 33), lett. a), D.Lgs. 23 giugno 2011, n. 118, aggiunto dall'art. 1, comma 1, lett. aa), D.Lgs. 10 agosto 2014, n. 126; per l'applicabilità di tale ultima disposizione vedi l'art. 80, comma 1, del medesimo D.Lgs. n. 118/2011.
(3) Comma così modificato dall'art. 74, comma 1, n. 33), lett. b), D.Lgs. 23 giugno 2011, n. 118, aggiunto dall'art. 1, comma 1, lett. aa), D.Lgs. 10 agosto 2014, n. 126; per l'applicabilità di tale disposizione vedi l'art. 80, comma 1, del medesimo D.Lgs. n. 118/2011.
(4) Comma così modificato dall'art. 74, comma 1, n. 33), lett. c), D.Lgs. 23 giugno 2011, n. 118, aggiunto dall'art. 1, comma 1, lett. aa), D.Lgs. 10 agosto 2014, n. 126; per l'applicabilità di tale disposizione vedi l'art. 80, comma 1, del medesimo D.Lgs. n. 118/2011.

Art. 190 ([1])
Residui passivi.

1. Costituiscono residui passivi le somme impegnate e non pagate entro il termine dell'esercizio.

2. È vietata la conservazione nel conto dei residui di somme non impegnate ai sensi dell'articolo 183.

3. Le somme non impegnate entro il termine dell'esercizio costituiscono economia di spesa e, a tale titolo, concorrono a determinare i risultati finali della gestione.

(1) Per le nuove disposizioni in materia di città metropolitane, province e unioni e fusioni di comuni, vedi la L. 7 aprile 2014, n. 56.

Capo IV

Princìpi di gestione e controllo di gestione

Art. 191 ([1])
Regole per l'assunzione di impegni e per l'effettuazione di spese.

1. Gli enti locali possono effettuare spese solo se sussiste l'impegno contabile registrato sul competente programma del bilancio di previsione e l'attestazione della copertura finanziaria di cui all'articolo 153, comma 5. Nel caso di spese riguardanti trasferimenti e contributi ad altre amministrazioni pubbliche, somministrazioni, forniture, appalti e prestazioni professionali, il responsabile del procedimento di spesa comunica al destinatario le informazioni relative all'impegno. La comunicazione dell'avvenuto impegno e della relativa copertura finanziaria, riguardanti le somministrazioni, le forniture e le prestazioni professionali, è effettuata contestualmente all'ordinazione della prestazione con l'avvertenza che la successiva fattura deve essere completata con gli estremi della suddetta comunicazione. Fermo restando quanto disposto al comma 4, il terzo interessato, in mancanza della comunicazione, ha facoltà di non eseguire la prestazione sino a quando i dati non gli vengano comunicati. (²)

2. Per le spese previste dai regolamenti economali l'ordinazione fatta a terzi contiene il riferimento agli stessi regolamenti, alla missione e al programma di bilancio e al relativo capitolo di spesa del piano esecutivo di gestione ed all'impegno. (³)

3. Per i lavori pubblici di somma urgenza, cagionati dal verificarsi di un evento eccezionale o imprevedibile, la Giunta, entro venti giorni dall'ordinazione fatta a terzi, su proposta del responsabile del procedimento, sottopone al Consiglio il provvedimento di riconoscimento della spesa con le modalità previste dall'articolo 194, comma 1, lettera e), prevedendo la relativa copertura finanziaria nei limiti delle accertate necessità per la rimozione dello stato di pregiudizio alla pubblica incolumità. Il provvedimento di riconoscimento è adottato entro 30 giorni dalla data di deliberazione della proposta da parte della Giunta, e comunque entro il 31 dicembre dell'anno in corso se a tale data non sia scaduto il predetto termine. La comunicazione al terzo interessato è data contestualmente all'adozione della deliberazione consiliare. (⁴)

4. Nel caso in cui vi è stata l'acquisizione di beni e servizi in violazione dell'obbligo indicato nei commi 1, 2 e 3, il rapporto obbligatorio intercorre, ai fini della controprestazione e per la parte non riconoscibile ai sensi dell'articolo 194, comma 1, lettera e), tra il privato fornitore e l'amministratore, funzionario o dipendente che hanno consentito la fornitura. Per le esecuzioni reiterate o continuative detto effetto si estende a coloro che hanno reso possibili le singole prestazioni.

5. Il regolamento di contabilità dell'ente disciplina le modalità attraverso le quali le fatture o i documenti contabili equivalenti che attestano l'avvenuta cessione di beni, lo stato di avanzamento di lavori, la prestazione di servizi nei confronti dell'ente sono protocollate ed, entro 10 giorni, annotate nel registro delle fatture ricevute secondo le modalità previste dall'art. 42 del decreto-legge 24 aprile 2014, n. 66, convertito in legge, con modificazioni, dalla legge 23 giugno 2014, n. 89. Per il protocollo di tali documenti è istituito un registro unico nel rispetto della disciplina in materia di documentazione amministrativa di cui al decreto del Presidente della Repubblica 28 dicembre 2000, n. 445, ed è esclusa la possibilità di ricorrere a protocolli di settore o di reparto. [5]

(1) Per le nuove disposizioni in materia di città metropolitane, province e unioni e fusioni di comuni, vedi la L. 7 aprile 2014, n. 56.
(2) Comma così modificato dall'art. 74, comma 1, n. 34), lett. a), D.Lgs. 23 giugno 2011, n. 118, aggiunto dall'art. 1, comma 1, lett. aa), D.Lgs. 10 agosto 2014, n. 126; per l'applicabilità di tale disposizione vedi l'art. 80, comma 1, del medesimo D.Lgs. n. 118/2011.
(3) Comma così modificato dall'art. 74, comma 1, n. 34), lett. b), D.Lgs. 23 giugno 2011, n. 118, aggiunto dall'art. 1, comma 1, lett. aa), D.Lgs. 10 agosto 2014, n. 126; per l'applicabilità di tale disposizione vedi l'art. 80, comma 1, del medesimo D.Lgs. n. 118/2011.
(4) Comma così sostituito dall'art. 3, comma 1, lett. i), D.L. 10 ottobre 2012, n. 174, convertito, con modificazioni, dalla 7 dicembre 2012, n. 213 e, successivamente, così modificato dall' art. 1, comma 901, L. 30 dicembre 2018, n. 145, a decorrere dal 1° gennaio 2019.
(5) Comma così sostituito dall'art. 74, comma 1, n. 34), lett. c), D.Lgs. 23 giugno 2011, n. 118, aggiunto dall'art. 1, comma 1, lett. aa), D.Lgs. 10 agosto 2014, n. 126; per l'applicabilità di tale disposizione vedi l'art. 80, comma 1, del medesimo D.Lgs. n. 118/2011.

Art. 192 ([1])
Determinazioni a contrattare e relative procedure.

1. La stipulazione dei contratti deve essere preceduta da apposita determinazione del responsabile del procedimento di spesa indicante:
a) il fine che con il contratto si intende perseguire;
b) l'oggetto del contratto, la sua forma e le clausole ritenute essenziali;
c) le modalità di scelta del contraente ammesse dalle disposizioni vigenti in

materia di contratti delle pubbliche amministrazioni e le ragioni che ne sono alla base.

2. Si applicano, in ogni caso, le procedure previste dalla normativa della Unione europea recepita o comunque vigente nell'ordinamento giuridico italiano.

(1) Per le nuove disposizioni in materia di città metropolitane, province e unioni e fusioni di comuni, vedi la L. 7 aprile 2014, n. 56.

Art. 193 ([1])
Salvaguardia degli equilibri di bilancio.

1. Gli enti locali rispettano durante la gestione e nelle variazioni di bilancio il pareggio finanziario e tutti gli equilibri stabiliti in bilancio per la copertura delle spese correnti e per il finanziamento degli investimenti, secondo le norme contabili recate dal presente testo unico, con particolare riferimento agli equilibri di competenza e di cassa di cui all'art. 162, comma 6. ([2])

2. Con periodicità stabilita dal regolamento di contabilità dell'ente locale, e comunque almeno una volta entro il 31 luglio di ciascun anno, l'organo consiliare provvede con delibera a dare atto del permanere degli equilibri generali di bilancio o, in caso di accertamento negativo, ad adottare, contestualmente:

a) le misure necessarie a ripristinare il pareggio qualora i dati della gestione finanziaria facciano prevedere un disavanzo, di gestione o di amministrazione, per squilibrio della g estione di competenza, di cassa ovvero della gestione dei residui;

b) i provvedimenti per il ripiano degli eventuali debiti di cui all'art. 194;

c) le iniziative necessarie ad adeguare il fondo crediti di dubbia esigibilità accantonato nel risultato di amministrazione in caso di gravi squilibri riguardanti la gestione dei residui.

La deliberazione è allegata al rendiconto dell'esercizio relativo. ([3]) ([4])

3. Ai fini del comma 2, fermo restando quanto stabilito dall'art. 194, comma 2, possono essere utilizzate per l'anno in corso e per i due successivi le

possibili economie di spesa e tutte le entrate, ad eccezione di quelle provenienti dall'assunzione di prestiti e di quelle con specifico vincolo di destinazione, nonché i proventi derivanti da alienazione di beni patrimoniali disponibili e da altre entrate in c/capitale con riferimento a squilibri di parte capitale. Ove non possa provvedersi con le modalità sopra indicate è possibile impiegare la quota libera del risultato di amministrazione. Per il ripristino degli equilibri di bilancio e in deroga all'art. 1, comma 169, della legge 27 dicembre 2006, n. 296, l'ente può modificare le tariffe e le aliquote relative ai tributi di propria competenza entro la data di cui al comma 2. ([5])

4. La mancata adozione, da parte dell'ente, dei provvedimenti di riequilibrio previsti dal presente articolo è equiparata ad ogni effetto alla mancata approvazione del bilancio di previsione di cui all'articolo 141, con applicazione della procedura prevista dal comma 2 del medesimo articolo.

(1) Per le nuove disposizioni in materia di città metropolitane, province e unioni e fusioni di comuni, vedi la L. 7 aprile 2014, n. 56.
(2) Comma così modificato dall'art. 74, comma 1, n. 35), lett. a), D.Lgs. 23 giugno 2011, n. 118, aggiunto dall'art. 1, comma 1, lett. aa), D.Lgs. 10 agosto 2014, n. 126; per l'applicabilità di tale disposizione vedi l'art. 80, comma 1, del medesimo D.Lgs. n. 118/2011.
(3) A norma dell'art. 1, comma 381, L. 24 dicembre 2012, n. 228, come modificato dall'art. 10, comma 4-quater, lett. b), n. 2), D.L. 8 aprile 2013, n. 35, convertito, con modificazioni, dalla L. 6 giugno 2013, n. 64, ove il bilancio di previsione sia deliberato dopo il 1° settembre, per l'anno 2013 è facoltativa l'adozione della delibera consiliare di cui al presente comma.
(4) Comma così modificato dall'art. 74, comma 1, n. 35), lett. b), D.Lgs. 23 giugno 2011, n. 118, aggiunto dall'art. 1, comma 1, lett. aa), D.Lgs. 10 agosto 2014, n. 126; per l'applicabilità di tale disposizione vedi l'art. 80, comma 1, del medesimo D.Lgs. n. 118/2011.
(5) Comma modificato dall' art. 1, comma 444, L. 24 dicembre 2012, n. 228., a decorrere dal 1° gennaio 2013 e, successivamente, così sostituito dall'art. 74, comma 1, n. 35), lett. c), D.Lgs. 23 giugno 2011, n. 118, aggiunto dall'art. 1, comma 1, lett. aa), D.Lgs. 10 agosto 2014, n. 126; per l'applicabilità di tale ultima disposizione vedi l'art. 80, comma 1, del medesimo D.Lgs. n. 118/2011.

Art. 194 ([1])
Riconoscimento di legittimità di debiti fuori bilancio.

1. Con deliberazione consiliare di cui all'articolo 193, comma 2, o con diversa periodicità stabilita dai regolamenti di contabilità, gli enti locali riconoscono la legittimità dei debiti fuori bilancio derivanti da:
a) sentenze esecutive;
b) copertura di disavanzi di consorzi, di aziende speciali e di istituzioni, nei limiti degli obblighi derivanti da statuto, convenzione o atti costitutivi, purché sia stato rispettato l'obbligo di pareggio del bilancio di cui all'articolo 114 ed il disavanzo derivi da fatti di gestione;
c) ricapitalizzazione, nei limiti e nelle forme previste dal codice civile o da norme speciali, di società di capitali costituite per l'esercizio di servizi pubblici locali;
d) procedure espropriative o di occupazione d'urgenza per opere di pubblica utilità;
e) acquisizione di beni e servizi, in violazione degli obblighi di cui ai commi 1, 2 e 3 dell'articolo 191, nei limiti degli accertati e dimostrati utilità ed arricchimento per l'ente, nell'àmbito dell'espletamento di pubbliche funzioni e servizi di competenza.

2. Per il pagamento l'ente può provvedere anche mediante un piano di rateizzazione, della durata di tre anni finanziari compreso quello in corso, convenuto con i creditori.

3. Per il finanziamento delle spese suddette, ove non possa documentalmente provvedersi a norma dell'articolo 193, comma 3, l'ente locale può far ricorso a mutui ai sensi degli articoli 202 e seguenti, nonché, in presenza di piani di rateizzazioni con durata diversa da quelli indicati al comma 2, può garantire la copertura finanziaria delle quote annuali previste negli accordi con i creditori in ciascuna annualità dei corrispondenti bilanci, in termini di competenza e di cassa. Nella relativa deliberazione consiliare viene dettagliatamente motivata l'impossibilità di utilizzare altre risorse. [2]

(1) Per le nuove disposizioni in materia di città metropolitane, province e unioni e fusioni di comuni, vedi la L. 7 aprile 2014, n. 56.
(2) Comma così modificato dall' art. 53, comma 6, D.L. 14 agosto 2020, n. 104, convertito, con modificazioni, dalla L. 13 ottobre 2020, n. 126.

Art. 195 ([1]) ([2])
Utilizzo di entrate a specifica destinazione.

1. Gli enti locali, ad eccezione degli enti in stato di dissesto finanziario sino all'emanazione del decreto di cui all'articolo 261, comma 3, possono disporre l'utilizzo, in termini di cassa, delle entrate vincolate di cui all'art. 180, comma 3, lettera d) per il finanziamento di spese correnti, anche se provenienti dall'assunzione di mutui con istituti diversi dalla Cassa depositi e prestiti, per un importo non superiore all'anticipazione di tesoreria disponibile ai sensi dell'articolo 222. I movimenti di utilizzo e di reintegro delle somme vincolate di cui all'art. 180, comma 3, sono oggetto di registrazione contabile secondo le modalità indicate nel principio applicato della contabilità finanziaria. (3)

2. L'utilizzo di entrate vincolate presuppone l'adozione della deliberazione della giunta relativa all'anticipazione di tesoreria di cui all'articolo 222, comma 1, e viene deliberato in termini generali all'inizio di ciascun esercizio ed è attivato dall'ente con l'emissione di appositi ordinativi di incasso e pagamento di regolazione contabile. (4)

3. Il ricorso all'utilizzo delle entrate vincolate, secondo le modalità di cui ai commi 1 e 2, vincola una quota corrispondente dell'anticipazione di tesoreria. Con i primi introiti non soggetti a vincolo di destinazione viene ricostituita la consistenza delle somme vincolate che sono state utilizzate per il pagamento di spese correnti. La ricostituzione dei vincoli è perfezionata con l'emissione di appositi ordinativi di incasso e pagamento di regolazione contabile. (5)

4. Gli enti locali che hanno deliberato alienazioni del patrimonio ai sensi dell'articolo 193 possono, nelle more del perfezionamento di tali atti, utilizzare in termini di cassa le entrate vincolate, fatta eccezione per i trasferimenti di enti del settore pubblico allargato e del ricavato dei mutui e dei prestiti, con obbligo di reintegrare le somme vincolate con il ricavato delle alienazioni. (6)

(1) Per le nuove disposizioni in materia di città metropolitane, province e unioni e fusioni di comuni, vedi la L. 7 aprile 2014, n. 56.
(2) Rubrica così sostituita dall'art. 74, comma 1, n. 36), lett. a), D.Lgs. 23 giugno 2011, n. 118, aggiunto dall'art. 1, comma 1, lett. aa), D.Lgs. 10 agosto 2014, n. 126; per l'applicabilità di tale disposizione vedi l'art. 80, comma 1, del medesimo D.Lgs. n. 118/2011.
(3) Comma così modificato dall'art. 74, comma 1, n. 36), lett. b), D.Lgs. 23 giugno 2011, n. 118, aggiunto dall'art. 1, comma 1, lett. aa), D.Lgs. 10 agosto 2014, n. 126; per l'applicabilità di tale disposizione vedi l'art. 80, comma 1, del medesimo D.Lgs. n. 118/2011.

(4) Comma così modificato dall'art. 74, comma 1, n. 36), lett. c), D.Lgs. 23 giugno 2011, n. 118, aggiunto dall'art. 1, comma 1, lett. aa), D.Lgs. 10 agosto 2014, n. 126; per l'applicabilità di tale disposizione vedi l'art. 80, comma 1, del medesimo D.Lgs. n. 118/2011.
(5) Comma così modificato dall'art. 74, comma 1, n. 36), lett. d), D.Lgs. 23 giugno 2011, n. 118, aggiunto dall'art. 1, comma 1, lett. aa), D.Lgs. 10 agosto 2014, n. 126; per l'applicabilità di tale disposizione vedi l'art. 80, comma 1, del medesimo D.Lgs. n. 118/2011.
(6) Comma così modificato dall'art. 74, comma 1, n. 36), lett. e), D.Lgs. 23 giugno 2011, n. 118, aggiunto dall'art. 1, comma 1, lett. aa), D.Lgs. 10 agosto 2014, n. 126; per l'applicabilità di tale disposizione vedi l'art. 80, comma 1, del medesimo D.Lgs. n. 118/2011.

Art. 196 ([1])
Controllo di gestione.

1. Al fine di garantire la realizzazione degli obiettivi programmati, la corretta ed economica gestione delle risorse pubbliche, l'imparzialità ed il buon andamento della pubblica amministrazione e la trasparenza dell'azione amministrativa, gli enti locali, ad esclusione dei comuni con popolazione fino a 5.000 abitanti, applicano il controllo di gestione secondo le modalità stabilite dal presente titolo, dai propri statuti e regolamenti di contabilità. ([2])

2. Il controllo di gestione è la procedura diretta a verificare lo stato di attuazione degli obiettivi programmati e, attraverso l'analisi delle risorse acquisite e della comparazione tra i costi e la quantità e qualità dei servizi offerti, la funzionalità dell'organizzazione dell'ente, l'efficacia, l'efficienza ed il livello di economicità nell'attività di realizzazione dei predetti obiettivi.

(1) Per le nuove disposizioni in materia di città metropolitane, province e unioni e fusioni di comuni, vedi la L. 7 aprile 2014, n. 56.
(2) Comma così modificato dall'*art. 2, comma 1, L. 12 aprile 2022, n. 35.*

Art. 197 ([1])
Modalità del controllo di gestione.

1. Il controllo di gestione, di cui all'articolo 147, comma 1 lettera *b*), ha per oggetto l'intera attività amministrativa e gestionale delle province, dei

comuni, delle comunità montane, delle unioni dei comuni e delle città metropolitane ed è svolto con una cadenza periodica definita dal regolamento di contabilità dell'ente.

2. Il controllo di gestione si articola almeno in tre fasi:
a) predisposizione del piano esecutivo di gestione; ([2])
b) rilevazione dei dati relativi ai costi ed ai proventi nonché rilevazione dei risultati raggiunti;
c) valutazione dei dati predetti in rapporto al piano degli obiettivi al fine di verificare il loro stato di attuazione e di misurare l'efficacia, l'efficienza ed il grado di economicità dell'azione intrapresa.

3. Il controllo di gestione è svolto in riferimento ai singoli servizi e centri di costo, ove previsti, verificando in maniera complessiva e per ciascun servizio i mezzi finanziari acquisiti, i costi dei singoli fattori produttivi, i risultati qualitativi e quantitativi ottenuti e, per i servizi a carattere produttivo, i ricavi.

4. La verifica dell'efficacia, dell'efficienza e della economicità dell'azione amministrativa è svolta rapportando le risorse acquisite ed i costi dei servizi, ove possibile per unità di prodotto, ai dati risultanti dal rapporto annuale sui parametri gestionali dei servizi degli enti locali di cui all'articolo 228, comma 7.

(1) Per le nuove disposizioni in materia di città metropolitane, province e unioni e fusioni di comuni, vedi la L. 7 aprile 2014, n. 56.
(2) Lettera così sostituita dall'art. 74, comma 1, n. 37), D.Lgs. 23 giugno 2011, n. 118, aggiunto dall'art. 1, comma 1, lett. aa), D.Lgs. 10 agosto 2014, n. 126; per l'applicabilità di tale disposizione vedi l'art. 80, comma 1, del medesimo D.Lgs. n. 118/2011.

Art. 198 ([1])
Referto del controllo di gestione.

1. La struttura operativa alla quale è assegnata la funzione del controllo di gestione fornisce le conclusioni del predetto controllo agli amministratori ai fini della verifica dello stato di attuazione degli obiettivi programmati ed ai responsabili dei servizi affinché questi ultimi abbiano gli elementi necessari per valutare l'andamento della gestione dei servizi di cui sono responsabili.

(1) Per le nuove disposizioni in materia di città metropolitane, province e unioni e fusioni di comuni, vedi la L. 7 aprile 2014, n. 56.

Art. 198-bis (¹) (²)
Comunicazione del referto.

1. Nell'àmbito dei sistemi di controllo di gestione di cui agli articoli 196, 197 e 198, la struttura operativa alla quale è assegnata la funzione del controllo di gestione fornisce la conclusione del predetto controllo, oltre che agli amministratori ed ai responsabili dei servizi ai sensi di quanto previsto dall'articolo 198, anche alla Corte dei conti.

(1) Articolo inserito dall'art. 1, co. 5, D.L. 12 luglio 2004, n. 168, convertito con modificazioni, dall'art. 1, co. 1, L. 30 luglio 2004, n. 191.
(2) Per le nuove disposizioni in materia di città metropolitane, province e unioni e fusioni di comuni, vedi la L. 7 aprile 2014, n. 56.

PARTE II

Ordinamento finanziario e contabile

TITOLO IV

Investimenti

Capo I

Princìpi generali

Art. 199 (¹)
Fonti di finanziamento.

1. Per l'attivazione degli investimenti gli enti locali possono utilizzare:

a) entrate correnti destinate per legge agli investimenti;

b) avanzo di parte corrente del bilancio, costituito da eccedenze di entrate correnti rispetto alle spese correnti aumentate delle quote capitali di ammortamento dei prestiti; (²)

c) entrate derivanti dall'alienazione di beni e diritti patrimoniali, riscossioni di crediti, proventi da concessioni edilizie e relative sanzioni;

d) entrate derivanti da trasferimenti in conto capitale dello Stato, delle regioni, da altri interventi pubblici e privati finalizzati agli investimenti, da interventi finalizzati da parte di organismi comunitari e internazionali;

e) avanzo di amministrazione, nelle forme disciplinate dall'articolo 187;

f) mutui passivi;

g) altre forme di ricorso al mercato finanziario consentite dalla legge.

1-bis. Le entrate di cui al comma 1, lettere a), c), d) ed f) sono destinate esclusivamente al finanziamento di spese di investimento e non possono essere impiegate per la spesa corrente. (³)

(1) Per le nuove disposizioni in materia di città metropolitane, province e unioni e fusioni di comuni, vedi la L. 7 aprile 2014, n. 56.
(2) Lettera così modificata dall'art. 74, comma 1, n. 38), lett. a), D.Lgs. 23 giugno 2011, n. 118, aggiunto dall'art. 1, comma 1, lett. aa), D.Lgs. 10 agosto 2014, n. 126; per l'applicabilità di tale disposizione vedi l'art. 80, comma 1, del medesimo D.Lgs. n. 118/2011.
(3) Comma aggiunto dall'art. 74, comma 1, n. 38), lett. b), D.Lgs. 23 giugno 2011, n. 118, aggiunto dall'art. 1, comma 1, lett. aa), D.Lgs. 10 agosto 2014, n. 126; per l'applicabilità di tale disposizione vedi l'art. 80, comma 1, del medesimo D.Lgs. n. 118/2011.

Art. 200 (¹) (²)
Gli investimenti.

1. Per tutti gli investimenti degli enti locali, comunque finanziati, l'organo deliberante, nell'approvare il progetto od il piano esecutivo dell'investimento, dà atto della copertura delle maggiori spese derivanti dallo

stesso nel bilancio di previsione ed assume impegno di inserire nei bilanci pluriennali successivi le ulteriori o maggiori previsioni di spesa relative ad esercizi futuri, delle quali è redatto apposito elenco. [3]

1-bis. La copertura finanziaria delle spese di investimento imputate agli esercizi successivi è costituita:

a) da risorse accertate esigibili nell'esercizio in corso di gestione, confluite nel fondo pluriennale vincolato accantonato per gli esercizi successivi;

b) da risorse accertate esigibili negli esercizi successivi, la cui esigibilità è nella piena discrezionalità dell'ente o di altra pubblica amministrazione;

c) dall'utilizzo del risultato di amministrazione nel primo esercizio considerato nel bilancio di previsione, nel rispetto di quanto previsto dall'art. 187. Il risultato di amministrazione può confluire nel fondo pluriennale vincolato accantonato per gli esercizi successivi; [4]

c-bis) da altre fonti di finanziamento individuate nei principi contabili allegati al decreto legislativo 23 giugno 2011, n. 118, e successive modificazioni. [5]

1-ter. Per l'attività di investimento che comporta impegni di spesa che vengono a scadenza in più esercizi finanziari, deve essere dato specificamente atto, al momento dell'attivazione del primo impegno, di aver predisposto la copertura finanziaria per l'effettuazione della complessiva spesa dell'investimento, anche se la forma di copertura è stata già indicata nell'elenco annuale del programma triennale dei lavori pubblici previsto dall'articolo 21 del codice dei contratti pubblici, di cui al decreto legislativo 18 aprile 2016, n. 50. [6]

(1) Rubrica così sostituita dall'art. 74, comma 1, n. 39), lett. a), D.Lgs. 23 giugno 2011, n. 118, aggiunto dall'art. 1, comma 1, lett. aa), D.Lgs. 10 agosto 2014, n. 126; per l'applicabilità di tale disposizione vedi l'art. 80, comma 1, del medesimo D.Lgs. n. 118/2011.
(2) Per le nuove disposizioni in materia di città metropolitane, province e unioni e fusioni di comuni, vedi la L. 7 aprile 2014, n. 56.
(3) Comma così modificato dall'art. 74, comma 1, n. 39), lett. b), D.Lgs. 23 giugno 2011, n. 118, aggiunto dall'art. 1, comma 1, lett. aa), D.Lgs. 10 agosto 2014, n. 126; per l'applicabilità di tale disposizione vedi l'art. 80, comma 1, del medesimo D.Lgs. n. 118/2011.
(4) Comma aggiunto dall'art. 74, comma 1, n. 39), lett. c), D.Lgs. 23 giugno

2011, n. 118, aggiunto dall'art. 1, comma 1, lett. aa), D.Lgs. 10 agosto 2014, n. 126; per l'applicabilità di tale disposizione vedi l'art. 80, comma 1, del medesimo D.Lgs. n. 118/2011.
(5) Lettera aggiunta dall'art. 2, comma 4, D.L. 19 giugno 2015, n. 78, convertito, con modificazioni, dalla L. 6 agosto 2015, n. 125.
(6) Il presente comma è stato così modificato dall' art. 1, comma 911, L. 30 dicembre 2018, n. 145, a decorrere dal 1° gennaio 2019.

Art. 201 ([2])
Finanziamento di opere pubbliche e piano economico-finanziario.

1. Gli enti locali e le aziende speciali sono autorizzate, nel rispetto dei limiti imposti dall'ordinamento alla possibilità di indebitamento, ad assumere mutui, anche se assistiti da contributi dello Stato o delle regioni, per il finanziamento di opere pubbliche destinate all'esercizio di servizi pubblici, soltanto se i contratti di appalto sono realizzati sulla base di progetti chiavi in mano" ed a prezzo non modificabile in aumento, con procedura di evidenza pubblica e con esclusione della trattativa privata. ([3])

2. Per le nuove opere di cui al comma 1 il cui progetto generale comporti una spesa superiore a cinquecentomila euro, gli enti di cui al comma 1 approvano un piano economico-finanziario diretto ad accertare l'equilibrio economico-finanziario dell'investimento e della connessa gestione, anche in relazione agli introiti previsti ed al fine della determinazione delle tariffe. ([4])

3. (...) ([1]).

4. Le tariffe dei servizi pubblici di cui al comma 1 sono determinati in base ai seguenti criteri:
a) la corrispondenza tra costi e ricavi in modo da assicurare la integrale copertura dei costi, ivi compresi gli oneri di ammortamento tecnico finanziario;
b) l'equilibrato rapporto tra i finanziamenti raccolti ed il capitale investito;
c) l'entità dei costi di gestione delle opere, tenendo conto anche degli investimenti e della qualità del servizio.

(1) Il comma: *"3. Il piano economico-finanziario deve essere preventivamente assentito da una banca scelta tra gli istituti indicati con decreto emanato dal Ministro del tesoro, del bilancio e della programmazione economica."* è stato abrogato dall'art. 1, co. 4-ter, D.L. 27 dicembre 2000, n. 392, convertito con modificazioni, nella L. 28 febbraio 2001, n. 26.
(2) Per le nuove disposizioni in materia di città metropolitane, province e unioni e fusioni di comuni, vedi la L. 7 aprile 2014, n. 56.
(3) Comma così modificato dall'art. 74, comma 1, n. 40), lett. a), D.Lgs. 23 giugno 2011, n. 118, aggiunto dall'art. 1, comma 1, lett. aa), D.Lgs. 10 agosto 2014, n. 126; per l'applicabilità di tale disposizione vedi l'art. 80, comma 1, del medesimo D.Lgs. n. 118/2011.
(4) Comma così modificato dall'art. 74, comma 1, n. 40), lett. b), D.Lgs. 23 giugno 2011, n. 118, aggiunto dall'art. 1, comma 1, lett. aa), D.Lgs. 10 agosto 2014, n. 126; per l'applicabilità di tale disposizione vedi l'art. 80, comma 1, del medesimo D.Lgs. n. 118/2011.

Capo II

Fonti di finanziamento mediante indebitamento

Art. 202 ([1])
Ricorso all'indebitamento.

1. Il ricorso all'indebitamento da parte degli enti locali è ammesso esclusivamente nelle forme previste dalle leggi vigenti in materia e per la realizzazione degli investimenti. Può essere fatto ricorso a mutui passivi per il finanziamento dei debiti fuori bilancio di cui all'articolo 194 e per altre destinazioni di legge.

2. Le relative entrate hanno destinazione vincolata.

(1) Per le nuove disposizioni in materia di città metropolitane, province e unioni e fusioni di comuni, vedi la L. 7 aprile 2014, n. 56.

Art. 203 (¹)
Attivazione delle fonti di finanziamento derivanti dal ricorso all'indebitamento.

1. Il ricorso all'indebitamento è possibile solo se sussistono le seguenti condizioni:

a) avvenuta approvazione del rendiconto dell'esercizio del penultimo anno precedente quello in cui si intende deliberare il ricorso a forme di indebitamento;

b) avvenuta deliberazione del bilancio di previsione nel quale sono iscritti i relativi stanziamenti (2).

2. Ove nel corso dell'esercizio si renda necessario attuare nuovi investimenti o variare quelli già in atto, l'organo consiliare adotta apposita variazione al bilancio di previsione, fermo restando l'adempimento degli obblighi di cui al comma 1. Contestualmente adegua il documento unico di programmazione e di conseguenza le previsioni del bilancio degli esercizi successivi per la copertura degli oneri derivanti dall'indebitamento e per la copertura delle spese di gestione. (3)

(1) Per le nuove disposizioni in materia di città metropolitane, province e unioni e fusioni di comuni, vedi la L. 7 aprile 2014, n. 56.
(2) Lettera così modificata dall'art. 74, comma 1, n. 41), lett. a), D.Lgs. 23 giugno 2011, n. 118, aggiunto dall'art. 1, comma 1, lett. aa), D.Lgs. 10 agosto 2014, n. 126; per l'applicabilità di tale disposizione vedi l'art. 80, comma 1, del medesimo D.Lgs. n. 118/2011.
(3) Comma così modificato dall'art. 74, comma 1, n. 41), lett. b), D.Lgs. 23 giugno 2011, n. 118, aggiunto dall'art. 1, comma 1, lett. aa), D.Lgs. 10 agosto 2014, n. 126; per l'applicabilità di tale disposizione vedi l'art. 80, comma 1, del medesimo D.Lgs. n. 118/2011

Art. 204 (⁴)
Regole particolari per l'assunzione di mutui.

1. Oltre al rispetto delle condizioni di cui all'articolo 203, l'ente locale può assumere nuovi mutui e accedere ad altre forme di finanziamento reperibili

sul mercato solo se l'importo annuale degli interessi, sommato a quello dei mutui precedentemente contratti, a quello dei prestiti obbligazionari precedentemente emessi, a quello delle aperture di credito stipulate e a quello derivante da garanzie prestate ai sensi dell'articolo 207, al netto dei contributi statali e regionali in conto interessi, non supera il 12 per cento, per l'anno 2011, l'8 per cento, per gli anni dal 2012 al 2014, e il 10 per cento, a decorrere dall'anno 2015, delle entrate relative ai primi tre titoli delle entrate del rendiconto del penultimo anno precedente quello in cui viene prevista l'assunzione dei mutui. Per gli enti locali di nuova istituzione si fa riferimento, per i primi due anni, ai corrispondenti dati finanziari del bilancio di previsione. Il rispetto del limite è verificato facendo riferimento anche agli interessi riguardanti i finanziamenti contratti e imputati contabilmente agli esercizi successivi. Non concorrono al limite di indebitamento le garanzie prestate per le quali l'ente ha accantonato l'intero importo del debito garantito. ([1])

2. I contratti di mutuo con enti diversi dalla Cassa depositi e prestiti, e dall'Istituto per il credito sportivo, devono, a pena di nullità, essere stipulati in forma pubblica e contenere le seguenti clausole e condizioni:([5])
a) l'ammortamento non può avere durata inferiore ai cinque anni; ([2])
b) la decorrenza dell'ammortamento deve essere fissata al 1° gennaio dell'anno successivo a quello della stipula del contratto. In alternativa, la decorrenza dell'ammortamento può essere posticipata al 1° luglio seguente o al 1° gennaio dell'anno successivo e, per i contratti stipulati nel primo semestre dell'anno, può essere anticipata al 1° luglio dello stesso anno; ([2])
c) la rata di ammortamento deve essere comprensiva, sin dal primo anno, della quota capitale e della quota interessi;
d) unitamente alla prima rata di ammortamento del mutuo cui si riferiscono devono essere corrisposti gli eventuali interessi di preammortamento, gravati degli ulteriori interessi, al medesimo tasso, decorrenti dalla data di inizio dell'ammortamento e sino alla scadenza della prima rata. Qualora l'ammortamento del mutuo decorra dal primo gennaio del secondo anno successivo a quello in cui è avvenuta la stipula del contratto, gli interessi di preammortamento sono calcolati allo stesso tasso del mutuo dalla data di valuta della somministrazione al 31 dicembre successivo e dovranno essere versati dall'ente mutuatario con la medesima valuta 31 dicembre successivo;
e) deve essere indicata la natura della spesa da finanziare con il mutuo e, ove necessario, avuto riguardo alla tipologia dell'investimento, dato atto dell'intervenuta approvazione del progetto definitivo o esecutivo, secondo le norme vigenti;
f) deve essere rispettata la misura massima del tasso di interesse applicabile ai mutui, determinato periodicamente dal Ministro dell'economia e delle finanze con proprio decreto ([6]).

2-*bis*. Le disposizioni del comma 2 si applicano, ove compatibili, alle altre forme di indebitamento cui l'ente locale acceda. (³)

3. L'ente mutuatario utilizza il ricavato del mutuo sulla base dei documenti giustificativi della spesa ovvero sulla base di stati di avanzamento dei lavori. (⁷)

(1) Comma modificato dall'art. 27, comma 7, lett. c), L. 28 dicembre 2001, n. 448, a decorrere dal 1° gennaio 2002, dall'art. 1, comma 44, lett. a), L. 30 dicembre 2004, n. 311, a decorrere dal 1° gennaio 2005, dall'art. 1-sexies, comma 1, lett. d), D.L. 31 marzo 2005, n. 44, convertito, con modificazioni, dalla L. 31 maggio 2005, n. 88, dall'art. 1, comma 698, L. 27 dicembre 2006, n. 296, a decorrere dal 1° gennaio 2007, dall'art. 1, comma 108, L. 13 dicembre 2010, n. 220, come modificato dall'art. 2, comma 39, D.L. 29 dicembre 2010, n. 225, convertito, con modificazioni, dalla L. 26 febbraio 2011, n. 10 e dall'art. 8, comma 1, L. 12 novembre 2011, n. 183, a decorrere dal 1° gennaio 2012. Successivamente il presente comma è stato così modificato dall'art. 11-bis, comma 1, D.L. 28 giugno 2013, n. 76, convertito, con modificazioni, dalla L. 9 agosto 2013, n. 99. Successivamente, il presente comma è stato così modificato dall'art. 1, comma 735, L. 27 dicembre 2013, n. 147, a decorrere dal 1° gennaio 2014. Successivamente, il presente comma è stato così modificato dall'art. 74, comma 1, n. 42), lett. a) e b), D.Lgs. 23 giugno 2011, n. 118, aggiunto dall'art. 1, comma 1, lett. aa), D.Lgs. 10 agosto 2014, n. 126; per l'applicabilità di tale ultima disposizione vedi l'art. 80, comma 1, del medesimo D.Lgs. n. 118/2011. Infine il presente comma è stato così modificato dall'art. 1, comma 539, L. 23 dicembre 2014, n. 190.

(2) Questa lettera è stata così sostituita dall'art. 1, co. 68, L. 30 dicembre 2004, n. 311.

(3) Questo comma è stato inserito dall'art. 1, co. 44, lett. b), L. 30 dicembre 2004, n. 311.

(4) Per le nuove disposizioni in materia di città metropolitane, province e unioni e fusioni di comuni, vedi la L. 7 aprile 2014, n. 56.

(5) Alinea così modificato dall'art. 74, comma 1, n. 42), lett. c), D.Lgs. 23 giugno 2011, n. 118, aggiunto dall'art. 1, comma 1, lett. aa), D.Lgs. 10 agosto 2014, n. 126; per l'applicabilità di tale disposizione vedi l'art. 80, comma 1, del medesimo D.Lgs. n. 118/2011.

(6) Lettera così modificata dall'art. 74, comma 1, n. 42), lett. c), D.Lgs. 23 giugno 2011, n. 118, aggiunto dall'art. 1, comma 1, lett. aa), D.Lgs. 10 agosto 2014, n. 126; per l'applicabilità di tale disposizione vedi l'art. 80, comma 1, del medesimo D.Lgs. n. 118/2011.

(7) Comma così modificato dall'art. 74, comma 1, n. 42), lett. d), D.Lgs. 23 giugno 2011, n. 118, aggiunto dall'art. 1, comma 1, lett. aa), D.Lgs. 10

agosto 2014, n. 126; per l'applicabilità di tale disposizione vedi l'art. 80, comma 1, del medesimo D.Lgs. n. 118/2011.

Art. 205 ([1])
Attivazione di prestiti obbligazionari.

1. Gli enti locali sono autorizzati ad attivare prestiti obbligazionari nelle forme consentite dalla legge.

(1) Per le nuove disposizioni in materia di città metropolitane, province e unioni e fusioni di comuni, vedi la L. 7 aprile 2014, n. 56.

Art. 205-bis ([1]) ([2])
Contrazione di aperture di credito.

1. Gli enti locali sono autorizzati a contrarre aperture di credito nel rispetto della disciplina di cui al presente articolo.

2. L'utilizzo del ricavato dell'operazione è sottoposto alla disciplina di cui all'articolo 204, comma 3.

3. I contratti di apertura di credito devono, a pena di nullità, essere stipulati in forma pubblica e contenere le seguenti clausole e condizioni:
a) la banca è tenuta ad effettuare erogazioni, totali o parziali, dell'importo del contratto in base alle richieste di volta in volta inoltrate dall'ente e previo rilascio da parte di quest'ultimo delle relative delegazioni di pagamento ai sensi dell'articolo 206; ([3])
b) gli interessi sulle aperture di credito devono riferirsi ai soli importi erogati. L'ammortamento di tali importi deve avere una durata non inferiore a cinque anni con decorrenza dal 1° gennaio o dal 1° luglio successivi alla data dell'erogazione;
c) le rate di ammortamento devono essere comprensive, sin dal primo anno, della quota capitale e della quota interessi;
d) unitamente alla prima rata di ammortamento delle somme erogate devono essere corrisposti gli eventuali interessi di preammortamento, gravati degli ulteriori interessi decorrenti dalla data di inizio dell'ammortamento e sino alla scadenza della prima rata;
e) deve essere indicata la natura delle spese da finanziare e, ove necessario,

avuto riguardo alla tipologia dell'investimento, dato atto dell'intervenuta approvazione del progetto o dei progetti definitivi o esecutivi, secondo le norme vigenti;
f) deve essere rispettata la misura massima di tasso applicabile alle aperture di credito i cui criteri di determinazione sono demandati ad apposito decreto del Ministro dell'economia e delle finanze, di concerto con il Ministro dell'interno.

3-bis. Il contratto di cui al comma 3 può prevedere l'erogazione dei singoli tiraggi sulla base di scritture private ovvero di atti di quietanza, fermo restando, al termine di periodi di tempo contrattualmente predeterminati, la formalizzazione dell'insieme dei tiraggi effettuati con unico atto pubblico.[4]

4. Le aperture di credito sono soggette, al pari delle altre forme di indebitamento, al monitoraggio di cui all'articolo 41 della legge 28 dicembre 2001, n. 448, nei termini e nelle modalità previsti dal relativo regolamento di attuazione, di cui al D.M. 1° dicembre 2003, n. 389 del Ministro dell'economia e delle finanze.

(1) Articolo inserito dall'art. 1, co. 68, lett. c), L. 30 dicembre 2004, n. 311, successivamente è stato così sostituito dall'art. 1-sexies, co. 1, lett. a), D.L. 31 marzo 2005, n. 44, convertito con modificazioni, nella L. 31 maggio 2005, n. 88.
(2) Per le nuove disposizioni in materia di città metropolitane, province e unioni e fusioni di comuni, vedi la L. 7 aprile 2014, n. 56.
(3) Lettera così modificata dall'art. 74, comma 1, n. 43), lett. a), D.Lgs. 23 giugno 2011, n. 118, aggiunto dall'art. 1, comma 1, lett. aa), D.Lgs. 10 agosto 2014, n. 126; per l'applicabilità di tale disposizione vedi l'art. 80, comma 1, del medesimo D.Lgs. n. 118/2011.
(4) Comma inserito dall'art. 74, comma 1, n. 43), lett. b), D.Lgs. 23 giugno 2011, n. 118, aggiunto dall'art. 1, comma 1, lett. aa), D.Lgs. 10 agosto 2014, n. 126; per l'applicabilità di tale disposizione vedi l'art. 80, comma 1, del medesimo D.Lgs. n. 118/2011.

Capo III

Garanzie per mutui e prestiti

Art. 206 ([1])
Delegazione di pagamento.

1. Quale garanzia del pagamento delle rate di ammortamento dei mutui e dei prestiti gli enti locali possono rilasciare delegazione di pagamento a valere sulle entrate afferenti ai primi tre titoli del bilancio di previsione.([2])

2. L'atto di delega, non soggetto ad accettazione, è notificato al tesoriere da parte dell'ente locale e costituisce titolo esecutivo.

(1) Per le nuove disposizioni in materia di città metropolitane, province e unioni e fusioni di comuni, vedi la L. 7 aprile 2014, n. 56.
(2) Comma così modificato dall'art. 74, comma 1, n. 44), lett. a) e b), D.Lgs. 23 giugno 2011, n. 118, aggiunto dall'art. 1, comma 1, lett. aa), D.Lgs. 10 agosto 2014, n. 126; per l'applicabilità di tale disposizione vedi l'art. 80, comma 1, del medesimo D.Lgs. n. 118/2011.

Art. 207 ([2])
Fideiussione.

1. I comuni, le province e le città metropolitane possono rilasciare a mezzo di deliberazione consiliare garanzia fideiussoria per l'assunzione di mutui destinati ad investimenti e per altre operazioni di indebitamento da parte di aziende da essi dipendenti, da consorzi cui partecipano nonché dalle comunità montane di cui fanno parte che possono essere destinatari di contributi agli investimenti finanziati da debito, come definiti dall'art. 3, comma 18, lettere g) ed h), della legge 24 dicembre 2003, n. 350. ([3])

1-*bis*. A fronte di operazioni di emissione di prestiti obbligazionari effettuate congiuntamente da più enti locali, gli enti capofila possono procedere al rilascio di garanzia fideiussoria riferita all'insieme delle operazioni stesse. Contestualmente gli altri enti emittenti rilasciano garanzia fideiussoria a favore dell'ente capofila in relazione alla quota parte dei prestiti di propria competenza. Ai fini dell'applicazione del comma 4, la garanzia prestata dall'ente capofila concorre alla formazione del limite di indebitamento solo per la quota parte dei prestiti obbligazionari di competenza dell'ente stesso.
([1])

2. La garanzia fideiussoria può essere inoltre rilasciata a favore della società di capitali, costituite ai sensi dell'articolo 113, comma 1, lettera *e*), per l'assunzione di mutui destinati alla realizzazione delle opere di cui all'articolo 116, comma 1. In tali casi i comuni, le province e le città metropolitane rilasciano la fideiussione limitatamente alle rate di ammortamento da corrispondersi da parte della società sino al secondo esercizio finanziario successivo a quello dell'entrata in funzione dell'opera ed in misura non superiore alla propria quota percentuale di partecipazione alla società.

3. La garanzia fideiussoria può essere rilasciata anche a favore di terzi, che possono essere destinatari di contributi agli investimenti finanziati da debito, come definiti dall'art. 3, comma 18, lettere g) ed h), della legge 24 dicembre 2003, n. 350, per l'assunzione di mutui destinati alla realizzazione o alla ristrutturazione di opere a fini culturali, sociali o sportivi, su terreni di proprietà dell'ente locale, purché siano sussistenti le seguenti condizioni: ([4])
a) il progetto sia stato approvato dall'ente locale e sia stata stipulata una convenzione con il soggetto mutuatario che regoli la possibilità di utilizzo delle strutture in funzione delle esigenze della collettività locale;
b) la struttura realizzata sia acquisita al patrimonio dell'ente al termine della concessione;
c) la convenzione regoli i rapporti tra ente locale e mutuatario nel caso di rinuncia di questi alla realizzazione o ristrutturazione dell'opera.

4. Gli interessi annuali relativi alle operazioni di indebitamento garantite con fideiussione concorrono alla formazione del limite di cui al comma 1 dell'articolo 204 e non possono impegnare più di un quinto di tale limite.

4-bis. Con il regolamento di contabilità l'ente può limitare la possibilità di rilasciare fideiussioni.([5])

(1) Comma inserito dall'art. 1, co. 68, lett. d), Legge 30 dicembre 2004, n. 311.
(2) Per le nuove disposizioni in materia di città metropolitane, province e unioni e fusioni di comuni, vedi la L. 7 aprile 2014, n. 56.
(3) Comma così modificato dall'art. 74, comma 1, n. 45), lett. a), D.Lgs. 23 giugno 2011, n. 118, aggiunto dall'art. 1, comma 1, lett. aa), D.Lgs. 10 agosto 2014, n. 126; per l'applicazione di tale disposizione vedi l'art. 80, comma 1, del medesimo D.Lgs. n. 118/2011.
(4) Alinea così modificato dall'art. 74, comma 1, n. 45), lett. b), D.Lgs. 23 giugno 2011, n. 118, aggiunto dall'art. 1, comma 1, lett. aa), D.Lgs. 10 agosto 2014, n. 126; per l'applicazione di tale disposizione vedi l'art. 80, comma 1, del medesimo D.Lgs. n. 118/2011.

(5) Comma aggiunto dall'art. 74, comma 1, n. 45), lett. c), D.Lgs. 23 giugno 2011, n. 118, aggiunto dall'art. 1, comma 1, lett. aa), D.Lgs. 10 agosto 2014, n. 126; per l'applicabilità di tale disposizione vedi l'art. 80, comma 1, del medesimo D.Lgs. n. 118/2011.

PARTE II

Ordinamento finanziario e contabile

TITOLO V

Tesoreria

Capo I

Disposizioni generali

Art. 208 ([2])
Soggetti abilitati a svolgere il servizio di tesoreria. ([1])

1. Gli enti locali hanno un servizio di tesoreria che può essere affidato:
a) per i comuni capoluoghi di provincia, le province, le città metropolitane, ad una banca autorizzata a svolgere l'attività di cui all'articolo 10 del decreto legislativo 1° settembre 1993, n. 385;
b) per i comuni non capoluoghi di provincia, le comunità montane e le unioni di comuni, anche a società per azioni regolarmente costituite con capitale sociale interamente versato non inferiore a cinquecentomila euro, aventi per oggetto la gestione del servizio di tesoreria e la riscossione dei tributi degli enti locali e che alla data del 25 febbraio 1995 erano incaricate dello svolgimento del medesimo servizio a condizione che il capitale sociale risulti adeguato a quello minimo richiesto dalla normativa vigente per le banche di credito cooperativo; ([3])
c) altri soggetti abilitati per legge.

(1) Per l'interpretazione autentica delle disposizioni del presente articolo, vedi l'art. 54, comma 1-bis, D.L. 21 giugno 2013, n. 69, convertito, con modificazioni, dalla L. 9 agosto 2013, n. 98.
(2) Per le nuove disposizioni in materia di città metropolitane, province e unioni e fusioni di comuni, vedi la L. 7 aprile 2014, n. 56.
(3) Lettera così modificata dall'art. 74, comma 1, n. 46), D.Lgs. 23 giugno 2011, n. 118, aggiunto dall'art. 1, comma 1, lett. aa), D.Lgs. 10 agosto 2014, n. 126; per l'applicabilità di tale disposizione vedi l'art. 80, comma 1, del medesimo D.Lgs. n. 118/2011.

Art. 209 (¹)
Oggetto del servizio di tesoreria.

1. Il servizio di tesoreria consiste nel complesso di operazioni legate alla gestione finanziaria dell'ente locale e finalizzate in particolare alla riscossione delle entrate, al pagamento delle spese, alla custodia di titoli e valori ed agli adempimenti connessi previsti dalla legge, dallo statuto, dai regolamenti dell'ente o da norme pattizie.

2. Il tesoriere esegue le operazioni di cui al comma 1 nel rispetto della legge 29 ottobre 1984, n. 720, e successive modificazioni.

3. Ogni deposito, comunque costituito, è intestato all'ente locale e viene gestito dal tesoriere.

3-bis. Il tesoriere tiene contabilmente distinti gli incassi di cui all'art. 180, comma 3, lettera d). I prelievi di tali risorse sono consentiti solo con i mandati di pagamento di cui all'art. 185, comma 2, lettera i). E' consentito l'utilizzo di risorse vincolate secondo le modalità e nel rispetto dei limiti previsti dall'art. 195. (²)

(1) Per le nuove disposizioni in materia di città metropolitane, province e unioni e fusioni di comuni, vedi la L. 7 aprile 2014, n. 56.
(2) Comma aggiunto dall'art. 74, comma 1, n. 47), D.Lgs. 23 giugno 2011, n. 118, aggiunto dall'art. 1, comma 1, lett. aa), D.Lgs. 10 agosto 2014, n. 126; per l'applicabilità di tale disposizione vedi l'art. 80, comma 1, del medesimo D.Lgs. n. 118/2011.

Art. 210 (¹)
Affidamento del servizio di tesoreria.

1. L'affidamento del servizio viene effettuato mediante le procedure ad evidenza pubblica stabilite nel regolamento di contabilità di ciascun ente, con modalità che rispettino i principi della concorrenza. Qualora ricorrano le condizioni di legge, l'ente può procedere, per non più di una volta, al rinnovo del contratto di tesoreria nei confronti del medesimo soggetto.

2. Il rapporto viene regolato in base ad una convenzione deliberata dall'organo consiliare dell'ente.

2-*bis*. La convenzione di cui al comma 2 può prevedere l'obbligo per il tesoriere di accettare, su apposita istanza del creditore, crediti pro soluto certificati dall'ente ai sensi del comma 3-*bis* dell'articolo 9 del decreto-legge 29 novembre 2008, n. 185, convertito, con modificazioni, dalla legge 28 gennaio 2009, n. 2. (¹)

(1) Questo comma è stato aggiunto dall'art. 13, co. 3, L. 12 novembre 2011, n. 183.
(2) Per le nuove disposizioni in materia di città metropolitane, province e unioni e fusioni di comuni, vedi la L. 7 aprile 2014, n. 56.

Art. 211 (¹)
Responsabilità del tesoriere.

1. Per eventuali danni causati all'ente affidante o a terzi il tesoriere risponde con tutte le proprie attività e con il proprio patrimonio.

2. Il tesoriere è responsabile di tutti i depositi, comunque costituiti, intestati all'ente.

(1) Per le nuove disposizioni in materia di città metropolitane, province e unioni e fusioni di comuni, vedi la L. 7 aprile 2014, n. 56.

Art. 212 ([1])
Servizio di tesoreria svolto per più enti locali.

1. I soggetti di cui all'articolo 208 che gestiscono il servizio di tesoreria per conto di più enti locali devono tenere contabilità distinte e separate per ciascuno di essi.

(1) Per le nuove disposizioni in materia di città metropolitane, province e unioni e fusioni di comuni, vedi la L. 7 aprile 2014, n. 56.

Art. 213 ([2])
Gestione informatizzata del servizio di tesoreria. ([1])

1. Qualora l'organizzazione dell'ente e del tesoriere lo consentano il servizio di tesoreria viene gestito con metodologie e criteri informatici e con l'uso di ordinativi di pagamento e di riscossione informatici, in luogo di quelli cartacei, le cui evidenze informatiche valgono a fini di documentazione, ivi compresa la resa del conto del tesoriere di cui all'articolo 226.

2. La convenzione di tesoreria di cui all'articolo 210 può prevedere che la riscossione delle entrate e il pagamento delle spese possano essere effettuati, oltre che per contanti presso gli sportelli di tesoreria, anche con le modalità offerte dai servizi elettronici di in caso e di pagamento interbancari.

3. Gli incassi effettuati dal tesoriere mediante i servizi elettronici interbancari danno luogo al rilascio di quietanza o evidenza bancaria ad effetto liberatorio per il debitore; le somme rivenienti dai predetti incassi sono versate alle case dell'ente, con rilascio della quietanza di cui all'articolo 214, non appena si rendono liquide ed esigibili in relazione ai servizi

elettronici adottati e comunque nei tempi previsti nella predetta convenzione di tesoreria.

(1) Questo articolo è stato così sostituito dall'art. 1, co. 80, L. 30 dicembre 2004, n. 311.
(2) Per le nuove disposizioni in materia di città metropolitane, province e unioni e fusioni di comuni, vedi la L. 7 aprile 2014, n. 56.

Capo II

Riscossione delle entrate

Art. 214 ([1])
Operazioni di riscossione.

1. Per ogni somma riscossa il tesoriere rilascia quietanza, numerata in ordine cronologico per esercizio finanziario.

(1) Per le nuove disposizioni in materia di città metropolitane, province e unioni e fusioni di comuni, vedi la L. 7 aprile 2014, n. 56.

Art. 215 ([1])
Procedure per la registrazione delle entrate.

1. Il regolamento di contabilità dell'ente stabilisce le procedure per la fornitura dei modelli e per la registrazione delle entrate; disciplina, altresì le modalità per la comunicazione delle operazioni di riscossione eseguite, nonché la relativa prova documentale.

1-bis. Il tesoriere non gestisce i codici della transazione elementare di cui agli articoli da 5 a 7, del decreto legislativo 23 giugno 2011, n. 118, inseriti nei campi liberi dell'ordinativo a disposizione dell'ente. (²)

(1) Per le nuove disposizioni in materia di città metropolitane, province e unioni e fusioni di comuni, vedi la L. 7 aprile 2014, n. 56.
(2) Comma aggiunto dall'art. 74, comma 1, n. 48), D.Lgs. 23 giugno 2011, n. 118, aggiunto dall'art. 1, comma 1, lett. aa), D.Lgs. 10 agosto 2014, n. 126; per l'applicabilità di tale disposizione vedi l'art. 80, comma 1, del medesimo D.Lgs. n. 118/2011.

Capo III

Pagamento delle spese

Art. 216
Condizioni di legittimità dei pagamenti effettuati dal tesoriere.

[1. I pagamenti possono avere luogo nei limiti degli stanziamenti di cassa. I mandati in conto competenza non possono essere pagati per un importo superiore alla differenza tra il relativo stanziamento di competenza e la rispettiva quota riguardante il fondo pluriennale vincolato. A tal fine l'ente trasmette al tesoriere il bilancio di previsione approvato nonché tutte le delibere di variazione e di prelevamento di quote del fondo di riserva debitamente esecutive riguardanti l'esercizio in corso di gestione. Il tesoriere gestisce solo il primo esercizio del bilancio di previsione e registra solo le delibere di variazione del fondo pluriennale vincolate effettuate entro la chiusura dell'esercizio finanziario.] (¹)

2. Nessun mandato di pagamento può essere estinto dal tesoriere se privo della codifica, compresa la codifica SIOPE di cui all'art. 14 della legge 31 dicembre 2009, n. 196. Il tesoriere non gestisce i codici della transazione elementare di cui agli articoli da 5 a 7, del decreto legislativo 23 giugno 2011, n. 118, inseriti nei campi liberi del mandato a disposizione dell'ente.

[3. I mandati in conto residui non possono essere pagati per un importo superiore all'ammontare dei residui risultanti in bilancio per ciascun programma.] (¹)

(1) Comma abrogato dall' art. 57, comma 2-quater, lett. a), D.L. 26 ottobre 2019, n. 124, convertito, con modificazioni, dalla L. 19 dicembre 2019, n. 157.

Art. 217 (¹)
Estinzione dei mandati di pagamento.

1. L'estinzione dei mandati da parte del tesoriere avviene nel rispetto della legge e secondo le indicazioni fornite dall'ente, con assunzione di responsabilità da parte del tesoriere, che ne risponde con tutto il proprio patrimonio sia nei confronti dell'ente locale ordinante sia dei terzi creditori, in ordine alla regolarità delle operazioni di pagamento eseguite.

(1) Per le nuove disposizioni in materia di città metropolitane, province e unioni e fusioni di comuni, vedi la L. 7 aprile 2014, n. 56.

Art. 218 (¹)
Annotazione della quietanza.

1. Il tesoriere annota gli estremi della quietanza direttamente sul mandato o su documentazione meccanografica da consegnare all'ente, unitamente ai mandati pagati, in allegato al proprio rendiconto.

2. Su richiesta dell'ente locale il tesoriere fornisce gli estremi di qualsiasi operazione di pagamento eseguita nonché la relativa prova documentale.

(1) Per le nuove disposizioni in materia di città metropolitane, province e unioni e fusioni di comuni, vedi la L. 7 aprile 2014, n. 56.

Art. 219 (¹)
Mandati non estinti al termine dell'esercizio.

1. I mandati interamente o parzialmente non estinti alla data del 31 dicembre sono eseguiti mediante commutazione in assegni postali

localizzati o con altri mezzi equipollenti offerti dal sistema bancario o postale.

(1) Per le nuove disposizioni in materia di città metropolitane, province e unioni e fusioni di comuni, vedi la L. 7 aprile 2014, n. 56.

Art. 220 ([1])
Obblighi del tesoriere per le delegazioni di pagamento.

1. A seguito della notifica degli atti di delegazione di pagamento di cui all'articolo 206 il tesoriere è tenuto a versare l'importo dovuto ai creditori alle scadenze prescritte, con comminatoria dell'indennità di mora in caso di ritardato pagamento.

(1) Per le nuove disposizioni in materia di città metropolitane, province e unioni e fusioni di comuni, vedi la L. 7 aprile 2014, n. 56.

Capo IV

Altre attività

Art. 221 ([1])
Gestione di titoli e valori.

1. I titoli di proprietà dell'ente, ove consentito dalla legge, sono gestiti dal tesoriere con versamento delle cedole nel conto di tesoreria alle loro rispettive scadenze.

2. Il tesoriere provvede anche alla riscossione dei depositi effettuati da terzi per spese contrattuali, d'asta e cauzionali a garanzia degli impegni assunti, previo rilascio di apposita ricevuta, diversa dalla quietanza di tesoreria, contenente tutti gli estremi identificativi dell'operazione.

3. Il regolamento di contabilità dell'ente locale definisce le procedure per i prelievi e per le restituzioni.

(1) Per le nuove disposizioni in materia di città metropolitane, province e unioni e fusioni di comuni, vedi la L. 7 aprile 2014, n. 56.

Art. 222
Anticipazioni di tesoreria.

1. Il tesoriere, su richiesta dell'ente corredata dalla deliberazione della giunta, concede allo stesso anticipazioni di tesoreria, entro il limite massimo dei tre dodicesimi delle entrate accertate nel penultimo anno precedente, afferenti ai primi tre titoli di entrata del bilancio. (1)
2. Gli interessi sulle anticipazioni di tesoreria decorrono dall'effettivo utilizzo delle somme con le modalità previste dalla convenzione di cui all'articolo 210.
2-bis. Per gli enti locali in dissesto economico-finanziario ai sensi dell'articolo 246, che abbiano adottato la deliberazione di cui all'articolo 251, comma 1, e che si trovino in condizione di grave indisponibilità di cassa, certificata congiuntamente dal responsabile del servizio finanziario e dall'organo di revisione, il limite massimo di cui al comma 1 del presente articolo è elevato a cinque dodicesimi fino al raggiungimento dell'equilibrio di cui all'articolo 259 e, comunque, per non oltre cinque anni, compreso quello in cui è stato deliberato il dissesto. È fatto divieto ai suddetti enti di impegnare tali maggiori risorse per spese non obbligatorie per legge e risorse proprie per partecipazione ad eventi o manifestazioni culturali e sportive, sia nazionali che internazionali. (2)

> (1) Per l'incremento del limite massimo delle anticipazioni di tesoreria, di cui al presente comma, vedi: per l'anno 2013, e sino alla data del 31 dicembre 2013, l'art. 1, comma 9, D.L. 8 aprile 2013, n. 35, convertito, con modificazioni, dalla L. 6 giugno 2013, n. 64, l'art. 1, comma 2, D.L. 21 maggio 2013, n. 54, convertito, con modificazioni, dalla L. 18 luglio 2013, n. 85, l'art. 12-bis, comma 2, D.L. 14 agosto 2013, n. 93, convertito, con modificazioni, dalla L. 15 ottobre 2013, n. 119 e l' art. 1, comma 12, D.L. 30 novembre 2013, n. 133, convertito, con modificazioni, dalla L. 29 gennaio 2014, n. 5; per l'anno 2014, e sino alla data del 31 dicembre 2018, l'art. 2, comma 3-bis, D.L. 28 gennaio 2014, n. 4, convertito, con modificazioni, dalla L. 28 marzo 2014, n. 50, come modificato

dall'art. 1, comma 542, L. 23 dicembre 2014, n. 190, dall'art. 1, comma 738, L. 28 dicembre 2015, n. 208 , dall' art. 1, comma 43, L. 11 dicembre 2016, n. 232 e dall' art. 1, comma 618, L. 27 dicembre 2017, n. 205; sino alla data del 31 dicembre 2019, l' art. 1, comma 906, L. 30 dicembre 2018, n. 145; per ciascuno degli anni dal 2020 al 2022, l' art. 1, comma 555, L. 27 dicembre 2019, n. 160.
(2) Comma, da ultimo, così modificato dall' art. 38, comma 1-duodecies, D.L. 30 aprile 2019, n. 34, convertito, con modificazioni, dalla L. 28 giugno 2019, n. 58.

Capo V

Adempimenti e verifiche contabili

Art. 223 ([1])
Verifiche ordinarie di cassa.

1. L'organo di revisione economico-finanziaria dell'ente provvede con cadenza trimestrale alla verifica ordinaria di cassa, alla verifica della gestione del servizio di tesoreria e di quello degli altri agenti contabili di cui all'articolo 233.

2. Il regolamento di contabilità può prevedere autonome verifiche di cassa da parte dell'amministrazione dell'ente.

(1) Per le nuove disposizioni in materia di città metropolitane, province e unioni e fusioni di comuni, vedi la L. 7 aprile 2014, n. 56.

Art. 224 ([1])
Verifiche straordinarie di cassa.

1. Si provvede a verifica straordinaria di cassa a seguito del mutamento della persona del sindaco, del Presidente della provincia, del sindaco

metropolitano e del presidente della comunità montana. Alle operazioni di verifica intervengono gli amministratori che cessano dalla carica e coloro che la assumono, nonché il segretario, il responsabile del servizio finanziario e l'organo di revisione dell'ente.

1-bis. Il regolamento di contabilità dell'ente disciplina le modalità di svolgimento della verifica straordinaria di cassa.([2])

(1) Per le nuove disposizioni in materia di città metropolitane, province e unioni e fusioni di comuni, vedi la L. 7 aprile 2014, n. 56.
(2) Comma aggiunto dall'art. 74, comma 1, n. 51), D.Lgs. 23 giugno 2011, n. 118, aggiunto dall'art. 1, comma 1, lett. aa), D.Lgs. 10 agosto 2014, n. 126; per l'applicabilità di tale disposizione vedi l'art. 80, comma 1, del medesimo D.Lgs. n. 118/2011.

Art. 225 ([1])
Obblighi di documentazione e conservazione.

1. Il tesoriere è tenuto, nel corso dell'esercizio, ai seguenti adempimenti:
a) aggiornamento e conservazione del giornale di cassa;
b) conservazione del verbale di verifica di cassa di cui agli articoli 223 e 224;
c) conservazione per almeno cinque anni delle rilevazioni di cassa previste dalla legge ([2]).

2. Le modalità e la periodicità di trasmissione della documentazione di cui al comma 1 sono fissate nella convenzione.

(1) Per le nuove disposizioni in materia di città metropolitane, province e unioni e fusioni di comuni, vedi la L. 7 aprile 2014, n. 56.
(2) Lettera così modificata dall'art. 74, comma 1, n. 52), D.Lgs. 23 giugno 2011, n. 118, aggiunto dall'art. 1, comma 1, lett. aa), D.Lgs. 10 agosto 2014, n. 126; per l'applicabilità di tale disposizione vedi l'art. 80, comma 1, del medesimo D.Lgs. n. 118/2011.

Art. 226 ([2])
Conto del tesoriere.

1. Entro il termine di 30 giorni (¹) dalla chiusura dell'esercizio finanziario, il tesoriere, ai sensi dell'articolo 93, rende all'ente locale il conto della propria gestione di cassa il quale lo trasmette alla competente sezione giurisdizionale della Corte dei conti entro 60 giorni dall'approvazione del rendiconto.

2. Il conto del tesoriere è redatto su modello di cui all'allegato n. 17 al decreto legislativo 23 giugno 2011, n. 118. Il tesoriere allega al conto la seguente documentazione: (³)
[a) gli allegati di svolgimento per ogni singola tipologia di entrata, per ogni singolo programma di spesa]; (⁴)
b) gli ordinativi di riscossione e di pagamento;
c) la parte delle quietanze originali rilasciate a fronte degli ordinativi di riscossione e di pagamento o, in sostituzione, i documenti informatici contenenti gli estremi delle medesime;(⁵)
d) eventuali altri documenti richiesti dalla Corte dei conti.

(1) Le parole: *"due mesi"* sono state così sostituite dalle parole: *"30 giorni"* dall'art. 2-quater, co. 6, lett. b), D.L. 7 ottobre 2008, n. 154, convertito con modificazioni, nella L. 4 dicembre 2008, n. 189.
(2) Per le nuove disposizioni in materia di città metropolitane, province e unioni e fusioni di comuni, vedi la L. 7 aprile 2014, n. 56.
(3) Alinea così modificato dall'art. 74, comma 1, n. 53), lett. a), D.Lgs. 23 giugno 2011, n. 118, aggiunto dall'art. 1, comma 1, lett. aa), D.Lgs. 10 agosto 2014, n. 126; per l'applicabilità di tale disposizione vedi l'art. 80, comma 1, del medesimo D.Lgs. n. 118/2011.
(4) Lettera abrogata dall' art. 57, comma 2-quater, lett. b), D.L. 26 ottobre 2019, n. 124, convertito, con modificazioni, dalla L. 19 dicembre 2019, n. 157.
(5) Lettera così modificata dall'art. 74, comma 1, n. 53), lett. c), D.Lgs. 23 giugno 2011, n. 118, aggiunto dall'art. 1, comma 1, lett. aa), D.Lgs. 10 agosto 2014, n. 126; per l'applicabilità di tale disposizione vedi l'art. 80, comma 1, del medesimo D.Lgs. n. 118/2011.

PARTE II

Ordinamento finanziario e contabile

TITOLO VI

Rilevazione e dimostrazione dei risultati di gestione

Art. 227 (⁵)
Rendiconto della gestione. (⁴)

1. La dimostrazione dei risultati di gestione avviene mediante il rendiconto della gestione, il quale comprende il conto del bilancio, il conto economico e lo stato patrimoniale. (⁶)

2. Il rendiconto della gestione è deliberato entro il 30 aprile dell'anno successivo dall'organo consiliare, tenuto motivatamente conto della relazione dell'organo di revisione. La proposta è messa a disposizione dei componenti dell'organo consiliare prima dell'inizio della sessione consiliare in cui viene esaminato il rendiconto entro un termine, non inferiore a venti giorni, stabilito dal regolamento di contabilità. (¹)

2-bis. In caso di mancata approvazione del rendiconto di gestione entro il termine del 30 aprile dell'anno successivo, si applica la procedura prevista dal comma 2 dell'articolo 141. (²)

2-ter. Contestualmente al rendiconto, l'ente approva il rendiconto consolidato, comprensivo dei risultati degli eventuali organismi strumentali secondo le modalità previste dall'art. 11, commi 8 e 9, del decreto legislativo 23 giugno 2011, n. 118, e successive modificazioni. (⁷)

3. Nelle more dell'adozione della contabilità economico-patrimoniale, gli enti locali con popolazione inferiore a 5.000 abitanti che si avvalgono della facoltà, prevista dall'art. 232, non predispongono il conto economico, lo stato patrimoniale e il bilancio consolidato. (¹⁰)

4. Ai fini del referto di cui all'articolo 3, commi 4 e 7, della legge 14 gennaio 1994, n. 20, e del consolidamento dei conti pubblici, la Sezione Enti locali potrà richiedere i rendiconti di tutti gli altri enti locali.

5. Al rendiconto della gestione sono allegati i documenti previsti dall'art. 11 comma 4 del decreto legislativo 23 giugno 2011, n. 118, e successive modificazioni, ed i seguenti documenti:
a) l'elenco degli indirizzi internet di pubblicazione del rendiconto della gestione, del bilancio consolidato deliberati e relativi al penultimo esercizio antecedente quello cui si riferisce il bilancio di previsione, dei rendiconti e dei bilanci consolidati delle unioni di comuni di cui il comune fa parte e dei soggetti considerati nel gruppo "amministrazione pubblica" di cui al principio applicato del bilancio consolidato allegato al decreto legislativo 23 giugno 2011, n. 118, e successive modificazioni, relativi al penultimo

esercizio antecedente quello cui il bilancio si riferisce. Tali documenti contabili sono allegati al rendiconto della gestione qualora non integralmente pubblicati nei siti internet indicati nell'elenco;
b) la tabella dei parametri di riscontro della situazione di deficitarietà strutturale;
c) il piano degli indicatori e dei risultati di bilancio. ([8])

6. Gli enti locali di cui all'articolo 2 inviano telematicamente alle Sezioni enti locali il rendiconto completo di allegati, le informazioni relative al rispetto del patto di stabilità interno, nonché i certificati del conto preventivo e consuntivo. Tempi, modalità e protocollo di comunicazione per la trasmissione telematica dei dati sono stabiliti con decreto di natura non regolamentare del Ministro dell'interno, di concerto con il ([3]) Ministro dell'economia e delle finanze, sentite la Conferenza Stato, città e autonomie locali e la Corte dei conti.

6-bis. Nel sito internet dell'ente, nella sezione dedicata ai bilanci, è pubblicata la versione integrale del rendiconto della gestione, comprensivo anche della gestione in capitoli, dell'eventuale rendiconto consolidato, comprensivo della gestione in capitoli ed una versione semplificata per il cittadino di entrambi i documenti. ([9])

6-ter. I modelli relativi alla resa del conto da parte degli agenti contabili sono quelli previsti dal decreto del Presidente della Repubblica 31 gennaio 1996, n. 194. Tali modelli sono aggiornati con le procedure previste per l'aggiornamento degli allegati al decreto legislativo 23 giugno 2011, n. 118, e successive modificazioni. ([9])

6-quater. Contestualmente all'approvazione del rendiconto, la giunta adegua, ove necessario, i residui, le previsioni di cassa e quelle riguardanti il fondo pluriennale vincolato alle risultanze del rendiconto, fermo restando quanto previsto dall'art. 188, comma 1, in caso di disavanzo di amministrazione. ([9])

(1) Comma modificato dall'art. 2-quater, co. 6, lett. c), D.L. 7 ottobre 2008, n. 154, convertito con modificazioni, nella L. 4 dicembre 2008, n. 189 e, successivamente, così sostituito dall'art. 74, comma 1, n. 54), lett. b), D.Lgs. 23 giugno 2011, n. 118, aggiunto dall'art. 1, comma 1, lett. aa), D.Lgs. 10 agosto 2014, n. 126; per l'applicabilità di tale ultima disposizione vedi l'art. 80, comma 1, del medesimo D.Lgs. n. 118/2011.
(2) Comma inserito dall'art. 3, co. 1, lett. l), D.L. 10 ottobre 2012, n. 174, convertito con modificazioni, nella L. 7 dicembre 2012, n. 213.

(3) Le parole: "Ministro dell'interno, di concerto con il" sono state inserite dall'art. 1-quater, co. 6, D.L. 31 marzo 2003, n. 50, convertito con modificazioni, nella L. 20 maggio 2003, n. 116.
(4) Per la proroga del termine previsto dal presente articolo, vedi l'art. 1, comma 729-quater, L. 27 dicembre 2013, n. 147, aggiunto dall' art. 7, comma 1, D.L. 6 marzo 2014, n. 16, convertito, con modificazioni, dalla L. 2 maggio 2014, n. 68.
(5) Per le nuove disposizioni in materia di città metropolitane, province e unioni e fusioni di comuni, vedi la L. 7 aprile 2014, n. 56.
(6) Comma così modificato dall'art. 74, comma 1, n. 54), lett. a), D.Lgs. 23 giugno 2011, n. 118, aggiunto dall'art. 1, comma 1, lett. aa), D.Lgs. 10 agosto 2014, n. 126; per l'applicabilità di tale disposizione vedi l'art. 80, comma 1, del medesimo D.Lgs. n. 118/2011.
(7) Comma inserito dall'art. 74, comma 1, n. 54), lett. c), D.Lgs. 23 giugno 2011, n. 118, aggiunto dall'art. 1, comma 1, lett. aa), D.Lgs. 10 agosto 2014, n. 126; per l'applicabilità di tale disposizione vedi l'art. 80, comma 1, del medesimo D.Lgs. n. 118/2011.
(8) Comma così sostituito dall'art. 74, comma 1, n. 54), lett. e), D.Lgs. 23 giugno 2011, n. 118, aggiunto dall'art. 1, comma 1, lett. aa), D.Lgs. 10 agosto 2014, n. 126; per l'applicabilità di tale disposizione vedi l'art. 80, comma 1, del medesimo D.Lgs. n. 118/2011.
(9) Comma aggiunto dall'art. 74, comma 1, n. 54), lett. f), D.Lgs. 23 giugno 2011, n. 118, aggiunto dall'art. 1, comma 1, lett. aa), D.Lgs. 10 agosto 2014, n. 126; per l'applicabilità di tale disposizione vedi l'art. 80, comma 1, del medesimo D.Lgs. n. 118/2011.
(10) Comma così sostituito dall'art. 74, comma 1, n. 54), lett. d), D.Lgs. 23 giugno 2011, n. 118, aggiunto dall'art. 1, comma 1, lett. aa), D.Lgs. 10 agosto 2014, n. 126; per l'applicabilità di tale disposizione vedi l'art. 80, comma 1, del medesimo D.Lgs. n. 118/2011.

Art. 228 ([1])
Conto del bilancio.

1. Il conto del bilancio dimostra i risultati finali della gestione rispetto alle autorizzazioni contenute nel primo esercizio considerato nel bilancio di previsione.([2])

2. Per ciascuna tipologia di entrata e per ciascun programma di spesa, il conto del bilancio comprende, distintamente per residui e competenza:([3])
a) per l'entrata le somme accertate, con distinzione della parte riscossa e di

quella ancora da riscuotere;
b) per la spesa le somme impegnate, con distinzione della parte pagata e di quella ancora da pagare e di quella impegnata con imputazione agli esercizi successivi rappresentata dal fondo pluriennale vincolato (4).

3. Prima dell'inserimento nel conto del bilancio dei residui attivi e passivi l'ente locale provvede all'operazione di riaccertamento degli stessi, consistente nella revisione delle ragioni del mantenimento in tutto od in parte dei residui e della corretta imputazione in bilancio, secondo le modalità di cui all'art. 3, comma 4, del decreto legislativo 23 giugno 2011, n. 118, e successive modificazioni. (5)

4. Il conto del bilancio si conclude con la dimostrazione del risultato della gestione di competenza e della gestione di cassa e del risultato di amministrazione alla fine dell'esercizio.(6)

5. Al rendiconto sono allegati la tabella dei parametri di riscontro della situazione di deficitarietà strutturale ed il piano degli indicatori e dei risultati di bilancio. (7)

6. Ulteriori parametri di efficacia ed efficienza contenenti indicazioni uniformi possono essere individuati dal regolamento di contabilità dell'ente locale.

7. Il Ministero dell'interno pubblica un rapporto annuale, con rilevazione dell'andamento triennale a livello di aggregati, riguardante parametri contenuti nella apposita tabella di cui al comma 5. I parametri a livello aggregato risultanti dal rapporto sono resi disponibili mediante pubblicazione nel sito internet del Ministero dell'interno. (8)

8. I modelli relativi al conto del bilancio sono predisposti secondo lo schema di cui all'allegato n. 10 al decreto legislativo 23 giugno 2011, n. 118, e successive modificazioni. (8)

(1) Per le nuove disposizioni in materia di città metropolitane, province e unioni e fusioni di comuni, vedi la L. 7 aprile 2014, n. 56.
(2) Comma così modificato dall'art. 74, comma 1, n. 55), lett. a), D.Lgs. 23 giugno 2011, n. 118, aggiunto dall'art. 1, comma 1, lett. aa), D.Lgs. 10 agosto 2014, n. 126; per l'applicabilità di tale disposizione vedi l'art. 80, comma 1, del medesimo D.Lgs. n. 118/2011.
(3) Alinea così modificato dall'art. 74, comma 1, n. 55), lett. b), D.Lgs. 23 giugno 2011, n. 118, aggiunto dall'art. 1, comma 1, lett. aa), D.Lgs. 10

agosto 2014, n. 126; per l'applicabilità di tale disposizione vedi l'art. 80, comma 1, del medesimo D.Lgs. n. 118/2011.
(4) Lettera così modificata dall'art. 74, comma 1, n. 55), lett. c), D.Lgs. 23 giugno 2011, n. 118, aggiunto dall'art. 1, comma 1, lett. aa), D.Lgs. 10 agosto 2014, n. 126; per l'applicabilità di tale disposizione vedi l'art. 80, comma 1, del medesimo D.Lgs. n. 118/2011.
(5) Comma così modificato dall'art. 74, comma 1, n. 55), lett. d), D.Lgs. 23 giugno 2011, n. 118, aggiunto dall'art. 1, comma 1, lett. aa), D.Lgs. 10 agosto 2014, n. 126; per l'applicabilità di tale disposizione vedi l'art. 80, comma 1, del medesimo D.Lgs. n. 118/2011.
(6) Comma così modificato dall'art. 74, comma 1, n. 55), lett. e), D.Lgs. 23 giugno 2011, n. 118, aggiunto dall'art. 1, comma 1, lett. aa), D.Lgs. 10 agosto 2014, n. 126; per l'applicabilità di tale disposizione vedi l'art. 80, comma 1, del medesimo D.Lgs. n. 118/2011.
(7) Comma così sostituito dall'art. 74, comma 1, n. 55), lett. f), D.Lgs. 23 giugno 2011, n. 118, aggiunto dall'art. 1, comma 1, lett. aa), D.Lgs. 10 agosto 2014, n. 126; per l'applicabilità di tale disposizione vedi l'art. 80, comma 1, del medesimo D.Lgs. n. 118/2011. Successivamente, il presente comma è stato così modificato dall' art. 48, comma 1, lett. a), D.L. 26 ottobre 2019, n. 124, convertito, con modificazioni, dalla L. 19 dicembre 2019, n. 157.
(8) Comma così modificato dall'art. 74, comma 1, n. 55), lett. g), D.Lgs. 23 giugno 2011, n. 118, aggiunto dall'art. 1, comma 1, lett. aa), D.Lgs. 10 agosto 2014, n. 126; per l'applicabilità di tale disposizione vedi l'art. 80, comma 1, del medesimo D.Lgs. n. 118/2011.

Art. 229 ([1])
Conto economico.

1. Il conto economico evidenzia i componenti positivi e negativi della gestione di competenza economica dell'esercizio considerato, rilevati dalla contabilità economico-patrimoniale, nel rispetto del principio contabile generale n. 17 e dei principi applicati della contabilità economico-patrimoniale di cui all'allegato n. 1 e n. 10 al decreto legislativo 23 giugno 2011, n. 118, e successive modificazioni, e rileva il risultato economico dell'esercizio. ([2])

2. Il conto economico è redatto secondo lo schema di cui all'allegato n. 10 al decreto legislativo 23 giugno 2011, n. 118, e successive modificazioni. ([2])

3. (......) (³)

4. (......) (³)

5. (......) (³)

6. (......) (³)

7. (......) (³)

8. Il regolamento di contabilità può prevedere la compilazione di conti economici di dettaglio per servizi o per centri di costo.

9. (......) (³)

10. (......) (³)

(1) Per le nuove disposizioni in materia di città metropolitane, province e unioni e fusioni di comuni, vedi la L. 7 aprile 2014, n. 56.
(2) Comma così sostituito dall'art. 74, comma 1, n. 56), lett. a), D.Lgs. 23 giugno 2011, n. 118, aggiunto dall'art. 1, comma 1, lett. aa), D.Lgs. 10 agosto 2014, n. 126; per l'applicabilità di tale disposizione vedi l'art. 80, comma 1, del medesimo D.Lgs. n. 118/2011.
(3) Comma abrogato dall'art. 74, comma 1, n. 56), lett. b), D.Lgs. 23 giugno 2011, n. 118, aggiunto dall'art. 1, comma 1, lett. aa), D.Lgs. 10 agosto 2014, n. 126; per l'applicabilità di tale disposizione vedi l'art. 80, comma 1, del medesimo D.Lgs. n. 118/2011.

Art. 230 (¹)
Lo stato patrimoniale e conti patrimoniali speciali (³)

1. Lo stato patrimoniale rappresenta i risultati della gestione patrimoniale e la consistenza del patrimonio al termine dell'esercizio ed è predisposto nel rispetto del principio contabile generale n. 17 e dei principi applicati della contabilità economico-patrimoniale di cui all'allegato n. 1 e n. 4/3 al decreto legislativo 23 giugno 2011, n. 118, e successive modificazioni. (²)

2. Il patrimonio degli enti locali è costituito dal complesso dei beni e dei rapporti giuridici, attivi e passivi, di pertinenza di ciascun ente. Attraverso la rappresentazione contabile del patrimonio è determinata la consistenza netta della dotazione patrimoniale. (⁴)

3. Gli enti locali includono nello stato patrimoniale i beni del demanio, con specifica distinzione, ferme restando le caratteristiche proprie, in relazione alle disposizioni del codice civile.([5])

4. Gli enti locali valutano i beni del demanio e del patrimonio, comprensivi delle relative manutenzioni straordinarie, secondo le modalità previste dal principio applicato della contabilità economico-patrimoniale di cui all'allegato n. 4/3 del decreto legislativo 23 giugno 2011, n. 118, e successive modificazioni. ([6])

5. Lo stato patrimoniale comprende anche i crediti inesigibili, stralciati dal conto del bilancio, sino al compimento dei termini di prescrizione. Al rendiconto della gestione è allegato l'elenco di tali crediti distintamente rispetto a quello dei residui attivi.([7])

6. Il regolamento di contabilità può prevedere la compilazione di conti patrimoniali di inizio e fine mandato degli amministratori. ([8])

7. Gli enti locali provvedono annualmente all'aggiornamento degli inventari.

8. Il regolamento di contabilità definisce le categorie di beni mobili non inventariabili in ragione della natura di beni di facile consumo o del modico valore.

9. Lo stato patrimoniale è redatto secondo lo schema di cui all'allegato n. 4/3 al decreto legislativo 23 giugno 2011, n. 118 e successive modificazioni e integrazioni. ([9])

9-bis. Nell'apposita sezione dedicata ai bilanci del sito internet degli enti locali è pubblicato il rendiconto della gestione, il conto del bilancio articolato per capitoli, e il rendiconto semplificato per il cittadino di cui all'art. 11 del decreto legislativo 23 giugno 2011, n. 118 e successive modificazioni e integrazioni. ([10])

(1) Per le nuove disposizioni in materia di città metropolitane, province e unioni e fusioni di comuni, vedi la L. 7 aprile 2014, n. 56.
(2) Comma così sostituito dall'art. 74, comma 1, n. 57), lett. b), D.Lgs. 23 giugno 2011, n. 118, aggiunto dall'art. 1, comma 1, lett. aa), D.Lgs. 10 agosto 2014, n. 126; per l'applicabilità di tale disposizione vedi l'art. 80, comma 1, del medesimo D.Lgs. n. 118/2011.
(3) Rubrica così modificata dall'art. 74, comma 1, n. 57), lett. a), D.Lgs. 23 giugno 2011, n. 118, aggiunto dall'art. 1, comma 1, lett. aa), D.Lgs. 10

agosto 2014, n. 126; per l'applicabilità di tale disposizione vedi l'art. 80, comma 1, del medesimo D.Lgs. n. 118/2011.
(4) Comma così modificato dall'art. 74, comma 1, n. 57), lett. c), D.Lgs. 23 giugno 2011, n. 118, aggiunto dall'art. 1, comma 1, lett. aa), D.Lgs. 10 agosto 2014, n. 126; per l'applicabilità di tale disposizione vedi l'art. 80, comma 1, del medesimo D.Lgs. n. 118/2011.
(5) Comma così modificato dall'art. 74, comma 1, n. 57), lett. d), D.Lgs. 23 giugno 2011, n. 118, aggiunto dall'art. 1, comma 1, lett. aa), D.Lgs. 10 agosto 2014, n. 126; per l'applicabilità di tale disposizione vedi l'art. 80, comma 1, del medesimo D.Lgs. n. 118/2011.
(6) Comma così modificato dall'art. 74, comma 1, n. 57), lett. e), D.Lgs. 23 giugno 2011, n. 118, aggiunto dall'art. 1, comma 1, lett. aa), D.Lgs. 10 agosto 2014, n. 126; per l'applicabilità di tale disposizione vedi l'art. 80, comma 1, del medesimo D.Lgs. n. 118/2011.
(7) Comma così sostituito dall'art. 74, comma 1, n. 57), lett. f), D.Lgs. 23 giugno 2011, n. 118, aggiunto dall'art. 1, comma 1, lett. aa), D.Lgs. 10 agosto 2014, n. 126; per l'applicabilità di tale disposizione vedi l'art. 80, comma 1, del medesimo D.Lgs. n. 118/2011.
(8) Comma così sostituito dall'art. 74, comma 1, n. 57), lett. g), D.Lgs. 23 giugno 2011, n. 118, aggiunto dall'art. 1, comma 1, lett. aa), D.Lgs. 10 agosto 2014, n. 126; per l'applicabilità di tale disposizione vedi l'art. 80, comma 1, del medesimo D.Lgs. n. 118/2011.
(9) Comma così sostituito dall'art. 74, comma 1, n. 57), lett. h), D.Lgs. 23 giugno 2011, n. 118, aggiunto dall'art. 1, comma 1, lett. aa), D.Lgs. 10 agosto 2014, n. 126; per l'applicabilità di tale disposizione vedi l'art. 80, comma 1, del medesimo D.Lgs. n. 118/2011.
(10) Comma aggiunto dall'art. 74, comma 1, n. 57), lett. i), D.Lgs. 23 giugno 2011, n. 118, aggiunto dall'art. 1, comma 1, lett. aa), D.Lgs. 10 agosto 2014, n. 126; per l'applicabilità di tale disposizione vedi l'art. 80, comma 1, del medesimo D.Lgs. n. 118/2011.

Art. 231 ([1])
La relazione sulla gestione ([2])

1. La relazione sulla gestione è un documento illustrativo della gestione dell'ente, nonché dei fatti di rilievo verificatisi dopo la chiusura dell'esercizio, contiene ogni eventuale informazione utile ad una migliore comprensione dei dati contabili, ed è predisposto secondo le modalità previste dall'art. 11, comma 6, del decreto legislativo 23 giugno 2011, n. 118, e successive modificazioni.

(1) Per le nuove disposizioni in materia di città metropolitane, province e unioni e fusioni di comuni, vedi la L. 7 aprile 2014, n. 56.
(2) Articolo così sostituito dall'art. 74, comma 1, n. 58), D.Lgs. 23 giugno 2011, n. 118, aggiunto dall'art. 1, comma 1, lett. aa), D.Lgs. 10 agosto 2014, n. 126; per l'applicabilità di tale disposizione vedi l'art. 80, comma 1, del medesimo D.Lgs. n. 118/2011.

Art. 232 ([1])
Contabilità economica. ([2])

1. Gli enti locali garantiscono la rilevazione dei fatti gestionali sotto il profilo economico-patrimoniale nel rispetto del principio contabile generale n. 17 della competenza economica e dei principi applicati della contabilità economico-patrimoniale di cui agli allegati n. 1 e n. 4/3 del decreto legislativo 23 giugno 2011, n. 118, e successive modificazioni.

2. Gli enti locali con popolazione inferiore a 5.000 abitanti possono non tenere la contabilità economico-patrimoniale. Gli enti locali che optano per la facoltà di cui al primo periodo allegano al rendiconto una situazione patrimoniale al 31 dicembre dell'anno precedente redatta secondo lo schema di cui all'allegato n. 10 al decreto legislativo 23 giugno 2011, n. 118, e con modalità semplificate individuate con decreto del Ministero dell'economia e delle finanze, di concerto con il Ministero dell'interno e con la Presidenza del Consiglio dei ministri - Dipartimento per gli affari regionali, da emanare entro il 31 ottobre 2019, anche sulla base delle proposte formulate dalla Commissione per l'armonizzazione degli enti territoriali, istituita ai sensi dell'articolo 3-bis del citato decreto legislativo n. 118 del 2011. ([3])

(1) Per le nuove disposizioni in materia di città metropolitane, province e unioni e fusioni di comuni, vedi la L. 7 aprile 2014, n. 56.
(2) Articolo così sostituito dall'art. 74, comma 1, n. 59), D.Lgs. 23 giugno 2011, n. 118, aggiunto dall'art. 1, comma 1, lett. aa), D.Lgs. 10 agosto 2014, n. 126; per l'applicabilità di tale disposizione vedi l'art. 80, comma 1, del medesimo D.Lgs. n. 118/2011.
(3) Comma così modificato dall' art. 15-quater, comma 1, D.L. 30 aprile 2019, n. 34, convertito, con modificazioni, dalla L. 28 giugno 2019, n. 58, e, successivamente, dall' art. 57, comma 2-ter, lett. a) e b), D.L. 26 ottobre 2019, n. 124, convertito, con modificazioni, dalla L. 19 dicembre 2019, n. 157.

Art. 233 (²)
Conti degli agenti contabili interni.

1. Entro il termine di 30 giorni (¹) dalla chiusura dell'esercizio finanziario, l'economo, il consegnatario di beni e gli altri soggetti di cui all'articolo 93, comma 2, rendono il conto della propria gestione all'ente locale il quale lo trasmette alla competente sezione giurisdizionale della Corte dei conti entro 60 giorni dall'approvazione del rendiconto.

2. Gli agenti contabili, a danaro e a materia, allegano al conto, per quanto di rispettiva competenza:
a) il provvedimento di legittimazione del contabile alla gestione;
b) la lista per tipologie di beni;
c) copia degli inventari tenuti dagli agenti contabili;
d) la documentazione giustificativa della gestione;
e) i verbali di passaggio di gestione;
f) le verifiche ed i discarichi amministrativi e per annullamento, variazioni e simili;
g) eventuali altri documenti richiesti dalla Corte dei conti.

3. Qualora l'organizzazione dell'ente locale lo consenta i conti e le informazioni relative agli allegati di cui ai precedenti commi sono trasmessi anche attraverso strumenti informatici, con modalità da definire attraverso appositi protocolli di comunicazione.

4. I conti di cui al comma 1 sono redatti su modello approvato con il regolamento previsto dall'articolo 160.

(1) Le parole: *"due mesi"* sono state così sostituite dalle parole: *"30 giorni"* dall'art. 2-quater, co. 6, lett. d), D.L. 7 ottobre 2008, n. 154, convertito con modificazioni, nella L. 4 dicembre 2008, n. 189.
(2) Per le nuove disposizioni in materia di città metropolitane, province e unioni e fusioni di comuni, vedi la L. 7 aprile 2014, n. 56.

Art. 233-bis
Il bilancio consolidato. (¹)

1. Il bilancio consolidato di gruppo è predisposto secondo le modalità previste dal decreto legislativo 23 giugno 2011, n. 118, e successive modificazioni.

2. Il bilancio consolidato è redatto secondo lo schema previsto dall'allegato n. 11 del decreto legislativo 23 giugno 2011. n. 118, e successive modificazioni.

3. Gli enti locali con popolazione inferiore a 5.000 abitanti possono non predisporre il bilancio consolidato. (²)

(1) Articolo inserito dall'art. 74, comma 1, n. 60), D.Lgs. 23 giugno 2011, n. 118, aggiunto dall'art. 1, comma 1, lett. aa), D.Lgs. 10 agosto 2014, n. 126; per l'applicabilità di tale disposizione vedi l'art. 80, comma 1, del medesimo D.Lgs. n. 118/2011.
(2) Comma così modificato dall' art. 1, comma 831, L. 30 dicembre 2018, n. 145, a decorrere dal 1° gennaio 2019.

PARTE II

Ordinamento finanziario e contabile

TITOLO VII

Revisione economico-finanziaria

Art. 234 (⁴)
Organo di revisione economico-finanziario.

1. I consigli comunali, provinciali e delle città metropolitane eleggono con voto limitato a due componenti, un collegio di revisori composto da tre membri.

2. I componenti del collegio dei revisori sono scelti:
a) uno tra gli iscritti al registro dei revisori contabili, il quale svolge le funzioni di presidente del collegio;
b) uno tra gli iscritti nell'albo dei dottori commercialisti;
c) uno tra gli iscritti nell'albo dei ragionieri.

3. Nei comuni con popolazione inferiore a 15.000 (¹) abitanti, nelle unioni dei comuni, salvo quanto previsto dal comma 3-bis, e nelle comunità montane la revisione economico-finanziaria è affidata ad un solo revisore eletto dal consiglio comunale o dal consiglio dell'unione di comuni o dall'assemblea della comunità montana a maggioranza assoluta dei membri e scelto tra i soggetti di cui al comma 2. (²)

3-bis. Nelle unioni di comuni che esercitano in forma associata tutte le funzioni fondamentali dei comuni che ne fanno parte, la revisione economico-finanziaria è svolta da un collegio di revisori composto da tre membri, che svolge le medesime funzioni anche per i comuni che fanno parte dell'unione. (³)

4. Gli enti locali comunicano ai propri tesorieri i nominativi dei sog-getti cui è affidato l'incarico entro 20 giorni dall'avvenuta esecutività della delibera di nomina.

(1) Le parole: "*cinquemila*" sono state così sostituite dalle attuali: "*quindicimila*" dall'art. 1, co. 732, L. 27 dicembre 2006, n. 296.
(2) Il comma che recitava: "*3. Nei comuni con popolazione inferiore a 15.000 abitanti, nelle unioni dei comuni e nelle comunità montane la revisione economico-finanziaria è affidata ad un solo revisore eletto dal consiglio comunale o dal consiglio dell'unione di comuni o dall'assemblea della comunità montana a maggioranza assoluta dei membri e scelto tra i soggetti di cui al comma 2*" è stato così modificato dall'art. 1, co. 732, L. 27 dicembre 2006, n. 296, successivamente, dall'art. 3, co. 1, lett. m-bis), n. 1, D.L. 10 ottobre 2012, n. 174, convertito, con modificazioni, dalla L. 7 dicembre 2012, n. 213.
(3) Comma inserito dall'art. 3, comma 1, lett. m-bis), n. 2, D.L. 10 ottobre 2012, n. 174, convertito, con modificazioni, dalla L. 7 dicembre 2012, n. 213.
(4) Per le nuove disposizioni in materia di città metropolitane, province e unioni e fusioni di comuni, vedi la L. 7 aprile 2014, n. 56.

Art. 235 (³)
Durata dell'incarico e cause di cessazione.

1. L'organo di revisione contabile dura in carica tre anni a decorrere dalla data di esecutività della delibera o dalla data di immediata eseguibilità nell'ipotesi di cui all'articolo 134, comma 3, e i suoi componenti non possono svolgere l'incarico per più di due volte nello stesso ente locale. Ove nei collegi si proceda a sostituzione di un singolo componente la durata dell'incarico del nuovo revisore è limitata al tempo residuo sino alla scadenza del termine triennale, calcolata a decorrere dalla nomina dell'intero collegio. Si applicano le norme relative alla proroga degli organi amministrativi di cui agli articoli 2, 3 comma 1, 4, comma 1, 5, comma 1, e 6 del decreto-legge 16 maggio 1994, n. 293, convertito, con modificazioni, dalla legge 15 luglio 1994, n. 444. (¹)

2. Il revisore è revocabile solo per inadempienza ed in particolare per la mancata presentazione della relazione alla proposta di deliberazione consiliare del rendiconto entro il termine previsto dall'articolo 239, comma 1, lettera *d*).

3. Il revisore cessa dall'incarico per:
a) scadenza del mandato;
b) dimissioni volontarie da comunicare con preavviso di almeno quarantacinque giorni e che non sono soggette ad accettazione da parte dell'ente; ([2]);
c) impossibilità derivante da qualsivoglia causa a svolgere l'incarico per un periodo di tempo stabilito dal regolamento dell'ente.

(1) Comma così modificato dall'art. 19, comma 1-bis, lett. a), D.L. 24 aprile 2014, n. 66, convertito, con modificazioni, dalla L. 23 giugno 2014, n. 89.
(2) Lettera così modificata dall'art. 19, comma 1-bis, lett. b), D.L. 24 aprile 2014, n. 66, convertito, con modificazioni, dalla L. 23 giugno 2014, n. 89.
(3) Per le nuove disposizioni in materia di città metropolitane, province e unioni e fusioni di comuni, vedi la L. 7 aprile 2014, n. 56.

Art. 236 ([2])
Incompatibilità ed ineleggibilità dei revisori.

1. Valgono per i revisori le ipotesi di incompatibilità di cui al primo comma dell'articolo 2399 del codice civile, intendendosi per amministratori i componenti dell'organo esecutivo dell'ente locale.

2. L'incarico di revisione economico-finanziaria non può essere esercitato dai componenti degli organi dell'ente locale e da coloro che hanno ricoperto tale incarico nel biennio precedente alla nomina, dal segretario e dai dipendenti dell'ente locale presso cui deve essere nominato l'organo di revisione economico-finanziaria e dai dipendenti delle regioni, delle province, delle città metropolitane, delle comuni-tà montane e delle unioni di comuni relativamente agli enti locali compresi nella circoscrizione territoriale di competenza. ([1])

3. I componenti degli organi di revisione contabile non possono assu-mere incarichi o consulenze presso l'ente locale o presso organismi o istituzioni dipendenti o comunque sottoposti al controllo o vigilanza dello stesso.

(1) Il comma che recitava: "*2. L'incarico di revisione economico-finanziaria non può essere esercitato dai componenti degli organi dell'ente locale e da coloro che hanno ricoperto*

tale incarico nel biennio precedente alla nomina, dai membri dell'organo regionale di controllo, dal segretario e dai dipendenti dell'ente locale presso cui deve essere nominato l'organo di revisione economico-finanziaria e dai dipendenti delle regioni, delle province, delle città metropolitane, delle comunità montane e delle unioni di comuni relativamente agli enti locali compresi nella circoscrizione territoriale di competenza." è stato così modificato dall'art. 3, comma 1, lett. n), D.L. 10 ottobre 2012, n. 174, convertito, con modificazioni, dalla L. 7 dicembre 2012, n. 213.

(2) Per le nuove disposizioni in materia di città metropolitane, province e unioni e fusioni di comuni, vedi la L. 7 aprile 2014, n. 56.

Art. 237 (¹)
Funzionamento del collegio dei revisori.

1. Il collegio dei revisori è validamente costituito anche nel caso in cui siano presenti solo due componenti.

2. Il collegio dei revisori redige un verbale delle riunioni, ispezioni, verifiche, determinazioni e decisioni adottate.

(1) Per le nuove disposizioni in materia di città metropolitane, province e unioni e fusioni di comuni, vedi la L. 7 aprile 2014, n. 56.

Art. 238 (¹)
Limiti all'affidamento di incarichi.

1. Salvo diversa disposizione del regolamento di contabilità dell'ente locale, ciascun revisore non può assumere complessivamente più di otto incarichi, tra i quali non più di quattro incarichi in comuni con popolazione inferiore a 5.000 abitanti, non più di tre in comuni con popolazione compresa tra i 5.000 ed i 99.999 abitanti e non più di uno in comune con popolazione pari o superiore a 100.000 abitanti. Le province sono equiparate ai comuni con popolazione pari o superiore a 100.000 abitanti e le comunità montane ai comuni con popolazione inferiore a 5.000 abitanti.

2. L'affidamento dell'incarico di revisione è subordinato alla dichiarazione, resa nelle forme di cui alla legge 4 gennaio 1968, n. 15, e successive modifiche ed integrazioni, con la quale il soggetto attesta il rispetto dei limiti di cui al comma 1.

(1) Per le nuove disposizioni in materia di città metropolitane, province e unioni e fusioni di comuni, vedi la L. 7 aprile 2014, n. 56.

Art. 239 (⁴)
Funzioni dell'organo di revisione.

1. L'organo di revisione svolge le seguenti funzioni:
a) attività di collaborazione con l'organo consiliare secondo le disposizioni dello statuto e del regolamento;
b) pareri, con le modalità stabilite dal regolamento, in materia di:
1) strumenti di programmazione economico-finanziaria;
2) proposta di bilancio di previsione verifica degli equilibri e variazioni di bilancio escluse quelle attribuite alla competenza della giunta, del responsabile finanziario e dei dirigenti, a meno che il parere dei revisori sia espressamente previsto dalle norme o dai principi contabili, fermo restando la necessità dell'organo di revisione di verificare, in sede di esame del rendiconto della gestione, dandone conto nella propria relazione, l'esistenza dei presupposti che hanno dato luogo alle variazioni di bilancio approvate nel corso dell'esercizio, comprese quelle approvate nel corso dell'esercizio provvisorio; (⁵)
3) modalità di gestione dei servizi e proposte di costituzione o di partecipazione ad organismi esterni;
4) proposte di ricorso all'indebitamento;
5) proposte di utilizzo di strumenti di finanza innovativa, nel rispetto della disciplina statale vigente in materia;
6) proposte di riconoscimento di debiti fuori bilancio e transazioni;
7) proposte di regolamento di contabilità, economato-provveditorato, patrimonio e di applicazione dei tributi locali; (¹)
c) vigilanza sulla regolarità contabile, finanziaria ed economica della gestione relativamente all'acquisizione delle entrate, all'effettuazione delle spese, all'attività contrattuale, all'amministrazione dei beni, alla completezza della documentazione, agli adempimenti fiscali ed alla tenuta della contabilità; l'organo di revisione svolge tali funzioni anche con tecniche motivate di campionamento;
d) relazione sulla proposta di deliberazione consiliare di approvazione del rendiconto della gestione e sullo schema di rendiconto entro il termine, previsto dal regolamento di contabilità e comunque non inferiore a 20 giorni, decorrente dalla trasmissione della stessa proposta approvata dall'organo esecutivo. La relazione dedica un'apposita sezione all'eventuale rendiconto consolidato di cui all'art. 11, commi 8 e 9, e contiene l'attestazione sulla corrispondenza del rendiconto alle risultanze della gestione nonché rilievi, considerazioni e proposte tendenti a conseguire efficienza, produttività ed economicità della gestione; (⁶)
d-bis) relazione sulla proposta di deliberazione consiliare di approvazione del bilancio consolidato di cui all'art. 233-bis e sullo schema di bilancio consolidato, entro il termine previsto dal regolamento di contabilità e

comunque non inferiore a 20 giorni, decorrente dalla trasmissione della stessa proposta approvata dall'organo esecutivo; (⁷)
e) referto all'organo consiliare su gravi irregolarità di gestione, con contestuale denuncia ai competenti organi giurisdizionali ove si configurino ipotesi di responsabilità;
f) verifiche di cassa di cui all'articolo 223.

1-bis. Nei pareri di cui alla lettera b) del comma 1 è espresso un motivato giudizio di congruità, di coerenza e di attendibilità contabile delle previsioni di bilancio e dei programmi e progetti, anche tenuto conto dell'attestazione del responsabile del servizio finanziario ai sensi dell'articolo 153, delle variazioni rispetto all'anno precedente, dell'applicazione dei parametri di deficitarietà strutturale e di ogni altro elemento utile. Nei pareri sono suggerite all'organo consiliare le misure atte ad assicurare l'attendibilità delle impostazioni. I pareri sono obbligatori. L'organo consiliare è tenuto ad adottare i provvedimenti conseguenti o a motivare adeguatamente la mancata adozione delle misure proposte dall'organo di revisione. (²)

2. Al fine di garantire l'adempimento delle funzioni di cui al precedente comma, l'organo di revisione ha diritto di accesso agli atti e documenti dell'ente e può partecipare all'assemblea dell'organo consiliare per l'approvazione del bilancio di previsione e del rendiconto di gestione. Può altresì partecipare alle altre assemblee dell'organo consiliare e, se previsto dallo statuto dell'ente, alle riunioni dell'organo esecutivo. Per consentire la partecipazione alle predette assemblee all'organo di revisione sono comunicati i relativi ordini del giorno. Inoltre all'organo di revisione sono trasmessi:
b) da parte del responsabile del servizio finanziario le attestazioni di assenza di copertura finanziaria in ordine alle delibere di impegni di spesa.

3. L'organo di revisione è dotato, a cura dell'ente locale, dei mezzi necessari per lo svolgimento dei propri compiti, secondo quanto stabilito dallo statuto e dai regolamenti.

4. L'organo della revisione può incaricare della collaborazione nella propria funzione, sotto la propria responsabilità, uno o più soggetti aventi i requisiti di cui all'articolo 234, comma 2. I relativi compensi rimangono a carico dell'organo di revisione.

5. I singoli componenti dell'organo di revisione collegiale hanno diritto di eseguire ispezioni e controlli individuali.

6. Lo statuto dell'ente locale può prevedere ampliamenti delle funzioni affidate ai revisori.

(1) La lettera che recitava: "*b) pareri sulla proposta di bilancio di previsione e dei documenti allegati e sulle variazioni di bilancio. Nei pareri è espresso un motivato giudizio di congruità, di coerenza e di attendibilità contabile delle previsioni di bilancio e dei programmi e progetti, anche tenuto conto del parere espresso dal responsabile del servizio finanziario ai sensi dell'articolo 153, delle variazioni rispetto all'anno precedente, dell'applicazione dei parametri di deficitarietà strutturale e di ogni altro elemento utile. Nei pareri sono suggerite all'organo consiliare tutte le misure atte ad assicurare l'attendibilità delle impostazioni. I pareri sono obbligatori. L'organo consiliare è tenuto ad adottare i provvedimenti conseguenti o a motivare adeguatamente la mancata adozione delle misure proposte dall'organo di revisione;*" è stata così sostituita dall'art. 3, co. 1, lett. o), n. 1), D.L. 10 ottobre 2012, n. 174, convertito, con modificazioni, dalla L. 7 dicembre 2012, n. 213.
(2) Comma inserito dall'art. 3, co. 1, lett. o), n. 2), D.L. 10 ottobre 2012, n. 174, convertito, con modificazioni, dalla L. 7 dicembre 2012, n. 213.
(3) La lettera che recitava: "*a) da parte dell'organo regionale di controllo le decisioni di annullamento nei confronti delle delibere adottate dagli organi degli enti locali;*" è stata così sostituita dall'art. 3, co. 1, lett. o), n. 3), D.L. 10 ottobre 2012, n. 174, convertito, con modificazioni, dalla L. 7 dicembre 2012, n. 213.
(4) Per le nuove disposizioni in materia di città metropolitane, province e unioni e fusioni di comuni, vedi la L. 7 aprile 2014, n. 56.
(5) Numero così modificato dall'art. 74, comma 1, n. 61), lett. a), D.Lgs. 23 giugno 2011, n. 118, aggiunto dall'art. 1, comma 1, lett. aa), D.Lgs. 10 agosto 2014, n. 126; per l'applicabilità di tale disposizione vedi l'art. 80, comma 1, del medesimo D.Lgs. n. 118/2011.
(6) Lettera così modificata dall'art. 74, comma 1, n. 61), lett. b), D.Lgs. 23 giugno 2011, n. 118, aggiunto dall'art. 1, comma 1, lett. aa), D.Lgs. 10 agosto 2014, n. 126; per l'applicabilità di tale disposizione vedi l'art. 80, comma 1, del medesimo D.Lgs. n. 118/2011.
(7) Lettera inserita dall'art. 74, comma 1, n. 61), lett. c), D.Lgs. 23 giugno 2011, n. 118, aggiunto dall'art. 1, comma 1, lett. aa), D.Lgs. 10 agosto 2014, n. 126; per l'applicabilità di tale disposizione vedi l'art. 80, comma 1, del medesimo D.Lgs. n. 118/2011.

Art. 240 ([1])
Responsabilità dell'organo di revisione.

1. I revisori rispondono della veridicità delle loro attestazioni e adempiono ai loro doveri con la diligenza del mandatario. Devono inoltre conservare la

riservatezza sui fatti e documenti di cui hanno conoscenza per ragione del loro ufficio.

(1) Per le nuove disposizioni in materia di città metropolitane, province e unioni e fusioni di comuni, vedi la L. 7 aprile 2014, n. 56.

Art. 241 ([1])
Compenso dei revisori.

1. Con decreto del Ministro dell'interno di concerto con il Ministro del tesoro del bilancio e della programmazione economica vengono fissati i limiti massimi del compenso base spettante ai revisori, da aggiornarsi triennalmente. Il compenso base è determinato in relazione alla classe demografica ed alle spese di funzionamento e di investimento dell'ente locale.

2. Il compenso di cui al comma 1 può essere aumentato dall'ente locale fino al limite massimo del 20 per cento in relazione alle ulteriori funzioni assegnate rispetto a quelle indicate nell'articolo 239.

3. Il compenso di cui al comma 1 può essere aumentato dall'ente locale quando i revisori esercitano le proprie funzioni anche nei confronti delle istituzioni dell'ente sino al 10 per cento per ogni istituzione e per un massimo complessivo non superiore al 30 per cento.

4. Quando la funzione di revisione economico-finanziaria è esercitata dal collegio dei revisori il compenso determinato ai sensi dei commi 1, 2 e 3 è aumentato per il presidente del collegio stesso del 50 per cento.

5. Per la determinazione del compenso base di cui al comma 1 spettante al revisore della comunità montana ed al revisore dell'unione di comuni si fa riferimento, per quanto attiene alla classe demografica, rispettivamente, al comune totalmente montano più popoloso facente parte della comunità stessa ed al comune più popoloso facente parte dell'unione.

6. Per la determinazione del compenso base di cui al comma 1 spettante ai revisori della città metropolitana si fa riferimento, per quanto attiene alla classe demografica, al comune capoluogo.

6-bis. L'importo annuo del rimborso delle spese di viaggio e per vitto e alloggio, ove dovuto, ai componenti dell'organo di revisione non può essere superiore al 50 per cento del compenso annuo attribuito ai componenti stessi, al netto degli oneri fiscali e contributivi. (²)

7. L'ente locale stabilisce il compenso spettante ai revisori con la stessa delibera di nomina.

(1) Per le nuove disposizioni in materia di città metropolitane, province e unioni e fusioni di comuni, vedi la L. 7 aprile 2014, n. 56.
(2) Comma inserito dall' art. 19, comma 1-bis, lett. c), D.L. 24 aprile 2014, n. 66, convertito, con modificazioni, dalla L. 23 giugno 2014, n. 89.

PARTE II

Ordinamento finanziario e contabile

TITOLO VIII

Enti locali deficitari o dissestati

Capo I

Enti locali deficitari: disposizioni generali

Art. 242 (³)
Individuazione degli enti locali strutturalmente deficitari e relativi controlli.

1. Sono da considerarsi in condizioni strutturalmente deficitarie gli enti locali che presentano gravi ed incontrovertibili condizioni di squilibrio, rilevabili da un apposita tabella, da allegare al rendiconto della gestione, contenente parametri obiettivi dei quali almeno la metà presentino valori deficitari. Il rendiconto della gestione è quello relativo al penultimo esercizio precedente quello di riferimento. (¹)

2. Con decreto del Ministro dell'interno di natura non regolamentare, di concerto con il Ministro dell'economia e delle finanze, sono fissati i parametri obiettivi, nonché le modalità per la compilazione della tabella di

cui al comma 1. Fino alla fissazione di nuovi parametri si applicano quelli vigenti nell'anno precedente. (²)

3. Le norme di cui al presente capo si applicano a comuni, province e comunità montane.

(1) Comma così sostituito dall'art. 3, co. 1, lett. p), D.L. 10 ottobre 2012, n. 174, convertito, con modificazioni, dalla L. 7 dicembre 2012, n. 213.
(2) Comma modificato dall'art. 1, co. 714, L. 27 dicembre 2006, n. 296 e successivamente, così sostituito dall'art. 3, co. 1, lett. p), D.L. 10 ottobre 2012, n. 174, convertito, con modificazioni, dalla L. 7 dicembre 2012, n. 213.
(3) Per le nuove disposizioni in materia di città metropolitane, province e unioni e fusioni di comuni, vedi la L. 7 aprile 2014, n. 56.

Art. 243 (⁵)
Controlli per gli enti locali strutturalmente deficitari, enti locali dissestati ed altri enti.

1. Gli enti locali strutturalmente deficitari, individuati ai sensi dell'articolo 242, sono soggetti al controllo centrale sulle dotazioni organiche e sulle assunzioni di personale da parte della Commissione per la finanza e gli organici degli enti locali. Il controllo è esercitato prioritariamente in relazione alla verifica sulla compatibilità finanziaria.

2. Gli enti locali strutturalmente deficitari sono soggetti ai controlli centrali in materia di copertura del costo di alcuni servizi. Tali controlli verificano mediante un'apposita certificazione che:
a) il costo complessivo della gestione dei servizi a domanda individuale, riferito ai dati della competenza, sia stato coperto con i relativi proventi tariffari e contributi finalizzati in misura non inferiore al 36 per cento; a tale fine i costi di gestione degli asili nido sono calcolati al 50 per cento del loro ammontare;
b) il costo complessivo della gestione del servizio di acquedotto, riferito ai dati della competenza, sia stato coperto con la relativa tariffa in misura non inferiore all'80 per cento;
c) il costo complessivo della gestione del servizio di smaltimento dei rifiuti solidi urbani interni ed equiparati, riferito ai dati della competenza, sia stato coperto con la relativa tariffa almeno nella misura prevista dalla legislazione vigente.

3. I costi complessivi di gestione dei servizi di cui al comma 2, lettere a) e b), devono comunque comprendere gli oneri diretti e indiretti di personale, le spese per l'acquisto di beni e servizi, le spese per i trasferimenti e per gli oneri di ammortamento degli impianti e delle attrezzature. Per le quote di ammortamento si applicano i coefficienti indicati nel decreto del Ministro delle finanze in data 31 dicembre 1988 e successive modifiche o integrazioni. I coefficienti si assumono ridotti del 50 per cento per i beni ammortizzabili acquisiti nell'anno di riferimento. Nei casi in cui detti servizi sono forniti da organismi di gestione degli enti locali, nei costi complessivi di gestione sono considerati gli oneri finanziari dovuti agli enti proprietari di cui all'articolo 44 del decreto del Presidente della Repubblica 4 ottobre 1986, n. 902, da versare dagli organismi di gestione agli enti proprietari entro l'esercizio successivo a quello della riscossione delle tariffe e della erogazione in conto esercizio. I costi complessivi di gestione del servizio di cui al comma 2, lettera c), sono rilevati secondo le disposizioni vigenti in materia.

3-bis. I contratti di servizio, stipulati dagli enti locali con le società controllate, con esclusione di quelle quotate in borsa, devono conte-nere apposite clausole volte a prevedere, ove si verifichino condizioni di deficitarietà strutturale, la riduzione delle spese di personale delle società medesime, anche in applicazione di quanto previsto dall'articolo 18, comma 2-bis, del decreto-legge n. 112 del 2008, convertito, con modificazioni, dalla legge n. 133 del 2008. ([1])

4. Con decreto del Ministro dell'interno, sentita la Conferenza Stato-città e autonomie locali, da pubblicare nella Gazzetta Ufficiale, sono determinati i tempi e le modalità per la presentazione e il controllo della certificazione di cui al comma 2.

5. Alle province ed ai comuni in condizioni strutturalmente deficitarie che, pur essendo a ciò tenuti, non rispettano i livelli minimi di copertura dei costi di gestione di cui al comma 2 o che non danno dimostrazione di tale rispetto trasmettendo la prevista certificazione, è applicata una sanzione pari all'1 per cento delle entrate correnti risultanti dal rendiconto della gestione del penultimo esercizio finanziario precedente a quello in cui viene rilevato il mancato rispetto dei predetti limiti minimi di copertura. Ove non risulti inviato alla banca dati delle amministrazioni pubbliche di cui all'articolo 13 della legge 31 dicembre 2009, n. 196, il rendiconto della gestione del penultimo anno precedente, si fa riferimento all'ultimo rendiconto presente nella stessa banca dati o, in caso di ulteriore indisponibilità, nella banca dati dei certificati di bilancio del Ministero dell'interno. La sanzione si applica sulle risorse attribuite dal Ministero dell'interno a titolo di trasferimenti

DIRITTO AMMINISTRATIVO

erariali e di federalismo fiscale; in caso di incapienza l'ente locale è tenuto a versare all'entrata del bilancio dello Stato le somme residue. (²) (⁶).

5-bis. Le disposizioni di cui al comma 5 si applicano a decorrere dalle sanzioni da applicare per il mancato rispetto dei limiti di copertura dei costi di gestione dell'esercizio 2011 (³).

6. Sono soggetti, in via provvisoria, ai controlli centrali di cui al comma 2, sino all'adempimento:
a) gli enti locali per i quali non sia intervenuta nei termini di legge la deliberazione del rendiconto della gestione;
b) gli enti locali che non inviino il rendiconto della gestione alla banca dati delle amministrazioni pubbliche entro 30 giorni dal termine previsto per la deliberazione. (⁴)
7. Gli enti locali che hanno deliberato lo stato di dissesto finanziario sono soggetti, per la durata del risanamento, ai controlli di cui al comma 1, sono tenuti alla presentazione della certificazione di cui al comma 2 e sono tenuti per i servizi a domanda individuale al rispetto, per il medesimo periodo, del livello minimo di copertura dei costi di gestione di cui al comma 2, lettera a).

(1) Comma inserito dall'art. 3, co. 1, lett. q), D.L. 10 ottobre 2012, n, 174, convertito, con modificazioni, dalla L. 7 dicembre 2012, n. 213.
(2) Il presente comma è stato così modificato dall' art. 48, comma 1, lett. b), n. 1), D.L. 26 ottobre 2019, n. 124, convertito, con modificazioni, dalla L. 19 dicembre 2019, n. 157.
(3) Comma aggiunto dall'art. 4, co. 9, D.L. 2 marzo 2012, n. 16 convertito con L. 26 aprile 2012, n. 44.
(4) Comma così sostituito dall' art. 48, comma 1, lett. b), n. 2), D.L. 26 ottobre 2019, n. 124, convertito, con modificazioni, dalla L. 19 dicembre 2019, n. 157.
(5) Per le nuove disposizioni in materia di città metropolitane, province e unioni e fusioni di comuni, vedi la L. 7 aprile 2014, n. 56.
(6) Sull'applicabilità della sanzione di cui al presente comma vedi l'*art. 1, comma 781, L. 29 dicembre 2022, n. 197*.

Art. 243-bis. Procedura di riequilibrio finanziario pluriennale (¹) (⁵) (⁹) (¹⁰)

1. I comuni e le province per i quali, anche in considerazione delle pronunce delle competenti sezioni regionali della Corte dei conti sui bilanci degli enti, sussistano squilibri strutturali del bilancio in grado di provocare il

dissesto finanziario, nel caso in cui le misure di cui agli articoli 193 e 194 non siano sufficienti a superare le condizioni di squilibrio rilevate, possono ricorrere, con deliberazione consiliare alla procedura di riequilibrio finanziario pluriennale prevista dal presente articolo. La predetta procedura non può essere iniziata qualora sia decorso il termine assegnato dal prefetto, con lettera notificata ai singoli consiglieri, per la deliberazione del dissesto, di cui all'articolo 6, comma 2, del decreto legislativo 6 settembre 2011, n. 149. ([3])

2. La deliberazione di ricorso alla procedura di riequilibrio finanziario pluriennale è trasmessa, entro 5 giorni dalla data di esecutività, alla competente sezione regionale della Corte dei conti e al Ministero dell'interno.

3. Il ricorso alla procedura di cui al presente articolo sospende temporaneamente la possibilità per la Corte dei conti di assegnare, ai sensi dell'articolo 6, comma 2, del decreto legislativo 6 settembre 2011, n. 149, il termine per l'adozione delle misure correttive di cui al comma 6, lettera a), del presente articolo.

4. Le procedure esecutive intraprese nei confronti dell'ente sono sospese dalla data di deliberazione di ricorso alla procedura di riequilibrio finanziario pluriennale fino alla data di approvazione o di diniego di approvazione del piano di riequilibrio pluriennale di cui all'articolo 243-quater, commi 1 e 3.

5. Il consiglio dell'ente locale, entro il termine perentorio di novanta giorni dalla data di esecutività della delibera di cui al comma 1, delibera un piano di riequilibrio finanziario pluriennale di durata compresa tra quattro e venti anni, compreso quello in corso, corredato del parere dell'organo di revisione economico-finanziario. Qualora, in caso di inizio mandato, la delibera di cui al presente comma risulti già presentata dalla precedente amministrazione, ordinaria o commissariale, e non risulti ancora intervenuta la delibera della Corte dei conti di approvazione o di diniego di cui all'articolo 243-quater, comma 3, l'amministrazione in carica ha facoltà di rimodulare il piano di riequilibrio, presentando la relativa delibera nei sessanta giorni successivi alla sottoscrizione della relazione di cui all'articolo 4-bis, comma 2, del decreto legislativo 6 settembre 2011, n. 149. ([2])

5-bis. La durata massima del piano di riequilibrio finanziario pluriennale, di cui al primo periodo del comma 5, è determinata sulla base del rapporto tra le passività da ripianare nel medesimo e l'ammontare degli impegni di cui al titolo I della spesa del rendiconto dell'anno precedente a quello di deliberazione del ricorso alla procedura di riequilibrio o dell'ultimo rendiconto approvato, secondo la seguente tabella: (⁷)

Rapporto passività/ impegni di cui al titolo I	Durata massima del piano di riequilibrio finanziario pluriennale
Fino al 20 per cento	4 anni
Superiore al 20 per cento e fino al 60 per cento	10 anni
Superiore al 60 per cento e fino al 100 per cento per i comuni fino a 60.000 abitanti	15 anni
Oltre il 60 per cento per i comuni con popolazione superiore a 60.000 abitanti e oltre il 100 per cento per tutti gli altri comuni	20 anni

6. Il piano di riequilibrio finanziario pluriennale deve tenere conto di tutte le misure necessarie a superare le condizioni di squilibrio rilevate e deve, comunque, contenere:

a) le eventuali misure correttive adottate dall'ente locale in considerazione dei comportamenti difformi dalla sana gestione finanziaria e del mancato rispetto degli obiettivi posti con il patto di stabilità interno accertati dalla competente sezione regionale della Corte dei conti;

b) la puntuale ricognizione, con relativa quantificazione, dei fattori di squilibrio rilevati, dell'eventuale disavanzo di amministrazione risultante dall'ultimo rendiconto approvato e di eventuali debiti fuori bilancio;

c) l'individuazione, con relative quantificazione e previsione dell'anno di effettivo realizzo, di tutte le misure necessarie per ripristinare l'equilibrio strutturale del bilancio, per l'integrale ripiano del disavanzo di amministrazione accertato e per il finanziamento dei debiti fuori bilancio entro il periodo massimo di dieci anni, a partire da quello in corso alla data di accettazione del piano;

d) l'indicazione, per ciascuno degli anni del piano di riequilibrio, della percentuale di ripiano del disavanzo di amministrazione da assicurare e degli importi previsti o da prevedere nei bilanci annuali e pluriennali per il finanziamento dei debiti fuori bilancio.

7. Ai fini della predisposizione del piano, l'ente è tenuto ad effettuare una ricognizione di tutti i debiti fuori bilancio riconoscibili ai sensi dell'articolo 194. Per il finanziamento dei debiti fuori bilancio l'ente può provvedere anche mediante un piano di rateizzazione, della durata massima pari agli anni del piano di riequilibrio, compreso quello in corso, convenuto con i creditori.

7-bis. Al fine di pianificare la rateizzazione dei pagamenti di cui al comma 7, l'ente locale interessato può richiedere all'agente della riscossione una dilazione dei carichi affidati dalle agenzie fiscali e relativi alle annualità ricomprese nel piano di riequilibrio pluriennale dell'ente. Le rateizzazioni possono avere una durata temporale massima di dieci anni con pagamenti rateali mensili. Alle rateizzazioni concesse si applica la disciplina di cui all'articolo 19, commi 1-quater, 3 e 3-bis, del decreto del Presidente della Repubblica 29 settembre 1973, n. 602. Sono dovuti gli interessi di dilazione di cui all'articolo 21 del citato decreto del Presidente della Repubblica n. 602 del 1973. (8)

7-ter. Le disposizioni del comma 7-bis si applicano anche ai carichi affidati dagli enti gestori di forme di previdenza e assistenza obbligatoria. (8)

7-quater. Le modalità di applicazione delle disposizioni dei commi 7-bis e 7-ter sono definite con decreto del Ministero dell'economia e delle finanze, di concerto con il Ministero del lavoro e delle politiche sociali, da adottare entro trenta giorni dalla data di entrata in vigore della presente disposizione. (8)

7-quinquies. L'ente locale è tenuto a rilasciare apposita delegazione di pagamento ai sensi dell'articolo 206 quale garanzia del pagamento delle rate relative ai carichi delle agenzie fiscali e degli enti gestori di forme di previdenza e assistenza obbligatoria di cui ai commi 7-bis e 7-ter. (8)

8. Al fine di assicurare il prefissato graduale riequilibrio finanziario, per tutto il periodo di durata del piano, l'ente:

a) può deliberare le aliquote o tariffe dei tributi locali nella misura massima consentita, anche in deroga ad eventuali limitazioni disposte dalla legislazione vigente;

b) è soggetto ai controlli centrali in materia di copertura di costo di alcuni servizi, di cui all'articolo 243, comma 2, ed è tenuto ad assicurare la copertura dei costi della gestione dei servizi a domanda individuale prevista dalla lettera a) del medesimo articolo 243, comma 2;

c) è tenuto ad assicurare, con i proventi della relativa tariffa, la copertura integrale dei costi della gestione del servizio di smaltimento dei rifiuti solidi urbani e del servizio acquedotto;

d) è soggetto al controllo sulle dotazioni organiche e sulle assunzioni di personale previsto dall'articolo 243, comma 1;

e) è tenuto ad effettuare una revisione straordinaria di tutti i residui attivi e passivi conservati in bilancio, stralciando i residui attivi inesigibili o di dubbia esigibilità da inserire nel conto del patrimonio fino al compimento dei termini di prescrizione, nonché una sistematica attività di accertamento delle posizioni debitorie aperte con il sistema creditizio e dei procedimenti di realizzazione delle opere pubbliche ad esse sottostanti ed una verifica della consistenza ed integrale ripristino dei fondi delle entrate con vincolo di destinazione;

f) è tenuto ad effettuare una rigorosa revisione della spesa con indicazione di precisi obiettivi di riduzione della stessa, nonché una verifica e relativa valutazione dei costi di tutti i servizi erogati dall'ente e della situazione di tutti gli organismi e delle società partecipati e dei relativi costi e oneri comunque a carico del bilancio dell'ente;

g) può procedere all'assunzione di mutui per la copertura di debiti fuori bilancio riferiti a spese di investimento in deroga ai limiti di cui all'articolo 204, comma 1, previsti dalla legislazione vigente, nonché accedere al Fondo di rotazione per assicurare la stabilità finanziaria degli enti locali di cui all'articolo 243-ter, a condizione che si sia avvalso della facoltà di deliberare le aliquote o tariffe nella misura mas-sima prevista dalla lettera a), che abbia previsto l'impegno ad alienare i beni patrimoniali disponibili non indispensabili per i fini istituzionali dell'ente e che abbia provveduto alla rideterminazione della dotazio-ne organica ai sensi dell'articolo 259, comma 6, fermo restando che la stessa non può essere variata in aumento per la durata del piano di riequilibrio.

9. In caso di accesso al Fondo di rotazione di cui all'articolo 243-ter, l'Ente deve adottare entro il termine dell'esercizio finanziario le seguenti misure di riequilibrio della parte corrente del bilancio:

a) a decorrere dall'esercizio finanziario successivo, riduzione delle spese di personale, da realizzare in particolare attraverso l'eliminazione dai fondi per il finanziamento della retribuzione accessoria del personale dirigente e di quello del comparto, delle risorse di cui agli articoli 15, comma 5, e 26, comma 3, dei Contratti collettivi nazionali di lavoro del 1° aprile 1999 (comparto) e del 23 dicembre 1999 (dirigenza), per la quota non connessa all'effettivo incremento delle dotazioni organiche;

b) entro il termine di un quinquennio, riduzione almeno del 10 per cento delle spese per acquisti di beni e prestazioni di servizi di cui al macroaggregato 03 della spesa corrente, finanziate attraverso risorse proprie. Ai fini del computo della percentuale di riduzione, dalla base di calcolo sono esclusi gli stanziamenti destinati:

1) alla copertura dei costi di gestione del servizio di smaltimento dei rifiuti solidi urbani;

2) alla copertura dei costi di gestione del servizio di acquedotto;

3) al servizio di trasporto pubblico locale;

4) al servizio di illuminazione pubblica;

5) al finanziamento delle spese relative all'accoglienza, su disposizione della competente autorità giudiziaria, di minori in strutture protette in regime di convitto e semiconvitto; (5)

c) entro il termine di un quinquennio, riduzione almeno del 25 per cento delle spese per trasferimenti di cui al macroaggregato 04 della spesa corrente, finanziate attraverso risorse proprie. Ai fini del computo della percentuale di riduzione, dalla base di calcolo sono escluse le somme relative a trasferimenti destinati ad altri livelli istituzionali, a enti, agenzie o fondazioni lirico-sinfoniche; (5)

c-bis) ferma restando l'obbligatorietà delle riduzioni indicate nelle lettere b) e c), l'ente locale ha facoltà di procedere a compensazioni, in valore assoluto e mantenendo la piena equivalenza delle somme, tra importi di spesa corrente, ad eccezione della spesa per il personale e ferme restando le esclusioni di cui alle medesime lettere b) e c) del presente comma. Tali compensazioni sono puntualmente eviden-ziate nel piano di riequilibrio approvato; (6)

d) blocco dell'indebitamento, fatto salvo quanto previsto dal primo periodo del comma 8, lettera g), per i soli mutui connessi alla copertura di debiti fuori bilancio pregressi (³).

9-bis. In deroga al comma 8, lettera g), e al comma 9, lettera d), del presente articolo e all'articolo 243-ter, i comuni che fanno ricorso alla procedura di riequilibrio finanziario pluriennale prevista dal presente articolo possono contrarre mutui, oltre i limiti di cui al comma 1 dell'articolo 204, necessari alla copertura di spese di investimento relative a progetti e interventi che garantiscano l'ottenimento di risparmi di gestione funzionali al raggiungimento degli obiettivi fissati nel piano di riequilibrio finanziario pluriennale, per un importo non superiore alle quote di capitale dei mutui e dei prestiti obbligazionari precedentemente contratti ed emessi, rimborsate nell'esercizio precedente, nonché alla copertura, anche a titolo di anticipazione, di spese di investimento strettamente funzionali all'ordinato svolgimento di progetti e interventi finanziati in prevalenza con risorse provenienti dall'Unione europea o da amministrazioni ed enti nazionali, pubblici o privati. (⁴)

(1) Articolo inserito dall'art. 3, comma 1, lett. r), D.L. 10 ottobre 2012, n. 174, convertito, con modificazioni, dalla L. 7 dicembre 2012, n. 213.
(2) Comma così modificato dall' art. 49-quinquies, comma 1, lett. a), D.L. 21 giugno 2013, n. 69, convertito, con modificazioni, dalla L. 9 agosto 2013, n. 98, dall'art. 3, comma 3-bis, D.L. 6 marzo 2014, n. 16, convertito, con modificazioni, dalla L. 2 maggio 2014, n. 68, e, successivamente, dall' art. 1, comma 888, lett. a), L. 27 dicembre 2017, n. 205, a decorrere dal 1° gennaio 2018.
(3) Comma così modificato dall' art. 3, comma 3, lett. a), D.L. 6 marzo 2014, n. 16, convertito, con modificazioni, dalla L. 2 maggio 2014, n. 68.
(4) Comma aggiunto dall' art. 3, comma 3, lett. b), D.L. 6 marzo 2014, n. 16, convertito, con modificazioni, dalla L. 2 maggio 2014, n. 68, e, successivamente, così modificato dall' art. 39, comma 14-decies, lett. a), D.L. 30 dicembre 2019, n. 162, convertito, con modificazioni, dalla L. 28 febbraio 2020, n. 8.
(5) Lettera così sostituita dall' art. 1, comma 436, lett. a), L. 11 dicembre 2016, n. 232, a decorrere dal 1° gennaio 2017.
(6) Lettera inserita dall' art. 1, comma 436, lett. b), L. 11 dicembre 2016, n. 232, a decorrere dal 1° gennaio 2017.
(7) Comma inserito dall' art. 1, comma 888, lett. b), L. 27 dicembre 2017, n. 205, a decorrere dal 1° gennaio 2018, e, successivamente, così modificato dall' art. 38, comma 1-terdecies, D.L. 30 aprile 2019, n. 34, convertito, con modificazioni, dalla L. 28 giugno 2019, n. 58..

(8) Comma inserito dall' art. 1, comma 890, L. 27 dicembre 2017, n. 205, a decorrere dal 1° gennaio 2018.
(9) Per la proroga dei termini di presentazione o riformulazione dei piani di riequilibrio finanziario pluriennale previsti dal presente articolo vedi l'*art. 43, comma 5-bis, D.L. 17 maggio 2022, n. 50*, convertito, con modificazioni, dalla *L. 15 luglio 2022, n. 91*.
(10) Vedi, anche, l'*art. 1, comma 889, L. 27 dicembre 2017, n. 205*, l'*art. 1, comma 767, L. 30 dicembre 2021, n. 234*, l'*art. 1, comma 12-quater, D.L. 30 dicembre 2021, n. 228*, convertito, con modificazioni, dalla *L. 25 febbraio 2022, n. 15*, e l'*art. 16, comma 6, D.L. 9 agosto 2022, n. 115*, convertito, con modificazioni, dalla *L. 21 settembre 2022, n. 142*.

Art. 243-ter. ([2])
Fondo di rotazione per assicurare la stabilità finanziaria degli enti locali ([1])

1. Per il risanamento finanziario degli enti locali che hanno deliberato la procedura di riequilibrio finanziario di cui all'articolo 243-bis lo Stato prevede un'anticipazione a valere sul Fondo di rotazione, denominato: "Fondo di rotazione per assicurare la stabilità finanziaria degli enti locali".

2. Con decreto del Ministero dell'interno, di concerto con il Ministero dell'economia e delle finanze, sentita la Conferenza Stato-città ed autonomie locali, da emanare entro il 30 novembre 2012, sono stabiliti i criteri per la determinazione dell'importo massimo dell'anticipazione di cui al comma 1 attribuibile a ciascun ente locale, nonché le modalità per la concessione e per la restituzione della stessa in un periodo massimo di 10 anni decorrente dall'anno successivo a quello in cui viene erogata l'anticipazione di cui al comma 1.

3. I criteri per la determinazione dell'anticipazione attribuibile a ciascun ente locale, nei limiti dell'importo massimo fissato in euro 300 per abitante per i comuni e in euro 20 per abitante per le province o per le città metropolitane, per abitante e della disponibilità annua del Fondo, devono tenere anche conto:
a) dell'incremento percentuale delle entrate tributarie ed extratributarie previsto nell'ambito del piano di riequilibrio pluriennale;
b) della riduzione percentuale delle spese correnti previste nell'ambito del piano di riequilibrio pluriennale.

(1) Articolo inserito dall'art. 3, co. 1, lett. r), D.L. 10 ottobre 2012, n. 174, convertito, con modificazioni, dalla L. 7 dicembre 2012, n. 213.

(2) Per le nuove disposizioni in materia di città metropolitane, province e unioni e fusioni di comuni, vedi la L. 7 aprile 2014, n. 56.

Art. 243-quater. [7]
Esame del piano di riequilibrio finanziario plurienna-le e controllo sulla relativa attuazione [1]

1. Entro dieci giorni dalla data della delibera di cui all'articolo 243-bis, comma 5, il piano di riequilibrio finanziario pluriennale è trasmesso alla competente sezione regionale di controllo della Corte dei conti, nonché alla Commissione di cui all'articolo 155, la quale, entro il termine di sessanta giorni dalla data di presentazione del piano, svolge la necessaria istruttoria anche sulla base delle Linee guida deliberate dalla sezione delle autonomie della Corte dei conti. All'esito dell'istruttoria, la Commissione redige una relazione finale, con gli eventuali allegati, che è trasmessa alla sezione regionale di controllo della Corte dei conti.[2]

2. In fase istruttoria, la commissione di cui all'articolo 155 può formulare rilievi o richieste istruttorie, cui l'ente è tenuto a fornire risposta entro trenta giorni. Ai fini dell'espletamento delle funzioni assegnate, la Commissione di cui al comma 1 si avvale, senza diritto a compensi aggiuntivi, gettoni di presenza o rimborsi di spese, di cinque segretari comunali e provinciali in disponibilità, nonché di cinque unità di personale, particolarmente esperte in tematiche finanziarie degli enti locali, in posizione di comando o distacco e senza oneri aggiuntivi a carico del bilancio dello Stato. [4]

3. La sezione regionale di controllo della Corte dei conti, entro il termine di 30 giorni dalla data di ricezione della documentazione di cui al comma 1, delibera sull'approvazione o sul diniego del piano, valutandone la congruenza ai fini del riequilibrio. In caso di approvazione del piano, la Corte dei Conti vigila sull'esecuzione dello stesso, adottando in sede di controllo, effettuato ai sensi dell'articolo 243-bis, comma 6, lettera a), apposita pronuncia.

4. La delibera di accoglimento o di diniego di approvazione del piano di riequilibrio finanziario pluriennale è comunicata al Ministero dell'interno.

5. La delibera di approvazione o di diniego del piano può essere impugnata entro 30 giorni, nelle forme del giudizio ad istanza di parte, innanzi alle Sezioni riunite della Corte dei conti in speciale composizione che si pronunciano, nell'esercizio della propria giurisdizione esclusiva in tema di contabilità pubblica, ai sensi dell'articolo 103, secondo comma, della

Costituzione, entro 30 giorni dal deposito del ricorso. Fino alla scadenza del termine per impugnare e, nel caso di presentazione del ricorso, sino alla relativa decisione, le procedure esecutive intraprese nei confronti dell'ente sono sospese. Le medesime Sezioni riunite si pronunciano in unico grado, nell'esercizio della medesima giurisdizione esclusiva, sui ricorsi avverso i provvedimenti di ammissione al Fondo di rotazione di cui all'articolo 243-ter. (5)

6. Ai fini del controllo dell'attuazione del piano di riequilibrio finanziario pluriennale approvato, l'organo di revisione economico-finanziaria dell'ente trasmette al Ministero dell'interno e alla competente Sezione regionale della Corte dei conti, entro quindici giorni successivi alla scadenza di ciascun semestre, una relazione sullo stato di attuazione del piano e sul raggiungimento degli obiettivi intermedi fissati dal piano stesso, nonché, entro il 31 gennaio dell'anno successivo all'ultimo di durata del piano, una relazione finale sulla completa attuazione dello stesso e sugli obiettivi di riequilibrio raggiunti. (3)

7. La mancata presentazione del piano entro il termine di cui all'articolo 243-bis, comma 5, il diniego dell'approvazione del piano, l'accertamento da parte della competente Sezione regionale della Corte dei conti di grave e reiterato mancato rispetto degli obiettivi intermedi fissati dal piano, ovvero il mancato raggiungimento del riequilibrio finanziario dell'ente al termine del periodo di durata del piano stesso, comportano l'applicazione dell'articolo 6, comma 2, del decreto legislativo n. 149 del 2011, con l'assegnazione al Consiglio dell'ente, da parte del Prefetto, del termine non superiore a venti giorni per la deliberazione del dissesto.

7-bis. Qualora, durante la fase di attuazione del piano, dovesse emergere, in sede di monitoraggio, un grado di raggiungimento degli obiettivi intermedi superiore rispetto a quello previsto, è riconosciuta all'ente locale la facoltà di proporre una rimodulazione dello stesso, anche in termini di riduzione della durata del piano medesimo. Tale proposta, corredata del parere positivo dell'organo di revisione economico-finanziaria dell'ente, deve essere presentata direttamente alla competente sezione regionale di controllo della Corte dei conti. Si applicano i commi 3, 4 e 5. (6)

7-ter. n caso di esito positivo della procedura di cui al comma 7-bis, l'ente locale provvede a rimodulare il piano di riequilibrio approvato, in funzione della minore durata dello stesso. Restano in ogni caso fermi gli obblighi posti a carico dell'organo di revisione economico-finanziaria previsti dal comma 6. (6)

(1) Articolo inserito dall'art. 3, co. 1, lett. r), D.L. 10 ottobre 2012, n. 174, convertito, con modificazioni, dalla L. 7 dicembre 2012, n. 213.
(2) Comma così sostituito dall'art. 10-ter, comma 1, lett. a), D.L. 8 aprile 2013, n. 35, convertito, con modificazioni, dalla L. 6 giugno 2013, n. 64.
(3) Comma così modificato dall'art. 10-ter, comma 1, lett. b), D.L. 8 aprile 2013, n. 35, convertito, con modificazioni, dalla L. 6 giugno 2013, n. 64.
(4) Comma così modificato dall'art. 49-quinquies, comma 1, lett. b), D.L. 21 giugno 2013, n. 69, convertito, con modificazioni, dalla L. 9 agosto 2013, n. 98.
(5) Comma così modificato dall'art. 3, comma 1, D.L. 6 marzo 2014, n. 16, convertito, con modificazioni, dalla L. 2 maggio 2014, n. 68.
(6) Comma aggiunto dall'art. 3, comma 3-ter, D.L. 6 marzo 2014, n. 16, convertito, con modificazioni, dalla L. 2 maggio 2014, n. 68.
(7) Per le nuove disposizioni in materia di città metropolitane, province e unioni e fusioni di comuni, vedi la L. 7 aprile 2014, n. 56.

Art. 243-quinquies. (²)
Misure per garantire la stabilità finanziaria degli enti locali sciolti per fenomeni di infiltrazione e di condizionamento di tipo mafioso (¹)

1. Per la gestione finanziaria degli enti locali sciolti ai sensi dell'articolo 143, per i quali sussistono squilibri strutturali di bilancio, in grado di provocare il dissesto finanziario, la commissione straordinaria per la gestione dell'ente, entro sei mesi dal suo insediamento, può richiedere una anticipazione di cassa da destinare alle finalità di cui al comma 2.

2. L'anticipazione di cui al comma 1, nel limite massimo di euro 200 per abitante, è destinata esclusivamente al pagamento delle retribuzioni al personale dipendente e ai conseguenti oneri previdenziali, al pagamento delle rate di mutui e di prestiti obbligazionari, nonché all'espletamento dei servizi locali indispensabili. Le somme a tal fine concesse non sono oggetto di procedure di esecuzione e di espropriazione forzata.

3. L'anticipazione è concessa con decreto del Ministero dell'interno di concerto con il Ministero dell'economia e delle finanze, nei limiti di 20 milioni di euro annui a valere sulle dotazioni del fondo di rotazione di cui all'articolo 243-ter.

4. Il decreto ministeriale di cui al comma 3 stabilisce altresì le modalità per la restituzione dell'anticipazione straordinaria in un periodo massimo di dieci anni a decorrere dall'anno successivo a quello in cui è erogata l'anticipazione.

(1) Articolo inserito dall' art. 3, co. 1, lett. r), D.L. 10 ottobre 2012, n. 174, convertito, con modificazioni, dalla L. 7 dicembre 2012, n. 213.
(2) Per le nuove disposizioni in materia di città metropolitane, province e unioni e fusioni di comuni, vedi la L. 7 aprile 2014, n. 56.

Art. 243-sexies (²)
Pagamento di debiti (¹)

1. In considerazione dell'esigenza di dare prioritario impulso all'economia in attuazione dell'articolo 41 della Costituzione, le risorse provenienti dal Fondo di rotazione di cui all'articolo 243-ter del presente testo unico sono destinate esclusivamente al pagamento dei debiti presenti nel piano di riequilibrio finanziario pluriennale di cui all'articolo 243-bis.

2. Non sono ammessi atti di sequestro o di pignoramento sulle risorse di cui al comma 1.

(1) Articolo inserito dall'art. 3, comma 3-quater, D.L. 6 marzo 2014, n. 16, convertito, con modificazioni, dalla L. 2 maggio 2014, n. 68.
(2) Per le nuove disposizioni in materia di città metropolitane, province e unioni e fusioni di comuni, vedi la L. 7 aprile 2014, n. 56.

Capo II

Enti locali dissestati: disposizioni generali

Art. 244 (¹)
Dissesto finanziario.

1. Si ha stato di dissesto finanziario se l'ente non può garantire l'assolvimento delle funzioni e dei servizi indispensabili ovvero esistono nei confronti dell'ente locale crediti liquidi ed esigibili di terzi cui non si possa

fare validamente fronte con le modalità di cui all'articolo 193, nonché con le modalità di cui all'articolo 194 per le fattispecie ivi previste.

2. Le norme sul risanamento degli enti locali dissestati si applicano solo a province e comuni.

(1) Per le nuove disposizioni in materia di città metropolitane, province e unioni e fusioni di comuni, vedi la L. 7 aprile 2014, n. 56.

Art. 245 (¹)
Soggetti della procedura di risanamento.

1. Soggetti della procedura di risanamento sono l'organo straordinario di liquidazione e gli organi istituzionali dell'ente.

2. L'organo straordinario di liquidazione provvede al ripiano dell'indebitamento pregresso con i mezzi consentiti dalla legge.

3. Gli organi istituzionali dell'ente assicurano condizioni stabili di equilibrio della gestione finanziaria rimuovendo le cause strutturali che hanno determinato il dissesto.

(1) Per le nuove disposizioni in materia di città metropolitane, province e unioni e fusioni di comuni, vedi la L. 7 aprile 2014, n. 56.

Art. 246 (¹)
Deliberazione di dissesto.

1. La deliberazione recante la formale ed esplicita dichiarazione di dissesto finanziario è adottata dal consiglio dell'ente locale nelle ipotesi di cui all'articolo 244 e valuta le cause che hanno determinato il dissesto. La deliberazione dello stato di dissesto non è revocabile. Alla stessa è allegata

una dettagliata relazione dell'organo di revisione economico finanziaria che analizza le cause che hanno provocato il dissesto.

2. La deliberazione dello stato di dissesto è trasmessa, entro 5 giorni dalla data di esecutività, al Ministero dell'interno ed alla Procura regionale presso la Corte dei conti competente per territorio, unitamente alla relazione dell'organo di revisione. La deliberazione è pubblicata per estratto nella Gazzetta Ufficiale della Repubblica Italiana a cura del Ministero dell'interno unitamente al decreto del Presidente della Repubblica di nomina dell'organo straordinario di liquidazione.

3. L'obbligo di deliberazione dello stato di dissesto si estende, ove ne ricorrano le condizioni, al commissario nominato ai sensi dell'articolo 141, comma 3.

4. Se, per l'esercizio nel corso del quale si rende necessaria la dichiarazione di dissesto, è stato validamente deliberato il bilancio di previsione, tale atto continua ad esplicare la sua efficacia per l'intero esercizio finanziario, intendendosi operanti per l'ente locale i divieti e gli obblighi previsti dall'articolo 191, comma 5. In tal caso, la deliberazione di dissesto può essere validamente adottata, esplicando gli effetti di cui all'articolo 248. Gli ulteriori adempimenti e relativi termini iniziali, propri dell'organo straordinario di liquidazione e del consiglio dell'ente, sono differiti al 1° gennaio dell'anno successivo a quello in cui è stato deliberato il dissesto. Ove sia stato già approvato il bilancio di previsione per il triennio successivo, il consiglio provvede alla revoca dello stesso. (2)

5. Le disposizioni relative alla valutazione delle cause di dissesto sulla base della dettagliata relazione dell'organo di revisione di cui al comma 1 ed ai conseguenti oneri di trasmissione di cui al comma 2 si applicano solo ai dissesti finanziari deliberati a decorrere dal 25 ottobre 1997.

(1) Per le nuove disposizioni in materia di città metropolitane, province e unioni e fusioni di comuni, vedi la L. 7 aprile 2014, n. 56.
(2) Comma così modificato dall'art. 74, comma 1, n. 62), D.Lgs. 23 giugno 2011, n. 118, aggiunto dall'art. 1, comma 1, lett. aa), D.Lgs. 10 agosto 2014, n. 126; per l'applicabilità di tale disposizione vedi l'art. 80, comma 1, del medesimo D.Lgs. n. 118/2011.

Art. 247 (¹)
Omissione della deliberazione di dissesto.

1. Ove dalle deliberazioni dell'ente, dai bilanci di previsione, dai rendiconti o da altra fonte l'organo regionale di controllo venga a conoscenza dell'eventuale condizione di dissesto, chiede chiarimenti all'ente e motivata relazione all'organo di revisione contabile assegnando un termine, non prorogabile, di trenta giorni.

2. Ove sia ritenuta sussistente l'ipotesi di dissesto l'organo regionale di controllo assegna al consiglio, con lettera notificata ai singoli consiglieri, un termine, non superiore a venti giorni, per la deliberazione del dissesto.

3. Decorso infruttuosamente tale termine l'organo regionale di controllo nomina un commissario ad acta per la deliberazione dello stato di dissesto.

4. Del provvedimento sostitutivo è data comunicazione al prefetto che inizia la procedura per lo scioglimento del consiglio dell'ente, ai sensi dell'articolo 141.

(1) Per le nuove disposizioni in materia di città metropolitane, province e unioni e fusioni di comuni, vedi la L. 7 aprile 2014, n. 56.

Art. 248 (³)
Conseguenze della dichiarazione di dissesto.

1. A seguito della dichiarazione di dissesto, e sino all'emanazione del decreto di cui all'articolo 261, sono sospesi i termini per la deliberazione del bilancio.

2. Dalla data della dichiarazione di dissesto e sino all'approvazione del rendiconto di cui all'articolo 256 non possono essere intraprese o proseguite azioni esecutive nei confronti dell'ente per i debiti che rientrano nella competenza dell'organo straordinario di liquidazione. Le procedure esecutive pendenti alla data della dichiarazione di dissesto, nelle quali sono scaduti i termini per l'opposizione giudiziale da parte dell'ente, o la stessa

benché proposta è stata rigettata, sono dichiarate estinte d'ufficio dal giudice con inserimento nella massa passiva dell'importo dovuto a titolo di capitale, accessori e spese.

3. I pignoramenti eventualmente eseguiti dopo la deliberazione dello stato di dissesto non vincolano l'ente ed il tesoriere, i quali possono disporre delle somme per i fini dell'ente e le finalità di legge.

4. Dalla data della deliberazione di dissesto e sino all'approvazione del rendiconto di cui all'articolo 256 i debiti insoluti a tale data e le somme dovute per anticipazioni di cassa già erogate non producono più interessi né sono soggetti a rivalutazione monetaria. Uguale disciplina si applica ai crediti nei confronti dell'ente che rientrano nella competenza dell'organo straordinario di liquidazione a decorrere dal momento della loro liquidità ed esigibilità.

5. Fermo restando quanto previsto dall'articolo 1 della legge 14 gennaio 1994, n. 20, gli amministratori che la Corte dei conti ha riconosciuto, anche in primo grado, responsabili di aver contribuito con condotte, dolose o gravemente colpose, sia omissive che commissive, al verificarsi del dissesto finanziario, non possono ricoprire, per un periodo di dieci anni, incarichi di assessore, di revisore dei conti di enti locali e di rappresentante di enti locali presso altri enti, istituzioni ed organismi pubblici e privati. I sindaci e i presidenti di provincia ritenuti responsabili ai sensi del periodo precedente, inoltre, non sono candidabili, per un periodo di dieci anni, alle cariche di sindaco, di presidente di provincia, di presidente di Giunta regionale, nonché di membro dei consigli comunali, dei consigli provinciali, delle assemblee e dei consigli regionali, del Parlamento e del Parlamento europeo. Non possono altresì ricoprire per un periodo di tempo di dieci anni la carica di assessore comunale, provinciale o regionale nè alcuna carica in enti vigilati o partecipati da enti pubblici. Ai medesimi soggetti, ove riconosciuti responsabili, le sezioni giurisdizionali regionali della Corte dei conti irrogano una sanzione pecuniaria pari ad un minimo di cinque e fino ad un massimo di venti volte la retribuzione mensile lorda dovuta al momento di commissione della violazione. ([1])

5-bis. Fermo restando quanto previsto dall'articolo 1 della legge 14 gennaio 1994, n. 20, qualora, a seguito della dichiarazione di dissesto, la Corte dei conti accerti gravi responsabilità nello svolgimento dell'attività del collegio dei revisori, o ritardata o mancata comunicazione, secondo le normative vigenti, delle informazioni, i componenti del collegio riconosciuti responsabili in sede di giudizio della predetta Corte non possono essere nominati nel collegio dei revisori degli enti locali e degli enti ed organismi agli stessi riconducibili fino a dieci anni, in funzione della gravità accertata. La Corte dei conti trasmette l'esito dell'accertamento anche all'ordine professionale di appartenenza dei revisori per valutazioni inerenti all'eventuale avvio di procedimenti disciplinari, nonché al Ministero dell'interno per la conseguente sospensione dall'elenco di cui all'articolo 16, comma 25, del decreto-legge 13 agosto 2011, n. 138, convertito, con modificazioni, dalla legge 14 settembre 2011, n. 148. Ai medesimi soggetti, ove ritenuti responsabili, le sezioni giurisdizionali regionali della Corte dei conti irrogano una sanzione pecuniaria pari ad un minimo di cinque e fino ad un massimo di venti volte la retribuzione mensile lorda dovuta al momento di commissione della violazione. ([2])

(1) Il comma che recitava: *"5. Fermo restando quanto previsto dall'art. 1 della legge 14 gennaio 1994, n. 20, gli amministratori che la Corte dei conti ha riconosciuto responsabili, anche in primo grado, di danni cagionati con dolo o colpa grave, nei cinque anni precedenti il verificarsi del dissesto finanziario, non possono ricoprire, per un periodo di dieci anni, incarichi di assessore, di revisore dei conti di enti locali e di rappresentante di enti locali presso altri enti, istituzioni ed organismi pubblici e privati, ove la Corte, valutate le circostanze e le cause che hanno determinato il dissesto, accerti che questo è diretta conseguenza delle azioni od omissioni per le quali l'amministratore è stato riconosciuto responsabile. I sindaci e i presidenti di provincia ritenuti responsabili ai sensi del periodo precedente, inoltre, non sono candidabili, per un periodo di dieci anni, alle cariche di sindaco, di presidente di provincia, di presidente di Giunta regionale, nonché di membro dei consigli comunali, dei consigli provinciali, delle assemblee e dei consigli regionali, del Parlamento e del Parlamento europeo. Non possono altresì ricoprire per un periodo di tempo di dieci anni la carica di assessore comunale, provinciale o regionale né alcuna carica in enti vigilati o partecipati da enti pubblici. Qualora, a seguito della dichiarazione di dissesto, la Corte dei Conti accerti gravi responsabilità nello svolgimento dell'attività del collegio dei revisori, o ritardata o mancata comunicazione, secondo le norme vigenti, delle informazioni, i componenti del collegio riconosciuti responsabili in sede di giudizio della predetta Corte non possono essere nominati nel collegio dei revisori degli enti locali e degli enti ed organismi agli stessi riconducibili fino a dieci anni, in funzione della gravità accertata. La Corte dei Conti trasmette l'esito dell'accertamento anche all'ordine professionale di appartenenza dei revisori per valutazioni inerenti all'eventuale avvio di procedimenti disciplinari."* è stato sostituito dall'art. 6, D.Lgs. 6 settembre 2011, n. 149 e successivamente è stato così sostituito dall'art. 3, co. 1, lett. s), D.L. 10 ottobre 2012, n. 174, convertito con modificazioni, nella L. 7 dicembre 2012, n. 213.
(2) Comma aggiunto dall'art. 3, co. 1, lett. s), D.L. 10 ottobre 2012, n. 174, convertito con modificazioni, dalla L. 7 dicembre 2012, n. 213.
(3) Per le nuove disposizioni in materia di città metropolitane, province e unioni e fusioni di comuni, vedi la L. 7 aprile 2014, n. 56.

Art. 249 ([1])
Limiti alla contrazione di nuovi mutui.

Dalla data di deliberazione di dissesto e sino all'emanazione del decreto di cui all'articolo 261, comma 3, gli enti locali non possono contrarre nuovi mutui, con eccezione dei mutui previsti dall'articolo 255 e dei mutui con oneri a totale carico dello Stato o delle regioni, nonché dei mutui per la copertura, anche a titolo di anticipazione, di spese di investimento strettamente funzionali all'ordinato svolgimento di progetti e interventi finanziati in prevalenza con risorse provenienti dall'Unione europea o da amministrazioni ed enti nazionali, pubblici o privati.

(1) Comma così modificato dall' art. 39, comma 14-decies, lett. b), D.L. 30 dicembre 2019, n. 162, convertito, con modificazioni, dalla L. 28 febbraio 2020, n. 8.

Art. 250 ([1])
Gestione del bilancio durante la procedura di risanamento.

1. Dalla data di deliberazione del dissesto finanziario e sino alla data di approvazione dell'ipotesi di bilancio riequilibrato di cui all'articolo 261 l'ente locale non può impegnare per ciascun intervento somme complessivamente superiori a quelle definitivamente previste nell'ultimo bilancio approvato con riferimento all'esercizio in corso, comunque nei limiti delle entrate accertate. I relativi pagamenti in conto competenza non possono mensilmente superare un dodicesimo delle rispettive somme impegnabili, con esclusione delle spese non suscettibili di pagamento frazionato in dodicesimi. L'ente applica principi di buona amministrazione al fine di non aggravare la posizione debitoria e mantenere la coerenza con l'ipotesi di bilancio riequilibrato predisposta dallo stesso.([2])

2. Per le spese disposte dalla legge e per quelle relative ai servizi locali indispensabili, nei casi in cui nell'ultimo bilancio approvato mancano del tutto gli stanziamenti ovvero gli stessi sono previsti per importi insufficienti, il consiglio o la Giunta con i poteri del primo, salvo ratifica, individua con deliberazione le spese da finanziare, con gli interventi relativi, motiva nel dettaglio le ragioni per le quali mancano o sono insufficienti gli stanziamenti nell'ultimo bilancio approvato e determina le fonti di finanziamento. Sulla base di tali deliberazioni possono essere assunti gli impegni corrispondenti.

Le deliberazioni, da sottoporre all'esame dell'organo regionale di controllo, sono notificate al tesoriere.

(1) Per le nuove disposizioni in materia di città metropolitane, province e unioni e fusioni di comuni, vedi la L. 7 aprile 2014, n. 56.
(2) Comma così modificato dall'art. 74, comma 1, n. 63), D.Lgs. 23 giugno 2011, n. 118, aggiunto dall'art. 1, comma 1, lett. aa), D.Lgs. 10 agosto 2014, n. 126; per l'applicabilità di tale disposizione vedi l'art. 80, comma 1, del medesimo D.Lgs. n. 118/2011.

Art. 251 ([1])
Attivazione delle entrate proprie.

1. Nella prima riunione successiva alla dichiarazione di dissesto e comunque entro trenta giorni dalla data di esecutività della delibera, il consiglio dell'ente, o il commissario nominato ai sensi dell'articolo 247, comma 3, è tenuto a deliberare per le imposte e tasse locali di spettanza dell'ente dissestato, diverse dalla tassa per lo smaltimento dei rifiuti solidi urbani, le aliquote e le tariffe di base nella misura massima consentita, nonché i limiti reddituali, agli effetti dell'applicazione dell'imposta comunale per l'esercizio di imprese, arti e professioni, che determinano gli importi massimi del tributo dovuto.

2. La delibera non è revocabile ed ha efficacia per cinque anni, che decorrono da quello dell'ipotesi di bilancio riequilibrato. In caso di mancata adozione della delibera nei termini predetti l'organo regionale di controllo procede a norma dell'articolo 136.

3. Per le imposte e tasse locali di istituzione successiva alla deliberazione del dissesto, l'organo dell'ente dissestato che risulta competente ai sensi della legge istitutiva del tributo deve deliberare, entro i termini previsti per la prima applicazione del tributo medesimo, le aliquote e le tariffe di base nella misura massima consentita. La delibera ha efficacia per un numero di anni necessario al raggiungimento di un quinquennio a decorrere da quello dell'ipotesi di bilancio riequilibrato.

4. Resta fermo il potere dell'ente dissestato di deliberare, secondo le competenze, le modalità, i termini ed i limiti stabiliti dalle disposizioni

vigenti, le maggiorazioni, riduzioni, graduazioni ed agevolazioni previste per le imposte e tasse di cui ai commi 1 e 3, nonché di deliberare la maggiore aliquota dell'imposta comunale sugli immobili consentita per straordinarie esigenze di bilancio.

5. Per il periodo di cinque anni, decorrente dall'anno dell'ipotesi di bilancio riequilibrato, ai fini della tassa smaltimento rifiuti solidi urbani, gli enti che hanno dichiarato il dissesto devono applicare misure tariffarie che assicurino complessivamente la copertura integrale dei costi di gestione del servizio e, per i servizi produttivi ed i canoni patrimoniali, devono applicare le tariffe nella misura massima consentita dalle disposizioni vigenti. Per i servizi a domanda individuale il costo di gestione deve essere coperto con proventi tariffari e con contributi finalizzati almeno nella misura prevista dalle norme vigenti. Per i termini di adozione delle delibere, per la loro efficacia e per la individuazione dell'organo competente si applicano le norme ordinarie vigenti in materia. Per la prima delibera il termine di adozione è fissato al trentesimo giorno successivo alla deliberazione del dissesto.

6. Le delibere di cui ai commi 1, 3 e 5 devono essere comunicate alla Commissione per la finanza e gli organici degli enti locali presso il Ministero dell'interno entro 30 giorni dalla data di adozione; nel caso di mancata osservanza delle disposizioni di cui ai predetti commi sono sospesi i contributi erariali.

(1) Per le nuove disposizioni in materia di città metropolitane, province e unioni e fusioni di comuni, vedi la L. 7 aprile 2014, n. 56.

Capo III

Attività dell'organo straordinario di liquidazione

Art. 252 ([1])
Composizione, nomina e attribuzioni.

1. Per i comuni con popolazione sino a 5.000 abitanti l'organo straordinario di liquidazione è composto da un singolo commissario; per i comuni con popolazione superiore ai 5.000 abitanti e per le province l'organo straordinario di liquidazione è composto da una commissione di tre membri. Il commissario straordinario di liquidazione, per i comuni sino a 5.000 abitanti, o i componenti della commissione straordinaria di liquidazione, per i comuni con popolazione superiore a 5.000 abitanti e per le province, sono nominati fra magistrati a riposo della Corte dei conti, della magistratura ordinaria, del Consiglio di Stato, fra funzionari dotati di un'idonea esperienza nel campo finanziario e contabile in servizio o in quiescenza degli uffici centrali o periferici del Ministero dell'interno, del Ministero del tesoro del bilancio e della programmazione economica, del Ministero delle finanze e di altre amministrazioni dello Stato, fra i segretari ed i ragionieri comunali e provinciali particolarmente esperti, anche in quiescenza, fra gli iscritti nel registro dei revisori contabili, gli iscritti nell'albo dei dottori commercialisti e gli iscritti nell'albo dei ragionieri. La commissione straordinaria di liquidazione è presieduta, se presente, dal magistrato a riposo della Corte dei conti o della magistratura ordinaria o del Consiglio di Stato. Diversamente la stessa provvede ad eleggere nel suo seno il presidente. La commissione straordinaria di liquidazione delibera a maggioranza dei suoi componenti.

2. La nomina dell'organo straordinario di liquidazione è disposta con decreto del Presidente della Repubblica su proposta del Ministro dell'interno. L'insediamento presso l'ente avviene entro 5 giorni dalla notifica del provvedimento di nomina.

3. Per i componenti dell'organo straordinario di liquidazione valgono le incompatibilità di cui all'articolo 236.

4. L'organo straordinario di liquidazione ha competenza relativamente a fatti ed atti di gestione verificatisi entro il 31 dicembre dell'anno precedente a quello dell'ipotesi di bilancio riequilibrato e provvede alla :
a) rilevazione della massa passiva;
b) acquisizione e gestione dei mezzi finanziari disponibili ai fini del risanamento anche mediante alienazione dei beni patrimoniali;
c) liquidazione e pagamento della massa passiva.

5. In ogni caso di accertamento di danni cagionati all'ente locale o all'erario, l'organo straordinario di liquidazione provvede alla denuncia dei fatti alla Procura Regionale presso la Corte dei conti ed alla relativa segnalazione al Ministero dell'interno tramite le prefetture.

(1) Per le nuove disposizioni in materia di città metropolitane, province e unioni e fusioni di comuni, vedi la L. 7 aprile 2014, n. 56.

Art. 253 (¹)
Poteri organizzatori.

1. L'organo straordinario di liquidazione ha potere di accesso a tutti gli atti dell'ente locale, può utilizzare il personale ed i mezzi operativi dell'ente locale ed emanare direttive burocratiche.

2. L'ente locale è tenuto a fornire, a richiesta dell'organo straordinario di liquidazione, idonei locali ed attrezzature nonché il personale necessario.

3. L'organo straordinario di liquidazione può auto organizzarsi, e, per motivate esigenze, dotarsi di personale, acquisire consulenze e attrezzature le quali, al termine dell'attività di ripiano dei debiti rientrano nel patrimonio dell'ente locale.

(1) Per le nuove disposizioni in materia di città metropolitane, province e unioni e fusioni di comuni, vedi la L. 7 aprile 2014, n. 56.

Art. 254 (¹)
Rilevazione della massa passiva.

1. L'organo straordinario di liquidazione provvede all'accertamento della massa passiva mediante la formazione, entro 180 giorni dall'insediamento, di un piano di rilevazione. Il termine è elevato di ulteriori 180 giorni per i comuni con popolazione superiore a 250.000 abitanti o capoluogo di provincia e per le province.

2. Ai fini della formazione del piano di rilevazione, l'organo straordinario di liquidazione entro 10 giorni dalla data dell'insediamento, dà avviso, mediante affissione all'albo pretorio ed anche a mezzo stampa, dell'avvio

della procedura di rilevazione delle passività dell'ente locale. Con l'avviso l'organo straordinario di liquidazione invita chiunque ritenga di averne diritto a presentare, entro un termine perentorio di sessanta giorni prorogabile per una sola volta di ulteriori trenta giorni con provvedimento motivato del predetto organo, la domanda in carta libera, corredata da idonea documentazione, atta a dimostrare la sussistenza del debito dell'ente, il relativo importo ed eventuali cause di prelazione, per l'inserimento nel piano di rilevazione.

3. Nel piano di rilevazione della massa passiva sono inclusi:
a) i debiti di bilancio e fuori bilancio di cui all'articolo 194 verificatisi entro il 31 dicembre dell'anno precedente quello dell'ipotesi di bilancio riequilibrato;
b) i debiti derivanti dalle procedure esecutive estinte ai sensi dell'articolo 248, comma 2;
c) i debiti derivanti da transazioni compiute dall'organo straordinario di liquidazione ai sensi del comma 7.

4. L'organo straordinario di liquidazione, ove lo ritenga necessario, richiede all'ente che i responsabili dei servizi competenti per materia attestino che la prestazione è stata effettivamente resa e che la stessa rientra nell'àmbito dell'espletamento di pubbliche funzioni e servizi di competenza dell'ente locale. I responsabili dei servizi attestano altresì che non è avvenuto, nemmeno parzialmente, il pagamento del corrispettivo e che il debito non è caduto in prescrizione alla data della dichiarazione di dissesto. I responsabili dei servizi provvedono entro sessanta giorni dalla richiesta, decorsi i quali l'attestazione si intende resa dagli stessi in senso negativo circa la sussistenza del debito.

5. Sull'inserimento nel piano di rilevazione delle domande di cui al comma 2 e delle posizioni debitorie di cui al comma 3 decide l'organo straordinario di liquidazione con provvedimento da notificare agli istanti al momento dell'approvazione del piano di rilevazione, tenendo conto degli elementi di prova del debito desunti dalla documentazione prodotta dal terzo creditore, da altri atti e dall'eventuale attestazione di cui al comma 4.

6. (...) ([1]).

7. L'organo straordinario di liquidazione è autorizzato a transigere vertenze giudiziali e stragiudiziali relative a debiti rientranti nelle fattispecie di cui al comma 3, inserendo il debito risultante dall'atto di transazione nel piano di rilevazione.

DIRITTO AMMINISTRATIVO

8. In caso di inosservanza del termine di cui al comma 1, di negligenza o di ritardi non giustificati negli adempimenti di competenza, può essere disposta la sostituzione di tutti o parte dei componenti dell'organo straordinario della liquidazione. In tali casi, il Ministro dell'Interno, previo parere della Commissione per la finanza e gli organici degli enti locali, dal quale si prescinde ove non espresso entro trenta giorni dalla richiesta, e sentiti gli interessati, propone al Presidente della Repubblica l'adozione del provvedimento di sostituzione. Il Ministero dell'interno stabilisce con proprio provvedimento il trattamento economico dei commissari sostituiti.

(1) Il comma che recitava: "6. *Avverso i provvedimenti di diniego di inserimento nel piano di rilevazione per insussistenza, totale o parziale, del debito od avverso il mancato riconoscimento di cause di prelazione è ammesso ricorso in carta libera, entro il termine di 30 giorni dalla notifica, al Ministero dell'interno. Il Ministero dell'interno si pronuncia sui ricorsi entro 60 giorni dal ricevimento decidendo allo stato degli atti. La decorrenza del termine per la decisione vale quale rigetto del ricorso.*" è stato abrogato dall'art. 7. co. 1, lett. b-quater), D.L. 29 marzo 2004, n. 80, convertito con modificazioni, nella L. 28 maggio 2004, n. 140.
(2) Per le nuove disposizioni in materia di città metropolitane, province e unioni e fusioni di comuni, vedi la L. 7 aprile 2014, n. 56.

Art. 255 ([3])
Acquisizione e gestione dei mezzi finanziari per il risanamento.

1. Nell'àmbito dei compiti di cui all'articolo 252, comma 4, lettera *b*), l'organo straordinario di liquidazione provvede all'accertamento della massa attiva, costituita dal contributo dello Stato di cui al presente articolo, da residui da riscuotere, da ratei di mutuo disponibili in quanto non utilizzati dall'ente, da altre entrate e, se necessari, da proventi derivanti da alienazione di beni del patrimonio disponibile.

2. Per il risanamento dell'ente locale dissestato lo Stato finanzia gli oneri di un mutuo, assunto dall'organo straordinario di liquidazione, in nome e per conto dell'ente, in unica soluzione con la Cassa depositi e prestiti al tasso vigente ed ammortizzato in venti anni, con pagamento diretto di ogni onere finanziario da parte del Ministero dell'interno.

3. L'importo massimo del mutuo finanziato dallo Stato, è determinato sulla base di una rata di ammortamento pari al contributo statale indicato al comma 4.

4. Detto contributo è pari a cinque volte un importo composto da una quota fissa, solo per taluni enti, ed una quota per abitante, spettante ad ogni ente. La quota fissa spetta ai comuni con popolazione sino a 999 abitanti per € 6.713,94, ai comuni con popolazione da 1.000 a 1.999 abitanti per € 7.746,85, ai comuni con popolazione da 2.000 a 2.999 abitanti per € 9.296,22, ai comuni con popolazione da 3.000 a 4.999 abitanti per E 10.329,14, ai comuni con popolazione da 5.000 a 9.999 abitanti per € 11.362,05 ed ai comuni con popolazione da 10.000 a 19.999 per € 12.911,42. La quota per abitante è pari a € 4,10 per i comuni e € 0,64 per le province.

5. Il fondo costituito ai sensi del comma 4 è finalizzato agli interventi a favore degli enti locali in stato di dissesto finanziario. Le eventuali disponibilità residue del fondo, rinvenienti dall'utilizzazione dei contributi erariali per un importo inferiore ai limiti massimi indicati nel comma 4, possono essere destinate su richiesta motivata dell'organo consiliare dell'ente locale, secondo parametri e modalità definiti con decreto del Ministro dell'interno, all'assunzione di mutui integrativi per permettere all'ente locale di realizzare il risanamento finanziario, se non raggiunto con l'approvazione del rendiconto della gestione. (¹) Il mutuo, da assumere con la Cassa depositi e prestiti, è autorizzato dal Ministero dell'interno, previo parere della Commissione finanza ed organici degli enti locali. La priorità nell'assegnazione è accordata agli enti locali che non hanno usufruito dell'intera quota disponibile ai sensi del comma 4.

6. Per l'assunzione del mutuo concesso ai sensi del presente articolo agli enti locali in stato di dissesto finanziario per il ripiano delle posizioni debitorie non si applica il limite all'assunzione dei mutui di cui all'articolo 204, comma 1.

7. Secondo le disposizioni vigenti il fondo per lo sviluppo degli investimenti, di cui all'articolo 28, comma 1, lettera *c*) del decreto legislativo 30 dicembre 1992, n. 504, sul quale sono imputati gli oneri per la concessione dei nuovi mutui agli enti locali dissestati, può essere integrato, con le modalità di cui all'articolo 11, comma 3, lettera *d*), della legge 5 agosto 1978, n. 468, e successive modificazioni ed integrazioni, in considerazione delle eventuali procedure di risanamento attivate rispetto a quelle già definite.

8. L'organo straordinario di liquidazione provvede a riscuotere i ruoli pregressi emessi dall'ente e non ancora riscossi, totalmente o parzialmente,

nonché all'accertamento delle entrate tributarie per le quali l'ente ha omesso la predisposizione dei ruoli o del titolo di entrata previsto per legge.

9. Ove necessario ai fini del finanziamento della massa passiva, ed in deroga a disposizioni vigenti che attribuiscono specifiche destinazioni ai proventi derivanti da alienazioni di beni, l'organo straordinario di liquidazione procede alla rilevazione dei beni patrimoniali disponibili non indispensabili per i fini dell'ente, avviando, nel contempo, le procedure per l'alienazione di tali beni. Ai fini dell'alienazione dei beni immobili possono essere affidati incarichi a società di intermediazione immobiliare, anche appositamente costituite. Si applicano, in quanto compatibili, le disposizioni recate dall'articolo 3 del decreto-legge 31 ottobre 1990, n. 310, convertito, con modificazioni, dalla legge 22 dicembre 1990, n. 403, e successive modificazioni ed integrazioni, intendendosi attribuite all'organo straordinario di liquidazione le facoltà ivi disciplinate. L'ente locale, qualora intenda evitare le alienazioni di beni patrimoniali disponibili, è tenuto ad assegnare proprie risorse finanziarie liquide, anche con la contrazione di un mutuo passivo, con onere a proprio carico, per il valore stimato di realizzo dei beni. Il mutuo può essere assunto con la Cassa depositi e prestiti ed altri istituti di credito. Il limite di cui all'articolo 204, comma 1, è elevato sino al 40 per cento.

10. Non compete all'organo straordinario di liquidazione l'amministrazione delle anticipazioni di tesoreria di cui all'articolo 222, delle anticipazioni di liquidità previste dal *decreto-legge 8 aprile 2013, n. 35*, convertito, con modificazioni, dalla *legge 6 giugno 2013, n. 64*, e successivi rifinanziamenti, e dal *decreto-legge 19 maggio 2020, n. 34*, convertito, con modificazioni, dalla *legge 17 luglio 2020, n. 77*, e successivi rifinanziamenti e strumenti finanziari assimilabili, e dei residui attivi e passivi relativi ai fondi a gestione vincolata, ai mutui passivi già attivati per investimenti, ivi compreso il pagamento delle relative spese, nonché l'amministrazione delle anticipazioni di tesoreria di cui all'articolo 222 e dei debiti assistiti dalla garanzia della delegazione di pagamento di cui all'*articolo 206*. (²)

11. Per il finanziamento delle passività l'ente locale può destinare quota dell'avanzo di amministrazione non vincolato.

12. Nei confronti della massa attiva determinata ai sensi del presente articolo non sono ammessi sequestri o procedure esecutive. Le procedure esecutive eventualmente intraprese non determinano vincoli sulle somme.

(1) Le parole: *"e dell'organo straordinario di liquidazione"* sono state soppresse e le parole: *per necessità emerse nel corso della procedura di liquidazione e pagamento della massa passiva di cui all'articolo 256, nonché nei casi di cui al comma 12 del medesimo articolo 256"* sono state così sostituite dalle attuali: *"per permettere all'ente locale di realizzare il risanamento finanziario, se non raggiunto con l'approvazione del rendiconto della gestione"* dall'art. 1-septies, co. 1, lett. a), D.L. 31 marzo 2005, n. 44, convertito con modificazione, nella L. 31 maggio 2005, n. 88.
(2) Comma sostituito dall'*art. 1, comma 741, L. 27 dicembre 2006, n. 296* e, successivamente, così modificato dall'*art. 1, comma 878, lett. b), L. 27 dicembre 2017, n. 205*, a decorrere dal 1° gennaio 2018, e dall'*art. 1, comma 789, L. 29 dicembre 2022, n. 197*, a decorrere dal 1° gennaio 2023.
(3) Per le nuove disposizioni in materia di città metropolitane, province e unioni e fusioni di comuni, vedi la L. 7 aprile 2014, n. 56.

Art. 256 (²)
Liquidazione e pagamento della massa passiva.

1. Il piano di rilevazione della massa passiva acquista esecutività con il deposito presso il Ministero dell'interno, cui provvede l'organo straordinario di liquidazione entro 5 giorni dall'approvazione di cui all'articolo 254, comma 1. Al piano è allegato l'elenco delle passività non inserite nel piano, corredato dai provvedimenti di diniego e dalla documentazione relativa.

2. Unitamente al deposito l'organo straordinario di liquidazione chiede l'autorizzazione al perfezionamento del mutuo di cui all'articolo 255 nella misura necessaria per il finanziamento delle passività risultanti dal piano di rilevazione e dall'elenco delle passività non inserite, e comunque entro i limiti massimi stabiliti dall'articolo 255.

3. Il Ministero dell'interno, accertata la regolarità del deposito, autorizza l'erogazione del mutuo da parte della Cassa depositi e prestiti.

4. Entro 30 giorni dall'erogazione del mutuo l'organo straordinario della liquidazione deve provvedere al pagamento di acconti in misura proporzionale uguale per tutte le passività inserite nel piano di rilevazione. Nel determinare l'entità dell'acconto l'organo di liquidazione deve provvedere ad accantonamenti per le pretese creditorie in contestazione esattamente quantificate. Gli accantonamenti sono effettuati in misura proporzionale uguale a quella delle passività inserite nel piano. Ai fini di cui al presente comma l'organo straordinario di liquidazione utilizza il mutuo erogato da parte della Cassa depositi e prestiti e le poste attive

effettivamente disponibili, recuperando alla massa attiva disponibile gli importi degli accantonamenti non più necessari. (¹)

5. Successivamente all'erogazione del primo acconto l'organo straordinario della liquidazione può disporre ulteriori acconti per le passività già inserite nel piano di rilevazione e per quelle accertate successivamente, utilizzando le disponibilità nuove e residue, ivi compresa l'eventuale quota di mutuo a carico dello Stato ancora disponibile, previa autorizzazione del Ministero dell'interno, in quanto non richiesta ai sensi del comma 2. Nel caso di pagamento definitivo in misura parziale dei debiti l'ente locale è autorizzato ad assumere un mutuo a proprio carico con la Cassa depositi e prestiti o con altri istituti di credito, nel rispetto del limite del 40 per cento di cui all'articolo 255, comma 9, per il pagamento a saldo delle passività rilevate. A tale fine, entro 30 giorni dalla data di notifica del decreto ministeriale di approvazione del piano di estinzione, l'organo consiliare adotta apposita deliberazione, dandone comunicazione all'organo straordinario di liquidazione, che provvede al pagamento delle residue passività ad intervenuta erogazione del mutuo contratto dall'ente. La Cassa depositi e prestiti o altri istituti di credito erogano la relativa somma sul conto esistente intestato all'organo di liquidazione.

6. A seguito del definitivo accertamento della massa passiva e dei mezzi finanziari disponibili, di cui all'articolo 255, e comunque entro il termine di 24 mesi dall'insediamento, l'organo straordinario di liquidazione predispone il piano di estinzione delle passività, includendo le passività accertate successivamente all'esecutività del piano di rilevazione dei debiti e lo deposita presso il Ministero dell'interno.

7. Il piano di estinzione è sottoposto all'approvazione, entro 120 giorni dal deposito, del Ministro dell'interno, il quale valuta la correttezza della formazione della massa passiva e la correttezza e validità delle scelte nell'acquisizione di risorse proprie. Il Ministro dell'interno si avvale del parere consultivo da parte della Commissione per la finanza e gli organici degli enti locali, la quale può formulare rilievi e richieste istruttorie cui l'organo straordinario di liquidazione è tenuto a rispondere entro sessanta giorni dalla comunicazione. In tale ipotesi il termine per l'approvazione del piano, di cui al presente comma, è sospeso.

8. Il decreto di approvazione del piano di estinzione da parte del Ministro dell'interno è notificato all'ente locale ed all'organo straordinario di liquidazione per il tramite della prefettura.

9. A seguito dell'approvazione del piano di estinzione l'organo straordinario di liquidazione provvede, entro 20 giorni dalla notifica del decreto, al pagamento delle residue passività, sino alla concorrenza della massa attiva realizzata.

10. Con l'eventuale decreto di diniego dell'approvazione del piano il Ministro dell'interno prescrive all'organo straordinario di liquidazione di presentare, entro l'ulteriore termine di sessanta giorni decorrenti dalla data di notifica del provvedimento, un nuovo piano di estinzione che tenga conto delle prescrizioni contenute nel provvedimento.

11. Entro il termine di sessanta giorni dall'ultimazione delle operazioni di pagamento, l'organo straordinario della liquidazione è tenuto ad approvare il rendiconto della gestione ed a trasmetterlo all'organo regionale di controllo ed all'organo di revisione contabile dell'ente, il quale è competente sul riscontro della liquidazione e verifica la rispondenza tra il piano di estinzione e l'effettiva liquidazione.

12. Nel caso in cui l'insufficienza della massa attiva, non diversamente rimediabile, è tale da compromettere il risanamento dell'ente, il Ministro dell'interno, su proposta della Commissione per la finanza e gli organici degli enti locali, può stabilire misure straordinarie per il pagamento integrale della massa passiva della liquidazione, anche in deroga alle norme vigenti, comunque senza oneri a carico dello Stato. Tra le misure straordinarie è data la possibilità all'ente di aderire alla procedura di riequilibrio finanziario pluriennale prevista dall'articolo 243-bis. ([3])

(1) Le parole: *"su segnalazione del Ministero dell'interno, per scadenza dei termini di impugnativa del provvedimento di diniego di ammissione al passivo o per definitività della pronuncia sui ricorsi proposti ai sensi dell'articolo 254, comma 6."* sono state soppresse dall'art. 7, co. 1, lett. b-quinquies), D.L. 29 marzo 2004, n. 80, convertito con modificazioni, nella L. 28 maggio 2004, n. 140.
(2) Per le nuove disposizioni in materia di città metropolitane, province e unioni e fusioni di comuni, vedi la L. 7 aprile 2014, n. 56.
(3) Comma così modificato dall'art. 15-bis, comma 1, lett. a), D.L. 24 giugno 2016, n. 113, convertito, con modificazioni, dalla L. 7 agosto 2016, n. 160.

Art. 257 ([1])
Debiti non ammessi alla liquidazione.

1. In allegato al provvedimento di approvazione di cui all'articolo 256, comma 8, sono individuate le pretese escluse dalla liquidazione.

2. Il consiglio dell'ente individua con propria delibera, da adottare entro 60 giorni dalla notifica del decreto di cui all'articolo 256, comma 8, i soggetti ritenuti responsabili di debiti esclusi dalla liquidazione, dandone contestuale comunicazione ai soggetti medesimi ed ai relativi creditori.

3. Se il consiglio non provvede nei termini di cui al comma 2 si applicano le disposizioni di cui all'articolo 136.

(1) Per le nuove disposizioni in materia di città metropolitane, province e unioni e fusioni di comuni, vedi la L. 7 aprile 2014, n. 56.

Art. 258 ([1])
Modalità semplificate di accertamento e liquidazione dei debiti.

1. L'organo straordinario di liquidazione, valutato l'importo complessivo di tutti i debiti censiti in base alle richieste pervenute, il numero delle pratiche relative, la consistenza della documentazione allegata ed il tempo necessario per il loro definitivo esame, può proporre all'ente locale dissestato l'adozione della modalità semplificata di liquidazione di cui al presente articolo. Con deliberazione di Giunta l'ente decide entro trenta giorni ed in caso di adesione s'impegna a mettere a disposizione le risorse finanziare di cui al comma 2.

2. L'organo straordinario di liquidazione, acquisita l'adesione dell'ente locale, delibera l'accensione del mutuo di cui all'articolo 255, comma 2, nella misura necessaria agli adempimenti di cui ai successivi commi ed in relazione all'ammontare dei debiti censiti. L'ente locale dissestato è tenuto a deliberare l'accensione di un mutuo con la Cassa depositi e prestiti o con altri istituti di credito, con oneri a proprio carico, nel rispetto del limite del 40 per cento di cui all'articolo 255, comma 9, o, in alternativa, a mettere a disposizione risorse finanziarie liquide, per un importo che consenta di finanziare, insieme al ricavato del mutuo a carico dello Stato, tutti i debiti di

cui ai commi 3 e 4, oltre alle spese della liquidazione. È fatta salva la possibilità di ridurre il mutuo a carico dell'ente.

3. L'organo straordinario di liquidazione, effettuata una sommaria delibazione sulla fondatezza del credito vantato, può definire transattivamente le pretese dei relativi creditori, ivi compreso l'erario, anche periodicamente, offrendo il pagamento di una somma variabile tra il 40 ed il 60 per cento del debito, in relazione all'anzianità dello stesso, con rinuncia ad ogni altra pretesa, e con la liquidazione obbligatoria entro 30 giorni dalla conoscenza dell'accettazione della transazione. A tal fine, entro sei mesi dalla data di conseguita disponibilità del mutuo di cui all'articolo 255, comma 2, propone individualmente ai creditori, compresi quelli che vantano crediti privilegiati, fatta eccezione per i debiti relativi alle retribuzioni per prestazioni di lavoro subordinato che sono liquidate per intero, la transazione da accettare entro un termine prefissato comunque non superiore a 30 giorni. Ricevuta l'accettazione, l'organo straordinario di liquidazione provvede al pagamento nei trenta giorni successivi. (^{2})

4. L'organo straordinario di liquidazione accantona l'importo del 50 per cento dei debiti per i quali non è stata accettata la transazione. L'accantonamento è elevato al 100 per cento per i debiti assistiti da privilegio.

5. Si applicano, per il seguito della procedura, le disposizioni degli articoli precedenti, fatta eccezione per quelle concernenti la redazione ed il deposito del piano di rilevazione. Effettuati gli accantonamenti di cui al comma 4, l'organo straordinario di liquidazione provvede alla redazione del piano di estinzione. Qualora tutti i debiti siano liquidati nell'àmbito della procedura semplificata e non sussistono debiti esclusi in tutto o in parte dalla massa passiva, l'organo straordinario provvede ad approvare direttamente il rendiconto della gestione della liquidazione ai sensi dell'articolo 256, comma 11.

6. I debiti transatti ai sensi del comma 3 sono indicati in un apposito elenco allegato al piano di estinzione della massa passiva.

7. In caso di eccedenza di disponibilità si provvede alla riduzione dei mutui, con priorità per quello a carico dell'ente locale dissestato. È restituita all'ente locale dissestato la quota di risorse finanziarie liquide dallo stesso messe a disposizione esuberanti rispetto alle necessità della liquidazione dopo il pagamento dei debiti.

(1) Per le nuove disposizioni in materia di città metropolitane, province e unioni e fusioni di comuni, vedi la L. 7 aprile 2014, n. 56.
(2) Comma così modificato dall'art. 15-bis, comma 1, lett. b), D.L. 24 giugno 2016, n. 113, convertito, con modificazioni, dalla L. 7 agosto 2016, n. 160.

Capo IV

Bilancio stabilmente riequilibrato

Art. 259 ([3])
Ipotesi di bilancio stabilmente riequilibrato. ([6])

1. Il consiglio dell'ente locale presenta al Ministro dell'interno, entro il termine perentorio di tre mesi dalla data di emanazione del decreto di cui all'articolo 252, un'ipotesi di bilancio di previsione stabilmente riequilibrato.

1-bis. Nei casi in cui la dichiarazione di dissesto sia adottata nel corso del secondo semestre dell'esercizio finanziario per il quale risulta non essere stato ancora validamente deliberato il bilancio di previsione o sia adottata nell'esercizio successivo, il consiglio dell'ente presenta per l'approvazione del Ministro dell'interno, entro il termine di cui al comma 1, un'ipotesi di bilancio che garantisca l'effettivo riequilibrio entro il secondo esercizio. ([1])

1-ter. Nel caso in cui il riequilibrio del bilancio sia significativamente condizionato dall'esito delle misure di riduzione di almeno il 20 per cento dei costi dei servizi, nonché dalla razionalizzazione di tutti gli organismi e società partecipati, laddove presenti, i cui costi incidono sul bilancio dell'ente, l'ente può raggiungere l'equilibrio, in deroga alle norme vigenti, entro l'esercizio in cui si completano la riorganizzazione dei servizi comunali e la razionalizzazione di tutti gli organismi partecipati, e comunque entro cinque anni ([5]), compreso quello in cui è stato deliberato il dissesto. Fino al raggiungimento dell'equilibrio e per i cinque esercizi successivi, l'organo di revisione economico-finanziaria dell'ente trasmette al Ministero dell'interno, entro 30 giorni dalla scadenza di ciascun esercizio, una relazione sull'efficacia delle misure adottate e sugli obiettivi raggiunti nell'esercizio. ([2])

2. L'ipotesi di bilancio realizza il riequilibrio mediante l'attivazione di entrate proprie e la riduzione delle spese correnti.

3. Per l'attivazione delle entrate proprie, l'ente provvede con le modalità di cui all'articolo 251, riorganizzando anche i servizi relativi all'acquisizione delle entrate ed attivando ogni altro cespite.

4. Le province ed i comuni per i quali le risorse di parte corrente, costituite dai trasferimenti in conto al fondo ordinario ed al fondo consolidato e da quella parte di tributi locali calcolata in detrazione ai trasferimenti erariali, sono disponibili in misura inferiore, rispettivamente, a quella media unica nazionale ed a quella media della fascia demografica di appartenenza, come definita con il decreto di cui all'articolo 263, comma 1, richiedono, con la presentazione dell'ipotesi, e compatibilmente con la quantificazione annua dei contributi a ciò destinati, l'adeguamento dei contributi statali alla media predetta, quale fattore del consolidamento finanziario della gestione.

5. Per la riduzione delle spese correnti l'ente locale riorganizza con criteri di efficienza tutti i servizi, rivedendo le dotazioni finanziarie ed eliminando, o quanto meno riducendo ogni previsione di spesa che non abbia per fine l'esercizio di servizi pubblici indispensabili. L'ente locale emana i provvedimenti necessari per il risanamento economico-finanziario degli enti od organismi dipendenti, nonché delle aziende speciali, nel rispetto della normativa specifica in materia.

6. L'ente locale, ugualmente ai fini della riduzione delle spese, ridetermina la dotazione organica dichiarando eccedente il personale comunque in servizio in sovrannumero rispetto ai rapporti medi dipendenti-popolazione di cui all'articolo 263, comma 2, fermo restando l'obbligo di accertare le compatibilità di bilancio. La spesa per il personale a tempo determinato deve altresì essere ridotta a non oltre il 50 per cento della spesa media sostenuta a tale titolo per l'ultimo triennio antecedente l'anno cui l'ipotesi si riferisce. ([4])

7. La rideterminazione della dotazione organica è sottoposta all'esame della Commissione per la finanza e gli organici degli enti locali per l'approvazione.

8. Il mancato rispetto degli adempimenti di cui al comma 6 comporta la denuncia dei fatti alla Procura regionale presso la Corte dei conti da parte del Ministero dell'interno. L'ente locale è autorizzato ad iscrivere nella parte entrata dell'ipotesi di bilancio un importo pari alla quantificazione del danno subito. È consentito all'ente il mantenimento dell'importo tra i residui attivi sino alla conclusione del giudizio di responsabilità.

9. La Cassa depositi e prestiti e gli altri istituti di credito sono autorizzati, su richiesta dell'ente, a consolidare l'esposizione debitoria dell'ente locale, al 31 dicembre precedente, in un ulteriore mutuo decennale, con esclusione delle rate di ammortamento già scadute. Conservano validità i contributi statali e regionali già concessi in relazione ai mutui preesistenti.

10. Le regioni a statuto speciale e le province autonome di Trento e di Bolzano, possono porre a proprio carico oneri per la copertura di posti negli enti locali dissestati in aggiunta a quelli di cui alla dotazione organica rideterminata, ove gli oneri predetti siano previsti per tutti gli enti operanti nell'àmbito della medesima Regione o provincia autonoma.

11. Per le province ed i comuni il termine di cui al comma 1 è sospeso a seguito di indizione di elezioni amministrative per l'ente, dalla data di indizione dei comizi elettorali e sino all'insediamento dell'organo esecutivo.

(1) Comma inserito dall'art. 10, comma 4-bis , D.L. 8 aprile 2013, n. 35, convertito, con modificazioni, dalla L. 6 giugno 2013, n. 64.
(2) Comma inserito dall'art. 3, comma 4, D.L. 6 marzo 2014, n. 16, convertito, con modificazioni, dalla L. 2 maggio 2014, n. 68 e, successivamente, così modificato dall'art. 7, comma 2-bis, D.L. 19 giugno 2015, n. 78, convertito, con modificazioni, dalla L. 6 agosto 2015, n. 125, dall'art. 14, comma 1-ter, D.L. 24 giugno 2016, n. 113, convertito, con modificazioni, dalla L. 7 agosto 2016, n. 160. Successivamente, il presente comma è stato così sostituito dall'art. 36, comma 1, D.L. 24 aprile 2017, n. 50, convertito, con modificazioni, dalla L. 21 giugno 2017, n. 96.
(3) Per le nuove disposizioni in materia di città metropolitane, province e unioni e fusioni di comuni, vedi la L. 7 aprile 2014, n. 56.
(4) In deroga a quanto disposto dal presente comma vedi l' art. 14-bis, comma 1, D.L. 18 aprile 2019, n. 32, convertito, con modificazioni, dalla L. 14 giugno 2019, n. 55.
(5) Per la decorrenza del presente termine vedi l'*art. 17, comma 4-ter, D.L. 16 luglio 2020, n. 76*, convertito, con modificazioni, dalla *L. 11 settembre 2020, n. 120*, e, successivamente, l'*art. 3, comma 5-quater, D.L. 30 dicembre 2021, n. 228*, convertito, con modificazioni, dalla *L. 25 febbraio 2022, n. 15*.

(6) Per la proroga dei termini di presentazione dell'ipotesi di bilancio stabilmente riequilibrato previsti dal presente articolo vedi l'*art. 43, comma 5-bis, D.L. 17 maggio 2022, n. 50*, convertito, con modificazioni, dalla *L. 15 luglio 2022, n. 91*.

Art. 260 (¹)
Collocamento in disponibilità del personale eccedente.

1. I dipendenti dichiarati in eccedenza ai sensi dell'articolo 259, comma 6, sono collocati in disponibilità. Ad essi si applicano le vigenti disposizioni, così come integrate dai contratti collettivi di lavoro, in tema di eccedenza di personale e di mobilità collettiva o individuale.

2. Il Ministero dell'interno assegna all'ente locale per il personale posto in disponibilità un contributo pari alla spesa relativa al trattamento economico con decorrenza dalla data della deliberazione e per tutta la durata della disponibilità. Analogo contributo, per la durata del rapporto di lavoro, è corrisposto all'ente locale presso il quale il personale predetto assume servizio.

(1) Per le nuove disposizioni in materia di città metropolitane, province e unioni e fusioni di comuni, vedi la L. 7 aprile 2014, n. 56.

Art. 261 (¹)
Istruttoria e decisione sull'ipotesi di bilancio stabilmente riequilibrato.

1. L'ipotesi di bilancio di previsione stabilmente riequilibrato è istruita dalla Commissione per la finanza e gli organici degli enti locali, che formula eventuali rilievi o richieste istruttorie, cui l'ente locale fornisce risposta entro sessanta giorni.

2. Entro il termine di quattro mesi la Commissione esprime un parere sulla validità delle misure disposte dall'ente per consolidare la propria situazione

finanziaria e sulla capacità delle misure stesse di assicurare stabilità alla gestione finanziaria dell'ente medesimo. La formulazione di rilievi o richieste di cui al comma 1 sospende il decorso del termine.

3. In caso di esito positivo dell'esame la Commissione sottopone l'ipotesi all'approvazione del Ministro dell'interno che vi provvede con proprio decreto, stabilendo prescrizioni per la corretta ed equilibrata gestione dell'ente.

4. In caso di esito negativo dell'esame da parte della Commissione il Ministro dell'interno emana un provvedimento di diniego dell'approvazione, prescrivendo all'ente locale di presentare, previa deliberazione consiliare, entro l'ulteriore termine perentorio di quarantacinque giorni decorrenti dalla data di notifica del provvedimento di diniego, una nuova ipotesi di bilancio idonea a rimuovere le cause che non hanno consentito il parere favorevole. La mancata approvazione della nuova ipotesi di bilancio ha carattere definitivo.

4-bis. In caso di inizio del mandato, l'ipotesi di bilancio stabilmente riequilibrato già trasmessa al Ministero dell'interno dalla precedente amministrazione, ordinaria o commissariale, può essere sostituita dalla nuova amministrazione con una nuova ipotesi di bilancio entro tre mesi dall'insediamento degli organi dell'ente. (²)

5. Con il decreto di cui al comma 3 è disposto l'eventuale adeguamento dei contributi alla media previsto dall'articolo 259, comma 4.

(1) Per le nuove disposizioni in materia di città metropolitane, province e unioni e fusioni di comuni, vedi la L. 7 aprile 2014, n. 56.
(2) Comma inserito dall'art. 1, comma 545, L. 23 dicembre 2014, n. 190.

Art. 262 (¹)
Inosservanza degli obblighi relativi all'ipotesi di bilancio stabilmente riequilibrato.

1. L'inosservanza del termine per la presentazione dell'ipotesi di bilancio stabilmente riequilibrato o del termine per la risposta ai rilievi ed alle richieste di cui all'articolo 261, comma 1, o del termine di cui all'articolo

261, comma 4, o l'emanazione del provvedimento definitivo di diniego da parte del Ministro dell'interno integrano l'ipotesi di cui all'articolo 141, comma 1, lett. *a*).

2. Nel caso di emanazione del provvedimento definitivo di diniego di cui all'articolo 261, comma 4, sono attribuiti al commissario i poteri ritenuti necessari per il riequilibrio della gestione, anche in deroga alle norme vigenti, comunque senza oneri a carico dello Stato.

(1) Per le nuove disposizioni in materia di città metropolitane, province e unioni e fusioni di comuni, vedi la L. 7 aprile 2014, n. 56.

Art. 263 ([1])
Determinazione delle medie nazionali per classi demografiche delle risorse di parte corrente e della consistenza delle dotazioni organiche.

1. Con decreto a cadenza triennale il Ministro dell'interno individua le medie nazionali annue, per classe demografica per i comuni ed uniche per le province, delle risorse di parte corrente di cui all'articolo 259, comma 4.

2. Con decreto a cadenza triennale il Ministro dell'interno individua con proprio decreto la media nazionale per classe demografica della consistenza delle dotazioni organiche per comuni e province ed i rapporti medi dipendenti-popolazione per classe demografica, validi per gli enti in condizione di dissesto ai fini di cui all'articolo 259, comma 6. In ogni caso agli enti spetta un numero di dipendenti non inferiore a quello spettante agli enti di maggiore dimensione della fascia demografica precedente.

(1) Per le nuove disposizioni in materia di città metropolitane, province e unioni e fusioni di comuni, vedi la L. 7 aprile 2014, n. 56.

Capo V

Prescrizioni e limiti conseguenti al risanamento

Art. 264 (¹)
Deliberazione del bilancio di previsione stabilmente riequilibrato.

1. A seguito dell'approvazione ministeriale dell'ipotesi di bilancio l'ente provvede entro 30 giorni alla deliberazione del bilancio dell'esercizio cui l'ipotesi si riferisce.

2. Con il decreto di cui all'articolo 261, comma 3, è fissato un termine, non superiore a 120 giorni, per la deliberazione di eventuali altri bilanci di previsione o rendiconti non deliberati dall'ente nonché per la presentazione delle relative certificazioni.

(1) Per le nuove disposizioni in materia di città metropolitane, province e unioni e fusioni di comuni, vedi la L. 7 aprile 2014, n. 56.

Art. 265 (¹)
Durata della procedura di risanamento ed attuazione delle prescrizioni recate dal decreto di approvazione dell'ipotesi di bilancio stabilmente riequilibrato.

1. Il risanamento dell'ente locale dissestato ha la durata di cinque anni decorrenti da quello per il quale viene redatta l'ipotesi di bilancio stabilmente riequilibrato. Durante tale periodo è garantito il mantenimento dei contributi erariali.

2. Le prescrizioni contenute nel decreto di approvazione dell'ipotesi di bilancio sono eseguite dagli amministratori, ordinari o straordinari, dell'ente locale, con l'obbligo di riferire sullo stato di attuazione in un apposito capitolo della relazione sul rendiconto annuale.

3. L'organo della revisione riferisce trimestralmente al consiglio dell'ente ed all'organo regionale di controllo.

4. L'inosservanza delle prescrizioni contenute nel decreto del Ministro dell'interno di cui all'articolo 261, comma 3, comporta la segnalazione dei fatti all'Autorità giudiziaria per l'accertamento delle ipotesi di reato.

(1) Per le nuove disposizioni in materia di città metropolitane, province e unioni e fusioni di comuni, vedi la L. 7 aprile 2014, n. 56.

Art. 266 ([1])
Prescrizioni in materia di investimenti.

1. Dall'emanazione del decreto di cui all'articolo 261, comma 3, e per la durata del risanamento come definita dall'articolo 265 gli enti locali dissestati possono procedere all'assunzione di mutui per investimento ed all'emissione di prestiti obbligazionari nelle forme e nei modi consentiti dalla legge.

(1) Per le nuove disposizioni in materia di città metropolitane, province e unioni e fusioni di comuni, vedi la L. 7 aprile 2014, n. 56.

Art. 267 ([1])
Prescrizioni sulla dotazione organica.

1. Per la durata del risanamento, come definita dall'articolo 265, la dotazione organica rideterminata ai sensi dell'articolo 259 non può essere variata in aumento.

(1) Per le nuove disposizioni in materia di città metropolitane, province e unioni e fusioni di comuni, vedi la L. 7 aprile 2014, n. 56.

Art. 268 (¹)
Ricostituzione di disavanzo di amministrazione o di debiti fuori bilancio.

1. Il ricostituirsi di disavanzo di amministrazione non ripianabile con i mezzi di cui all'articolo 193, o l'insorgenza di debiti fuori bilancio non ripianabili con le modalità di cui all'articolo 194, o il mancato rispetto delle prescrizioni di cui agli articoli 259, 265, 266 e 267, comportano da parte dell'organo regionale di controllo la segnalazione dei fatti all'Autorità giudiziaria per l'accertamento delle ipotesi di reato e l'invio degli atti alla Corte dei conti per l'accertamento delle responsabilità sui fatti di gestione che hanno determinato nuovi squilibri.

2. Nei casi di cui al comma 1 il Ministro dell'interno con proprio decreto, su proposta della Commissione per la finanza e gli organici degli enti locali, stabilisce le misure necessarie per il risanamento, anche in deroga alle norme vigenti, comunque senza oneri a carico dello Stato, valutando il ricorso alle forme associative e di collaborazione tra enti locali di cui agli articoli da 30 a 34.

(1) Per le nuove disposizioni in materia di città metropolitane, province e unioni e fusioni di comuni, vedi la L. 7 aprile 2014, n. 56.

Art. 268-bis (¹) (⁵)
Procedura straordinaria per fronteggiare ulteriori passività.

1. Nel caso in cui l'organo straordinario di liquidazione non possa concludere entro i termini di legge la procedura del dissesto per l'onerosità degli adempimenti connessi alla compiuta determinazione della massa attiva e passiva dei debiti pregressi, il Ministro dell'interno, d'intesa con il sindaco dell'ente locale interessato, dispone con proprio decreto una chiusura anticipata e semplificata della procedura del dissesto con riferimento a quanto già definito entro il trentesimo giorno precedente il provvedimento. Il provvedimento fissa le modalità della chiusura, tenuto conto del parere della Commissione per la finanza e gli organici degli enti locali.

1-bis. Nel caso in cui l'organo straordinario di liquidazione abbia approvato il rendiconto senza che l'ente possa raggiungere un reale risanamento finanziario, il Ministro dell'interno, d'intesa con il sindaco dell'ente locale interessato, dispone con proprio decreto, sentito il parere della Commissione per la finanza e gli organici degli enti locali, la prosecuzione della procedura del dissesto. ([2])

2. La prosecuzione della gestione è affidata ad una apposita commis-sione, nominata dal Presidente della Repubblica su proposta del Ministro dell'interno, oltre che nei casi di cui al comma 1, anche nella fattispecie prevista dall'articolo 268 ed in quelli in cui la massa attiva sia insufficiente a coprire la massa passiva o venga accertata l'esistenza di ulteriori passività pregresse.

3. La commissione è composta da tre membri e dura in carica un anno, prorogabile per un altro anno. In casi eccezionali, su richiesta motivata dell'ente, può essere consentita una ulteriore proroga di un anno. ([3]) I componenti sono scelti fra gli iscritti nel registro dei revisori contabili con documentata esperienza nel campo degli enti locali. Uno dei componenti, avente il requisito prescritto, è proposto dal Ministro dell'interno su designazione del sindaco dell'ente locale interessato.

4. L'attività gestionale ed i poteri dell'organo previsto dal comma 2 sono regolati dalla normativa di cui al presente titolo VIII. Il compenso spettante ai commissari è definito con decreto del Ministro dell'interno ed è corrisposto con onere a carico della procedura anticipata di cui al comma 1.

5. Ai fini dei commi 1, 1-bis e 2 l'ente locale dissestato accantona apposita somma, considerata spesa eccezionale a carattere straordinario, in ciascuno degli esercizi considerati nel bilancio di previsione. La somma è resa congrua ogni anno con apposita delibera dell'ente con accantonamenti nei bilanci stessi. I piani di impegno annuale e pluriennale sono sottoposti per il parere alla Commissione per la finanza e gli organici degli enti locali e sono approvati con decreto del Ministro dell'interno. Nel caso in cui i piani risultino inidonei a soddisfare i debiti pregressi, il Ministro dell'interno con apposito decreto, su parere della predetta Commissione, dichiara la chiusura del dissesto. ([4])

(1) Questo articolo è stato aggiunto dall'art. 3-bis, D.L. 22 febbraio 2002, n. 13, convertito con modificazioni, nella L. 24 aprile 2002, n. 75.
(2) Questo comma è stato aggiunto dall'art. 1-septies, co. 1, lett. b), n. 1), D.L. 31 marzo 2005, n. 44, convertito con modificazioni, nella L. 31 maggio 2005, n. 88.
(3) Questo periodo è stato inserito dall'art. 1-septies, co. 1, lett. b), D.L. 31

marzo 2005, n. 44, convertito con modificazioni, nella L. 31 maggio 2005, n. 88.
(4) Comma così modificato dall'art. 1-septies, co. 1, lett. b), n. 3), D.L. 31 marzo 2005, n. 44, convertito con modificazioni, nella L. 31 maggio 2005, n. 88 e, successivamente, dall'art. 74, comma 1, n. 64), D.Lgs. 23 giugno 2011, n. 118, aggiunto dall'art. 1, comma 1, lett. aa), D.Lgs. 10 agosto 2014, n. 126; per l'applicabilità di tale ultima disposizione vedi l'art. 80, comma 1, del medesimo D.Lgs. n. 118/2011.
(5) Per le nuove disposizioni in materia di città metropolitane, province e unioni e fusioni di comuni, vedi la L. 7 aprile 2014, n. 56.

Art. 268-ter ([1]) ([3])
Effetti del ricorso alla procedura straordinaria di cui all'articolo 268-bis.

1. Per gli enti i quali si avvalgono della procedura straordinaria prevista nell'articolo 268-*bis* vanno presi in conto, nella prosecuzione della gestione del risanamento, tutti i debiti comunque riferiti ad atti e fatti di gestione avvenuti entro il 31 dicembre dell'anno antecedente all'ipotesi di bilancio riequilibrato, anche se accertati successivamente allo svolgimento della procedura ordinaria di rilevazione della massa passiva. Questi debiti debbono comunque essere soddisfatti con i mezzi indicati nel comma 5 dello stesso articolo 268-*bis*, nella misura che con la stessa procedura è definita.

2. Sempre che l'ente si attenga alle disposizioni impartite ai sensi dell'articolo 268-*bis*, comma 5, non è consentito procedere all'assegnazione, a seguito di procedure esecutive, di ulteriori somme, maggiori per ciascun anno rispetto a quelle che risultano dall'applicazione del citato comma 5.

3. Fino alla conclusione della procedura prevista nell'articolo 268-*bis*, comma 5, nelle more della definizione dei provvedimenti previsti nel predetto articolo, per gli enti che si avvalgono di tale procedura o che comunque rientrano nella disciplina del comma 2 del medesimo articolo, non sono ammesse procedure di esecuzione o di espropriazione forzata, a pena di nullità, riferite a debiti risultanti da atti o fatti verificatisi entro il 31 dicembre dell'anno precedente quello dell'ipotesi di bilancio riequilibrato. Il divieto vale fino al compimento della procedura di cui al comma 5 del citato articolo 268-*bis* e comunque entro i limiti indicati nel decreto del Ministro dell'interno di cui allo stesso articolo 268-*bis*, comma 5, terzo periodo.

4. È consentito in via straordinaria agli enti locali già dissestati di accedere alla procedura di cui all'articolo 268-*bis* ove risulti l'insorgenza di maggiori debiti riferiti ad atti o fatti di gestione avvenuti entro il 31 dicembre dell'anno antecedente a quello del bilancio riequilibrato, tenuto conto anche di interessi, rivalutazioni e spese legali. A tal fine i consigli degli enti interessati formulano al Ministero dell'interno documentata richiesta in cui, su conforme parere del responsabile del servizio finanziario e dell'organo di revisione, è dato atto del fatto che non sussistono mezzi sufficienti a far fronte all'evenienza. Si applicano in tal caso agli enti locali, oltre alle norme di cui all'articolo 268-*bis*, quelle contenute nel presente articolo. [2]

(1) Articolo aggiunto dall'art. 1-ter, D.L. 31 marzo 2003, n. 50, convertito con modificazioni, nella L. 20 maggio 2003, n. 116.
(2) Comma così modificato dall'art. 1-septies, co. 1, lett. c), D.L. 31 marzo 2005, n. 44, convertito con modificazioni, nella L. 31 maggio 2005, n. 88.
(3) Per le nuove disposizioni in materia di città metropolitane, province e unioni e fusioni di comuni, vedi la L. 7 aprile 2014, n. 56.

Art. 269 ([1])
Modalità applicative della procedura di risanamento.

1. Le modalità applicative della procedura di risanamento degli enti locali in stato di dissesto finanziario sono stabilite con regolamento da emanarsi ai sensi dell'articolo 17 della legge 23 agosto 1988, n. 400.

2. Nelle more dell'emanazione del regolamento di cui al comma 1 continuano ad applicarsi, in quanto compatibili, le disposizioni recate dal decreto del Presidente della Repubblica 24 agosto 1993, n. 378.

(1) Per le nuove disposizioni in materia di città metropolitane, province e unioni e fusioni di comuni, vedi la L. 7 aprile 2014, n. 56.

PARTE III

Associazioni degli enti locali

Art. 270 ([1])
Contributi associativi.

1. I contributi, stabiliti con delibera dagli organi statutari competenti dell'Anci, dell'Upi, dell'Aiccre, dell'Uncem, della Cispel, delle altre associazioni degli enti locali e delle loro aziende con carattere nazionale che devono essere corrisposti dagli enti associati possono essere riscossi con ruoli formati ai sensi del decreto legislativo 26 febbraio 1999, n. 46, ed affidati ai concessionari del servizio nazionale di riscossione. Gli enti anzidetti hanno l'obbligo di garantire, sul piano nazionale, adeguate forme di pubblicità relative alle adesioni e ai loro bilanci annuali.

2. La riscossione avviene mediante ruoli, anche in unica soluzione, su richiesta dei consigli delle associazioni suddette, secondo le modalità stabilite nel decreto legislativo 26 febbraio 1999, n. 46.

3. Gli enti associati hanno diritto di recedere dalle associazioni entro il 31 ottobre di ogni anno, con conseguente esclusione dai ruoli dal 1° gennaio dell'anno successivo.

(1) Per le nuove disposizioni in materia di città metropolitane, province e unioni e fusioni di comuni, vedi la L. 7 aprile 2014, n. 56.

Art. 271 ([1])
Sedi associative.

1. Gli enti locali, le loro aziende e le associazioni dei comuni presso i quali hanno sede sezioni regionali e provinciali dell'Anci, dell'Upi, dell'Aiccre, dell'Uncem, della Cispel e sue federazioni, possono con apposita deliberazione, da adottarsi dal rispettivo consiglio, mettere a disposizione gratuita per tali sedi locali di loro proprietà ed assumere le relative spese di illuminazione, riscaldamento, telefoniche e postali a carico del proprio bilancio.

2. Gli enti locali, le loro aziende e associazioni dei comuni possono disporre il distacco temporaneo, a tempo pieno o parziale, di propri dipendenti presso gli organismi nazionali e regionali dell'Anci, dell'Upi, dell'Aiccre, dell'Uncem, della Cispel e sue federazioni, ed autorizzarli a prestare la loro collaborazione in favore di tali associazioni. I dipendenti distaccati mantengono la posizione giuridica ed il corrispondente trattamento economico, a cui provvede l'ente di appartenenza. Gli enti di cui sopra possono inoltre autorizzare, a proprie spese, la partecipazione di propri dipendenti a riunioni delle associazioni sopra accennate.

3. Le associazioni di cui al comma 2 non possono utilizzare più di dieci dipendenti distaccati dagli enti locali o dalle loro aziende presso le rispettive sedi nazionali e non più di tre dipendenti predetti presso ciascuna sezione regionale.

(1) Per le nuove disposizioni in materia di città metropolitane, province e unioni e fusioni di comuni, vedi la L. 7 aprile 2014, n. 56.

Art. 272 ([1])
Attività delle associazioni nella cooperazione allo sviluppo.

1. L'Anci e l'Upi possono essere individuate quali soggetti idonei a realizzare programmi del Ministero degli affari esteri relativi alla cooperazione dell'Italia con i Paesi in via di sviluppo, di cui alla legge 26 febbraio 1987, n. 49, e successive modificazioni, nonché ai relativi regolamenti di esecuzione. A tal fine il competente ufficio del Ministero degli affari esteri è autorizzato a stipulare apposite convenzioni che prevedano uno stanziamento globale da utilizzare per iniziative di cooperazione da attuarsi anche da parte dei singoli associati.

2. I comuni e le province possono destinare un importo non superiore allo 0,80 per cento della somma dei primi tre titoli delle entrate correnti dei propri bilanci di previsione per sostenere programmi di cooperazione allo sviluppo ed interventi di solidarietà internazionale.

(1) Per le nuove disposizioni in materia di città metropolitane, province e unioni e fusioni di comuni, vedi la L. 7 aprile 2014, n. 56.

PARTE IV

Disposizioni transitorie ed abrogazioni

Art. 273 ([1])
Norme transitorie.

1. Resta fermo quanto previsto dall'articolo 10, comma 3, e dall'articolo 33 della legge 25 marzo 1993, n. 81, in materia di elezioni dei consigli circoscrizionali e di adeguamento degli statuti, nonché quanto disposto dall'articolo 51, comma 01, quarto periodo, della legge 8 giugno 1990, n. 142.

2. Resta fermo altresì quanto previsto dall'articolo 51 commi 3-*ter* e 3-*quater* della legge 8 giugno 1990, n. 142, fino all'applicazione della contrattazione decentrata integrativa di cui ai C.C.N.L. per il personale del comparto delle regioni e delle autonomie locali sottoscritti il 31 marzo e il 1° aprile 1999 limitatamente a quanto già attribuito antecedentemente alla stipula di detti contratti.

3. La disposizione di cui all'articolo 51, comma 1, del presente testo unico relativa alla durata del mandato ha effetto dal primo rinnovo degli organi successivo alla data di entrata in vigore della legge 30 aprile 1999, n. 120.

4. Fino al completamento delle procedure di revisione dei consorzi e delle altre forme associative, resta fermo il disposto dell'articolo 60 della legge 8 giugno 1990, n. 142, e dell'articolo 5, commi 11-*ter* e 11-*quater,* del decreto-legge 28 agosto 1995, n. 361, convertito, con modificazioni, dalla legge 27 ottobre 1995, n. 437.

5. Fino all'entrata in vigore di specifica disposizione in materia, emanata ai sensi dell'articolo 11 della legge 15 marzo 1997, n. 59, resta fermo il disposto dell'articolo 19 del regio decreto 3 marzo 1934, n. 383, per la parte compatibile con l'ordinamento vigente.

6. Le disposizioni degli articoli 125, 127 e 289 del testo unico della legge comunale e provinciale, approvato con regio decreto 4 febbraio 1915, n. 148, si applicano fino all'adozione delle modifiche statutarie e regolamentari previste dal presente testo unico .

7. Sono fatti salvi gli effetti dei regolamenti del consiglio in materia organizzativa e contabile adottati nel periodo intercorrente tra il 18 maggio 1997 ed il 21 agosto 1999 e non sottoposti al controllo, nonché degli atti emanati in applicazione di detti regolamenti.

(1) Per le nuove disposizioni in materia di città metropolitane, province e unioni e fusioni di comuni, vedi la L. 7 aprile 2014, n. 56.

Art. 274 ([1])
Norme abrogate.

1. Sono o restano abrogate le seguenti disposizioni:
a) regio decreto 3 marzo 1934, n. 383;
b) articoli 31 e 32 del regio decreto 7 giugno 1943, n. 651;
c) articoli 2, commi 1, 2 e 3, e 23, commi 2 e 3, della legge 8 marzo 1951, n.

122;

d) articolo 63 della legge 10 febbraio 1953, n. 62;

e) articoli 6, 9, 9-*bis* fatta salva l'applicabilità delle disposizioni ivi previste agli amministratori regionali ai sensi dell'articolo 19 della legge 17 febbraio 1968, n. 108, 72, commi 3 e 4 e 75 del decreto del Presidente della Repubblica del 16 maggio 1960, n. 570;

f) legge 13 dicembre 1965, n. 1371;

g) articolo 6, comma 1, della legge 18 marzo 1968, n. 444;

h) articolo 6, comma 3, della legge 3 dicembre 1971, n. 1102;

i) articolo 16, comma 2, del decreto del Presidente della Repubblica 24 luglio 1977, n. 616;

j) articolo 6, comma 15, del decreto-legge 29 dicembre 1977, n. 946, convertito, con modificazioni, dalla legge 27 febbraio 1978, n. 43;

k) articolo 4, del decreto-legge 10 novembre 1978, n. 702, convertito, con modificazioni, dalla legge 8 gennaio 1979, n. 3;

l) legge 23 aprile 1981, n. 154, fatte salve le disposizioni ivi previste per i consiglieri regionali ;

m) articoli 4 e 6 della legge 23 marzo 1981, n. 93;

n) articolo 15, punto 4.4, limitatamente al primo periodo, articoli 35-*bis* e 35-*ter*, del decreto-legge 28 febbraio 1983, n. 55, convertito, con modificazioni, dalla legge 26 aprile 1983, n. 131;

o) legge 27 dicembre 1985, n. 816;

p) articoli 15, salvo per quanto riguarda gli amministratori e i componenti degli organi comunque denominati delle aziende sanitarie locali e ospedaliere, i consiglieri regionali, 15-*bis* e 16 della legge 19 marzo 1990, n. 55;

q) legge 8 giugno 1990, n. 142;

r) articolo 13-*bis*, del decreto-legge 12 gennaio 1991, n. 6, convertito, con modificazioni, dalla legge 15 marzo 1991, n. 80;

s) articolo 15, del decreto-legge 13 maggio 1991, n. 152, convertito, con modificazioni, dalla legge 12 luglio 1991, n. 203;

t) decreto-legge 31 maggio 1991, n. 164 convertito, con modificazioni, dalla legge 22 luglio 1991, n. 221;

u) articolo 2, della legge 11 agosto 1991, n. 271;

v) articoli 1 e 4 comma 2, della legge 18 gennaio 1992, n. 16;

w) articolo 12 commi 1, 3, 4, 5, 7 e 8, della legge 23 dicembre 1992, n. 498;

x) articolo 3, comma 9, del decreto legislativo 30 dicembre 1992, n. 502, limitatamente a quanto riguarda le cariche di consigliere comunale, provinciale, sindaco, assessore comunale, presidente e assessore di comunità montane;

y) articoli da 44 a 47, del decreto legislativo 30 dicembre 1992, n. 504;

z) articoli 8 e 8-*bis*, del decreto-legge 18 gennaio 1993, n. 8 convertito, con modificazioni, dalla legge 19 marzo 1993, n. 68;

aa) articolo 36-*bis* comma 2, del decreto legislativo 3 febbraio 1993, n. 29;
bb) articolo 3 del decreto-legge 25 febbraio 1993, n. 42, convertito, con modificazioni, dalla legge 23 aprile 1993, n. 120;
cc) legge 25 marzo 1993, n. 81 limitatamente agli articoli: 1, 2, 3 comma 5, 5, 6, 7, 7-*bis*, 8, 9, 10 commi 1 e 2, da 12 a 27 e 31;
dd) articoli 1 e 7 della legge 15 ottobre 1993, n. 415;
ee) decreto-legge 20 dicembre 1993, n. 529, convertito dalla legge 11 febbraio 1994, n. 108;
ff) articoli 1, 2 e 4 della legge 12 gennaio 1994, n. 30;
gg) articolo 4, commi 2, 3 e 5 del decreto-legge 31 gennaio 1995, n. 26, convertito, con modificazioni, dalla legge 29 marzo 1995, n. 95;
hh) articoli da 1 a 114 del decreto legislativo 25 febbraio 1995, n. 77;
ii) articolo 5, commi 8, 8-*bis*, 8-*ter,* 9, 9-*bis* ed 11-*bis* del decreto-legge 28 agosto 1995, n 361, convertito, con modificazioni, dalla legge 27 ottobre 1995, n. 437;
jj) articolo 1, comma 89, ed articolo 3, comma 69 della legge 28 dicembre 1995, n. 549;
kk) legge 15 maggio 1997, n. 127, limitatamente agli articoli: 4; 5 ad eccezione del comma 7; 6 commi 1, 2, 3, 4, 5, 7, 8, 10, 11 e 12 fatta salva l'applicabilità delle disposizioni ivi previste per le camere di commercio, industria, artigianato e agricoltura, le aziende sanitarie locali e ospedaliere; 10; 17 commi 8, 9 e 18 secondo periodo, da 33 a 36, 37 nella parte in cui si riferisce al controllo del comitato regionale di controllo, da 38 a 45, 48, da 51 a 59, da 67 a 80 ad eccezione del 79-*bis*, da 84 a 86;
ll) articolo 2, commi 12, 13, 15, 16, 29, 30 e 31 della legge 16 giugno 1998, n. 191;
mm) articolo 4, comma 2, della legge 18 novembre 1998, n. 415
nn) articolo 2, comma 1, del decreto-legge 26 gennaio 1999, n. 8 convertito, con modificazioni dalla legge 25 marzo 1999, n. 75;
oo) articolo 9, comma 5, della legge 8 marzo 1999, n. 50;
pp) articoli 2, 7 e 8 commi 4 e 5, della legge 30 aprile 1999, n. 120;
qq) legge 3 agosto 1999, n. 265, limitatamente agli articoli 1; 2; 3; 4 commi 1 e 3; 5; 6 tranne il comma 8; 7 comma 1; 8; 11 tranne il comma 13; 13 commi 1, 3 e 4; 14; 16; 17, comma 3; 18 commi 1 e 2; 19; 20; 21; 22; 23; 24; 25; 26, commi da 1 a 6; 27; 28 commi 3, 5, 6 e 7; 29; 30; 32 e 33;
rr) legge 13 dicembre 1999, n. 475, ad eccezione dell'articolo 1 comma 3, e fatte salve le disposizioni ivi previste per gli amministratori regionali.

(1) Per le nuove disposizioni in materia di città metropolitane, province e unioni e fusioni di comuni, vedi la L. 7 aprile 2014, n. 56.

Art. 275 ([1])
Norma finale.

1. Salvo che sia diversamente previsto dal presente decreto e fuori dei casi di abrogazione per incompatibilità, quando leggi, regolamenti, decreti, od altre norme o provvedimenti, fanno riferimento a disposizioni espressamente abrogate dagli articoli contenuti nel presente capo, il riferimento si intende alle corrispondenti disposizioni del presente testo unico, come riportate da ciascun articolo.

(1) Per le nuove disposizioni in materia di città metropolitane, province e unioni e fusioni di comuni, vedi la L. 7 aprile 2014, n. 56.

LEGGE SUL PROCEDIMENTO AMMINISTRATIVO

LEGGE 7 agosto 1990 , n. 241

Nuove norme in materia di procedimento amministrativo e di diritto di accesso ai documenti amministrativi.

(Gazzetta Ufficiale del 18 agosto 1990 n. 192)

Testo coordinato ed aggiornato con le modifiche introdotte dalla L. 7 agosto 2015, n. 124 e, successivamente, dalla L. 28 dicembre 2015, n. 221.

Capo I
Principi

Articolo 1. ([1])
(Principi generali dell'attività amministrativa)

1. L'attività amministrativa persegue i fini determinati dalla legge ed è retta da criteri di economicità, di efficacia, di imparzialità, di pubblicità e di trasparenza secondo le modalità previste dalla presente legge e dalle altre disposizioni che disciplinano singoli procedimenti, nonché dai princìpi dell'ordinamento comunitario. ([2])

1-bis. La pubblica amministrazione, nell'adozione di atti di natura non autoritativa, agisce secondo le norme di diritto privato salvo che la legge disponga diversamente. ([3])

1-ter. I soggetti privati preposti all'esercizio di attività amministrative assicurano il rispetto dei criteri e dei princìpi di cui al comma 1, con un livello di garanzia non inferiore a quello cui sono tenute le pubbliche amministrazioni in forza delle disposizioni di cui alla presente legge. (4)

2. La pubblica amministrazione non può aggravare il procedimento se non per straordinarie e motivate esigenze imposte dallo svolgimento dell'istruttoria.

2-bis. I rapporti tra il cittadino e la pubblica amministrazione sono improntati ai princìpi della collaborazione e della buona fede. (5)

(1) Rubrica aggiunta dall'art. 21, co.1, lett. a), L. 11 febbraio 2005, n. 15.
(2) Comma così modificato prima dall'art. 1, co. 1, lett.a), L. 11 febbraio 2005, n. 15 e successivamente dall'art. 7, co. 1, lett. a), n.1, L. 18 giugno 2009, n. 69.
(3) Comma aggiunto dall'art. 1, co. 1, lett. b), L. 11 febbraio 2005, n. 15.
(4) Comma aggiunto dall'art. 1, co. 1, lett. b), L. 11 febbraio 2005, n. 15 e poi così modificato dall'art. 7, co. 1, lett. a), n. 2, L. 18 giugno 2009, n. 69 e successivamente dall'art. 1, co. 37, L. 6 novembre 2012, n. 190.
(5) Comma aggiunto dall' art. 12, comma 1, lett. 0a), D.L. 16 luglio 2020, n. 76, convertito, con modificazioni, dalla L. 11 settembre 2020, n. 120.

Articolo 2. (1)
(Conclusione del procedimento)

1. Ove il procedimento consegua obbligatoriamente ad una istanza, ovvero debba essere iniziato d'ufficio, le pubbliche amministrazioni hanno il dovere di concluderlo mediante l'adozione di un provvedimento espresso. Se ravvisano la manifesta irricevibilità, inammissibilità, improcedibilità o infondatezza della domanda, le pubbliche amministrazioni concludono il procedimento con un provvedimento espresso redatto in forma semplificata, la cui motivazione può consistere in un sintetico riferimento al punto di fatto o di diritto ritenuto risolutivo. (2)

2. Nei casi in cui disposizioni di legge ovvero i provvedimenti di cui ai commi 3, 4 e 5 non prevedono un termine diverso, i procedimenti amministrativi di competenza delle amministrazioni statali e degli enti pubblici nazionali devono concludersi entro il termine di trenta giorni.

3. Con uno o più decreti del Presidente del Consiglio dei ministri, adottati ai sensi dell'articolo 17, comma 3, della legge 23 agosto 1988, n. 400, su proposta dei Ministri competenti e di concerto con i Ministri per la pubblica amministrazione e l'innovazione e per la semplificazione normativa, sono individuati i termini non superiori a novanta giorni entro i quali devono concludersi i procedimenti di competenza delle amministrazioni statali. Gli enti pubblici nazionali stabiliscono, secondo i propri ordinamenti, i termini non superiori a novanta giorni entro i quali devono concludersi i procedimenti di propria competenza.

4. Nei casi in cui, tenendo conto della sostenibilità dei tempi sotto il profilo dell'organizzazione amministrativa, della natura degli interessi pubblici tutelati e della particolare complessità del procedimento, sono indispensabili termini superiori a novanta giorni per la conclusione dei procedimenti di competenza delle amministrazioni statali e degli enti pubblici nazionali, i decreti di cui al comma 3 sono adottati su proposta anche dei Ministri per la pubblica amministrazione e l'innovazione e per la semplificazione normativa e previa deliberazione del Consiglio dei ministri. I termini ivi previsti non possono comunque superare i centottanta giorni, con la sola esclusione dei procedimenti di acquisto della cittadinanza italiana e di quelli riguardanti l'immigrazione.

4-bis. Le pubbliche amministrazioni misurano e pubblicano nel proprio sito internet istituzionale, nella sezione "Amministrazione trasparente", i tempi effettivi di conclusione dei procedimenti amministrativi di maggiore impatto per i cittadini e per le imprese, comparandoli con i termini previsti dalla normativa vigente. Con decreto del Presidente del Consiglio dei ministri, su proposta del Ministro per la pubblica amministrazione, previa intesa in Conferenza unificata di cui all'articolo 8 del decreto legislativo 28 agosto 1997, n. 281, sono definiti modalità e criteri di misurazione dei tempi effettivi di conclusione dei procedimenti, nonché le ulteriori modalità di pubblicazione di cui al primo periodo. (⁶)

5. Fatto salvo quanto previsto da specifiche disposizioni normative, le autorità di garanzia e di vigilanza disciplinano, in conformità ai propri ordinamenti, i termini di conclusione dei procedimenti di rispettiva competenza.

6. I termini per la conclusione del procedimento decorrono dall'inizio del procedimento d'ufficio o dal ricevimento della domanda, se il procedimento è ad iniziativa di parte.

7. Fatto salvo quanto previsto dall'art. 17, i termini di cui ai commi 2, 3, 4 e 5 del presente articolo possono essere sospesi, per una sola volta e per un periodo non superiore a trenta giorni, per l'acquisizione di informazioni o di certificazioni relative a fatti, stati o qualità non attestati in documenti già in possesso dell'amministrazione stessa o non direttamente acquisibili presso altre pubbliche amministrazioni. Si applicano le disposizioni dell'art. 14, comma 2.

8. La tutela in materia di silenzio dell'amministrazione è disciplinata dal codice del processo amministrativo, di cui al decreto legislativo 2 luglio 2010, n. 104. Le sentenze passate in giudicato che accolgono il ricorso proposto avverso il silenzio inadempimento dell'amministrazione sono trasmesse, in via telematica, alla Corte dei conti. ([3])

8-bis. Le determinazioni relative ai provvedimenti, alle autorizzazioni, ai pareri, ai nulla osta e agli atti di assenso comunque denominati, adottate dopo la scadenza dei termini di cui agli articoli 14-bis, comma 2, lettera c), 17-bis, commi 1 e 3, 20, comma 1, ovvero successivamente all'ultima riunione di cui all'articolo 14-ter, comma 7, nonché i provvedimenti di divieto di prosecuzione dell'attività e di rimozione degli eventuali effetti, di cui all'articolo 19, commi 3 e 6-bis, primo periodo, adottati dopo la scadenza dei termini ivi previsti, sono inefficaci, fermo restando quanto previsto dall'articolo 21-nonies, ove ne ricorrano i presupposti e le condizioni. ([7])

9. La mancata o tardiva emanazione del provvedimento costituisce elemento di valutazione della performance individuale, nonché di responsabilità disciplinare e amministrativo-contabile del dirigente e del funzionario inadempiente. ([4])

9-bis. L'organo di governo individua un soggetto nell'ambito delle figure apicali dell'amministrazione o una unità organizzativa cui attribuire il potere sostitutivo in caso di inerzia. Nell'ipotesi di omessa individuazione il potere sostitutivo si considera attribuito al dirigente generale o, in mancanza, al dirigente preposto all'ufficio o in mancanza al funzionario di più elevato livello presente nell'amministrazione. Per ciascun procedimento, sul sito internet istituzionale dell'amministrazione è pubblicata, in formato tabellare e con collegamento ben visibile nella homepage, l'indicazione del soggetto o dell'unità organizzativa a cui è attribuito il potere sostitutivo e a cui l'interessato può rivolgersi ai sensi e per gli effetti del comma 9-ter. Tale soggetto, in caso di ritardo, comunica senza indugio il nominativo del responsabile, ai fini della valutazione dell'avvio del procedimento disciplinare, secondo le disposizioni del proprio ordinamento e dei contratti collettivi nazionali di lavoro, e, in caso di mancata ottemperanza alle disposizioni del presente comma, assume la sua medesima responsabilità oltre a quella propria. (5)

9-*ter*. Decorso inutilmente il termine per la conclusione del procedimento o quello superiore di cui al comma 7, il privato può rivolgersi al responsabile di cui al comma 9-*bis* perché, entro un termine pari alla metà di quello originariamente previsto, concluda il procedimento attraverso le strutture competenti o con la nomina di un commissario. (5)

9-*quater*. Il responsabile individuato ai sensi del comma 9-bis, entro il 30 gennaio di ogni anno, comunica all'organo di governo, i procedimenti, suddivisi per tipologia e strutture amministrative competenti, nei quali non è stato rispettato il termine di conclusione previsto dalla legge o dai regolamenti. Le Amministrazioni provvedono all'attuazione del presente comma, con le risorse umane, strumentali e finanziarie disponibili a legislazione vigente, senza nuovi o maggiori oneri a carico della finanza pubblica. (5)

9-*quinquies*. Nei provvedimenti rilasciati in ritardo su istanza di parte sono espressamente indicati il termine previsto dalla legge o dai regolamenti e quello effettivamente impiegato. (5)

(1) Articolo così modificato dagli art. 2 co. 1, lett.b) e 21, co. 1, lett. b) L. 11 febbraio 2005, n. 15, così sostituito dall'art. 3, co. 6-bis, D.L. 14 marzo 2005, n. 35, nel testo integrato della relativa legge di conversione, e successivamente dall'art. 7, co. 1, lett. b), L. 18 giugno 2009, n. 69.
(2) Il periodo "*Se ravvisano la manifesta irricevibilità, inammissibilità, improcedibilità o infondatezza della domanda, le pubbliche amministrazioni concludono il procedimento con un provvedimento espresso redatto in forma semplificata, la cui motivazione può consistere in un sintetico riferimento al punto di fatto o di diritto ritenuto risolutivo.*" è stato aggiunto dall'art. 1, co. 38, L. 6 novembre 2012, n. 190.
(3) Il comma che così recitava: "*8. La tutela in materia di silenzio dell'amministrazione è disciplinata dal codice del processo amministrativo.*" è stato modificato dal D.Lgs. 2 luglio 2010, n. 104 e successivamente dall'art. 1, co. 1, D.L. 9 febbraio 2012, n. 5, convertito con Legge di conversione 4 aprile 2012, n. 35.
(4) Il comma che così recitava: "*9. La mancata emanazione del provvedimento nei termini costituisce elemento di valutazione della responsabilità dirigenziale.*" è stato così sostituito dall'art. 1, co. 1, D.L. 9 febbraio 2012, n. 5, convertito con Legge di conversione 4 aprile 2012, n. 35.

(5) Comma aggiunto dall'art. 1, co. 1, D.L. 9 febbraio 2012, n. 5, convertito con Legge di conversione 4 aprile 2012, n. 35. Successivamente il presente comma è stato così modificato dall'art. 13, comma 01, D.L. 22 giugno 2012, n. 83, convertito, con modificazioni, dalla L. 7 agosto 2012, n. 134. Da ultimo il presente comma è stato modificato dall'art. 61, comma 1, lett. a), nn. 1) e 2), D.L. 31 maggio 2021, n. 77, convertito, con modificazioni, dalla L. 29 luglio 2021, n. 108.
(6) Comma inserito dall' art. 12, comma 1, lett. a), n. 1), D.L. 16 luglio 2020, n. 76, convertito, con modificazioni, dalla L. 11 settembre 2020, n. 120.
(7) Comma inserito dall' art. 12, comma 1, lett. a), n. 2), D.L. 16 luglio 2020, n. 76, convertito, con modificazioni, dalla L. 11 settembre 2020, n. 120.

Per approfondimenti vedi la guida "**Silenzio diniego e silenzio rigetto**".

Articolo 2-bis. ([1])
(Conseguenze per il ritardo dell'amministrazione nella conclusione del procedimento)

1. Le pubbliche amministrazioni e i soggetti di cui all'art. 1, comma 1-ter, sono tenuti al risarcimento del danno ingiusto cagionato in conseguenza dell'inosservanza dolosa o colposa del termine di conclusione del procedimento.

1-bis. Fatto salvo quanto previsto dal comma 1 e ad esclusione delle ipotesi di silenzio qualificato e dei concorsi pubblici, in caso di inosservanza del termine di conclusione del procedimento ad istanza di parte, per il quale sussiste l'obbligo di pronunziarsi, l'istante ha diritto di ottenere un indennizzo per il mero ritardo alle condizioni e con le modalità stabilite dalla legge o, sulla base della legge, da un regolamento emanato ai sensi dell'articolo 17, comma 2, della legge 23 agosto 1988, n. 400. In tal caso le somme corrisposte o da corrispondere a titolo di indennizzo sono detratte dal risarcimento. ([3])

2. (...) ([2]).

(1) Articolo inserito dall'art. 7, co. 1, lett. c), L.18 giugno 2009, n. 69.
(2) Comma abrogato dall'art. 4, co. 1, n. 14), D.Lgs. 2 luglio 2010, n. 104. Il testo precedente così recitava: *"Le controversie relative all'applicazione del presente articolo sono attribuite alla giurisdizione esclusiva del giudice amministrativo. Il diritto al risarcimento del danno si prescrive in cinque anni."*
(3) Comma inserito dall'art. 28, comma 9, D.L. 21 giugno 2013, n. 69, convertito, con modificazioni dalla L. 9 agosto 2013, n. 98.

Articolo 3.
(Motivazione del provvedimento) (¹)

1. Ogni provvedimento amministrativo, compresi quelli concernenti l'organizzazione amministrativa, lo svolgimento dei pubblici concorsi ed il personale, deve essere motivato, salvo che nelle ipotesi previste dal comma 2. La motivazione deve indicare i presupposti di fatto e le ragioni giuridiche che hanno determinato la decisione dell'amministrazione, in relazione alle risultanze dell'istruttoria.

2. La motivazione non è richiesta per gli atti normativi e per quelli a contenuto generale.

3. Se le ragioni della decisione risultano da altro atto dell'amministrazione richiamato dalla decisione stessa, insieme alla comunicazione di quest'ultima deve essere indicato e reso disponibile, a norma della presente legge, anche l'atto cui essa si richiama.

4. In ogni atto notificato al destinatario devono essere indicati il termine e l'autorità cui è possibile ricorrere.

(1) Rubrica aggiunta dall'art. 21, co. 1, lett. c), L. 11 febbraio 2005, n. 15.

Articolo 3-bis. (¹)
(Uso della telematica)

1. Per conseguire maggiore efficienza nella loro attività, le amministrazioni pubbliche agiscono mediante strumenti informatici e telematici, nei rapporti interni, tra le diverse amministrazioni e tra queste e i privati. (²)
(1) Articolo aggiunto dall'art. 3, co. 1, L. 11 febbraio 2005, n. 15.
(2) Comma così modificato dall' art. 12, comma 1, lett. b), D.L. 16 luglio 2020, n. 76, convertito, con modificazioni, dalla L. 11 settembre 2020, n. 120.

Capo II
Responsabile del procedimento

Articolo 4.
(Unità organizzativa responsabile del procedimento) (¹)

1. Ove non sia già direttamente stabilito per legge o per regolamento, le pubbliche amministrazioni sono tenute a determinare per ciascun tipo di

procedimento relativo ad atti di loro competenza l'unità organizzativa responsabile della istruttoria e di ogni altro adempimento procedimentale, nonché dell'adozione del provvedimento finale.

2. Le disposizioni adottate ai sensi del comma 1 sono rese pubbliche secondo quanto previsto dai singoli ordinamenti.

(1) Rubrica aggiunta dall'art. 21, co. 1, L. 11 febbraio 2005, n. 15.

Articolo 5.
(Responsabile del procedimento) ([1])

1. Il dirigente di ciascuna unità organizzativa provvede ad assegnare a sé o ad altro dipendente addetto all'unità la responsabilità della istruttoria e di ogni altro adempimento inerente il singolo procedimento nonché, eventualmente, dell'adozione del provvedimento finale.

2. Fino a quando non sia effettuata l'assegnazione di cui al comma 1, è considerato responsabile del singolo procedimento il funzionario preposto alla unità organizzativa determinata a norma del comma 1 dell'articolo 4.

3. L'unità organizzativa competente, il domicilio digitale e il nominativo del responsabile del procedimento sono comunicati ai soggetti di cui all'articolo 7 e, a richiesta, a chiunque vi abbia interesse. ([2])
(1) Rubrica aggiunta dall'art. 21, co. 1, lett. e), L. 11 febbraio 2005, n. 15.
(2) Comma così modificato dall' art. 12, comma 1, lett. c), D.L. 16 luglio 2020, n. 76, convertito, con modificazioni, dalla L. 11 settembre 2020, n. 120.

Articolo 6. ([1])
(Compiti del responsabile del procedimento)

1. Il responsabile del procedimento:

a) valuta, ai fini istruttori, le condizioni di ammissibilità, i requisiti di legittimazione ed i presupposti che siano rilevanti per l'emanazione di provvedimento;

b) accerta di ufficio i fatti, disponendo il compimento degli atti all'uopo necessari, e adotta ogni misura per l'adeguato e sollecito svolgimento dell'istruttoria. In particolare, può chiedere il rilascio di dichiarazioni e la rettifica di dichiarazioni o istanze erronee o incomplete e può esperire accertamenti tecnici ed ispezioni ed ordinare esibizioni documentali;

c) propone l'indizione o, avendone la competenza, indice le conferenze di servizi di cui all'articolo 14;

d) cura le comunicazioni, le pubblicazioni e le notificazioni previste dalle leggi e dai regolamenti;

e) adotta, ove ne abbia la competenza, il provvedimento finale, ovvero trasmette gli atti all'organo competente per l'adozione. L'organo competente per l'adozione del provvedimento finale, ove diverso dal responsabile del procedimento, non può discostarsi dalle risultanze dell'istruttoria condotta dal responsabile del procedimento se non indicandone la motivazione nel provvedimento finale. [2]

(1) Articolo così modificato dall'art. 21, co. 1, lett. f), L. 11 febbraio 2005, n. 15.
(2) Lettera così modificata dall'art. 4, co.1, L. 11 febbraio 2005, n. 15.

Art. 6-bis.
(Conflitto di interessi) ([1])

1. Il responsabile del procedimento e i titolari degli uffici competenti ad adottare i pareri, le valutazioni tecniche, gli atti endoprocedimentali e il provvedimento finale devono astenersi in caso di conflitto di interessi, segnalando ogni situazione di conflitto, anche potenziale.

(1) Articolo aggiunto dall'art. 1, co. 41, L. 6 novembre 2012, n. 190.

Capo III
Partecipazione al procedimento amministrativo

Articolo 7.
(Comunicazione di avvio del procedimento) ([1])

1. Ove non sussistano ragioni di impedimento derivanti da particolari esigenze di celerità del procedimento, l'avvio del procedimento stesso è comunicato, con le modalità previste dall'articolo 8, ai soggetti nei confronti dei quali il provvedimento finale è destinato a produrre effetti diretti ed a quelli che per legge debbono intervenirvi. Ove parimenti non sussistano le ragioni di impedimento predette, qualora da un provvedimento possa

derivare un pregiudizio a soggetti individuati o facilmente individuabili, diversi dai suoi diretti destinatari, l'amministrazione è tenuta a fornire loro, con le stesse modalità, notizia dell'inizio del procedimento.

2. Nelle ipotesi di cui al comma 1 resta salva la facoltà dell'amministrazione di adottare, anche prima della effettuazione delle comunicazioni di cui al medesimo comma 1, provvedimenti cautelari.

(1) Rubrica aggiunta dall'art. 21, co. 1, lett.g), L. 11 febbraio 2005, n. 15.

Articolo 8.
Modalità e contenuti della comunicazione di avvio del procedimento (¹)

1. L'amministrazione provvede a dare notizia dell'avvio del procedimento mediante comunicazione personale.

2. Nella comunicazione debbono essere indicati:

a) l'amministrazione competente;

b) l'oggetto del procedimento promosso;

c) l'ufficio, il domicilio digitale dell'amministrazione e la persona responsabile del procedimento; (³)

c-bis) la data entro la quale, secondo i termini previsti dall'articolo 2, commi 2 o 3, deve concludersi il procedimento e i rimedi esperibili in caso di inerzia dell'amministrazione; (²)

c-ter) nei procedimenti ad iniziativa di parte, la data di presentazione della relativa istanza; (²)

d) le modalità con le quali, attraverso il punto di accesso telematico di cui all'articolo 64-bis del decreto legislativo 7 marzo 2005, n. 82 o con altre modalità telematiche, è possibile prendere visione degli atti, accedere al fascicolo informatico di cui all'articolo 41 dello stesso decreto legislativo n. 82 del 2005 ed esercitare in via telematica i diritti previsti dalla presente legge; (⁴)

d-bis) l'ufficio dove è possibile prendere visione degli atti che non sono disponibili o accessibili con le modalità di cui alla lettera d) (⁵).

3. Qualora per il numero dei destinatari la comunicazione personale non sia possibile o risulti particolarmente gravosa, l'amministrazione provvede a rendere noti gli elementi di cui al comma 2 mediante forme di pubblicità idonee di volta in volta stabilite dall'amministrazione medesima.

4. L'omissione di taluna delle comunicazioni prescritte può esser fatta valere solo dal soggetto nel cui interesse la comunicazione è prevista.

(1) Rubrica inserita dall'art. 21, comma 1, lett. h), L. 11 febbraio 2005, n. 15.

(2) Lettera inserita dall'art. 5, comma 1, L. 11 febbraio 2005, n. 15.

(3) Lettera così modificata dall' art. 12, comma 1, lett. d), n. 1), D.L. 16 luglio 2020, n. 76, convertito, con modificazioni, dalla L. 11 settembre 2020, n. 120.

(4) Lettera così sostituita dall' art. 12, comma 1, lett. d), n. 2), D.L. 16 luglio 2020, n. 76, convertito, con modificazioni, dalla L. 11 settembre 2020, n. 120.

(5) Lettera aggiunta dall' art. 12, comma 1, lett. d), n. 3), D.L. 16 luglio 2020, n. 76, convertito, con modificazioni, dalla L. 11 settembre 2020, n. 120.

Articolo 9.
(Intervento nel procedimento) ([1])

1. Qualunque soggetto, portatore di interessi pubblici o privati, nonché i portatori di interessi diffusi costituiti in associazioni o comitati, cui possa derivare un pregiudizio dal provvedimento, hanno facoltà di intervenire nel procedimento.

(1) Rubrica aggiunta dall'art. 21, co. 1, lett. i), L. 11 febbraio 2005, n. 15.

Articolo 10.
(Diritti dei partecipanti al procedimento) ([1])

1. I soggetti di cui all'articolo 7 e quelli intervenuti ai sensi dell'articolo 9 hanno diritto:

a) di prendere visione degli atti del procedimento, salvo quanto previsto dall'articolo 24;

b) di presentare memorie scritte e documenti, che l'amministrazione ha l'obbligo di valutare ove siano pertinenti all'oggetto del procedimento.

(1) Rubrica aggiunta dall'art. 21, comma 1, lett. l), Legge 11 febbraio 2005, n. 15.

Articolo 10-bis. ([1])
(Comunicazione dei motivi ostativi all'accoglimento dell'istanza).

1. Nei procedimenti ad istanza di parte il responsabile del procedimento o l'autorità competente, prima della formale adozione di un provvedimento negativo, comunica tempestivamente agli istanti i motivi che ostano all'accoglimento della domanda. Entro il termine di dieci giorni dal ricevimento della comunicazione, gli istanti hanno il diritto di presentare per iscritto le loro osservazioni, eventualmente corredate da documenti. La comunicazione di cui al primo periodo sospende i termini di conclusione dei procedimenti, che ricominciano a decorrere dieci giorni dopo la presentazione delle osservazioni o, in mancanza delle stesse, dalla scadenza del termine di cui al secondo periodo. Qualora gli istanti abbiano presentato osservazioni, del loro eventuale mancato accoglimento il responsabile del procedimento o l'autorità competente sono tenuti a dare ragione nella motivazione del provvedimento finale di diniego indicando, se ve ne sono, i soli motivi ostativi ulteriori che sono conseguenza delle osservazioni. In caso di annullamento in giudizio del provvedimento così adottato, nell'esercitare nuovamente il suo potere l'amministrazione non può addurre per la prima volta motivi ostativi già emergenti dall'istruttoria del provvedimento annullato. Le disposizioni di cui al presente articolo non si applicano alle procedure concorsuali e ai procedimenti in materia previdenziale e assistenziale sorti a seguito di istanza di parte e gestiti dagli enti previdenziali. Non possono essere addotti tra i motivi che ostano all'accoglimento della domanda inadempienze o ritardi attribuibili all'amministrazione. ([2])

(1) Articolo aggiunto dall'art. 6, co. 1, L. 11 febbraio 2005, n. 15.
(2) Comma modificato dall'art. 9, comma 3, L. 11 novembre 2011, n. 180, a decorrere dal 15 novembre 2011, ai sensi di quanto disposto dall'art. 21, comma 1 della medesima L. 180/2011. Successivamente, il presente comma è stato così modificato dall' art. 12, comma 1, lett. e), D.L. 16 luglio 2020, n. 76, convertito, con modificazioni, dalla L. 11 settembre 2020, n. 120.

Articolo 11. (¹)
(Accordi integrativi o sostitutivi del provvedimento)

1. In accoglimento di osservazioni e proposte presentate a norma dell'articolo 10, l'amministrazione procedente può concludere, senza pregiudizio dei diritti dei terzi, e in ogni caso nel perseguimento del pubblico interesse, accordi con gli interessati al fine di determinare il contenuto discrezionale del provvedimento finale ovvero in sostituzione di questo (²).

1-bis. Al fine di favorire la conclusione degli accordi di cui al comma 1, il responsabile del procedimento può predisporre un calendario di incontri cui invita, separatamente o contestualmente, il destinatario del provvedimento ed eventuali controinteressati. (³)

2. Gli accordi di cui al presente articolo debbono essere stipulati, a pena di nullità, per atto scritto, salvo che la legge disponga altrimenti. Ad essi si applicano, ove non diversamente previsto, i principi del codice civile in materia di obbligazioni e contratti in quanto compatibili. Gli accordi di cui al presente articolo devono essere motivati ai sensi dell'articolo 3. (⁴)

3. Gli accordi sostitutivi di provvedimenti sono soggetti ai medesimi controlli previsti per questi ultimi.

4. Per sopravvenuti motivi di pubblico interesse l'amministrazione recede unilateralmente dall'accordo, salvo l'obbligo di provvedere alla liquidazione di un indennizzo in relazione agli eventuali pregiudizi verificatisi in danno del privato.

4-bis. A garanzia dell'imparzialità e del buon andamento dell'azione amministrativa, in tutti i casi in cui una pubblica amministrazione conclude accordi nelle ipotesi previste al comma 1, la stipulazione dell'accordo è preceduta da una determinazione dell'organo che sarebbe competente per l'adozione del provvedimento. (⁵)

5. (...) (⁶).

(1) Rubrica aggiunta dall'art. 21, co. 1, lett. m), L. 11 febbraio 2005, n. 15.
(2) Comma così modificato dall'art. 7, co. 1, lett. a), L. 11 febbraio 2005, n. 15.
(3) Comma aggiunto dall'art. 3 quinquies, D.L. 12 maggio 1995, n. 163, convertito con modificazioni dalla L. 11 luglio 1995, n. 273.

(4) Il periodo "Gli accordi di cui al presente articolo devono essere motivati ai sensi dell'articolo 3." è stato aggiunto dall'art. 1, co. 47, L. 6 novembre 2012, n. 190.
(5) Comma aggiunto dall'art. 7, co. 1, lett. b), L. 11 febbraio 2005, n. 15.
(6) Comma abrogato dall'allegato 4, art. 4, co. 1, n. 14), dell'Allegato 4 al D.Lgs. 2 luglio 2010, n. 104. Il testo precedente così recitava: *"5. Le controversie in materia di formazione, conclusione ed esecuzione degli accordi di cui al presente articolo sono riservate alla giurisdizione esclusiva del giudice amministrativo."*

Articolo 12.
(Provvedimenti attributivi di vantaggi economici) ([1])

1. La concessione di sovvenzioni, contributi, sussidi ed ausili finanziari e l'attribuzione di vantaggi economici di qualunque genere a persone ed enti pubblici e privati sono subordinate alla predeterminazione da parte delle amministrazioni procedenti, nelle forme previste dai rispettivi ordinamenti, dei criteri e delle modalità cui le amministrazioni stesse devono attenersi. ([2])

2. L'effettiva osservanza dei criteri e delle modalità di cui al comma 1 deve risultare dai singoli provvedimenti relativi agli interventi di cui al medesimo comma 1.

(1) Rubrica aggiunta dall'art. 21, co. 1, lett. n, L. 11 febbraio 2005, n. 15.
(2) Le parole: *"ed alla pubblicazione"* sono state così abrogate dall'art. 52, co. 2, D.Lgs. 14 marzo 2013, n. 33.

Articolo 13.
(Ambito di applicazione delle norme sulla partecipazione) ([1])

1. Le disposizioni contenute nel presente capo non si applicano nei confronti dell'attività della pubblica amministrazione diretta alla emanazione di atti normativi, amministrativi generali, di pianificazione e di programmazione, per i quali restano ferme le particolari norme che ne regolano la formazione.

2. Dette disposizioni non si applicano altresì ai procedimenti tributari per i quali restano parimenti ferme le particolari norme che li regolano, nonché ai procedimenti previsti dal decreto-legge 15 gennaio 1991, n. 8, convertito, con modificazioni, dalla legge 15 marzo 1991, n. 82, e successive modificazioni, e dal decreto legislativo 29 marzo 1993, n. 119, e successive modificazioni. ([2])

(1) Rubrica aggiunta dall'art. 21, co. 1, lett. a), L. 11 febbraio 2005, n. 15.
(2) Comma così modificato dall'art. 22, co. 1, lett. a), L. 13 febbraio 2001, n. 45.

Capo IV
Semplificazione dell'azione amministrativa

Articolo 14. (¹)
(Conferenza di servizi)

1. La conferenza di servizi istruttoria può essere indetta dall'amministrazione procedente, anche su richiesta di altra amministrazione coinvolta nel procedimento o del privato interessato, quando lo ritenga opportuno per effettuare un esame contestuale degli interessi pubblici coinvolti in un procedimento amministrativo, ovvero in più procedimenti amministrativi connessi, riguardanti medesime attività o risultati. Tale conferenza si svolge con le modalità previste dall'articolo 14-bis o con modalità diverse, definite dall'amministrazione procedente.

2. La conferenza di servizi decisoria è sempre indetta dall'amministrazione procedente quando la conclusione positiva del procedimento è subordinata all'acquisizione di più pareri, intese, concerti, nulla osta o altri atti di assenso, comunque denominati, resi da diverse amministrazioni, inclusi i gestori di beni o servizi pubblici. Quando l'attività del privato sia subordinata a più atti di assenso, comunque denominati, da adottare a conclusione di distinti procedimenti, di competenza di diverse amministrazioni pubbliche, la conferenza di servizi è convocata, anche su richiesta dell'interessato, da una delle amministrazioni procedenti.

3. Per progetti di particolare complessità e di insediamenti produttivi di beni e servizi l'amministrazione procedente, su motivata richiesta dell'interessato, corredata da uno studio di fattibilità, può indire una conferenza preliminare finalizzata a indicare al richiedente, prima della presentazione di una istanza o di un progetto definitivo, le condizioni per ottenere, alla loro presentazione, i necessari pareri, intese, concerti, nulla osta, autorizzazioni, concessioni o altri atti di assenso, comunque denominati. L'amministrazione procedente, se ritiene di accogliere la richiesta motivata di indizione della conferenza, la indice entro cinque giorni lavorativi dalla ricezione della richiesta stessa. La conferenza preliminare si svolge secondo le disposizioni dell'articolo 14-bis, con abbreviazione dei termini fino alla metà. Le amministrazioni coinvolte esprimono le proprie determinazioni sulla base della documentazione prodotta dall'interessato. Scaduto il termine entro il

quale le amministrazioni devono rendere le proprie determinazioni, l'amministrazione procedente le trasmette, entro cinque giorni, al richiedente. Ove si sia svolta la conferenza preliminare, l'amministrazione procedente, ricevuta l'istanza o il progetto definitivo, indice la conferenza simultanea nei termini e con le modalità di cui agli articoli 14-bis, comma 7, e 14-ter e, in sede di conferenza simultanea, le determinazioni espresse in sede di conferenza preliminare possono essere motivatamente modificate o integrate solo in presenza di significativi elementi emersi nel successivo procedimento anche a seguito delle osservazioni degli interessati sul progetto definitivo. Nelle procedure di realizzazione di opere pubbliche o di interesse pubblico, la conferenza di servizi si esprime sul progetto di fattibilità tecnica ed economica, al fine di indicare le condizioni per ottenere, sul progetto definitivo, le intese, i pareri, le concessioni, le autorizzazioni, le licenze, i nullaosta e gli assensi, comunque denominati, richiesti dalla normativa vigente.

4. Qualora un progetto sia sottoposto a valutazione di impatto ambientale di competenza regionale, tutte le autorizzazioni, intese, concessioni, licenze, pareri, concerti, nulla osta e assensi comunque denominati, necessari alla realizzazione e all'esercizio del medesimo progetto, vengono acquisiti nell'ambito di apposita conferenza di servizi, convocata in modalità sincrona ai sensi dell'articolo 14-ter, secondo quanto previsto dall'articolo 27-bis del decreto legislativo 3 aprile 2006, n. 152. ([2])

5. L'indizione della conferenza è comunicata ai soggetti di cui all'articolo 7, i quali possono intervenire nel procedimento ai sensi dell'articolo 9.

(1) Articolo così modificato dall'art. 21, L. 11 febbraio 2005, n. 15, dall'art. 49, comma 1, lett. a) e b), D.L.31 maggio 2010, n. 78, convertito con modificazioni nella L. 30 luglio 2010, n. 122. Successivamente il presente articolo è stato così sostituito dall'art. 1, comma 1, D.Lgs. 30 giugno 2016, n. 127; per l'applicazione di tale ultima disposizione vedi l'art. 7, comma 1 del medesimo D.Lgs. n. 127/2016.
(2) Comma così sostituito dall' art. 24, comma 1, D.Lgs. 16 giugno 2017, n. 104.

Articolo 14-bis. ([1])
(Conferenza di servizi preliminare)

1. La conferenza decisoria di cui all'articolo 14, comma 2, si svolge in forma semplificata e in modalità asincrona, salvo i casi di cui ai commi 6 e 7. Le

comunicazioni avvengono secondo le modalità previste dall'articolo 47 del decreto legislativo 7 marzo 2005, n. 82.

2. La conferenza è indetta dall'amministrazione procedente entro cinque giorni lavorativi dall'inizio del procedimento d'ufficio o dal ricevimento della domanda, se il procedimento è ad iniziativa di parte. A tal fine l'amministrazione procedente comunica alle altre amministrazioni interessate:

a) l'oggetto della determinazione da assumere, l'istanza e la relativa documentazione ovvero le credenziali per l'accesso telematico alle informazioni e ai documenti utili ai fini dello svolgimento dell'istruttoria;

b) il termine perentorio, non superiore a quindici giorni, entro il quale le amministrazioni coinvolte possono richiedere, ai sensi dell'articolo 2, comma 7, integrazioni documentali o chiarimenti relativi a fatti, stati o qualità non attestati in documenti già in possesso dell'amministrazione stessa o non direttamente acquisibili presso altre pubbliche amministrazioni;

c) il termine perentorio, comunque non superiore a quarantacinque giorni, entro il quale le amministrazioni coinvolte devono rendere le proprie determinazioni relative alla decisione oggetto della conferenza, fermo restando l'obbligo di rispettare il termine finale di conclusione del procedimento. Se tra le suddette amministrazioni vi sono amministrazioni preposte alla tutela ambientale, paesaggistico-territoriale, dei beni culturali, o alla tutela della salute dei cittadini, ove disposizioni di legge o i provvedimenti di cui all'articolo 2 non prevedano un termine diverso, il suddetto termine è fissato in novanta giorni;

d) la data della eventuale riunione in modalità sincrona di cui all'articolo 14-ter, da tenersi entro dieci giorni dalla scadenza del termine di cui alla lettera c), fermo restando l'obbligo di rispettare il termine finale di conclusione del procedimento.

3. Entro il termine di cui al comma 2, lettera c), le amministrazioni coinvolte rendono le proprie determinazioni, relative alla decisione oggetto della conferenza. Tali determinazioni, congruamente motivate, sono formulate in termini di assenso o dissenso e indicano, ove possibile, le modifiche eventualmente necessarie ai fini dell'assenso. Le prescrizioni o condizioni eventualmente indicate ai fini dell'assenso o del superamento del dissenso sono espresse in modo chiaro e analitico e specificano se sono relative a un vincolo derivante da una disposizione normativa o da un atto

amministrativo generale ovvero discrezionalmente apposte per la migliore tutela dell'interesse pubblico.

4. Fatti salvi i casi in cui disposizioni del diritto dell'Unione europea richiedono l'adozione di provvedimenti espressi, la mancata comunicazione della determinazione entro il termine di cui al comma 2, lettera c), ovvero la comunicazione di una determinazione priva dei requisiti previsti dal comma 3, equivalgono ad assenso senza condizioni. Restano ferme le responsabilità dell'amministrazione, nonché quelle dei singoli dipendenti nei confronti dell'amministrazione, per l'assenso reso, ancorché implicito.

5. Scaduto il termine di cui al comma 2, lettera c), l'amministrazione procedente adotta, entro cinque giorni lavorativi, la determinazione motivata di conclusione positiva della conferenza, con gli effetti di cui all'articolo 14-quater, qualora abbia acquisito esclusivamente atti di assenso non condizionato, anche implicito, ovvero qualora ritenga, sentiti i privati e le altre amministrazioni interessate, che le condizioni e prescrizioni eventualmente indicate dalle amministrazioni ai fini dell'assenso o del superamento del dissenso possano essere accolte senza necessità di apportare modifiche sostanziali alla decisione oggetto della conferenza. Qualora abbia acquisito uno o più atti di dissenso che non ritenga superabili, l'amministrazione procedente adotta, entro il medesimo termine, la determinazione di conclusione negativa della conferenza che produce l'effetto del rigetto della domanda. Nei procedimenti a istanza di parte la suddetta determinazione produce gli effetti della comunicazione di cui all'articolo 10-bis. L'amministrazione procedente trasmette alle altre amministrazioni coinvolte le eventuali osservazioni presentate nel termine di cui al suddetto articolo e procede ai sensi del comma 2. Dell'eventuale mancato accoglimento di tali osservazioni è data ragione nell'ulteriore determinazione di conclusione della conferenza.

6. Fuori dei casi di cui al comma 5, l'amministrazione procedente, ai fini dell'esame contestuale degli interessi coinvolti, svolge, nella data fissata ai sensi del comma 2, lettera d), la riunione della conferenza in modalità sincrona, ai sensi dell'articolo 14-ter.

7. Ove necessario, in relazione alla particolare complessità della determinazione da assumere, l'amministrazione procedente può comunque procedere direttamente in forma simultanea e in modalità sincrona, ai sensi dell'articolo 14-ter. In tal caso indice la conferenza comunicando alle altre amministrazioni le informazioni di cui alle lettere a) e b) del comma 2 e convocando la riunione entro i successivi quarantacinque giorni.

L'amministrazione procedente può altresì procedere in forma simultanea e in modalità sincrona su richiesta motivata delle altre amministrazioni o del privato interessato avanzata entro il termine perentorio di cui al comma 2, lettera b). In tal caso la riunione è convocata nei successivi quarantacinque giorni.

(1) Articolo aggiunto dall'art. 17, L. 15 maggio 1997, n. 127, e successivamente coì modificato dall'art. 10, L. 24 novembre 2000, n. 340, dall'art. 21, L. 11 febbraio 2005, n. 15, dall'art. 3, D.L. 22 giugno 2012, n. 83 convertito, con modificazioni, L. 7 agosto 2012, n. 134. Successivamente il presente articolo è stato così sostituito dall'art. 1, comma 1, D.Lgs. 30 giugno 2016, n. 127; per l'applicazione di tale ultima disposizione vedi l'art. 7, comma 1 del medesimo D.Lgs. n. 127/2016.

Articolo 14-ter. ([1])
(Lavori della conferenza di servizi)

1. La prima riunione della conferenza di servizi in forma simultanea e in modalità sincrona si svolge nella data previamente comunicata ai sensi dell'articolo 14-bis, comma 2, lettera d), ovvero nella data fissata ai sensi dell'articolo 14-bis, comma 7, con la partecipazione contestuale, ove possibile anche in via telematica, dei rappresentanti delle amministrazioni competenti.

2. I lavori della conferenza si concludono non oltre quarantacinque giorni decorrenti dalla data della riunione di cui al comma 1. Nei casi di cui all'articolo 14-bis, comma 7, qualora siano coinvolte amministrazioni preposte alla tutela ambientale, paesaggistico-territoriale, dei beni culturali e della salute dei cittadini, il termine è fissato in novanta giorni. Resta fermo l'obbligo di rispettare il termine finale di conclusione del procedimento.

3. Ciascun ente o amministrazione convocato alla riunione è rappresentato da un unico soggetto abilitato ad esprimere definitivamente e in modo univoco e vincolante la posizione dell'amministrazione stessa su tutte le decisioni di competenza della conferenza, anche indicando le modifiche progettuali eventualmente necessarie ai fini dell'assenso.

4. Ove alla conferenza partecipino anche amministrazioni non statali, le amministrazioni statali sono rappresentate da un unico soggetto abilitato ad esprimere definitivamente in modo univoco e vincolante la posizione di tutte le predette amministrazioni, nominato, anche preventivamente per determinate materie o determinati periodi di tempo, dal Presidente del

Consiglio dei ministri, ovvero, ove si tratti soltanto di amministrazioni periferiche, dal Prefetto. Ferma restando l'attribuzione del potere di rappresentanza al suddetto soggetto, le singole amministrazioni statali possono comunque intervenire ai lavori della conferenza in funzione di supporto. Le amministrazioni di cui all'articolo 14-quinquies, comma 1, prima della conclusione dei lavori della conferenza, possono esprimere al suddetto rappresentante il proprio dissenso ai fini di cui allo stesso comma.

5. Ciascuna regione e ciascun ente locale definisce autonomamente le modalità di designazione del rappresentante unico di tutte le amministrazioni riconducibili alla stessa regione o allo stesso ente locale nonché l'eventuale partecipazione delle suddette amministrazioni ai lavori della conferenza.

6. Alle riunioni della conferenza possono essere invitati gli interessati, inclusi i soggetti proponenti il progetto eventualmente dedotto in conferenza.

7. All'esito dell'ultima riunione, e comunque non oltre il termine di cui al comma 2, l'amministrazione procedente adotta la determinazione motivata di conclusione della conferenza, con gli effetti di cui all'articolo 14-quater, sulla base delle posizioni prevalenti espresse dalle amministrazioni partecipanti alla conferenza tramite i rispettivi rappresentanti. Si considera acquisito l'assenso senza condizioni delle amministrazioni il cui rappresentante non abbia partecipato alle riunioni ovvero, pur partecipandovi, non abbia espresso ai sensi del comma 3 la propria posizione, ovvero abbia espresso un dissenso non motivato o riferito a questioni che non costituiscono oggetto della conferenza.

(1) Articolo inserito dall'art. 17, comma 6, L. 15 maggio 1997, n. 127, sostituito dall'art. 11, comma 1, L. 24 novembre 2000, n. 340, modificato dagli artt. 10, comma 1, lett. a), b), c), d), e), f), g) e h), e 21, comma 1, lett. r), L. 11 febbraio 2005, n. 15, dall'art. 9, commi 1 e 2, L. 18 giugno 2009, n. 69, dall'art. 49, comma 2, lett. a), b), b-bis), d), e) ed f), D.L. 31 maggio 2010, n. 78, convertito, con modificazioni, dalla L. 30 luglio 2010, n. 122, e dall'art. 25, comma 1, lett. a), D.L. 12 settembre 2014, n. 133, convertito, con modificazioni, dalla L. 11 novembre 2014, n. 164. Successivamente il presente articolo è stato così sostituito dall'art. 1, comma 1, D.Lgs. 30 giugno 2016, n. 127; per l'applicazione di tale ultima disposizione vedi l'art. 7, comma 1 del medesimo D.Lgs. n. 127/2016.

Articolo 14-quater. (¹) (²)
(Effetti del dissenso espresso nella conferenza di servizi)

1. La determinazione motivata di conclusione della conferenza, adottata dall'amministrazione procedente all'esito della stessa, sostituisce a ogni effetto tutti gli atti di assenso, comunque denominati, di competenza delle amministrazioni e dei gestori di beni o servizi pubblici interessati.

2. Le amministrazioni i cui atti sono sostituiti dalla determinazione motivata di conclusione della conferenza possono sollecitare con congrua motivazione l'amministrazione procedente ad assumere, previa indizione di una nuova conferenza, determinazioni in via di autotutela ai sensi dell'articolo 21-nonies. Possono altresì sollecitarla, purché abbiano partecipato, anche per il tramite del rappresentante di cui ai commi 4 e 5 dell'articolo 14-ter, alla conferenza di servizi o si siano espresse nei termini, ad assumere determinazioni in via di autotutela ai sensi dell'articolo 21-quinquies.

3. In caso di approvazione unanime, la determinazione di cui al comma 1 è immediatamente efficace. In caso di approvazione sulla base delle posizioni prevalenti, l'efficacia della determinazione è sospesa ove siano stati espressi dissensi qualificati ai sensi dell'articolo 14-quinquies e per il periodo utile all'esperimento dei rimedi ivi previsti.

4. I termini di efficacia di tutti i pareri, autorizzazioni, concessioni, nulla osta o atti di assenso comunque denominati acquisiti nell'ambito della conferenza di servizi decorrono dalla data della comunicazione della determinazione motivata di conclusione della conferenza.

(1)) Articolo inserito dall'art. 17, comma 7, L. 15 maggio 1997, n. 127, sostituito dall'art. 12, comma 1, L. 24 novembre 2000, n. 340, modificato dagli artt. 11, comma 1, lett. a), b) e c), e 21, comma 1, lett. s), L. 11 febbraio 2005, n. 15, dall'art. 49, comma 3, lett. a) e b), D.L. 31 maggio 2010, n. 78, convertito, con modificazioni, dalla L. 30 luglio 2010, n. 122, dall'art. 5, comma 2, lett. b), n. 1), D.L. 13 maggio 2011, n. 70, convertito, con modificazioni, dalla L. 12 luglio 2011, n. 106, dall'art. 33-octies, comma 1, D.L. 18 ottobre 2012, n. 179, convertito, con modificazioni, dalla L. 17 dicembre 2012, n. 221, dall'art. 25, comma 1, lett. b), nn. 1) e 2), D.L. 12 settembre 2014, n. 133, convertito, con modificazioni, dalla L. 11 novembre 2014, n. 164. Successivamente il presente articolo è stato così sostituito dall'art. 1, comma 1, D.Lgs. 30 giugno 2016, n. 127; per l'applicazione di

tale ultima disposizione vedi l'art. 7, comma 1 del medesimo D.Lgs. n. 127/2016.

Articolo 14-quinquies. ([1])
(Conferenza di servizi in materia di finanza di progetto)

1. Avverso la determinazione motivata di conclusione della conferenza, entro 10 giorni dalla sua comunicazione, le amministrazioni preposte alla tutela ambientale, paesaggistico-territoriale, dei beni culturali o alla tutela della salute e della pubblica incolumità dei cittadini possono proporre opposizione al Presidente del Consiglio dei ministri a condizione che abbiano espresso in modo inequivoco il proprio motivato dissenso prima della conclusione dei lavori della conferenza. Per le amministrazioni statali l'opposizione è proposta dal Ministro competente.

2. Possono altresì proporre opposizione le amministrazioni delle regioni o delle province autonome di Trento e di Bolzano, il cui rappresentante, intervenendo in una materia spettante alla rispettiva competenza, abbia manifestato un dissenso motivato in seno alla conferenza.

3. La proposizione dell'opposizione sospende l'efficacia della determinazione motivata di conclusione della conferenza.

4. La Presidenza del Consiglio dei ministri indice, per una data non posteriore al quindicesimo giorno successivo alla ricezione dell'opposizione, una riunione con la partecipazione delle amministrazioni che hanno espresso il dissenso e delle altre amministrazioni che hanno partecipato alla conferenza. In tale riunione i partecipanti formulano proposte, in attuazione del principio di leale collaborazione, per l'individuazione di una soluzione condivisa, che sostituisca la determinazione motivata di conclusione della conferenza con i medesimi effetti.

5. Qualora alla conferenza di servizi abbiano partecipato amministrazioni delle regioni o delle province autonome di Trento e di Bolzano, e l'intesa non venga raggiunta nella riunione di cui al comma 4, può essere indetta, entro i successivi quindici giorni, una seconda riunione, che si svolge con le medesime modalità e allo stesso fine.

6. Qualora all'esito delle riunioni di cui ai commi 4 e 5 sia raggiunta un'intesa tra le amministrazioni partecipanti, l'amministrazione procedente adotta una nuova determinazione motivata di conclusione della conferenza.

Qualora all'esito delle suddette riunioni, e comunque non oltre quindici giorni dallo svolgimento della riunione, l'intesa non sia raggiunta, la questione è rimessa al Consiglio dei ministri. La questione è posta, di norma, all'ordine del giorno della prima riunione del Consiglio dei ministri successiva alla scadenza del termine per raggiungere l'intesa. Alla riunione del Consiglio dei ministri possono partecipare i Presidenti delle regioni o delle province autonome interessate. Qualora il Consiglio dei ministri non accolga l'opposizione, la determinazione motivata di conclusione della conferenza acquisisce definitivamente efficacia. Il Consiglio dei ministri può accogliere parzialmente l'opposizione, modificando di conseguenza il contenuto della determinazione di conclusione della conferenza, anche in considerazione degli esiti delle riunioni di cui ai commi 4 e 5.

7. Restano ferme le attribuzioni e le prerogative riconosciute alle regioni a statuto speciale e alle province autonome di Trento e Bolzano dagli statuti speciali di autonomia e dalle relative norme di attuazione.

(1) Articolo aggiunto dall'art. 21, L. 11 febbraio 2005, n. 15 e, successivamente, così sostituito dall'art. 1, comma 1, D.Lgs. 30 giugno 2016, n. 127; per l'applicazione di tale ultima disposizione vedi l'art. 7, comma 1 del medesimo D.Lgs. n. 127/2016.

Articolo 15.
(Accordi fra pubbliche amministrazioni) ([1])

1. Anche al di fuori delle ipotesi previste dall'articolo 14, le amministrazioni pubbliche possono sempre concludere tra loro accordi per disciplinare lo svolgimento in collaborazione di attività di interesse comune.

2. Per detti accordi si osservano, in quanto applicabili, le disposizioni previste dall'articolo 11, commi 2 e 3. ([2])

2-bis. A fare data dal 30 giugno 2014 gli accordi di cui al comma 1 sono sottoscritti con firma digitale, ai sensi dell'articolo 24 del decreto legislativo 7 marzo 2005, n. 82, con firma elettronica avanzata, ai sensi dell'articolo 1, comma 1, lettera q-bis), del decreto legislativo 7 marzo 2005, n. 82, ovvero con altra firma elettronica qualificata, pena la nullità degli stessi. Dall'attuazione della presente disposizione non devono derivare nuovi o maggiori oneri a carico del bilancio dello Stato. All'attuazione della medesima si provvede nell'ambito delle risorse umane, strumentali e finanziarie previste dalla legislazione vigente. ([3])

(1) Rubrica aggiunta dall'art. 21, comma 1, lett. t), L. 11 febbraio 2005, n. 15.
(2) Comma così modificato dall'art. 3, comma 2, lett- b) dell'Allegato 4 al D.Lgs. 2 luglio 2010, n. 104.
(3) Comma aggiunto dall'art. 6, comma 2, D.L. 18 ottobre 2012, n. 179, convertito con modificazioni nella L. 17 dicembre 2012, n. 221 e, successivamente, così modificato dall'art. 6, comma 5, D.L. 23 dicembre 2013, n. 145, convertito, con modificazioni, dalla L. 21 febbraio 2014, n. 9; vedi, anche, l'art. 6, comma 7 del medesimo D.L. 145/2013.

Articolo 16.
(Attività consultiva) ([1])

1. Gli organi consultivi delle pubbliche amministrazioni di cui all'articolo 1, comma 2, del decreto legislativo 3 febbraio 1993, n. 29, sono tenuti a rendere i pareri a essi obbligatoriamente richiesti entro venti giorni dal ricevimento della richiesta. Qualora siano richiesti di pareri facoltativi, sono tenuti a dare immediata comunicazione alle amministrazioni richiedenti del termine entro il quale il parere sarà reso, che comunque non può superare i venti giorni dal ricevimento della richiesta. ([2])

2. In caso di decorrenza del termine senza che sia stato comunicato il parere o senza che l'organo adito abbia rappresentato esigenze istruttorie, l'amministrazione richiedente procede indipendentemente dall'espressione del parere. Salvo il caso di omessa richiesta del parere, il responsabile del procedimento non può essere chiamato a rispondere degli eventuali danni derivanti dalla mancata espressione dei pareri di cui al presente comma. ([3])

3. Le disposizioni di cui ai commi 1 e 2 non si applicano in caso di pareri che debbano essere rilasciati da amministrazioni preposte alla tutela ambientale, paesaggistica, territoriale e della salute dei cittadini. ([4])

4. Nel caso in cui l'organo adito abbia rappresentato esigenze istruttorie i termini di cui al comma 1 possono essere interrotti per una sola volta e il parere deve essere reso definitivamente entro quindici giorni dalla ricezione degli elementi istruttori da parte delle amministrazioni interessate. ([2])

5. I pareri di cui al comma 1 sono trasmessi con mezzi telematici. ([5])

6. Gli organi consultivi dello Stato predispongono procedure di particolare urgenza per l'adozione dei pareri loro richiesti.

6-bis. Resta fermo quanto previsto dall'articolo 127 del codice dei contratti pubblici relativi a lavori, servizi e forniture, di cui al decreto legislativo 12 aprile 2006, n. 163, e successive modificazioni. (6)

(1) Rubrica aggiunta dall'art. 21, L. 11 febbraio 2005, n. 15.
(2) Comma prima sostituito dall'art. 17, comma 24, L. 15 maggio 1997, n. 127 e poi così modificato dall'art. 8, comma 1, lett. a), nn. 1) e 2), L. 18 giugno 2009, n. 69.
(3) Comma così sostituito prima dall'art. 17, comma 24, L. 15 maggio 1997, n. 127 e poi dall'art. 8, comma 1, lett. a), n. 4), L. 18 giugno 2009, n. 69 e, successivamente, così modificato dall' art. 12, comma 1, lett. f), nn. 1) e 2), D.L. 16 luglio 2020, n. 76, convertito, con modificazioni, dalla L. 11 settembre 2020, n. 120.
(4) Comma così sostituito dall'art. 17, comma 24, L. 15 maggio 1997, n. 127.
(5) Comma così sostituito dall'art. 8, comma 1, lett. a), n. 5), L. 18 giugno 2009, n. 69.
(6) Comma aggiunto dall'art. 8, comma 1, lett. a), n. 6), L.18 giugno 2009, n. 69.

Articolo 17.
(Valutazioni tecniche) (¹)

1. Ove per disposizione espressa di legge o di regolamento sia previsto che per l'adozione di un provvedimento debbano essere preventivamente acquisite le valutazioni tecniche di organi od enti appositi e tali organi ed enti non provvedano o non rappresentino esigenze istruttorie di competenza dell'amministrazione procedente nei termini prefissati dalla disposizione stessa o, in mancanza, entro novanta giorni dal ricevimento della richiesta, il responsabile del procedimento deve chiedere le suddette valutazioni tecniche ad altri organi dell'amministrazione pubblica o ad enti pubblici che siano dotati di qualificazione e capacità tecnica equipollenti, ovvero ad istituti universitari.

2. La disposizione di cui al comma 1 non si applica in caso di valutazioni che debbano essere prodotte da amministrazioni preposte alla tutela ambientale, paesaggistico-territoriale e della salute dei cittadini.

3. Nel caso in cui l'ente od argano adito abbia rappresentato esigenze istruttorie all'amministrazione procedente, si applica quanto previsto dal comma 4 dell'articolo 16.

(1) Rubrica aggiunta dall'art. 21, comma 1, lett. v), L. 11 febbraio 2005, n. 15.

Articolo. 17-bis
Effetti del silenzio e dell'inerzia nei rapporti tra amministrazioni pubbliche e tra amministrazioni pubbliche e gestori di beni o servizi pubblici ([2]) ([1])

1. Nei casi in cui è prevista l'acquisizione di assensi, concerti o nulla osta comunque denominati di amministrazioni pubbliche e di gestori di beni o servizi pubblici, per l'adozione di provvedimenti normativi e amministrativi di competenza di altre amministrazioni pubbliche, le amministrazioni o i gestori competenti comunicano il proprio assenso, concerto o nulla osta entro trenta giorni dal ricevimento dello schema di provvedimento, corredato della relativa documentazione, da parte dell'amministrazione procedente. Esclusi i casi di cui al comma 3, quando per l'adozione di provvedimenti normativi e amministrativi è prevista la proposta di una o più amministrazioni pubbliche diverse da quella competente ad adottare l'atto, la proposta stessa è trasmessa entro trenta giorni dal ricevimento della richiesta da parte di quest'ultima amministrazione. Il termine è interrotto qualora l'amministrazione o il gestore che deve rendere il proprio assenso, concerto o nulla osta rappresenti esigenze istruttorie o richieste di modifica, motivate e formulate in modo puntuale nel termine stesso. In tal caso, l'assenso, il concerto o il nulla osta è reso nei successivi trenta giorni dalla ricezione degli elementi istruttori o dello schema di provvedimento; lo stesso termine si applica qualora dette esigenze istruttorie siano rappresentate dall'amministrazione proponente nei casi di cui al secondo periodo. Non sono ammesse ulteriori interruzioni di termini. ([3])

2. Decorsi i termini di cui al comma 1 senza che sia stato comunicato l'assenso, il concerto o il nulla osta, lo stesso si intende acquisito. Esclusi i casi di cui al comma 3, qualora la proposta non sia trasmessa nei termini di cui al comma 1, secondo periodo, l'amministrazione competente può comunque procedere. In tal caso, lo schema di provvedimento, corredato della relativa documentazione, è trasmesso all'amministrazione che avrebbe dovuto formulare la proposta per acquisirne l'assenso ai sensi del presente articolo. In caso di mancato accordo tra le amministrazioni statali coinvolte nei procedimenti di cui al comma 1, il Presidente del Consiglio dei ministri, previa deliberazione del Consiglio dei ministri, decide sulle modifiche da apportare allo schema di provvedimento. ([4])

3. Le disposizioni dei commi 1 e 2 si applicano anche ai casi in cui è prevista l'acquisizione di assensi, concerti o nulla osta comunque denominati di

amministrazioni preposte alla tutela ambientale, paesaggistico-territoriale, dei beni culturali e della salute dei cittadini, per l'adozione di provvedimenti normativi e amministrativi di competenza di amministrazioni pubbliche. In tali casi, ove disposizioni di legge o i provvedimenti di cui all'articolo 2 non prevedano un termine diverso, il termine entro il quale le amministrazioni competenti comunicano il proprio assenso, concerto o nulla osta è di novanta giorni dal ricevimento della richiesta da parte dell'amministrazione procedente. Decorsi i suddetti termini senza che sia stato comunicato l'assenso, il concerto o il nulla osta, lo stesso si intende acquisito.

4. Le disposizioni del presente articolo non si applicano nei casi in cui disposizioni del diritto dell'Unione europea richiedano l'adozione di provvedimenti espressi.

(1) Articolo inserito dall' art. 3, comma 1, L. 7 agosto 2015, n. 124.
(2) Rubrica così modificata dall' art. 12, comma 1, lett. g), n. 1), D.L. 16 luglio 2020, n. 76, convertito, con modificazioni, dalla L. 11 settembre 2020, n. 120.
(3) Comma così modificato dall' art. 12, comma 1, lett. g), nn. 2) e 3), D.L. 16 luglio 2020, n. 76, convertito, con modificazioni, dalla L. 11 settembre 2020, n. 120.
(4) Comma così modificato dall' art. 12, comma 1, lett. g), n. 4), D.L. 16 luglio 2020, n. 76, convertito, con modificazioni, dalla L. 11 settembre 2020, n. 120.

Articolo 18. ([1])
(Autocertificazione)

1. Le amministrazioni adottano le misure organizzative idonee a garantire l'applicazione delle disposizioni in materia di autocertificazione e di presentazione di atti e documenti da parte di cittadini a pubbliche amministrazioni di cui al decreto del Presidente della Repubblica 28 dicembre 2000, n. 445. ([2])

2. I documenti attestanti atti, fatti, qualità e stati soggettivi, necessari per l'istruttoria del procedimento, sono acquisiti d'ufficio quando sono in possesso dell'amministrazione procedente, ovvero sono detenuti, istituzionalmente, da altre pubbliche amministrazioni. L'amministrazione procedente può richiedere agli interessati i soli elementi necessari per la ricerca dei documenti. ([3])

3. Parimenti sono accertati d'ufficio dal responsabile del procedimento i fatti, gli stati e le qualità che la stessa amministrazione procedente o altra pubblica amministrazione è tenuta a certificare.

3-bis. Nei procedimenti avviati su istanza di parte, che hanno ad oggetto l'erogazione di benefici economici comunque denominati, indennità, prestazioni previdenziali e assistenziali, erogazioni, contributi, sovvenzioni, finanziamenti, prestiti, agevolazioni, da parte di pubbliche amministrazioni ovvero il rilascio di autorizzazioni e nulla osta comunque denominati, le dichiarazioni di cui agli articoli 46 e 47 del decreto del Presidente della Repubblica 28 dicembre 2000, n. 445, ovvero l'acquisizione di dati e documenti di cui ai commi 2 e 3, sostituiscono ogni tipo di documentazione comprovante tutti i requisiti soggettivi ed oggettivi richiesti dalla normativa di riferimento, fatto comunque salvo il rispetto delle disposizioni del codice delle leggi antimafia e delle misure di prevenzione, di cui al decreto legislativo 6 settembre 2011, n. 159. [4]

(1) Rubrica aggiunta dall'art. 21, comma 1, lett. z), L. 11 febbraio 2005, n. 15.
(2) Periodo soppresso dall'art. 1, comma 1, D.P.R. 2 agosto 2007, n. 157 e, successivamente, dall' art. 12, comma 1, lett. h), n. 1), D.L. 16 luglio 2020, n. 76, convertito, con modificazioni, dalla L. 11 settembre 2020, n. 120.
(3) Comma così sostituito dall'art. 3, co. 6-octies, D.L. 14 marzo 2005, n. 35, convertito con modificazioni, nella L. 14 maggio 2005, n. 80.
(4) Comma aggiunto dall' art. 12, comma 1, lett. h), n. 2), D.L. 16 luglio 2020, n. 76, convertito, con modificazioni, dalla L. 11 settembre 2020, n. 120.

Art. 18-bis.
(Presentazione di istanze, segnalazioni o comunicazioni) ([1])
1. Dell'avvenuta presentazione di istanze, segnalazioni o comunicazioni è rilasciata immediatamente, anche in via telematica, una ricevuta, che attesta l'avvenuta presentazione dell'istanza, della segnalazione e della comunicazione e indica i termini entro i quali l'amministrazione è tenuta, ove previsto, a rispondere, ovvero entro i quali il silenzio dell'amministrazione equivale ad accoglimento dell'istanza. Se la ricevuta contiene le informazioni di cui all'articolo 8, essa costituisce comunicazione di avvio del procedimento ai sensi dell'articolo 7. La data di protocollazione dell'istanza, segnalazione o comunicazione non può comunque essere diversa da quella di effettiva presentazione. Le istanze, segnalazioni o comunicazioni producono effetti anche in caso di mancato rilascio della ricevuta, ferma restando la responsabilità del soggetto competente.

2. Nel caso di istanza, segnalazione o comunicazione presentate ad un ufficio diverso da quello competente, i termini di cui agli articoli 19, comma 3, e 20, comma 1, decorrono dal ricevimento dell'istanza, segnalazione o della comunicazione da parte dell'ufficio competente.
(1) Articolo inserito dall'art. 3, comma 1, lett. a), D.Lgs. 30 giugno 2016, n. 126. Vedi, anche, le disposizioni contenute nell'art. 4, comma 1 del medesimo D.Lgs. n. 126/2016.

Articolo 19. ([1])
(Segnalazione certificata di inizio attività - Scia)

1. Ogni atto di autorizzazione, licenza, concessione non costitutiva, permesso o nulla osta comunque denominato, comprese le domande per le iscrizioni in albi o ruoli richieste per l'esercizio di attività imprenditoriale, commerciale o artigianale il cui rilascio dipenda esclusivamente dall'accertamento dei requisiti e presupposti di legge o da atti amministrativi a contenuto generale, e non sia previsto alcun limite o contingente complessivo o specifici strumenti di programmazione settoriale per il rilascio degli atti stessi, è sostituito da una segnalazione dell'interessato, con la sola esclusione dei casi in cui sussistano vincoli ambientali, paesaggistici o culturali e ([2]) degli atti rilasciati dalle amministrazioni preposte alla difesa nazionale, alla pubblica sicurezza, all'immigrazione, all'asilo, alla cittadinanza, all'amministrazione della giustizia, alla amministrazione delle finanze, ivi compresi gli atti concernenti le reti di acquisizione del gettito, anche derivante dal gioco, nonché di quelli previsti dalla normativa per le costruzioni in zone sismiche e di quelli ([3]) imposti dalla normativa comunitaria. La segnalazione è corredata dalle dichiarazioni sostitutive di certificazioni e dell'atto di notorietà per quanto riguarda tutti gli stati, le qualità personali e i fatti previsti negli articoli 46 e 47 del testo unico di cui al decreto del Presidente della Repubblica 28 dicembre 2000, n. 445, nonché, ove espressamente previsto dalla normativa vigente, ([2]) dalle attestazioni e asseverazioni di tecnici abilitati, ovvero dalle dichiarazioni di conformità da parte dell'Agenzia delle imprese di cui all' articolo 38, comma 4, del decreto-legge 25 giugno 2008, n. 112, convertito, con modificazioni, dalla legge 6 agosto 2008, n. 133, relative alla sussistenza dei requisiti e dei presupposti di cui al primo periodo; tali attestazioni e asseverazioni sono corredate dagli elaborati tecnici necessari per consentire le verifiche di competenza dell'amministrazione. Nei casi in cui la normativa vigente prevede l'acquisizione di atti o pareri di organi o enti apposti, ovvero l'esecuzione di verifiche preventive, essi sono comunque sostituiti dalle autocertificazioni, attestazioni e asseverazioni o certificazioni di cui al

presente comma, salve le verifiche successive degli organi e delle amministrazioni competenti. (4) La segnalazione, corredata delle dichiarazioni, attestazioni e asseverazioni nonchè dei relativi elaborati tecnici, può essere presentata mediante posta raccomandata con avviso di ricevimento, ad eccezioni dei procedimenti per cui è previsto l'utilizzo esclusivo della modalità telematica; in tal caso la segnalazione si considera presentata al momento della ricezione da parte dell'amministrazione. (5)

2. L'attività oggetto della segnalazione può essere iniziata, anche nei casi di cui all'articolo 19-bis, comma 2, dalla data della presentazione della segnalazione all'amministrazione competente. (12)

3. L'amministrazione competente, in caso di accertata carenza dei requisiti e dei presupposti di cui al comma 1, nel termine di sessanta giorni dal ricevimento della segnalazione di cui al medesimo comma, adotta motivati provvedimenti di divieto di prosecuzione dell'attività e di rimozione degli eventuali effetti dannosi di essa. Qualora sia possibile conformare l'attività intrapresa e i suoi effetti alla normativa vigente, l'amministrazione competente, con atto motivato, invita il privato a provvedere prescrivendo le misure necessarie con la fissazione di un termine non inferiore a trenta giorni per l'adozione di queste ultime. In difetto di adozione delle misure da parte del privato, decorso il suddetto termine, l'attività si intende vietata. Con lo stesso atto motivato, in presenza di attestazioni non veritiere o di pericolo per la tutela dell'interesse pubblico in materia di ambiente, paesaggio, beni culturali, salute, sicurezza pubblica o difesa nazionale, l'amministrazione dispone la sospensione dell'attività intrapresa. L'atto motivato interrompe il termine di cui al primo periodo, che ricomincia a decorrere dalla data in cui il privato comunica l'adozione delle suddette misure. In assenza di ulteriori provvedimenti, decorso lo stesso termine, cessano gli effetti della sospensione eventualmente adottata. (11)

4. Decorso il termine per l'adozione dei provvedimenti di cui al comma 3, primo periodo, ovvero di cui al comma 6-bis, l'amministrazione competente adotta comunque i provvedimenti previsti dal medesimo comma 3 in presenza delle condizioni previste dall'articolo 21-nonies. (6)

4-*bis*. Il presente articolo non si applica alle attività economiche a prevalente carattere finanziario, ivi comprese quelle regolate dal testo unico delle leggi in materia bancaria e creditizia di cui al decreto legislativo 1° settembre 1993, n. 385, e dal testo unico in materia di intermediazione finanziaria di cui al decreto legislativo 24 febbraio 1998, n. 58. (7)

DIRITTO AMMINISTRATIVO

5. (...) (⁸).

6. Ove il fatto non costituisca più grave reato, chiunque, nelle dichiarazioni o attestazioni o asseverazioni che corredano la segnalazione di inizio attività, dichiara o attesta falsamente l'esistenza dei requisiti o dei presupposti di cui al comma 1 è punito con la reclusione da uno a tre anni.

6-bis. Nei casi di Scia in materia edilizia, il termine di sessanta giorni di cui al primo periodo del comma 3 è ridotto a trenta giorni. Fatta salva l'applicazione delle disposizioni di cui al comma 4 e 6, restano altresì ferme le disposizioni relative alla vigilanza sull'attività urbanistico-edilizia, alle responsabilità e alle sanzioni previste dal decreto del Presidente della Repubblica 6 giugno 2001, n. 380 e dalle leggi regionali. (⁹)

6-ter. La segnalazione certificata di inizio attività, la denuncia e la dichiarazione di inizio attività non costituiscono provvedimenti taciti direttamente impugnabili. Gli interessati possono sollecitare l'esercizio delle verifiche spettanti all'amministrazione e, in caso di inerzia, esperire esclusivamente l'azione di cui all'art. 31, commi 1, 2 e 3 del decreto legislativo 2 luglio 2010, n. 104. (¹⁰)

(1) Articolo così modificato dall'art. 21, L. 11 febbraio 2005, n. 15, dall'art. 3, D.L. 14 marzo 2005, n. 35 e successivamente dall'art. 9, comma 3, 4 e 5, L. 18 giugno 2009, n. 69, dall'art. 85, comma 1, D.Lgs. 26 marzo 2010, n. 59 e infine così sostituito dall'art. 49, comma 4-bis, D.L. 31 maggio 2010, n. 78, convertito con modificazioni, dalla L. 30 luglio 2010, n. 122.
(2) Parole aggiunte dall'art. 2, D.L. 9 febbraio 2012, n. 5, convertito, con modificazioni, nella L. 4 aprile 2012, n. 35.
(3) Parole aggiunte dall'art. 5, comma 2, lett. b), n. 2), D.L. 13 maggio 2011, n. 70, convertito, con modificazioni, nella L. 12 luglio 2011, n. 106.
(4) Il periodo che così recitava: "*Nei casi in cui la legge prevede l'acquisizione di pareri di organi o enti apposti, ovvero l'esecuzione di verifiche preventive, essi sono comunque sostituiti dalle autocertificazioni, attestazioni e asseverazioni o certificazioni di cui al presente comma, salve le verifiche successive degli organi e delle amministrazioni competenti.*" è stato così sostituito dall'art. 13, D.L. 22 giugno 2012, n. 83 convertito con modificazioni nella L. 7 agosto 2012, n. 134.
(5) Periodo aggiunto dall'art. 5, comma 2, lett. b), n. 2), D.L. 13 maggio 2011, n. 70, convertito con modificazioni nella L. 12 luglio 2011, n. 106.
(6) Comma così modificato dall'art. 6, comma 1, lett. a), D.L. 13 agosto 2011, n 138, convertito con modificazioni, nella L. 14 settembre 2011, n. 148 e, successivamente, dall'art. 19-bis, comma 3, D.L. 24 giugno 2014, n. 91, convertito, con modificazioni, dalla L. 11 agosto 2014, n. 116.

Successivamente il presente comma è stato così sostituito dall'art. 6, comma 1, lett. a), L. 7 agosto 2015, n. 124.
(7) Comma aggiunto dall'art. 2, co. 1-quinquies, D.L. 5 agosto 2010, n. 125, convertito con modificazioni, nella L. 1 ottobre 2010, n. 163.
(8) Comma abrogato dall'allegato 4, art. 4, co. 1, n. 14), D.Lgs. 2 luglio 2010, n. 104. Il testo previgente così recitava: "*5. Ogni controversia relativa all'applicazione dei commi 1, 2 e 3 è devoluta alla giurisdizione esclusiva del giudice amministrativo. Il relativo ricorso giurisdizionale, esperibile da qualunque interessato nei termini di legge, può riguardare anche gli atti di assenso formati in virtù delle norme sul silenzio assenso previste dall'articolo 20.*"
(9) Comma aggiunto dall'art. 5, comma 2, lett. b), n. 2), D.L. 13 maggio 2011, n. 70, convertito con modificazioni, nella L. 12 luglio 2011, n. 106.
(10) Comma aggiunto dall'art. 6, comma 1, lett. c), D.L. 13 agosto 2011, n 138, convertito con modificazioni, nella L. 14 settembre 2011, n. 148.
(11) Comma così modificato dall'art. 25, comma 1, lett. b-bis), D.L. 12 settembre 2014, n. 133, convertito, con modificazioni, dalla L. 11 novembre 2014, n. 164 e, successivamente, così sostituito dall'art. 6, comma 1, lett. a), L. 7 agosto 2015, n. 124 , e, successivamente, così modificato dall'art. 3, comma 1, lett. b), n. 2), D.Lgs. 30 giugno 2016, n. 126. Vedi, anche, le disposizioni contenute nell'art. 4, comma 1 del medesimo D.Lgs. n. 126/2016.
(12) Comma così modificato dall'art. 3, comma 1, lett. b), n. 1), D.Lgs. 30 giugno 2016, n. 126. Vedi, anche, le disposizioni contenute nell'art. 4, comma 1 del medesimo D.Lgs. n. 126/2016.

Art. 19-bis
(Concentrazione dei regimi amministrativi) (¹)

1. Sul sito istituzionale di ciascuna amministrazione è indicato lo sportello unico, di regola telematico, al quale presentare la SCIA, anche in caso di procedimenti connessi di competenza di altre amministrazioni ovvero di diverse articolazioni interne dell'amministrazione ricevente. Possono essere istituite più sedi di tale sportello, al solo scopo di garantire la pluralità dei punti di accesso sul territorio.

2. Se per lo svolgimento di un'attività soggetta a SCIA sono necessarie altre SCIA, comunicazioni, attestazioni, asseverazioni e notifiche, l'interessato presenta un'unica SCIA allo sportello di cui al comma 1. L'amministrazione che riceve la SCIA la trasmette immediatamente alle altre amministrazioni interessate al fine di consentire, per quanto di loro competenza, il controllo sulla sussistenza dei requisiti e dei presupposti per lo svolgimento

dell'attività e la presentazione, almeno cinque giorni prima della scadenza dei termini di cui all'articolo 19, commi 3 e 6-bis, di eventuali proposte motivate per l'adozione dei provvedimenti ivi previsti.

3. Nel caso in cui l'attività oggetto di SCIA è condizionata all'acquisizione di atti di assenso comunque denominati o pareri di altri uffici e amministrazioni, ovvero all'esecuzione di verifiche preventive, l'interessato presenta allo sportello di cui al comma 1 la relativa istanza, a seguito della quale è rilasciata ricevuta ai sensi dell'articolo 18-bis. In tali casi, il termine per la convocazione della conferenza di cui all'articolo 14 decorre dalla data di presentazione dell'istanza e l'inizio dell'attività resta subordinato al rilascio degli atti medesimi, di cui lo sportello dà comunicazione all'interessato.
(1) Articolo inserito dall'art. 3, comma 1, lett. c), D.Lgs. 30 giugno 2016, n. 126. Vedi, anche, le disposizioni contenute nell'art. 4, comma 1 del medesimo D.Lgs. n. 126/2016.

Articolo 20. ([1])
(Silenzio assenso)

1. Fatta salva l'applicazione dell'articolo 19, nei procedimenti ad istanza di parte per il rilascio di provvedimenti amministrativi il silenzio dell'amministrazione competente equivale a provvedimento di accoglimento della domanda, senza necessità di ulteriori istanze o diffide, se la medesima amministrazione non comunica all'interessato, nel termine di cui all'articolo 2, commi 2 o 3, il provvedimento di diniego, ovvero non procede ai sensi del comma 2. Tali termini decorrono dalla data di ricevimento della domanda del privato.

2. L'amministrazione competente può indire, entro trenta giorni dalla presentazione dell'istanza di cui al comma 1, una conferenza di servizi ai sensi del capo IV, anche tenendo conto delle situazioni giuridiche soggettive dei controinteressati.

2-bis. Nei casi in cui il silenzio dell'amministrazione equivale a provvedimento di accoglimento ai sensi del comma 1, fermi restando gli effetti comunque intervenuti del silenzio assenso, l'amministrazione è tenuta, su richiesta del privato, a rilasciare, in via telematica, un'attestazione circa il decorso dei termini del procedimento e pertanto dell'intervenuto accoglimento della domanda ai sensi del presente articolo. Decorsi inutilmente dieci giorni dalla richiesta, l'attestazione è sostituita da una dichiarazione del privato ai sensi dell'articolo 47 del decreto del Presidente della Repubblica 28 dicembre 2000, n. 445. [6]

3. Nei casi in cui il silenzio dell'amministrazione equivale ad accoglimento della domanda, l'amministrazione competente può assumere determinazioni in via di autotutela, ai sensi degli articoli 21-quinquies e 21-nonies.

4. Le disposizioni del presente articolo non si applicano agli atti e procedimenti riguardanti il patrimonio culturale e paesaggistico, l'ambiente, la tutela dal rischio idrogeologico, la difesa nazionale, la pubblica sicurezza, l'immigrazione, l'asilo e la cittadinanza, la salute e la pubblica incolumità, ai casi in cui la normativa comunitaria impone l'adozione di provvedimenti amministrativi formali, ai casi in cui la legge qualifica il silenzio dell'amministrazione come rigetto dell'istanza, nonché agli atti e procedimenti individuati con uno o più decreti del Presidente del Consiglio dei ministri, su proposta del Ministro per la funzione pubblica, di concerto con i Ministri competenti. [2]

5. Si applicano gli articoli 2, comma 7, e 10-bis. [3]

5-bis. (...) [4].

(1) Articolo così modificato dall'art. 21, co. 1, lett. bb), L. 11 febbraio 2005, n. 15 è stato così sostituito dall'art. 3, co. 6-ter, D.L. 14 marzo 2005, n. 35, convertito con modificazioni nella L. 14 maggio 2005, n. 80.
(2) Comma così modificato dall'art. 9, co. 3, L. 18 giugno 2009, n. 69 e, successivamente, dall'art. 54, comma 2, L. 28 dicembre 2015, n. 221.
(3) Comma così sostituito dall'art. 7, co. 1, lett. d), L. 18 giugno 2009, n. 69.
(4) Comma aggiunto dall'art. 2, co. 1-sexies, D.L. 5 agosto 2010, n. 125, convertito con modificazioni nella L. 1 ottobre 2010, n. 163. Successivamente è stato abrogato dall'all. 4, art. 4, co. 1, n. 14), D.Lgs. 2 luglio 2010, n. 104, come modificato dall'art. 1, co. 3, lett. b), n. 5), D.Lgs. 15 novembre 2011, n. 195.
(5) Comma così modificato dall'art. 3, comma 1, lett. d), D.Lgs. 30 giugno 2016, n. 126.
(6) Comma inserito dall'art. 62, comma 1, D.L. 31 maggio 2021, n. 77, convertito, con modificazioni, dalla L. 29 luglio 2021, n. 108.

Per approfondimenti vedi la **guida sul silenzio assenso**.

Articolo 21. ([1])
(Disposizioni sanzionatorie)

1. Con la segnalazione o con la domanda di cui agli articoli 19 20 'interessato deve dichiarare la sussistenza dei presupposti e dei requisiti di legge richiesti. In caso di dichiarazioni mendaci o di false attestazioni non è ammessa la conformazione dell'attività e dei suoi effetti a legge o la sanatoria prevista dagli articoli medesimi ed il dichiarante è punito con la sanzione prevista dall'articolo 483 del codice penale, salvo che il fatto costituisca più grave reato. ([1])

2. ...... ([4])

2-bis. Restano ferme le attribuzioni di vigilanza, prevenzione e controllo su attività soggette ad atti di assenso da parte di pubbliche amministrazioni previste da leggi vigenti, anche se è stato dato inizio all'attività ai sensi degli articoli 19 e 20. ([2])

2-ter. La decorrenza del termine previsto dall'articolo 19, comma 3, e la formazione del silenzio assenso ai sensi dell'articolo 20 non escludono la responsabilità del dipendente che non abbia agito tempestivamente nel caso in cui la segnalazione certificata o l'istanza del privato non fosse conforme alle norme vigenti. ([5])

(1) Rubrica aggiunta dall'art. 21, comma 1, lett. cc), L. 11 febbraio 2005, n. 15.
(2) Comma aggiunto dall'art. 3, co. 6-novies, D.L.14 marzo 2005, n. 35, convertito con modificazioni, nella L. 14 maggio 2005, n. 80.
(3) Comma così modificato dall'art. 6, comma 1, lett. b), n. 1), L. 7 agosto 2015, n. 124.
(4) Comma abrogato dall'art. 6, comma 1, lett. b), n. 2), L. 7 agosto 2015, n. 124.
(5) Comma aggiunto dall'art. 3, comma 1, lett. e), D.Lgs. 30 giugno 2016, n. 126.

Capo IV-bis ([1])
Efficacia ed invalidità del provvedimento amministrativo. Revoca e recesso

(1) Capo aggiunto dall'art. 14, L. 11 febbraio 2005, n. 15 e comprendente gli articoli da 21-bis a 21-nonies.

Articolo 21-bis.
(Efficacia del provvedimento limitativo della sfera giuridica dei privati)

1. Il provvedimento limitativo della sfera giuridica dei privati acquista efficacia nei confronti di ciascun destinatario con la comunicazione allo stesso effettuata anche nelle forme stabilite per la notifica agli irreperibili nei casi previsti dal codice di procedura civile. Qualora per il numero dei destinatari la comunicazione personale non sia possibile o risulti particolarmente gravosa, l'amministrazione provvede mediante forme di pubblicità idonee di volta in volta stabilite dall'amministrazione medesima. Il provvedimento limitativo della sfera giuridica dei privati non avente carattere sanzionatorio può contenere una motivata clausola di immediata efficacia. I provvedimenti limitativi della sfera giuridica dei privati aventi carattere cautelare ed urgente sono immediatamente efficaci.

Articolo 21-ter.
(Esecutorietà)

1. Nei casi e con le modalità stabiliti dalla legge, le pubbliche amministrazioni possono imporre coattivamente l'adempimento degli obblighi nei loro confronti. Il provvedimento costitutivo di obblighi indica il termine e le modalità dell'esecuzione da parte del soggetto obbligato. Qualora l'interessato non ottemperi, le pubbliche amministrazioni, previa diffida, possono provvedere all'esecuzione coattiva nelle ipotesi e secondo le modalità previste dalla legge.

2. Ai fini dell'esecuzione delle obbligazioni aventi ad oggetto somme di denaro si applicano le disposizioni per l'esecuzione coattiva dei crediti dello Stato.

Articolo 21-quater.
(Efficacia ed esecutività del provvedimento)

1. I provvedimenti amministrativi efficaci sono eseguiti immediatamente, salvo che sia diversamente stabilito dalla legge o dal provvedimento medesimo.

2. L'efficacia ovvero l'esecuzione del provvedimento amministrativo può essere sospesa, per gravi ragioni e per il tempo strettamente necessario, dallo stesso organo che lo ha emanato ovvero da altro organo previsto dalla legge. Il termine della sospensione è esplicitamente indicato nell'atto che la dispone e può essere prorogato o differito per una sola volta, nonché ridotto per sopravvenute esigenze. La sospensione non può comunque essere disposta o perdurare oltre i termini per l'esercizio del potere di annullamento di cui all'articolo 21-nonies. ([1])

(1) Comma così modificato dall'art. 6, comma 1, lett. c), L. 7 agosto 2015, n. 124.

Articolo 21-quinquies.
(Revoca del provvedimento)

1. Per sopravvenuti motivi di pubblico interesse ovvero nel caso di mutamento della situazione di fatto non prevedibile al momento dell'adozione del provvedimento o, salvo che per i provvedimenti di autorizzazione o di attribuzione di vantaggi economici, di nuova valutazione dell'interesse pubblico originario, il provvedimento amministrativo ad efficacia durevole può essere revocato da parte dell'organo che lo ha emanato ovvero da altro organo previsto dalla legge. La revoca determina la inidoneità del provvedimento revocato a produrre ulteriori effetti. Se la revoca comporta pregiudizi in danno dei soggetti direttamente interessati, l'amministrazione ha l'obbligo di provvedere al loro indennizzo. (¹)

1-bis. Ove la revoca di un atto amministrativo ad efficacia durevole o istantanea incida su rapporti negoziali, l'indennizzo liquidato dall'amministrazione agli interessati è parametrato al solo danno emergente e tiene conto sia dell'eventuale conoscenza o conoscibilità da parte dei contraenti della contrarietà dell'atto amministrativo oggetto di revoca all'interesse pubblico, sia dell'eventuale concorso dei contraenti o di altri soggetti all'erronea valutazione della compatibilità di tale atto con l'interesse pubblico. (²)

[1-ter. Ove la revoca di un atto amministrativo ad efficacia durevole o istantanea incida su rapporti negoziali, l'indennizzo liquidato dall'amministrazione agli interessati è parametrato al solo danno emergente e tiene conto sia dell'eventuale conoscenza o conoscibilità da parte dei contraenti della contrarietà dell'atto amministrativo oggetto di revoca all'interesse pubblico, sia dell'eventuale concorso dei contraenti o di altri soggetti all'erronea valutazione della compatibilità di tale atto con l'interesse pubblico.] (³)

(1) Comma così modificato dall'all. 4, art. 4, co. 1, n. 14), D.Lgs. 2 luglio 2010, n. 104 e, successivamente, dall'art. 25, comma 1, lett. b-ter), D.L. 12 settembre 2014, n. 133, convertito, con modificazioni, dalla L. 11 novembre 2014, n. 164.
(2) Comma inserito dall'art. 12, co. 4, L. 2 aprile 2007, n. 40.
(3) Comma aggiunto dall'art. 12, co. 1-bis, D.L. 25 giugno 2008, n. 112 e successivamente abrogato, a decorrere dal 6 giugno 2012, dall'art. 62, D.L. 9

febbraio 2012, n. 5, convertito con modificazioni nella L. 4 aprile 2012, n. 35.

Articolo 21-sexies.
(Recesso dai contratti)

1. Il recesso unilaterale dai contratti della pubblica amministrazione è ammesso nei casi previsti dalla legge o dal contratto.

Articolo 21-septies.
(Nullità del provvedimento)

1. È nullo il provvedimento amministrativo che manca degli elementi essenziali, che è viziato da difetto assoluto di attribuzione, che è stato adottato in violazione o elusione del giudicato, nonché negli altri casi espressamente previsti dalla legge.

(...) ([1])

(1) Il comma che recitava: "*2. Le questioni inerenti alla nullità dei provvedimenti amministrativi in violazione o elusione del giudicato sono attribuite alla giurisdizione esclusiva del giudice amministrativo.*" è stato abrogato dall'all. 4, art. 4, co. 1, n. 14), D.Lgs. 2 luglio 2010, n. 104.

Articolo 21-octies.
(Annullabilità del provvedimento)

1. È annullabile il provvedimento amministrativo adottato in violazione di legge o viziato da eccesso di potere o da incompetenza.

2. Non è annullabile il provvedimento adottato in violazione di norme sul procedimento o sulla forma degli atti qualora, per la natura vincolata del provvedimento, sia palese che il suo contenuto dispositivo non avrebbe potuto essere diverso da quello in concreto adottato. Il provvedimento amministrativo non è comunque annullabile per mancata comunicazione dell'avvio del procedimento qualora l'amministrazione dimostri in giudizio che il contenuto del provvedimento non avrebbe potuto essere diverso da quello in concreto adottato. La disposizione di cui al secondo periodo non si applica al provvedimento adottato in violazione dell'articolo 10-bis. ([1])

(1) Comma così modificato dall' art. 12, comma 1, lett. i), D.L. 16 luglio 2020, n. 76, convertito, con modificazioni, dalla L. 11 settembre 2020, n. 120.

Articolo 21-nonies.
(Annullamento d'ufficio)

1. Il provvedimento amministrativo illegittimo ai sensi dell'articolo 21-octies, esclusi i casi di cui al medesimo articolo 21-octies, comma 2, può essere annullato d'ufficio, sussistendone le ragioni di interesse pubblico, entro un termine ragionevole, comunque non superiore a dodici mesi dal momento dell'adozione dei provvedimenti di autorizzazione o di attribuzione di vantaggi economici, inclusi i casi in cui il provvedimento si sia formato ai sensi dell'articolo 20, e tenendo conto degli interessi dei destinatari e dei controinteressati, dall'organo che lo ha emanato, ovvero da altro organo previsto dalla legge. Rimangono ferme le responsabilità connesse all'adozione e al mancato annullamento del provvedimento illegittimo. (1)

2. È fatta salva la possibilità di convalida del provvedimento annullabile, sussistendone le ragioni di interesse pubblico ed entro un termine ragionevole.

2-bis. I provvedimenti amministrativi conseguiti sulla base di false rappresentazioni dei fatti o di dichiarazioni sostitutive di certificazione e dell'atto di notorietà false o mendaci per effetto di condotte costituenti reato, accertate con sentenza passata in giudicato, possono essere annullati dall'amministrazione anche dopo la scadenza del termine di dodici mesi di cui al comma 1, fatta salva l'applicazione delle sanzioni penali nonché delle sanzioni previste dal capo VI del testo unico di cui al decreto del Presidente della Repubblica 28 dicembre 2000, n. 445. (2)

(1) Comma così modificato dall'art. 25, comma 1, lett. b-quater), nn. 1) e 2), D.L. 12 settembre 2014, n. 133, convertito, con modificazioni, dalla L. 11 novembre 2014, n. 164 e, successivamente, dall'art. 63, comma 1, D.L. 31 maggio 2021, n. 77, convertito, con modificazioni, dalla L. 29 luglio 2021, n. 108.
(2) Comma aggiunto dall'art. 6, comma 1, lett. d), n. 2), L. 7 agosto 2015, n. 124 e, successivamente, così modificato dall'art. 63, comma 1, D.L. D.L. 31 maggio 2021, n. 77, convertito, con modificazioni, dalla L. 29 luglio 2021, n. 108.

Art. 21-decies
(Riemissione di provvedimenti annullati dal giudice per vizi inerenti ad atti endoprocedimentali) ([1])

1. In caso di annullamento di un provvedimento finale in virtù di una sentenza passata in giudicato, derivante da vizi inerenti ad uno o più atti emessi nel corso del procedimento di autorizzazione o di valutazione di impatto ambientale, il proponente può richiedere all'amministrazione procedente e, in caso di progetto sottoposto a valutazione di impatto ambientale, all'autorità competente ai sensi del decreto legislativo 3 aprile 2006, n. 152, l'attivazione di un procedimento semplificato, ai fini della riadozione degli atti annullati. Qualora non si rendano necessarie modifiche al progetto e fermi restando tutti gli atti e i provvedimenti delle amministrazioni interessate resi nel suddetto procedimento, l'amministrazione o l'ente che abbia adottato l'atto ritenuto viziato si esprime provvedendo alle integrazioni necessarie per superare i rilievi indicati dalla sentenza. A tal fine, entro quindici giorni dalla ricezione dell'istanza del proponente, l'amministrazione procedente trasmette l'istanza all'amministrazione o all'ente che ha emanato l'atto da riemettere, che vi provvede entro trenta giorni. Ricevuto l'atto ai sensi del presente comma, o decorso il termine per l'adozione dell'atto stesso, l'amministrazione riemette, entro i successivi trenta giorni, il provvedimento di autorizzazione o di valutazione di impatto ambientale, in attuazione, ove necessario, degli articoli 14-quater e 14-quinquies della presente legge e dell'articolo 25, commi 2 e 2-bis, del decreto legislativo 3 aprile 2006, n. 152.

(1) Articolo inserito dall' art. 12, comma 1, lett. i-bis), D.L. 16 luglio 2020, n. 76, convertito, con modificazioni, dalla L. 11 settembre 2020, n. 120.

Capo V
Accesso ai documenti amministrativi

Articolo 22. ([1])
(Definizioni e princìpi in materia di accesso)

1. Ai fini del presente capo si intende:

a) per "diritto di accesso", il diritto degli interessati di prendere visione e di estrarre copia di documenti amministrativi;

b) per "interessati", tutti i soggetti privati, compresi quelli portatori di interessi pubblici o diffusi, che abbiano un interesse diretto, concreto e attuale, corrispondente ad una situazione giuridicamente tutelata e collegata al documento al quale è chiesto l'accesso;

c) per "controinteressati", tutti i soggetti, individuati o facilmente individuabili in base alla natura del documento richiesto, che dall'esercizio dell'accesso vedrebbero compromesso il loro diritto alla riservatezza;

d) per "documento amministrativo", ogni rappresentazione grafica, fotocinematografica, elettromagnetica o di qualunque altra specie del contenuto di atti, anche interni o non relativi ad uno specifico procedimento, detenuti da una pubblica amministrazione e concernenti attività di pubblico interesse, indipendentemente dalla natura pubblicistica o privatistica della loro disciplina sostanziale;

e) per "pubblica amministrazione", tutti i soggetti di diritto pubblico e i soggetti di diritto privato limitatamente alla loro attività di pubblico interesse disciplinata dal diritto nazionale o comunitario.

2. L'accesso ai documenti amministrativi, attese le sue rilevanti finalità di pubblico interesse, costituisce principio generale dell'attività amministrativa al fine di favorire la partecipazione e di assicurarne l'imparzialità e la trasparenza. ([2])

3. Tutti i documenti amministrativi sono accessibili, ad eccezione di quelli indicati all'articolo 24, commi 1, 2, 3, 5 e 6.

4. Non sono accessibili le informazioni in possesso di una pubblica amministrazione che non abbiano forma di documento amministrativo, salvo quanto previsto dal decreto legislativo 30 giugno 2003, n. 196, in materia di accesso a dati personali da parte della persona cui i dati si riferiscono.

5. L'acquisizione di documenti amministrativi da parte di soggetti pubblici, ove non rientrante nella previsione dell'articolo 43, comma 2, del testo unico delle disposizioni legislative e regolamentari in materia di documentazione amministrativa, di cui al decreto del Presidente della Repubblica 28 dicembre 2000, n. 445, si informa al principio di leale cooperazione istituzionale.

6. Il diritto di accesso è esercitabile fino a quando la pubblica amministrazione ha l'obbligo di detenere i documenti amministrativi ai quali si chiede di accedere.

(1) Articolo così sostituito dall'art. 15, co. 1, L. 11 febbraio 2005, n. 15.
(2) Comma così sostituito dall'art. 10, co. 1, lett. a), L. 18 giugno 2009, n. 69.

Articolo 23.
(Ambito di applicazione del diritto di accesso) (¹)

1. Il diritto di accesso di cui all'articolo 22 si esercita nei confronti delle pubbliche amministrazioni, delle aziende autonome e speciali, degli enti pubblici e dei gestori di pubblici servizi. Il diritto di accesso nei confronti delle Autorità di garanzia e di vigilanza si esercita nell'ambito dei rispettivi ordinamenti, secondo quanto previsto dall'articolo 24.

(1) Rubrica aggiunta dall'art. 21, L. 11 febbraio 2005, n. 15.
(2) Articolo così sostituito dall'art. 4, co. 2, L. 3 agosto 1999, n. 265.

Articolo 24. (¹)
(Esclusione dal diritto di accesso)

1. Il diritto di accesso è escluso:

a) per i documenti coperti da segreto di Stato ai sensi della legge 24 ottobre 1977, n. 801, e successive modificazioni, e nei casi di segreto o di divieto di divulgazione espressamente previsti dalla legge, dal regolamento governativo di cui al comma 6 e dalle pubbliche amministrazioni ai sensi del comma 2 del presente articolo;

b) nei procedimenti tributari, per i quali restano ferme le particolari norme che li regolano;

c) nei confronti dell'attività della pubblica amministrazione diretta all'emanazione di atti normativi, amministrativi generali, di pianificazione e di programmazione, per i quali restano ferme le particolari norme che ne regolano la formazione;

d) nei procedimenti selettivi, nei confronti dei documenti amministrativi contenenti informazioni di carattere psico-attitudinale relativi a terzi.

2. Le singole pubbliche amministrazioni individuano le categorie di documenti da esse formati o comunque rientranti nella loro disponibilità sottratti all'accesso ai sensi del comma 1.

3. Non sono ammissibili istanze di accesso preordinate ad un controllo generalizzato dell'operato delle pubbliche amministrazioni.

4. L'accesso ai documenti amministrativi non può essere negato ove sia sufficiente fare ricorso al potere di differimento.

5. I documenti contenenti informazioni connesse agli interessi di cui al comma 1 sono considerati segreti solo nell'ambito e nei limiti di tale connessione. A tale fine le pubbliche amministrazioni fissano, per ogni categoria di documenti, anche l'eventuale periodo di tempo per il quale essi sono sottratti all'accesso.

6. Con regolamento, adottato ai sensi dell'articolo 17, comma 2, della legge 23 agosto 1988, n. 400, il Governo può prevedere casi di sottrazione all'accesso di documenti amministrativi:

a) quando, al di fuori delle ipotesi disciplinate dall'articolo 12 della legge 24 ottobre 1977, n. 801, dalla loro divulgazione possa derivare una lesione, specifica e individuata, alla sicurezza e alla difesa nazionale, all'esercizio della sovranità nazionale e alla continuità e alla correttezza delle relazioni internazionali, con particolare riferimento alle ipotesi previste dai trattati e dalle relative leggi di attuazione;

b) quando l'accesso possa arrecare pregiudizio ai processi di formazione, di determinazione e di attuazione della politica monetaria e valutaria;

c) quando i documenti riguardino le strutture, i mezzi, le dotazioni, il personale e le azioni strettamente strumentali alla tutela dell'ordine pubblico, alla prevenzione e alla repressione della criminalità con particolare riferimento alle tecniche investigative, alla identità delle fonti di informazione e alla sicurezza dei beni e delle persone coinvolte, all'attività di polizia giudiziaria e di conduzione delle indagini;

d) quando i documenti riguardino la vita privata o la riservatezza di persone fisiche, persone giuridiche, gruppi, imprese e associazioni, con particolare riferimento agli interessi epistolare, sanitario, professionale, finanziario, industriale e commerciale di cui siano in concreto titolari, ancorché i relativi dati siano forniti all'amministrazione dagli stessi soggetti cui si riferiscono;

e) quando i documenti riguardino l'attività in corso di contrattazione collettiva nazionale di lavoro e gli atti interni connessi all'espletamento del relativo mandato.

7. Deve comunque essere garantito ai richiedenti l'accesso ai documenti amministrativi la cui conoscenza sia necessaria per curare o per difendere i propri interessi giuridici. Nel caso di documenti contenenti dati sensibili e giudiziari, l'accesso è consentito nei limiti in cui sia strettamente indispensabile e nei termini previsti dall'articolo 60 del decreto legislativo 30 giugno 2003, n. 196, in caso di dati idonei a rivelare lo stato di salute e la vita sessuale".

(1) Articolo così modificato dall'art. 22, comma 1, lett. b), L. 13 febbraio 2001, n. 45, poi così sostituito dall'art. 16, comma 1, L. 11 febbraio 2005, n. 15.

Articolo 25. (¹)
(Modalità di esercizio del diritto di accesso e ricorsi)

1. Il diritto di accesso si esercita mediante esame ed estrazione di copia dei documenti amministrativi, nei modi e con i limiti indicati dalla presente legge. L'esame dei documenti è gratuito. Il rilascio di copia è subordinato soltanto al rimborso del costo di riproduzione, salve le disposizioni vigenti in materia di bollo, nonché i diritti di ricerca e di visura.

2. La richiesta di accesso ai documenti deve essere motivata. Essa deve essere rivolta all'amministrazione che ha formato il documento o che lo detiene stabilmente.

3. Il rifiuto, il differimento e la limitazione dell'accesso sono ammessi nei casi e nei limiti stabiliti dall'articolo 24 e debbono essere motivati.

4. Decorsi inutilmente trenta giorni dalla richiesta, questa si intende respinta. In caso di diniego dell'accesso, espresso o tacito, o di differimento dello stesso ai sensi dell'articolo 24, comma 4, il richiedente può presentare ricorso al tribunale amministrativo regionale ai sensi del comma 5, ovvero chiedere, nello stesso termine e nei confronti degli atti delle amministrazioni comunali, provinciali e regionali, al difensore civico competente per ambito territoriale, ove costituito, che sia riesaminata la suddetta determinazione. Qualora tale organo non sia stato istituito, la competenza è attribuita al difensore civico competente per l'ambito territoriale immediatamente superiore. Nei confronti degli atti delle amministrazioni centrali e

periferiche dello Stato tale richiesta è inoltrata presso la Commissione per l'accesso di cui all'articolo 27 nonchè presso l'amministrazione resistente. Il difensore civico o la Commissione per l'accesso si pronunciano entro trenta giorni dalla presentazione dell'istanza. Scaduto infruttuosamente tale termine, il ricorso si intende respinto. Se il difensore civico o la Commissione per l'accesso ritengono illegittimo il diniego o il differimento, ne informano il richiedente e lo comunicano all'autorità disponente. Se questa non emana il provvedimento confermativo motivato entro trenta giorni dal ricevimento della comunicazione del difensore civico o della Commissione, l'accesso è consentito. Qualora il richiedente l'accesso si sia rivolto al difensore civico o alla Commissione, il termine di cui al comma 5 decorre dalla data di ricevimento, da parte del richiedente, dell'esito della sua istanza al difensore civico o alla Commissione stessa. Se l'accesso è negato o differito per motivi inerenti ai dati personali che si riferiscono a soggetti terzi, la Commissione provvede, sentito il Garante per la protezione dei dati personali, il quale si pronuncia entro il termine di dieci giorni dalla richiesta, decorso inutilmente il quale il parere si intende reso. Qualora un procedimento di cui alla sezione III del capo I del titolo I della parte III del decreto legislativo 30 giugno 2003, n. 196, o di cui agli articoli 154, 157, 158, 159 e 160 del medesimo decreto legislativo n. 196 del 2003, relativo al trattamento pubblico di dati personali da parte di una pubblica amministrazione, interessi l'accesso ai documenti amministrativi, il Garante per la protezione dei dati personali chiede il parere, obbligatorio e non vincolante, della Commissione per l'accesso ai documenti amministrativi. La richiesta di parere sospende il termine per la pronuncia del Garante sino all'acquisizione del parere, e comunque per non oltre quindici giorni. Decorso inutilmente detto termine, il Garante adotta la propria decisione. [2]

5. Le controversie relative all'accesso ai documenti amministrativi sono disciplinate dal codice del processo amministrativo. [3]

5-bis. (...) [4].

6. (...) [4].

(1) Rubrica aggiunta dall'art. 21, comma 1, lett. ee), L. 11 febbraio 2005, n. 15.
(2) Comma prima sostituito dall'art. 15, comma 1, L. 24 novembre 2000, n. 340 e dall'art. 17, comma 1, lett. a), L. 11 febbraio 2005, n. 15.
(3) Comma così modificato dall'all. 4, art. 3, co. 2, lett. c), D.Lgs. 2 luglio 2010, n. 104.

DIRITTO AMMINISTRATIVO

(4) I commi che recitavano: "*5-bis. Nei giudizi in materia di accesso, le parti possono stare in giudizio personalmente senza l'assistenza del difensore. L'amministrazione può essere rappresentata e difesa da un proprio dipendente, purché in possesso della qualifica di dirigente, autorizzato dal rappresentante legale dell'ente. 6. Il giudice amministrativo, sussistendone i presupposti, ordina l'esibizione dei documenti richiesti.*" sono stati abrogati dall'all. 4, art. 4, co. 1 n. 14), D.Lgs. 2 luglio 2010, n. 104.

Articolo 26.
(Obbligo di pubblicazione) (¹)

1. (...) (¹).

2. Sono altresì pubblicate, nelle forme predette, le relazioni annuali della Commissione di cui all'articolo 27 e, in generale, è data la massima pubblicità a tutte le disposizioni attuative della presente legge e a tutte le iniziative dirette a precisare ed a rendere effettivo il diritto di accesso.

3. Con la pubblicazione di cui al comma 1, ove essa sia integrale, la libertà di accesso ai documenti indicati nel predetto comma 1 s'intende realizzata.

(1) Rubrica aggiunta dall'art. 21, comma 1, lett. ff), L. 11 febbraio 2005, n. 15.
(2) Il comma che recitava: "*1. Fermo restando quanto previsto per le pubblicazioni nella Gazzetta Ufficiale della Repubblica italiana dalla legge 11 dicembre 1984, n. 839, e dalle relative norme di attuazione, sono pubblicati, secondo le modalità previste dai singoli ordinamenti, le direttive, i programmi, le istruzioni, le circolari e ogni atto che dispone in generale sulla organizzazione, sulle funzioni, sugli obiettivi, sui procedimenti di una pubblica amministrazione ovvero nel quale si determina l'interpretazione di norme giuridiche o si dettano disposizioni per l'applicazione di esse.*" è stato abrogato dall'art. 53, co. 1, lett. a), D.Lgs. 14 marzo 2013, n. 33.

Articolo 27. (¹)
(Commissione per l'accesso ai documenti amministrativi).

1. È istituita presso la Presidenza del Consiglio dei ministri la Commissione per l'accesso ai documenti amministrativi.

2. La Commissione è nominata con decreto del Presidente del Consiglio dei Ministri, sentito il Consiglio dei Ministri. Essa è presieduta dal sottosegretario di Stato alla Presidenza del Consiglio dei Ministri ed è è composta da dieci membri, dei quali due senatori e due deputati, designati

dai Presidenti delle rispettive Camere, quattro scelti fra il personale di cui alla legge 2 aprile 1979, n. 97, anche in quiescenza, su designazione dei rispettivi organi di autogoverno, e uno scelto fra i professori di ruolo in materie giuridiche. E' membro di diritto della Commissione il capo della struttura della Presidenza del Consiglio dei Ministri che costituisce il supporto organizzativo per il funzionamento della Commissione. La Commissione può avvalersi di un numero di esperti non superiore a cinque unità, nominati ai sensi dell'articolo 29 della legge 23 agosto 1988, n. 400. [4]

2-bis. La Commissione delibera a maggioranza dei presenti. L'assenza dei componenti per tre sedute consecutive ne determina la decadenza. [5]

3. La Commissione è rinnovata ogni tre anni. Per i membri parlamentari si procede a nuova nomina in caso di scadenza o scioglimento anticipato delle Camere nel corso del triennio.

4. (...) [2]

5. La Commissione adotta le determinazioni previste dall'articolo 25, comma 4; vigila affinché sia attuato il principio di piena conoscibilità dell'attività della pubblica amministrazione con il rispetto dei limiti fissati dalla presente legge; redige una relazione annuale sulla trasparenza dell'attività della pubblica amministrazione, che comunica alle Camere e al Presidente del Consiglio dei ministri; propone al Governo modifiche dei testi legislativi e regolamentari che siano utili a realizzare la più ampia garanzia del diritto di accesso di cui all'articolo 22.

6. Tutte le amministrazioni sono tenute a comunicare alla Commissione, nel termine assegnato dalla medesima, le informazioni ed i documenti da essa richiesti, ad eccezione di quelli coperti da segreto di Stato.

7. (...) [3].

(1) Articolo così sostituito dall'art. 18, comma 1, L. 11 febbraio 2005, n. 15.
(2) Il comma che recitava: "*4. Con decreto del Presidente del Consiglio dei ministri, di concerto con il Ministro dell'economia e delle finanze, a decorrere dall'anno 2004, sono determinati i compensi dei componenti e degli esperti di cui al comma 2, nei limiti degli ordinari stanziamenti di bilancio della Presidenza del Consiglio dei ministri*" è stato abrogato dall'art. 1, comma 2, D.P.R. 2 agosto 2007, n. 157.
(3) Il comma che recitava: "*7. In caso di prolungato inadempimento all'obbligo di cui al comma 1 dell'articolo 18, le misure ivi previste sono adottate dalla Commissione di cui al presente articolo*" è stato abrogato dall'art. 2, comma 1, D.P.R. 2 agosto

2007, n. 157.
(4) Comma così modificato dall'art. 47-bis, comma 1, lett. a), D.L. 21 giugno 2013, n. 69, convertito con L. 9 agosto 2013, n. 98.
(5) Comma inserito dall'art. 47-bis, comma 1, lett. b), D.L. 21 giugno 2013, n. 69, convertito con L. 9 agosto 2013, n. 98.

Articolo 28.
(Modifica dell'articolo 15 del testo unico di cui al decreto del Presidente della Repubblica
10 gennaio 1957, n. 3, in materia di segreto di ufficio) ([1])

1. L'art. 15 del testo unico delle disposizioni concernenti lo statuto degli impiegati civili dello Stato, approvato con decreto del Presidente della Repubblica 10 gennaio 1957, n. 3, è sostituito dal seguente:

"Art. 15 (Segreto d'ufficio). - 1. L'impiegato deve mantenere il segreto d'ufficio. Non può trasmettere a chi non ne abbia diritto informazioni riguardanti provvedimenti od operazioni amministrative, in corso o concluse, ovvero notizie di cui sia venuto a conoscenza a causa delle sue funzioni, al di fuori delle ipotesi e delle modalità previste dalle norme sul diritto di accesso. Nell'ambito delle proprie attribuzioni, l'impiegato preposto ad un ufficio rilascia copie ed estratti di atti e documenti di ufficio nei casi non vietati dall'ordinamento".

(1) Rubrica aggiunta dall'art. 21, comma 1, L. 11 febbraio 2005, n. 15.

Capo VI
Disposizioni finali

Articolo 29. ([1])
(Ambito di applicazione della legge)

1. Le disposizioni della presente legge si applicano alle amministrazioni statali e agli enti pubblici nazionali. Le disposizioni della presente legge si applicano, altresì, alle società con totale o prevalente capitale pubblico, limitatamente all'esercizio delle funzioni amministrative. Le disposizioni di cui agli articoli 2-bis, 11, 15 e 25, commi 5, 5-bis e 6, nonché quelle del capo IV-bis si applicano a tutte le amministrazioni pubbliche. ([2])

2. Le regioni e gli enti locali, nell'ambito delle rispettive competenze, regolano le materie disciplinate dalla presente legge nel rispetto del sistema

costituzionale e delle garanzie del cittadino nei riguardi dell'azione amministrativa, così come definite dai principi stabiliti dalla presente legge.

2-bis. Attengono ai livelli essenziali delle prestazioni di cui all'articolo 117, secondo comma, lettera m), della Costituzione le disposizioni della presente legge concernenti gli obblighi per la pubblica amministrazione di garantire la partecipazione dell'interessato al procedimento, di individuarne un responsabile, di concluderlo entro il termine prefissato, di misurare i tempi effettivi di conclusione dei procedimenti e di assicurare l'accesso alla documentazione amministrativa, nonché quelle relative alla durata massima dei procedimenti. [3]

2-ter. Attengono altresì ai livelli essenziali delle prestazioni di cui all'articolo 117, secondo comma, lettera m), della Costituzione le disposizioni della presente legge concernenti la presentazione di istanze, segnalazioni e comunicazioni, la dichiarazione di inizio attività e il silenzio assenso e la conferenza di servizi, salva la possibilità di individuare, con intese in sede di Conferenza unificata di cui all'articolo 8 del decreto legislativo 28 agosto 1997, n. 281, e successive modificazioni, casi ulteriori in cui tali disposizioni non si applicano. [4]

2-quater. Le regioni e gli enti locali, nel disciplinare i procedimenti amministrativi di loro competenza, non possono stabilire garanzie inferiori a quelle assicurate ai privati dalle disposizioni attinenti ai livelli essenziali delle prestazioni di cui ai commi 2-bis e 2-ter, ma possono prevedere livelli ulteriori di tutela. [5]

2-quinquies. Le regioni a statuto speciale e le province autonome di Trento e di Bolzano adeguano la propria legislazione alle disposizioni del presente articolo, secondo i rispettivi statuti e le relative norme di attuazione. [5]

(1) Articolo così sostituito dall'art. 19, comma 1, L. 11 febbraio 2005, n. 15.
(2) Comma cosi' sostituito dall'art. 10, comma 1, lett. b), L. 18 giugno 2009, n. 69.
(3) Comma aggiunto dall'art. 10, comma 1, lett. b), L. 18 giugno 2009, n. 69 e, successivamente, così modificato dall' art. 12, comma 1, lett. l), D.L. 16 luglio 2020, n. 76, convertito, con modificazioni, dalla L. 11 settembre 2020, n. 120.
(4) Comma aggiunto dall'art. 10, comma 1, lett. b), L. 18 giugno 2009, n. 69 e poi cosi modificato dall'art. 49, comma 4, D.L. 31 maggio 2010, n. 78, convertito con modificazioni nella, L. 30 luglio 2010, n. 122 e dall'art. 3,

comma 1, lett. f), D.Lgs. 30 giugno 2016, n. 126.
(5) Comma aggiunto dall'art. 10, comma 1, lett. b), L. 18 giugno 2009, n. 69.

Articolo 30.
(Atti di notorietà) ([1])

1. In tutti i casi in cui le leggi e i regolamenti prevedono atti di notorietà o attestazioni asseverate da testimoni altrimenti denominate, il numero dei testimoni è ridotto a due.

2. È fatto divieto alle pubbliche amministrazioni e alle imprese esercenti servizi di pubblica necessità e di pubblica utilità di esigere atti di notorietà in luogo della dichiarazione sostitutiva dell'atto di notorietà prevista dall'articolo 4 della legge 4 gennaio 1968, n. 15, quando si tratti di provare qualità personali, stati o fatti che siano a diretta conoscenza dell'interessato.

(1) Rubrica aggiunta dall'art. 21, comma 1, L. 11 febbraio 2005, n. 15..

Articolo 31. ([1])

(...)

(1) L'articolo che così recitava: *"1. Le norme sul diritto di accesso ai documenti amministrativi di cui al capo V hanno effetto dalla data di entrata in vigore dei decreti di cui all'articolo 24."* è stato abrogato dall'art. 20, L. 11 febbraio 2005, n. 15.

LEGGE DI DEPENALIZZAZIONE

Legge di depenalizzazione

(Legge 24 novembre 1981, n. 689)

Capo I

Le sanzioni amministrative

Sezione I

Principi generali

Art. 1

Principio di legalità ([1])

Nessuno può essere assoggettato a sanzioni amministrative se non in forza di una legge che sia entrata in vigore prima della commissione della violazione.

Le leggi che prevedono sanzioni amministrative si applicano soltanto nei casi e per i tempi in esse considerati.

Art. 2

Capacità di intendere e di volere

Non può essere assoggettato a sanzione amministrativa chi, al momento in cui ha commesso il fatto, non aveva compiuto i diciotto anni o non aveva, in base al criteri indicati nel codice penale, la capacità di intendere e di volere, salvo che lo stato di incapacità non derivi da sua colpa o sia stato da lui preordinato.

Fuori dei casi previsti dall'ultima parte del precedente comma, della violazione risponde chi era tenuto alla sorveglianza dell'incapace, salvo che provi di non aver potuto impedire il fatto.

Art. 3

Elemento soggettivo

Nelle violazioni cui è applicabile una sanzione amministrativa ciascuno è responsabile della propria azione od omissione, cosciente e volontaria, sia essa dolosa o colposa.

Nel caso in cui la violazione è commessa per errore sul fatto, l'agente non è responsabile quando l'errore non è determinato da sua colpa.

Art. 4

Cause di esclusione della responsabilità

Non risponde delle violazioni amministrative chi ha commesso il fatto nell'adempimento di un dovere o nell'esercizio di una facoltà legittima ovvero in stato di necessità o di legittima difesa.

Se la violazione è commessa per ordine dell'autorità, della stessa risponde il pubblico ufficiale che ha dato l'ordine.

I comuni, le province, le comunità montane e i loro consorzi, le istituzioni pubbliche di assistenza e beneficenza (IPAB), gli enti non commerciali senza scopo di lucro che svolgono attività socio- assistenziale e le istituzioni sanitarie operanti nel Servizio sanitario nazionale ed i loro amministratori non rispondono delle sanzioni amministrative e civili che riguardano l'assunzione di lavoratori, le assicurazioni obbligatorie e gli ulteriori adempimenti, relativi a prestazioni lavorative stipulate nella forma del contratto d'opera e successivamente riconosciute come rapporti di lavoro subordinato, purché esaurite alla data del 31 dicembre 1997. ([1])

(1) *Comma aggiunto dall'art. 31, comma 36, L. 23 dicembre 1998, n. 448*, a decorrere dal 1° gennaio 1999.

Art. 5

Concorso di persone

Quando più persone concorrono in una violazione amministrativa, ciascuna di esse soggiace alla sanzione per questa disposta, salvo che sia diversamente stabilito dalla legge.

Art. 6

Solidarietà

Il proprietario della cosa che servì o fu destinata a commettere la violazione o, in sua vece, l'usufruttuario o, se trattasi di bene immobile, il titolare di un diritto personale di godimento, è obbligato in solido con l'autore della violazione al pagamento della somma da questo dovuta se non prova che la cosa è stata utilizzata contro la sua volontà.

Se la violazione è commessa da persona capace di intendere e di volere ma soggetta all'altrui autorità, direzione o vigilanza, la persona rivestita dell'autorità o incaricata della direzione o della vigilanza è obbligata in solido con l'autore della violazione al pagamento della somma da questo dovuta, salvo che provi di non aver potuto impedire il fatto.

Se la violazione è commessa dal rappresentante o dal dipendente di una persona giuridica o di un ente privo di personalità giuridica o, comunque di un imprenditore, nell'esercizio delle proprie funzioni o incombenze, la persona giuridica o l'ente o l'imprenditore è obbligato in solido con l'autore della violazione al pagamento della somma da questo dovuta.

Nei casi previsti dai commi precedenti chi ha pagato ha diritto di regresso per l'intero nei confronti dell'autore della violazione.

Art. 7

Non trasmissibilità dell'obbligazione

L'obbligazione di pagare la somma dovuta per la violazione non si trasmette gli eredi.

Art. 8

Più violazioni di disposizioni che prevedono sanzioni amministrative

Salvo che sia diversamente stabilito dalla legge, chi con un'azione od omissione viola diverse disposizioni che prevedono sanzioni amministrative o commette più violazioni della stessa disposizione, soggiace alla sanzione prevista per la violazione più grave, aumentata sino al triplo.

Alla stessa sanzione prevista dal precedente comma soggiace anche chi con più azioni od omissioni, esecutive di un medesimo disegno posto in essere in violazione di norme che stabiliscono sanzioni amministrative, commette, anche in tempi diversi, più violazioni della stessa o di diverse norme di legge in materia di previdenza ed assistenza obbligatorie. ([1])

La disposizione di cui al precedente comma si applica anche alle violazioni commesse anteriormente all'entrata in vigore della legge di conversione del decreto-legge 2 dicembre 1985, n. 688, per le quali non sia già intervenuta sentenza passata in giudicato. ([1])

([1]) Comma aggiunto dall'*art. 1-sexies, D.L. 2 dicembre 1985, n. 688*, convertito, con modificazioni, dalla *L. 31 gennaio 1986, n. 11*.

Art. 8-bis

Reiterazione delle violazioni ([1])

Salvo quanto previsto da speciali disposizioni di legge, si ha reiterazione quando, nei cinque anni successivi alla commissione di una violazione amministrativa, accertata con provvedimento esecutivo, lo stesso soggetto commette un'altra violazione della stessa indole. Si ha reiterazione anche quando più violazioni della stessa indole commesse nel quinquennio sono accertate con unico provvedimento esecutivo.

Si considerano della stessa indole le violazioni della medesima disposizione e quelle di disposizioni diverse che, per la natura dei fatti che le costituiscono o per le modalità della condotta, presentano una sostanziale omogeneità o caratteri fondamentali comuni.

La reiterazione è specifica se è violata la medesima disposizione.

Le violazioni amministrative successive alla prima non sono valutate, ai fini della reiterazione, quando sono commesse in tempi ravvicinati e riconducibili ad una programmazione unitaria.

La reiterazione determina gli effetti che la legge espressamente stabilisce. Essa non opera nel caso di pagamento in misura ridotta.

Gli effetti conseguenti alla reiterazione possono essere sospesi fino a quando il provvedimento che accerta la violazione precedentemente commessa sia divenuto definitivo. La sospensione è disposta dall'autorità amministrativa competente, o in caso di opposizione dal giudice, quando possa derivare grave danno.

Gli effetti della reiterazione cessano di diritto, in ogni caso, se il provvedimento che accerta la precedente violazione è annullato.

(1) Articolo inserito dall'*art. 94, comma 1, D.Lgs. 30 dicembre 1999, n. 507.*

Art. 9

Principio di specialità

Quando uno stesso fatto è punito da una disposizione penale e da una disposizione che prevede una sanzione amministrativa, ovvero da una pluralità di disposizioni che prevedono sanzioni amministrative, si applica la disposizione speciale.

Tuttavia quando uno stesso fatto è punito da una disposizione penale e da una disposizione regionale o delle province autonome di Trento e di Bolzano che preveda una sanzione amministrativa, si applica in ogni caso la disposizione penale, salvo che quest'ultima sia applicabile solo in mancanza di altre disposizioni penali.

Ai fatti puniti dagli articoli 5, 6 e 12 della legge 30 aprile 1962, n. 283, e successive modificazioni ed integrazioni, si applicano soltanto le disposizioni penali, anche quando i fatti stessi sono puniti con sanzioni amministrative previste da disposizioni speciali in materia di produzione, commercio e igiene degli alimenti e delle bevande. ([1])

(1) Comma così sostituito dall'*art. 95, comma 1, D.Lgs. 30 dicembre 1999, n. 507.*

Art. 10

Sanzione amministrativa pecuniaria e rapporto tra limite minimo e limite massimo

La sanzione amministrativa pecuniaria consiste nel pagamento di una somma non inferiore a euro 10 e non superiore a euro 15.000. Le sanzioni proporzionali non hanno limite massimo. (¹)

Fuori dei casi espressamente stabiliti dalla legge, il limite massimo della sanzione amministrativa pecuniaria non può, per ciascuna violazione, superare il decuplo del minimo.

(1) Comma così modificato dall'*art. 96, comma 1, D.Lgs. 30 dicembre 1999, n. 507* e, successivamente, dall'*art. 3, comma 63, L. 15 luglio 2009, n. 94.*

Art. 11

Criteri per l'applicazione delle sanzioni amministrative pecuniarie

Nella determinazione della sanzione amministrativa pecuniaria fissata dalla legge tra un limite minimo ed un limite massimo e nell'applicazione delle sanzioni accessorie facoltative, si ha riguardo alla gravità della violazione, all'opera svolta dall'agente per la eliminazione o attenuazione delle conseguenze della violazione, nonché alla personalità dello stesso e alle sue condizioni economiche.

Art. 12

Ambito di applicazione

Le disposizioni di questo capo si osservano, in quanto applicabili e salvo che non sia diversamente stabilito, per tutte le violazioni per le quali è prevista la sanzione amministrativa del pagamento di una somma di denaro, anche quando questa sanzione non è prevista in sostituzione di una sanzione penale. Non si applicano alle violazioni disciplinari.

Sezione II

DIRITTO AMMINISTRATIVO

Applicazione

Art. 13

Atti di accertamento

Gli organi addetti al controllo sull'osservanza delle disposizioni per la cui violazione è prevista la sanzione amministrativa del pagamento di una somma di denaro possono, per l'accertamento delle violazioni di rispettiva competenza assumere informazioni e procedere a ispezioni di cose e di luoghi diversi dalla privata dimora, a rilievi segnaletici, descrittivi e fotografici e ad ogni altra operazione tecnica.

Possono altresì procedere al sequestro cautelare delle cose che possono formare oggetto di confisca amministrativa, nei modi e con i limiti con cui il codice di procedura penale consente il sequestro alla polizia giudiziaria.

E' sempre disposto il sequestro del veicolo a motore o del natante posto in circolazione senza essere coperto dalla assicurazione obbligatoria e del veicolo posto in circolazione senza che per lo stesso sia stato rilasciato il documento di circolazione.

All'accertamento delle violazioni punite con la sanzione amministrativa del pagamento di una somma di denaro possono procedere anche gli ufficiali e gli agenti di polizia giudiziaria, i quali, oltre che esercitare i poteri indicati nei precedenti commi, possono procedere, quando non sia possibile acquisire altrimenti gli elementi di prova, a perquisizioni in luoghi diversi dalla privata dimora, previa autorizzazione motivata del pretore del luogo ove le perquisizioni stesse dovranno essere effettuate. Si applicano le disposizioni del primo comma dell'art. 333 e del primo e secondo comma dell'art. 334 del codice di procedura penale.

E' fatto salvo l'esercizio degli specifici poteri di accertamento previsti dalle leggi vigenti.

Art. 14.

Contestazione e notificazione ([1])

La violazione, quando è possibile, deve essere contestata immediatamente tanto al trasgressore quanto alla persona che sia obbligata in solido al pagamento della somma dovuta per la violazione stessa.

Se non è avvenuta la contestazione immediata per tutte o per alcune delle persone indicate nel comma precedente, gli estremi della violazione debbono essere notificati agli interessati residenti nel territorio della Repubblica entro il termine di novanta giorni e a quelli residenti all'estero entro il termine di trecentosessanta giorni dall'accertamento.

Quando gli atti relativi alla violazione sono trasmessi all'autorità competente con provvedimento dell'autorità giudiziaria, i termini di cui al comma precedente decorrono dalla data della ricezione.

Per la forma della contestazione immediata o della notificazione si applicano le disposizioni previste dalle leggi vigenti. In ogni caso la notificazione può essere effettuata, con le modalità previste dal codice di procedura civile, anche da un funzionario dell'amministrazione che ha accertato la violazione. Quando la notificazione non può essere eseguita in mani proprie del destinatario, si osservano le modalità previste dall'articolo 137, terzo comma, del medesimo codice. ([2])

Per i residenti all'estero, qualora la residenza, la dimora o il domicilio non siano noti, la notifica non è obbligatoria e resta salva la facoltà del pagamento in misura ridotta sino alla scadenza del termine previsto nel secondo comma dell'art. 22 per il giudizio di opposizione.

L'obbligazione di pagare la somma dovuta per la violazione si estingue per la persona nel cui confronti è stata omessa la notificazione nel termine prescritto.

(1) Per la sospensione del termine di cui al presente articolo vedi l'*art. 103, comma 6-bis, D.L. 17 marzo 2020, n. 18*, convertito, con modificazioni, dalla *L. 24 aprile 2020, n. 27.*§
(2) Comma così modificato dall'*art. 174, comma 11, D.Lgs. 30 giugno 2003, n. 196*, a decorrere dal 1° gennaio 2004. Peraltro, il citato *art. 174, D.Lgs. n. 196/2003* è stato abrogato dall'*art. 27, comma 1, lett. c), n. 3), D.Lgs. 10 agosto 2018, n. 101.*

Art. 15

Accertamenti mediante analisi di campioni ([1])

Se per l'accertamento della violazione sono compiute analisi di campioni, il dirigente del laboratorio deve comunicare all'interessato, a mezzo di lettera raccomandata con avviso di ricevimento, l'esito dell'analisi.

L'interessato può chiedere la revisione dell'analisi con la partecipazione di un proprio consulente tecnico. La richiesta è presentata con istanza scritta all'organo che ha prelevato i campioni da analizzare, nel termine di quindici giorni dalla comunicazione dell'esito della prima analisi, che deve essere allegato all'istanza medesima.

Delle operazioni di revisione dell'analisi è data comunicazione all'interessato almeno dieci giorni prima del loro inizio. I risultati della revisione dell'analisi sono comunicati all'interessato a mezzo di lettera raccomandata con avviso di ricevimento, a cura del dirigente del laboratorio che ha eseguito la revisione dell'analisi.

Le comunicazioni di cui al primo e al quarto comma equivalgono alla contestazione di cui al primo comma dell'art. 14 ed il termine per il pagamento in misura ridotta di cui all'art. 16 decorre dalla comunicazione dell'esito della prima analisi o, quando è stata chiesta la revisione dell'analisi, dalla comunicazione dell'esito della stessa.

Ove non sia possibile effettuare la comunicazione all'interessato nelle forme di cui al primo e al quarto comma, si applicano le disposizioni dell'art. 14. Con il decreto o con la legge regionale indicati nell'ultimo comma dell'art. 17 sarà altresì fissata la somma di denaro che il richiedente la revisione dell'analisi è tenuto a versare e potranno essere indicati, anche a modifica delle vigenti disposizioni di legge, gli istituti incaricati della stessa analisi. (2)

> (1) L'importo da versare per ogni richiesta di revisione di analisi è stato determinato con *D.M. 1° agosto 1984*, con *D.M. 30 giugno 1986*, con *D.M. 10 luglio 1987*, con *D.M. 1° settembre 1988*, con *D.M. 6 giugno 1989*, con *D.M. 26 maggio 1990*, con *D.M. 6 agosto 1991*, con *D.M. 18 giugno 1992*, con *D.M. 4 novembre 1993*, con *D.M. 20 dicembre 1994*, con *D.M. 16 aprile 1996*, con *D.M. 16 maggio 1997*, con *D.M. 23 gennaio 1998*, con *D.M. 17 aprile 2000*, con *D.M. 13 marzo 2001*, con *D.M. 4 marzo 2002*, con *D.M. 31 marzo 2003*, con *Decreto 27 febbraio 2004*, con *Decreto 16 marzo 2005*, con *Decreto 28 febbraio 2006*, con *D.M. 26 gennaio 2007*, con *Decreto 7 febbraio 2008*, con *Decreto 23 dicembre 2008*, con *Decreto 16 dicembre 2009*, con *Decreto 15 dicembre 2010*, con *Decreto 16 dicembre 2011*, con *Decreto 20 dicembre 2012*, con *Decreto 18 dicembre 2013*, con *Decreto 22 dicembre 2014*, con *Decreto 15 dicembre 2015*, con *Decreto 7 dicembre 2016*, con *Decreto 13 dicembre 2017*, con *Decreto 24 dicembre 2018*, con *Decreto 11 dicembre 2019*, con *Decreto 21 dicembre 2020* e con *Decreto 1 febbraio 2022*.
> (2) Le norme di attuazione previste dal presente comma sono state emanate con *D.P.R. 29 luglio 1982, n. 571*.

DIRITTO AMMINISTRATIVO

Art. 16

Pagamento in misura ridotta ([1])

E' ammesso il pagamento di una somma in misura ridotta pari alla terza parte del massimo della sanzione prevista per la violazione commessa o, se più favorevole e qualora sia stabilito il minimo della sanzione edittale, pari al doppio del relativo importo, oltre alle spese del procedimento, entro il termine di sessanta giorni dalla contestazione immediata o, se questa non vi è stata, dalla notificazione degli estremi della violazione. ([2])

Per le violazioni ai regolamenti ed alle ordinanze comunali e provinciali, la Giunta comunale o provinciale, all'interno del limite edittale minimo e massimo della sanzione prevista, può stabilire un diverso importo del pagamento in misura ridotta, in deroga alle disposizioni del primo comma. ([3])

Il pagamento in misura ridotta è ammesso anche nei casi in cui le norme antecedenti all'entrata in vigore della presente legge non consentivano l'oblazione.

(1) Sull'applicabilità delle disposizioni di cui al presente articolo vedi l'*art. 1, comma 3, D.L. 24 giugno 2014, n. 91*, convertito, con modificazioni, dalla *L. 11 agosto 2014, n. 116*, come sostituito dall'*art. 1-ter, comma 1, lett. a), D.L. 22 marzo 2021, n. 42*, convertito, con modificazioni, dalla *L. 21 maggio 2021, n. 71*.
(2) Comma così modificato dall'*art. 52, comma 1, D.Lgs. 24 giugno 1998, n. 213*.
(3) Comma abrogato dall'*art. 231, comma 1, D.Lgs. 30 aprile 1992, n. 285*, per la parte relativa al testo unico delle norme sulla circolazione stradale, approvato con il *D.P.R. 15 giugno 1959, n. 393*, con la decorrenza indicata nell'*art. 231, comma 1 del predetto D.Lgs. n. 285/1992*. Successivamente, il presente comma è stato così sostituito dall'*art. 6-bis, comma 1, D.L. 23 maggio 2008, n. 92*, convertito, con modificazioni, dalla *L. 24 luglio 2008, n. 125*.

Art. 17

Obbligo del rapporto

Qualora non sia stato effettuato il pagamento in misura ridotta, il funzionario o l'agente che ha accertato la violazione, salvo che ricorra l'ipotesi prevista nell'art. 24, deve presentare rapporto, con la prova delle eseguite contestazioni o notificazioni, all'ufficio periferico cui sono demandati attribuzioni e compiti del Ministero nella cui competenza rientra la materia alla quale si riferisce la violazione o, in mancanza, al prefetto.

Deve essere presentato al prefetto il rapporto relativo alle violazioni previste dal testo unico delle norme sulla circolazione stradale, approvato con decreto del Presidente della Repubblica 15 giugno 1959, n. 393, dal testo unico per la tutela delle strade, approvato con regio decreto 8 dicembre 1933, n. 1740 e dalla legge 20 giugno 1935, n. 1349, sui servizi di trasporto merci.

Nelle materie di competenza delle regioni e negli altri casi, per le funzioni amministrative ad esse delegate, il rapporto è presentato all'ufficio regionale competente.

Per le violazioni dei regolamenti provinciali e comunali il rapporto è presentato, rispettivamente, al presidente della giunta provinciale o al sindaco.

L'ufficio territorialmente competente è quello del luogo in cui è stata commessa la violazione.([1])

Il funzionario o l'agente che ha proceduto al sequestro previsto dall'art. 13 deve immediatamente informare l'autorità amministrativa competente a norma del precedenti commi, inviandole il processo verbale di sequestro.

Con decreto del Presidente della Repubblica, su proposta del Presidente del Consiglio del Ministri, da emanare entro centottanta giorni dalla pubblicazione della presente legge, in sostituzione del decreto del Presidente della Repubblica 13 maggio 1976, n. 407, saranno indicati gli uffici periferici dei singoli Ministeri, previsti nel primo comma, anche per i casi in cui leggi precedenti abbiano regolato diversamente la competenza. ([2])

Con il decreto indicato nel comma precedente saranno stabilite le modalità relative alla esecuzione del sequestro previsto dall'art. 13, al trasporto ed alla consegna delle cose sequestrate, alla custodia ed alla eventuale alienazione o distruzione delle stesse; sarà altresì stabilita la destinazione delle cose confiscate. Le regioni, per le materie di loro competenza, provvederanno con legge nel termine previsto dal comma precedente.

(1) In deroga a quanto disposto dal presente comma , vedi l'*art. 6, comma 5, L. 13 agosto 2010, n. 136.*

(2) Le norme di attuazione previste dal presente comma sono state emanate con D.P.R. 29 luglio 1982, n. 571.

Art. 18

Ordinanza-ingiunzione

Entro il termine di trenta giorni dalla data della contestazione o notificazione della violazione, gli interessati possono far pervenire all'autorità competente a ricevere il rapporto a norma dell'art. 17 scritti difensivi e documenti e possono chiedere di essere sentiti dalla medesima autorità.

L'autorità competente, sentiti gli interessati, ove questi ne abbiano fatto richiesta, ed esaminati i documenti inviati e gli argomenti esposti negli scritti difensivi, se ritiene fondato l'accertamento, determina, con ordinanza motivata, la somma dovuta per la violazione e ne ingiunge il pagamento, insieme con le spese, all'autore della violazione ed alle persone che vi sono obbligate solidalmente; altrimenti emette ordinanza motivata di archiviazione degli atti comunicandola integralmente all'organo che ha redatto il rapporto.

Con l'ordinanza-ingiunzione deve essere disposta la restituzione, previo pagamento delle spese di custodia, delle cose sequestrate, che non siano confiscate con lo stesso provvedimento. La restituzione delle cose sequestrate è altresì disposta con l'ordinanza di archiviazione, quando non ne sia obbligatoria la confisca.

Il pagamento è effettuato all'ufficio del registro o al diverso ufficio indicato nella ordinanza-ingiunzione, entro il termine di trenta giorni dalla notificazione di detto provvedimento, eseguita nelle forme previste dall'art. 14; del pagamento è data comunicazione, entro il trentesimo giorno, a cura dell'ufficio che lo ha ricevuto, all'autorità che ha emesso l'ordinanza.

Il termine per il pagamento è di sessanta giorni se l'interessato risiede all'estero.

La notificazione dell'ordinanza-ingiunzione può essere eseguita dall'ufficio che adotta l'atto, secondo le modalità di cui alla legge 20 novembre 1982, n. 890. ([1])

L'ordinanza-ingiunzione costituisce titolo esecutivo. Tuttavia l'ordinanza che dispone la confisca diventa esecutiva dopo il decorso del termine per proporre opposizione, o, nel caso in cui l'opposizione è proposta, con il passaggio in giudicato della sentenza con la quale si rigetta l'opposizione, o quando l'ordinanza con la quale viene dichiarata inammissibile l'opposizione o convalidato il provvedimento opposto diviene inoppugnabile o è dichiarato inammissibile il ricorso proposto avverso la stessa.

(1) Comma inserito dall'*art. 10, comma 6, L. 3 agosto 1999, n. 265*.

Art. 19

Sequestro ([1])

Quando si è proceduto a sequestro, gli interessati possono, anche immediatamente, proporre opposizione all'autorità indicata nel primo comma dell'art. 18, con atto esente da bollo. Sull'opposizione la decisione è adottata con ordinanza motivata emessa entro il decimo giorno successivo alla sua proposizione. Se non è rigettata entro questo termine, l'opposizione si intende accolta.

Anche prima che sia concluso il procedimento amministrativo, l'autorità competente può disporre la restituzione della cosa sequestrata, previo pagamento delle spese di custodia, a chi prova di averne diritto e ne fa istanza, salvo che si tratti di cose soggette a confisca obbligatoria.

Quando l'opposizione al sequestro è stata rigettata, il sequestro cessa di avere efficacia se non è emessa ordinanza-ingiunzione di pagamento o se non è disposta la confisca entro due mesi dal giorno in cui è pervenuto il rapporto e, comunque, entro sei mesi dal giorno in cui è avvenuto il sequestro.

(1) Sull'applicabilità della procedura prevista dal presente articolo, vedi l'art. 4, comma 4, D.L. 24 giugno 2014, n. 91, convertito, con modificazioni, dalla L. 11 agosto 2014, n. 116.

Art. 20

Sanzioni amministrative accessorie

L'autorità amministrativa con l'ordinanza-ingiunzione o il giudice penale con la sentenza di condanna nel caso previsto dall'art. 24, può applicare, come sanzioni amministrative, quelle previste dalle leggi vigenti, per le singole violazioni, come sanzioni penali accessorie, quando esse consistono nella privazione o sospensione di facoltà e diritti derivanti da provvedimenti dell'amministrazione.

Le sanzioni amministrative accessorie non sono applicabili fino a che è pendente il giudizio di opposizione contro il provvedimento di condanna o, nel caso di connessione di cui all'art. 24, fino a che il provvedimento stesso non sia divenuto esecutivo.

Le autorità stesse possono disporre la confisca amministrativa delle cose che servirono o furono destinate a commettere la violazione e debbono disporre la confisca delle cose che ne sono il prodotto, sempre che le cose suddette appartengano a una delle persone cui è ingiunto il pagamento.

In presenza di violazioni gravi o reiterate, in materia di tutela del lavoro, di igiene sui luoghi di lavoro e di prevenzione degli infortuni sul lavoro, è sempre disposta la confisca amministrativa delle cose che servirono o furono destinate a commettere la violazione e delle cose che ne sono il prodotto, anche se non venga emessa l'ordinanza - ingiunzione di pagamento. La disposizione non si applica se la cosa appartiene a persona estranea alla violazione amministrativa ovvero quando in relazione ad essa è consentita la messa a norma e quest'ultima risulta effettuata secondo le disposizioni vigenti. (¹)

E' sempre disposta la confisca amministrativa delle cose, la fabbricazione, l'uso, il porto, la detenzione o l'alienazione delle quali costituisce violazione amministrativa, anche se non venga emessa l'ordinanza-ingiunzione di pagamento.

La disposizione indicata nel comma precedente non si applica se la cosa appartiene a persona estranea alla violazione amministrativa e la fabbricazione, l'uso, il porto, la detenzione o l'alienazione possono essere consentiti mediante autorizzazione amministrativa.

(1) Comma inserito dall'*art. 9, comma 1, D.L. 12 novembre 2010, n. 187*, convertito, con modificazioni, dalla *L. 17 dicembre 2010, n. 217*.

Art. 21

Casi speciali di sanzioni amministrative-accessorie

Quando è accertata la violazione del primo comma dell'art. 32 della legge 24 dicembre 1969, n. 990, è sempre disposta la confisca del veicolo a motore o del natante che appartiene alla persona a cui è ingiunto il pagamento, se entro il termine fissato con l'ordinanza-ingiunzione non viene pagato, oltre alla sanzione pecuniaria applicata, anche il premio di assicurazione per almeno sei mesi.

Nel caso in cui sia proposta opposizione avverso l'ordinanza-ingiunzione, il termine di cui al primo comma decorre dal passaggio in giudicato della sentenza con la quale si rigetta l'opposizione ovvero dal momento in cui diventa inoppugnabile l'ordinanza con la quale viene dichiarata inammissibile l'opposizione o convalidato il provvedimento opposto ovvero viene dichiarato inammissibile il ricorso proposto avverso la stessa.

Quando è accertata la violazione dell'ottavo comma dell'art. 58 del testo unico delle norme sulla circolazione stradale, approvato con decreto del Presidente della Repubblica 15 giugno 1959, n. 393, è sempre disposta la confisca del veicolo. ([1])

Quando è accertata la violazione del secondo comma dell'art. 14 della legge 30 aprile 1962, n. 283, è sempre disposta la sospensione della licenza per un periodo non superiore a dieci giorni.

(1) La Corte costituzionale con sentenza 27 ottobre 1994, n. 371 ha dichiarato l'illegittimità costituzionale del presente comma *"nella parte in cui prevede la confisca del veicolo privo della carta di circolazione, anche se già immatricolato"*.

Art. 22 ([1]) ([2])

Opposizione all'ordinanza-ingiunzione

Salvo quanto previsto dall'articolo 133 del decreto legislativo 2 luglio 2010, n. 104, e da altre disposizioni di legge, contro l'ordinanza-ingiunzione di pagamento e contro l'ordinanza che dispone la sola confisca gli interessati possono proporre opposizione dinanzi all'autorità giudiziaria ordinaria. L'opposizione è regolata dall'articolo 6 del decreto legislativo 1° settembre 2011, n. 150. ([3])

(.....). ([4])

(.....). ([4])

(.....). ([5]) ([6])

DIRITTO AMMINISTRATIVO

(.....). (⁴) (⁶)

(.....). (⁴)

(.....). (⁷)

(1) La Corte costituzionale con sentenza 18 marzo 2004, n. 98 ha dichiarato l'illegittimità costituzionale del presente articolo "nella parte in cui non consente l'utilizzo del servizio postale per la proposizione dell'opposizione".
(2) La Corte costituzionale con sentenza 24 febbraio 1992, n. 62 ha dichiarato l'illegittimità costituzionale del presente articolo "in combinato disposto con l'art. 122 c.p.c., nella parte in cui non consentono ai cittadini italiani appartenenti alla minoranza linguistica slovena nel processodi opposizione ad ordinanze-ingiunzioni applicative di sanzioni amministrative davanti al pretore avente competenza su un territorio dove sia insediata la predetta minoranza, di usare, su loro richiesta, la lingua materna nei propri atti, usufruendo per questi della traduzione nella lingua italiana, nonchè di ricevere tradotti nella propria lingua gli atti dell'autorità giudiziaria e le risposte della controparte".
(3) Comma modificato dall'*art. 97, comma 1, lett. a), D.Lgs. 30 dicembre 1999, n. 507* e, successivamente, così sostituito dall'*art. 34, comma 1, lett. a), D.Lgs. 1° settembre 2011, n. 150*; per l'applicazione di tale ultima disposizione, vedi l'*art. 36 del medesimo D.Lgs. 150/2011.*
(4) Comma abrogato dall'art. 34, comma 1, lett. b), D.Lgs. 1° settembre 2011, n. 150; per l'applicazione di tale disposizione, vedi l'art. 36 del medesimo D.Lgs. 150/2011.
(5) Comma modificato dall'*art. 97, comma 1, lett. a), D.Lgs. 30 dicembre 1999, n. 507* e, successivamente, abrogato dall'*art. 34, comma 1, lett. b), D.Lgs. 1° settembre 2011, n. 150*; per l'applicazione di tale ultima disposizione, vedi l'*art. 36 del medesimo D.Lgs. 150/2011.*
(6) La Corte costituzionale, con sentenza 15-22 dicembre 2010, n. 365 (Gazz. Uff. 29 dicembre 2010, n. 52 - Prima serie speciale), ha dichiarato, tra l'altro, l'illegittimità del presente comma, nella parte in cui non prevede, a richiesta dell'opponente, che abbia dichiarato la residenza o eletto domicilio in un comune diverso da quello dove ha sede il giudice adito, modi di notificazione ammessi a questo fine dalle norme statali vigenti, alternativi al deposito presso la cancelleria.
(7) Comma modificato dall'*art. 97, comma 1, lett. b), D.Lgs. 30 dicembre 1999, n. 507* e, successivamente, abrogato dall'*art. 34, comma 1, lett. b), D.Lgs. 1° settembre 2011, n. 150*; per l'applicazione di tale ultima disposizione, vedi l'*art. 36 del medesimo D.Lgs. 150/2011.*

Art. 22-bis
Competenza per il giudizio di opposizione (¹)

(.....).

(1) Articolo abrogato dall'art. 34, comma 1, lett. c), D.Lgs. 1° settembre 2011, n. 150; per l'applicazione di tale disposizione, vedi l'art. 36 del medesimo D.Lgs. 150/2011.

Art. 23 (¹)
Giudizio di opposizione

(.....) .

(1) Articolo abrogato dall'art. 34, comma 1, lett. c), D.Lgs. 1° settembre 2011, n. 150; per l'applicazione di tale disposizione, vedi l'art. 36 del medesimo D.Lgs. 150/2011.

Art. 24
Connessione obbiettiva con un reato

Qualora l'esistenza di un reato dipenda dall'accertamento di una violazione non costituente reato, e per questa non sia stato effettuato il pagamento in misura ridotta, il giudice penale competente a conoscere del reato è pure competente a decidere sulla predetta violazione e ad applicare con la sentenza di condanna la sanzione stabilita dalla legge per la violazione stessa.

Se ricorre l'ipotesi prevista dal precedente comma, il rapporto di cui all'art. 17 è trasmesso, anche senza che si sia proceduto alla notificazione prevista dal secondo comma dell'art. 14, alla autorità giudiziaria competente per il reato, la quale, quando invia la comunicazione giudiziaria, dispone la notifica degli estremi della violazione amministrativa agli obbligati per i quali essa non è avvenuta. Dalla notifica decorre il termine per il pagamento in misura ridotta.

Se l'autorità giudiziaria non procede ad istruzione, il pagamento in misura ridotta può essere effettuato prima dell'apertura del dibattimento.

La persona obbligata in solido con l'autore della violazione deve essere citata nella istruzione o nel giudizio penale su richiesta del pubblico ministero. Il giudice ne dispone di ufficio la citazione. Alla predetta persona, per la difesa dei propri interessi, spettano i diritti e le garanzie riconosciuti all'imputato, esclusa la nomina del difensore d'ufficio.

Il pretore, quando provvede con decreto penale, con lo stesso decreto applica, nei confronti dei responsabili, la sanzione stabilita dalla legge per la violazione.

La competenza del giudice penale in ordine alla violazione non costituente reato cessa se il procedimento penale si chiude per estinzione del reato o per difetto di una condizione di procedibilità.

Art. 25

Impugnabilità del provvedimento del giudice penale

La sentenza del giudice penale, relativamente al capo che, ai sensi dell'articolo precedente, decide sulla violazione non costituente reato, è impugnabile, oltre che dall'imputato e dal pubblico ministero, anche dalla persona che sia stata solidalmente condannata al pagamento della somma dovuta per la violazione.

Avverso il decreto penale, relativamente al capo che dichiara la responsabilità per la predetta violazione, può proporre opposizione anche la persona indicata nel comma precedente.

Si osservano, in quanto applicabili, le disposizioni del codice di procedura penale concernenti l'impugnazione per i soli interessi civili.

Art. 26

Pagamento rateale della sanzione pecuniaria

L'autorità giudiziaria o amministrativa che ha applicato la sanzione pecuniaria può disporre, su richiesta dell'interessato che si trovi in condizioni economiche disagiate, che la sanzione medesima venga pagata in rate mensili da tre a trenta; ciascuna rata non può essere inferiore a lire trentamila. In ogni momento il debito può essere estinto mediante un unico pagamento.

Decorso inutilmente, anche per una sola rata, il termine fissato dall'autorità giudiziaria o amministrativa, l'obbligato è tenuto al pagamento del residuo ammontare della sanzione in un'unica soluzione.

Art. 27

Esecuzione forzata

Salvo quanto disposto nell'ultimo comma dell'art. 22, decorso inutilmente il termine fissato per il pagamento, l'autorità che ha emesso l'ordinanza-ingiunzione procede alla riscossione delle somme dovute in base alle norme previste per la esazione delle imposte dirette, trasmettendo il ruolo all'intendenza di finanza che lo dà in carico all'esattore per la riscossione in unica soluzione, senza l'obbligo del non riscosso come riscosso.

E' competente l'intendenza di finanza del luogo ove ha sede l'autorità che ha emesso l'ordinanza-ingiunzione.

Gli esattori, dopo aver trattenuto l'aggio nella misura ridotta del 50% rispetto a quella ordinaria e comunque non superiore al 2% delle somme riscosse, effettuano il versamento delle somme medesime ai destinatari dei proventi.

Le regioni possono avvalersi anche delle procedure previste per la riscossione delle proprie entrate. Se la somma è dovuta in virtù di una sentenza o di un decreto penale di condanna ai sensi dell'art. 24, si procede alla riscossione con l'osservanza delle norme sul recupero delle spese processuali.

Salvo quanto previsto nell'art. 26, in caso di ritardo nel pagamento la somma dovuta è maggiorata di un decimo per ogni semestre a decorrere da quello in cui la sanzione è divenuta esigibile e fino a quello in cui il ruolo è trasmesso all'esattore. La maggiorazione assorbe gli interessi eventualmente previsti dalle disposizioni vigenti.

Le disposizioni relative alla competenza dell'esattore si applicano fino alla riforma del sistema di riscossione delle imposte dirette.

Art. 28

Prescrizione ([1])

Il diritto a riscuotere le somme dovute per le violazioni indicate dalla presente legge si prescrive nel termine di cinque anni dal giorno in cui è stata commessa la violazione.

L'interruzione della prescrizione è regolata dalle norme del codice civile.

(1) Per la sospensione del termine di cui al presente articolo vedi l'*art. 103, comma 6-bis, D.L. 17 marzo 2020, n. 18*, convertito, con modificazioni, dalla *L. 24 aprile 2020, n. 27*.

Art. 29

Devoluzione dei proventi

I proventi delle sanzioni sono devoluti agli enti a cui era attribuito, secondo le leggi anteriori, l'ammontare della multa o dell'ammenda.

Il provento delle sanzioni per le violazioni previste dalla legge 20 giugno 1935 n. 1349, sui servizi di trasporto merci, è devoluto allo Stato. Nei casi previsti dal terzo comma dell'art. 17 i proventi spettano alle regioni.

Continuano ad applicarsi, se previsti, i criteri di ripartizione attualmente vigenti. Sono tuttavia escluse dalla ripartizione le autorità competenti ad emanare l'ordinanza-ingiunzione di pagamento e la quota loro spettante è ripartita tra gli altri aventi diritto, nella proporzione attribuita a ciascuno di essi.

Art. 30

Valutazione delle violazioni in materia di circolazione stradale

Agli effetti della sospensione e della revoca della patente di guida e del documento di circolazione, si tiene conto anche delle violazioni non costituenti reato previste, rispettivamente, dalle norme del testo unico sulla circolazione stradale approvato con decreto del Presidente della Repubblica 15 giugno 1959, n. 393 e dalle norme della legge 20 giugno 1935, n. 1349, sui servizi di trasporto merci.

Per le stesse violazioni, il prefetto dispone la sospensione della patente di guida o del documento di circolazione, quando ne ricorrono le condizioni, anche se è avvenuto il pagamento in misura ridotta. Il provvedimento di sospensione è revocato, qualora l'autorità giudiziaria, pronunciando ai sensi degli articoli 23, 24 e 25, abbia escluso la responsabilità per la violazione.

Nei casi sopra previsti e in ogni altro caso di revoca o sospensione del documento di circolazione da parte del prefetto o di altra autorità, il provvedimento è immediatamente comunicato al competente ufficio provinciale della motorizzazione civile.

Art. 31

Provvedimenti dell'autorità regionale

I provvedimenti emessi dall'autorità regionale per l'applicazione della sanzione amministrativa del pagamento di una somma di danaro non sono soggetti al controllo della Commissione prevista dall'art. 41 della legge 10 febbraio 1953, n. 62.

L'opposizione contro l'ordinanza-ingiunzione è regolata dagli articoli 22 e 23.

Sezione III

Depenalizzazione di delitti e contravvenzioni

Art. 32

Sostituzione della sanzione amministrativa pecuniaria alla multa o alla ammenda

Non costituiscono reato e sono soggette alla sanzione amministrativa del pagamento di una somma di denaro tutte le violazioni per le quali è prevista la sola pena della multa o dell'ammenda, salvo quanto disposto, per le violazioni finanziarie, dall'art. 39.

La disposizione del precedente comma non si applica ai reati in esso previsti che, nelle ipotesi aggravate, siano punibili con pena detentiva, anche se alternativa a quella pecuniaria.

La disposizione del primo comma non si applica, infine, ai delitti in esso previsti che siano punibili a querela.

Art. 33

Altri casi di depenalizzazione

Non costituiscono reato e sono soggette alla sanzione amministrativa del pagamento di una somma di denaro le contravvenzioni previste:

a) dagli articoli 669, 672, 687, 693 e 694 del codice penale;

b) dagli articoli 121 e 124 del testo unico delle leggi di pubblica sicurezza, approvato con regio decreto 18 giugno 1931, n. 773, nella parte non abrogata dall'art. 14 della legge 19 maggio 1976, n. 398;

c) dagli articoli 121, 180, 181 e 186 del regolamento di pubblica sicurezza, approvato con regio decreto 6 maggio 1940, n. 635;

d) dagli articoli 8, 58, comma ottavo, 72, 83, comma sesto, 88, comma sesto, del testo unico delle norme sulla circolazione stradale, approvato con decreto del Presidente della Repubblica 15 giugno 1959, n. 393, come modificati dalle leggi 14 febbraio 1974, n. 62, e 14 agosto 1974, n. 394, nonché dal decreto-legge 11 agosto 1975, n. 367, convertito, con modificazioni, nella legge 10 ottobre 1975, n. 486;

e) dal primo comma dell'art. 32 della legge 24 dicembre 1969, n. 990, sulla assicurazione obbligatoria della responsabilità civile derivante dalla circolazione dei veicoli a motore e dei natanti.

Art. 34

Esclusione della depenalizzazione

La disposizione del primo comma dell'art. 32 non si applica ai reati previsti:

a) dal codice penale, salvo quanto disposto dall'art. 33, lettera a);

b) dall'art. 19, secondo comma, della legge 22 maggio 1978, n. 194, sulla interruzione volontaria della gravidanza;

c) da disposizioni di legge concernenti le armi, le munizioni e gli esplosivi;

d) dall'art. 221 del testo unico delle leggi sanitarie, approvato con regio decreto 27 luglio 1934, n. 1265;

e) dalla legge 30 aprile 1962, n. 283, modificata con legge 26 febbraio 1963 n. 441, sulla disciplina igienica degli alimenti, salvo che per le contravvenzioni previste dagli articoli 8 e 14 della stessa legge 30 aprile 1962, n. 283;

f) dalla legge 29 marzo 1951, n. 327, sulla disciplina degli alimenti per la prima infanzia e dei prodotti dietetici;

g) dalla legge 10 maggio 1976, n. 319, sulla tutela delle acque dall'inquinamento;

h) dalla legge 13 luglio 1966, n. 615, concernente provvedimenti contro l'inquinamento atmosferico;

i) dalla legge 31 dicembre 1962, n. 1860, e dal decreto del Presidente della Repubblica 13 febbraio 1964, n. 185, relativi all'impiego pacifico del l'energia nucleare;

l) dalle leggi in materia urbanistica ed edilizia;

m) dalle leggi relative ai rapporti di lavoro, anche per quanto riguarda l'assunzione dei lavoratori e le assicurazioni sociali, salvo quanto previsto dal successivo art. 35;

n) dalle leggi relative alla prevenzione degli infortuni sul lavoro ed all'igiene del lavoro;

o) dall'art. 108 del decreto del Presidente della Repubblica 30 marzo 1957, n. 361, e dall'art. 89 del decreto del Presidente della Repubblica 16 maggio 1960, n. 570, in materia elettorale.

Art. 35

Violazioni in materia di previdenza ed assistenza obbligatorie

Non costituiscono reato e sono soggette alla sanzione amministrativa del pagamento di una somma di denaro tutte le violazioni previste dalle leggi in materia di previdenza ed assistenza obbligatorie, punite con la sola ammenda.

DIRITTO AMMINISTRATIVO

Per le violazioni consistenti nell'omissione totale o parziale del versamento di contributi e premi, l'ordinanza-ingiunzione è emessa, ai sensi dell'articolo 18, dagli enti ed istituti gestori delle forme di previdenza ed assistenza obbligatorie, che con lo stesso provvedimento ingiungono ai debitori anche il pagamento dei contributi e dei premi non versati e delle somme aggiuntive previste dalle leggi vigenti a titolo di sanzione civile.

Per le altre violazioni, quando viene accertato che da esse deriva l'omesso o parziale versamento di contributi e premi, la relativa sanzione amministrativa è applicata con la medesima ordinanza e dagli stessi enti ed istituti di cui al comma precedente.

Avverso l'ordinanza-ingiunzione può essere proposta, nel termine previsto dall'articolo 22, opposizione davanti al pretore in funzione di giudice del lavoro. Si applicano i commi terzo e settimo dell'articolo 22 e il quarto comma dell'articolo 23 ed il giudizio di opposizione è regolato ai sensi degli articoli 442 e seguenti del codice di procedura civile.

Si osservano, in ogni caso, gli articoli 13, 14, 20, 24, 25, 26, 27, 28, 29 e 38 in quanto applicabili. *[L'esecuzione forzata, quando non è diversamente stabilito, è regolata dalle disposizioni del codice di procedura civile.]* (¹)

L'ordinanza-ingiunzione emanata ai sensi del secondo comma costituisce titolo per iscrivere ipoteca legale sui beni del debitore, nei casi in cui essa è consentita, quando la opposizione non è stata proposta ovvero è stata dichiarata inammissibile o rigettata. In pendenza del giudizio di opposizione la iscrizione dell'ipoteca è autorizzata dal pretore se vi è pericolo nel ritardo.

Per le violazioni previste dal primo comma che non consistono nell'omesso o parziale versamento di contributi e premi e che non sono allo stesso connesse a norma del terzo comma si osservano le disposizioni delle sezioni I e II di questo Capo, in quanto applicabili.

La disposizione del primo comma non si applica alle violazioni previste dagli articoli 53, 54, 139, 157, 175 e 246 del testo unico delle disposizioni per l'assicurazione obbligatoria contro gli infortuni sul lavoro e le malattie professionali, approvato con decreto del Presidente della Repubblica 30 giugno 1965, n. 1124.

[Per la riscossione delle somme dovute ai sensi del presente articolo, nonché per la riscossione dei contributi e dei premi non versati e delle relative somme aggiuntive di cui alle leggi in materia di previdenza ed assistenza obbligatorie, gli enti ed istituti gestori

delle forme di previdenza ed assistenza obbligatorie, osservate in ogni caso le forme previste dal primo comma dell'articolo 18, possono avvalersi, ove opportuno, del procedimento ingiuntivo di cui agli articoli 633 e seguenti del codice di procedura civile.] (²)

(1) Comma così modificato dagli *artt. 27, comma 2,* e *37, comma 1, D.Lgs. 26 febbraio 1999, n. 46,* a decorrere dal 1° luglio 1999.
(2) Comma abrogato dall'*art. 37, comma 1, D.Lgs. 26 febbraio 1999, n. 46,* a decorrere dal 1° luglio 1999.

Art. 36

Omissione o ritardo nel versamento di contributi e premi in materia di previdenza ed assistenza obbligatorie

La sanzione amministrativa per l'omissione totale o parziale del versamento di contributi e premi in materia assistenziale e previdenziale non si applica se il pagamento delle somme dovute avviene entro trenta giorni dalla scadenza ovvero se, entro lo stesso termine, il datore di lavoro presenta domanda di dilazione all'ente o istituto di cui al secondo comma dell'articolo precedente. Tuttavia, quando è stata presentata domanda di dilazione, la sanzione amministrativa si applica se il datore di lavoro:

a) omette anche un solo versamento alla scadenza fissata dall'ente e istituto;

b) non provvede al pagamento delle somme dovute entro venti giorni dalla comunicazione del rigetto della domanda di dilazione.

Per gli effetti previsti dalla lettera b) del precedente comma la mancata comunicazione dell'accoglimento della domanda di dilazione entro novanta giorni dalla sua presentazione equivale a rigetto della medesima.

Art. 37 (¹)

Omissione o falsità in registrazione o denuncia obbligatoria

Salvo che il fatto costituisca più grave reato, il datore di lavoro che, al fine di non versare in tutto o in parte contributi e premi previsti dalle leggi sulla previdenza e assistenza obbligatorie, omette una o più registrazioni o denunce obbligatorie, ovvero esegue una o più denunce obbligatorie in tutto o, in, parte, non conformi al vero, è punito con la reclusione fino a due anni quando dal fatto deriva l'omesso versamento di contributi e premi

DIRITTO AMMINISTRATIVO

previsti dalle leggi sulla previdenza e assistenza obbligatorie per un importo mensile non inferiore al maggiore importo fra cinque milioni mensili e il cinquanta per cento dei contributi complessivamente dovuti.

Fermo restando l'obbligo dell'organo di vigilanza di riferire al pubblico ministero la notizia di reato, qualora l'evasione accertata formi oggetto di ricorso amministrativo o giudiziario il procedimento penale è sospeso dal momento dell'iscrizione della notizia di reato nel registro di cui all'articolo 335 del codice di procedura penale, fino al momento della decisione dell'organo amministrativo o giudiziario di primo grado.

La regolarizzazione dell'inadempienza accertata, anche attraverso dilazione, estingue il reato.

Entro novanta giorni l'ente impositore è tenuto a dare comunicazione all'autorità giudiziaria dell'avvenuta regolarizzazione o dell'esito del ricorso amministrativo o giudiziario.

(1) Articolo così sostituito dall'*art. 116, comma 19, L. 23 dicembre 2000, n. 388*, a decorrere dal 1° gennaio 2001.

Art. 38

Entità della somma dovuta

La somma dovuta ai sensi del primo comma dell'*art. 32* è pari all'ammontare della multa o dell'ammenda stabilita dalle disposizioni che prevedono le singole violazioni.
La somma dovuta come sanzione amministrativa è da euro 10 a euro 258 per la violazione dell'art. 669 del codice penale e da euro 25 a euro 258 per la violazione dell'art. 672 del codice penale.
[La somma dovuta è da euro 103 a euro 1.032 per la violazione degli articoli 121 e *124 del testo unico delle leggi di pubblica sicurezza*, da euro 51 a euro 516 per la violazione degli articoli 121, 180, 181 e 186 del regolamento di pubblica sicurezza. (¹)]
La somma dovuta è da euro 103 a euro 1.032 per la violazione degli *artt. 8, 58*, comma ottavo, *72* e *83*, comma sesto, da euro 51 a euro 258 per la violazione dell'*art. 88, comma sesto, del testo unico delle norme sulla circolazione stradale.* (²)
La somma dovuta è da euro 51 a euro 516 per la violazione dell'*art. 8 della legge 30 aprile 1962, n. 283*, e da euro 25 a euro 103 per la violazione dell'ultimo comma dell'*art. 14* della stessa legge.

La somma dovuta è da euro 258 a euro 1.549 per la violazione del primo comma dell'*art. 32 della legge 24 dicembre 1969, n. 990.* (³)

(1) Comma abrogato dall'*art. 13, comma 1, lett. d), D.Lgs. 11 luglio 1994, n. 480.*

(2) Comma da ritenere non più in vigore a seguito dell'abrogazione del testo unico delle norme sulla circolazione stradale disposta dall'art. 231, D.Lgs. 30 aprile 1992, n. 285 (nuovo codice della strada).

(3) Comma da ritenere non più in vigore a seguito dell'abrogazione della *L. 24 dicembre 1969, n. 990.*

Art. 39

Violazioni finanziarie

Non costituiscono reato e sono soggette alla sanzione amministrativa del pagamento di una somma di denaro le violazioni previste da leggi in materia finanziaria punite solo con la multa o con l'ammenda. (¹)

Se le leggi in materie finanziarie prevedono, oltre all'ammenda *o alla multa*, una pena pecuniaria, l'ammontare di quest'ultima si aggiunge alla somma prevista nel comma precedente e la sanzione viene unificata a tutti gli effetti.

[Alle violazioni previste nel primo comma si applicano le disposizioni della legge 7 gennaio 1929, n. 4, e successive modificazioni, salvo che sia diversamente disposto da leggi speciali.] (²)

[In deroga a quanto previsto dall'art. 15 della legge 7 gennaio 1929, n. 4, per le violazioni alle leggi in materia di dogane e di imposte di fabbricazione è consentito al trasgressore di estinguere l'obbligazione mediante il pagamento, entro trenta giorni dalla contestazione, presso l'ufficio incaricato della contabilità relativa alla violazione, dell'ammontare del tributo e di una somma pari ad un sesto del massimo della sanzione pecuniaria, o, se più favorevole, al limite minimo della sanzione medesima.] (²)

[In caso di mancato pagamento della sanzione pecuniaria nel termine prescritto, l'ufficio finanziario incaricato della contabilità relativa alla violazione procede alla riscossione della somma dovuti mediante esecuzione forzata, con l'osservanza delle norme del testo unico sulla riscossione delle entrate patrimoniali dello Stato, approvato con regio decreto 14 aprile 1910, n. 639.] (²)

Alle violazioni finanziarie, comprese quelle originariamente punite con la pena pecuniaria, si applicano, altresì, gli articoli *[27, penultimo comma,]* 29 e 38, primo comma. (³)

(1) Comma così modificato dall'*art. 2, L. 28 dicembre 1993, n. 562.*
(2) Comma abrogato dall'*art. 29, comma 1, lett. c), D.Lgs.18 dicembre 1997, n. 472,* a decorrere dal 1° aprile 1998.
(3) Comma così modificato dall'*art. 29, comma 1, lett. c), D.Lgs.18 dicembre 1997, n. 472,* a decorrere dal 1° aprile 1998.

Sezione IV

Disposizioni transitorie e finali

Art. 40

Violazioni commesse anteriormente alla legge di depenalizzazione

Le disposizioni di questo capo si applicano anche alle violazioni commesse anteriormente all'entrata in vigore della presente legge che le ha depenalizzate, quando il relativo procedimento penale non sia stato definito.

Art. 41

Norme processuali transitorie

L'autorità giudiziaria, in relazione ai procedimenti penali per le violazioni non costituenti più reato, pendenti alla data di entrata in vigore della presente legge, se non deve pronunciare decreto di archiviazione o sentenza di proscioglimento, dispone la trasmissione degli atti all'autorità competente. Da tale momento decorre il termine di cui al secondo comma dell'art. 14 per la notifica delle violazioni, quando essa non è prevista dalle leggi vigenti.

Le multe e le ammende inflitte con sentenze divenute irrevocabili o con decreti divenuti esecutivi alla data di entrata in vigore della presente legge sono riscosse, insieme con le spese del procedimento, con l'osservanza delle norme sull'esecuzione delle pene pecuniarie.

Restano salve le pene accessorie e la confisca, nei casi in cui le stesse sono applicabili a norma dell'art. 20. Restano salvi, altresì, i provvedimenti adottati in ordine alla patente di guida ed al documento di circolazione, ai sensi del testo unico delle norme sulla circolazione stradale, approvato con decreto del Presidente della Repubblica 15 giugno 1959, n. 393, e della legge 20 giugno 1935, n. 1349, sui servizi di trasporto merci. Per ogni altro effetto si applica il secondo comma dell'art. 2 del codice penale.

Art. 42

Disposizioni abrogate

Sono abrogati la legge 3 maggio 1967, n. 317, gli articoli 4 e 5 della legge 9 ottobre 1967, n. 950, gli articoli 14 e 15 del decreto del Presidente della Repubblica 29 dicembre 1969, n. 1228, l'art. 13 della legge 29 ottobre 1971, n. 889, la legge 24 dicembre 1975, n. 706, nonché ogni altra disposizione incompatibile con la presente legge.

Capo II

Aggravamento di pene e nuove disposizioni penali

Art. 43

Entrata in vigore

Le norme di questo capo entrano in vigore il centottantesimo giorno dalla data della pubblicazione della presente legge nella Gazzetta Ufficiale della Repubblica Italiana.

Art. 44

Pubblicazione di discussioni o deliberazioni segrete delle Camere

L'art. 683 del codice penale è sostituito dal seguente:

"Art. 683. - (Pubblicazione delle discussioni o delle deliberazioni segrete di una delle Camere). - Chiunque, senza autorizzazione, pubblica col mezzo della stampa o con un altro dei mezzi indicati nell'art. 662, anche per riassunto, il contenuto delle discussioni o delle deliberazioni segrete del Senato o della Camera dei deputati è punito, qualora il fatto non costituisca un più grave reato, con l'arresto fino a trenta giorni o con l'ammenda da euro 51 a euro 258".

DIRITTO AMMINISTRATIVO

Art. 45

Pubblicazione arbitraria di atti di un procedimento penale

L'art. 684 del codice penale è sostituito dal seguente:

"Art. 684. - (Pubblicazione arbitraria di atti di un provvedimento penale). - Chiunque pubblica, in tutto o in parte, anche per riassunto o a guisa d'informazione, atti o documenti di un procedimento penale, di cui sia vietata per legge la pubblicazione, è punito con l'arresto fino a trenta giorni o con l'ammenda da euro 51 a euro 258".

Art. 46

Indebita pubblicazione di notizie concernenti un procedimento penale

L'art. 685 del codice penale è sostituito dal seguente:

"Art. 685. - (Indebita pubblicazione di notizie concernenti un procedimento penale). - Chiunque pubblica i nomi dei giudici con l'indicazione dei voti individuali che ad essi si attribuiscono nelle deliberazioni prese in un procedimento penale, è punito con l'arresto fino a quindici giorni o con l'ammenda da euro 25 a euro 103".

Art. 47

Modifica all'art. 697 del codice penale in materia di denuncia di armi all'autorità

Il secondo comma dell'art. 697 del codice penale è sostituito dal seguente:

"Chiunque, avendo notizia che in un luogo da lui abitato si trovano armi o munizioni, omette di farne denuncia all'autorità, è punito con l'arresto fino a due mesi o con l'ammenda fino a euro 258".

Art. 48

Omessa trasmissione dell'elenco dei protesti cambiari

L'art. 235 del regio decreto 16 marzo 1942, n. 267, modificato per effetto della legge 24 dicembre 1975, n. 706, è sostituito dal seguente:

"Art. 235. - (Omessa trasmissione dell'elenco dei protesti cambiari). - Il pubblico ufficiale abilitato a levare protesti cambiari che, senza giustificato motivo, omette di inviare nel termine prescritto al presidente del tribunale gli elenchi dei protesti cambiari per mancato pagamento, o invia elenchi incompleti, è punito con l'ammenda fino a euro 258. La stessa pena si applica al procuratore del registro che nel termine prescritto non trasmette l'elenco delle dichiarazioni di rifiuto di pagamento a norma dell'art. 13, secondo comma, o trasmette un elenco incompleto".

Art. 49

Modifica dell'art. 3 delle disposizioni relative al mercato mobiliare ed al trattamento fiscale dei titoli azionari

L'ultimo comma dell'art. 3 del decreto-legge 8 aprile 1974, n. 95, convertito con modificazioni nella legge 7 giugno 1974, n. 216, modificato per effetto della legge 24 dicembre 1975, n. 706, è sostituito dal seguente:

"Gli amministratori, i sindaci o revisori e i direttori generali di società o enti che non ottemperano alle richieste, non si uniformano alle prescrizioni della Commissione o comunque ostacolano l'esercizio delle sue funzioni sono puniti con l'arresto fino a tre mesi o con l'ammenda da euro 1032 a euro 20658".

Art. 50

Modifica dell'art. 5 delle disposizioni relative al mercato mobiliare ed al trattamento fiscale dei titoli azionari

Il sesto comma dell'art. 5 del decreto-legge 8 aprile 1974, n. 95, convertito con modificazioni nella legge 7 giugno 1974, n. 216, modificato per effetto della legge 24 dicembre 1975, n. 706, è sostituito dal seguente:

"Gli amministratori delle società sono puniti con l'arresto fino a tre mesi o con l'ammenda da euro 1032 a euro 10329 ove omettano le comunicazioni previste dal presente articolo; ove le eseguano con un ritardo non superiore a trenta giorni sono puniti con l'ammenda da euro 516 a euro 10329; ove eseguano comunicazioni false sono puniti con l'arresto fino a tre anni, salvo che il fatto non costituisca reato più grave. Per la violazione dell'obbligo di alienazione delle azioni o quote eccedenti si applicano le pene stabilite nel secondo comma dell'art. 2630 del codice civile".

Art. 51

Modifica dell'art. 17 delle disposizioni relative al mercato mobiliare ed al trattamento fiscale dei titoli azionari

L'ultimo comma dell'art. 17 del decreto-legge 8 aprile 1974, n. 95, convertito con modificazioni nella legge 7 giugno 1974, n. 216, modificato per effetto della legge 24 dicembre 1975, n. 706, è sostituito dal seguente:

"I soggetti indicati nel primo comma che non eseguano le dichiarazioni e comunicazioni prescritte dal presente articolo nei termini ivi stabiliti sono puniti con l'arresto fino a tre mesi o con l'ammenda da euro 1032 a euro 20658; ove le eseguano con un ritardo non superiore a trenta giorni sono puniti con l'ammenda da euro 1032 a euro 10329; ove eseguano dichiarazioni e comunicazioni false sono puniti con l'arresto fino a tre anni".

Art. 52

Modifica dell'art. 18 delle disposizioni relative al mercato mobiliare ed al trattamento fiscale dei titoli azionari

L'ultimo comma dell'art. 18 del decreto-legge 8 aprile 1974, n. 95, convertito con modificazioni nella legge 7 giugno 1974, n. 216, modificato per effetto della legge 24 dicembre 1975, n. 706, è sostituito dal seguente:

"L'omissione della comunicazione alla Commissione o la inosservanza delle prescrizioni da essa stabilite sono punite con l'ammenda da euro 2065 a euro 20658".

Capo III

Pene sostitutive delle pene detentive brevi ([1]) ([2])

Sezione I

Applicazione delle sanzioni sostitutive

Art. 53 ([3]) ([4])

Sostituzione delle pene detentive brevi ([5])

Il giudice, nel pronunciare sentenza di condanna o di applicazione della pena su richiesta delle parti ai sensi dell'*articolo 444 del codice di procedura penale*, quando ritiene di dover determinare la durata della pena detentiva entro il limite di quattro anni, può sostituire tale pena con quella della semilibertà o della detenzione domiciliare; quando ritiene di doverla determinare entro il limite di tre anni, può sostituirla anche con il lavoro di pubblica utilità; quando ritiene di doverla determinare entro il limite di un anno, può sostituirla altresì con la pena pecuniaria della specie corrispondente, determinata ai sensi dell'articolo 56-quater.

Con il decreto penale di condanna, il giudice, su richiesta dell'indagato o del condannato, può sostituire la pena detentiva determinata entro il limite di un anno, oltre che con la pena pecuniaria, con il lavoro di pubblica utilità. Si applicano le disposizioni dei commi 1-bis e 1- ter dell'*articolo 459 del codice di procedura penale*.

Ai fini della determinazione dei limiti di pena detentiva entro i quali possono essere applicate pene sostitutive, si tiene conto della pena aumentata ai sensi dell'*articolo 81 del codice penale*.

(1) Rubrica così modificata dall'*art. 71, comma 1, lett. cc), D.Lgs. 10 ottobre 2022, n. 150*, a decorrere dal 30 dicembre 2022, ai sensi di quanto disposto dall'*art. 99-bis, comma 1, del medesimo D.Lgs. n. 150/2022*, aggiunto dall'*art. 6, comma 1, D.L. 31 ottobre 2022, n. 162*, convertito, con modificazioni, dalla *L. 30 dicembre 2022, n. 199*. Precedentemente la rubrica era la seguente: «Sanzioni sostitutive delle pene detentive brevi».

(2) Sull'applicabilità delle disposizioni di cui al presente Capo vedi l'*art. 95, comma 1, D.Lgs. 10 ottobre 2022, n. 150*.

(3) Articolo modificato dall'*art. 5, comma 1, D.L. 14 giugno 1993, n. 187*, convertito, con modificazioni, dalla *L. 12 agosto 1993, n. 296* e dall'*art. 4, comma 1, lett. a), L. 12 giugno 2003, n. 134*; per l'applicazione di tale ultima disposizione, vedi l'*art. 5, comma 3, della medesima L. 134/2003*. Successivamente, il presente articolo è stato così sostituito dall'*art. 71, comma 1, lett. a), D.Lgs. 10 ottobre 2022, n. 150*, a decorrere dal 30 dicembre 2022, ai sensi di quanto disposto dall'*art. 99-bis, comma 1, del medesimo D.Lgs. n. 150/2022*, aggiunto dall'*art. 6, comma 1, D.L. 31 ottobre 2022, n. 162*, convertito, con modificazioni, dalla *L. 30 dicembre 2022, n. 199*.

(4) Sull'applicabilità delle disposizioni del Capo III, di cui il presente articolo è parte, vedi l'*art. 95, comma 1, D.Lgs. 10 ottobre 2022, n. 150*.

Art. 54 ([1]) ([2])

Applicabilità delle pene sostitutive

[La pena detentiva può essere sostituita con le pene indicate nell'articolo precedente quando si tratta di reati di competenza del pretore, anche se giudicati, per effetto della connessione, da un giudice superiore o commessi da persone minori degli anni diciotto.]

(1) Articolo abrogato dall'*art. 5, comma 1-bis, D.L. 14 giugno 1993, n. 187*, convertito, con modificazioni, dalla *L. 12 agosto 1993, n. 296*.
(2) Sull'applicabilità delle disposizioni del Capo III, di cui il presente articolo è parte, vedi l'*art. 95, comma 1, D.Lgs. 10 ottobre 2022, n. 150*.

Art. 55
Semilibertà sostitutiva (¹) (²)

La semilibertà sostitutiva comporta l'obbligo di trascorrere almeno otto ore al giorno in un istituto di pena e di svolgere, per la restante parte del giorno, attività di lavoro, di studio, di formazione professionale o comunque utili alla rieducazione ed al reinserimento sociale, secondo il programma di trattamento predisposto e approvato ai sensi dei commi seguenti.

I condannati alla semilibertà sostitutiva sono assegnati in appositi istituti o nelle apposite sezioni autonome di istituti ordinari, di cui al secondo *comma dell'articolo 48 della legge 26 luglio 1975, n. 354*, situati nel comune di residenza, di domicilio, di lavoro o di studio del condannato o in un comune vicino. Durante il periodo di permanenza negli istituti o nelle sezioni indicate nel primo periodo, il condannato è sottoposto alle norme della *legge 26 luglio 1975, n. 354*, e del *decreto del Presidente della Repubblica 30 giugno 2000, n. 230*, in quanto compatibili. Nei casi di cui all'articolo 66, il direttore riferisce al magistrato di sorveglianza e all'ufficio di esecuzione penale esterna.

Il semilibero è sottoposto a un programma di trattamento predisposto dall'ufficio di esecuzione penale esterna ed approvato dal giudice, nel quale sono indicate le ore da trascorrere in istituto e le attività da svolgere all'esterno.

L'ufficio di esecuzione penale esterna è incaricato della vigilanza e dell'assistenza del condannato in libertà, secondo le modalità previste dall'*articolo 118 del decreto del Presidente della Repubblica 30 giugno 2000, n. 230*. Si applicano, in quanto compatibili, le disposizioni previste dall'*articolo 101, commi 1, 2 e da 5 a 9, del decreto del Presidente della Repubblica 30 giugno 2000, n. 230*. Al condannato alla pena sostitutiva della semilibertà non si applica l'*articolo 120 del decreto legislativo 30 aprile 1992, n. 285*.

(1) Articolo così sostituito dall'*art. 71, comma 1, lett. b), D.Lgs. 10 ottobre 2022, n. 150*, a decorrere dal 30 dicembre 2022, ai sensi di quanto disposto dall'*art. 99-bis, comma 1, del medesimo D.Lgs. n. 150/2022*, aggiunto dall'*art. 6, comma 1, D.L. 31 ottobre 2022, n. 162*, convertito, con modificazioni, dalla *L. 30 dicembre 2022, n. 199*.

(2) Sull'applicabilità delle disposizioni del Capo III, di cui il presente

articolo è parte, vedi l'*art. 95, comma 1, D.Lgs. 10 ottobre 2022, n. 150.*

Art. 56

Detenzione domiciliare sostitutiva ([1]) ([2])

La detenzione domiciliare sostitutiva comporta l'obbligo di rimanere nella propria abitazione o in altro luogo di privata dimora ovvero in luogo pubblico o privato di cura, assistenza o accoglienza ovvero in comunità o in case famiglia protette, per non meno di dodici ore al giorno, avuto riguardo a comprovate esigenze familiari, di studio, di formazione professionale, di lavoro o di salute del condannato. In ogni caso, il condannato può lasciare il domicilio per almeno quattro ore al giorno, anche non continuative, per provvedere alle sue indispensabili esigenze di vita e di salute, secondo quanto stabilito dal giudice.

Il giudice dispone la detenzione domiciliare sostitutiva tenendo conto anche del programma di trattamento elaborato dall'ufficio di esecuzione penale esterna, che prende in carico il condannato e che riferisce periodicamente sulla sua condotta e sul percorso di reinserimento sociale.

Il luogo di esecuzione della pena deve assicurare le esigenze di tutela della persona offesa dal reato e non può essere un immobile occupato abusivamente. Se il condannato non ha la disponibilità di un domicilio idoneo, l'ufficio di esecuzione penale esterna predispone il programma di trattamento, individuando soluzioni abitative anche comunitarie adeguate alla detenzione domiciliare.

Il giudice, se lo ritiene necessario per prevenire il pericolo di commissione di altri reati o per tutelare la persona offesa, può prescrivere procedure di controllo mediante mezzi elettronici o altri strumenti tecnici, conformi alle caratteristiche funzionali e operative degli apparati di cui le Forze di polizia abbiano l'effettiva disponibilità. La temporanea indisponibilità di tali mezzi non può ritardare l'inizio della esecuzione della detenzione domiciliare. Si applicano, in quanto compatibili, le disposizioni di cui all'*articolo 275-bis, commi 2 e 3, del codice di procedura penale.*

Si applica, in quanto compatibile, l'*articolo 100 del decreto del Presidente della Repubblica 30 giugno 2000, n. 230.* Al condannato alla pena sostitutiva della detenzione domiciliare non si applica l'*articolo 120 del decreto legislativo 30 aprile 1992, n. 285.*

(1) Articolo modificato dall'*art. 4-vicies bis, comma 1, D.L. 30 dicembre 2005, n. 272,* convertito, con modificazioni, dalla *L. 21 febbraio 2006, n. 49,* e, successivamente, così sostituito dall'*art. 71, comma 1, lett. c), D.Lgs. 10 ottobre 2022, n. 150,* a decorrere dal 30 dicembre 2022, ai sensi di quanto disposto dall'*art. 99-bis, comma 1, del medesimo D.Lgs. n.*

150/2022, aggiunto dall'*art. 6, comma 1, D.L. 31 ottobre 2022, n. 162*, convertito, con modificazioni, dalla *L. 30 dicembre 2022, n. 199*.
(2) Sull'applicabilità delle disposizioni del Capo III, di cui il presente articolo è parte, vedi l'*art. 95, comma 1, D.Lgs. 10 ottobre 2022, n. 150*.

Art. 56-bis
Lavoro di pubblica utilità sostitutivo ([1]) ([2])

Il lavoro di pubblica utilità consiste nella prestazione di attività non retribuita in favore della collettività da svolgere presso lo Stato, le Regioni, le Province, le Città metropolitane, i Comuni o presso enti o organizzazioni di assistenza sociale e di volontariato.

L'attività viene svolta di regola nell'ambito della regione in cui risiede il condannato e comporta la prestazione di non meno di sei ore e non più di quindici ore di lavoro settimanale da svolgere con modalità e tempi che non pregiudichino le esigenze di lavoro, di studio, di famiglia e di salute del condannato. Tuttavia, se il condannato lo richiede, il giudice può ammetterlo a svolgere il lavoro di pubblica utilità per un tempo superiore. La durata giornaliera della prestazione non può comunque oltrepassare le otto ore.

Ai fini del computo della pena, un giorno di lavoro di pubblica utilità consiste nella prestazione di due ore di lavoro.

Fermo quanto previsto dal presente articolo, le modalità di svolgimento del lavoro di pubblica utilità sono determinate con decreto del Ministro della giustizia, d'intesa con la Conferenza unificata di cui all'*articolo 8 del decreto legislativo 28 agosto 1997, n. 281*.

In caso di decreto penale di condanna o di sentenza di applicazione della pena ai sensi dell'*articolo 444 del codice di procedura penale*, il positivo svolgimento del lavoro di pubblica utilità, se accompagnato dal risarcimento del danno o dalla eliminazione delle conseguenze dannose del reato, ove possibili, comporta la revoca della confisca eventualmente disposta, salvi i casi di confisca obbligatoria, anche per equivalente, del prezzo, del profitto o del prodotto del reato ovvero delle cose la cui fabbricazione, uso e porto, detenzione o alienazione costituiscano reato.

Al condannato alla pena sostitutiva del lavoro di pubblica utilità non si applica l'*articolo 120 del decreto legislativo 30 aprile 1992, n. 285*.

(1) Articolo inserito dall'*art. 71, comma 1, lett. d), D.Lgs. 10 ottobre 2022, n. 150*, a decorrere dal 30 dicembre 2022, ai sensi di quanto disposto dall'*art. 99-bis, comma 1, del medesimo D.Lgs. n. 150/2022*, aggiunto dall'*art. 6, comma 1, D.L. 31 ottobre 2022, n. 162*, convertito, con modificazioni, dalla *L. 30 dicembre 2022, n. 199*.
(2) Sull'applicabilità delle disposizioni del Capo III, di cui il presente articolo è parte, vedi l'*art. 95, comma 1, D.Lgs. 10 ottobre 2022, n. 150*.

Art. 56-ter
Prescrizioni comuni (¹) (²)

La semilibertà, la detenzione domiciliare e il lavoro di pubblica utilità comportano, in ogni caso, le seguenti prescrizioni:

1) il divieto di detenere e portare a qualsiasi titolo armi, munizioni ed esplosivi, anche se è stata concessa la relativa autorizzazione di polizia;

2) il divieto di frequentare abitualmente, senza giustificato motivo, pregiudicati o persone sottoposte a misure di sicurezza, a misure di prevenzione o comunque persone che espongano concretamente il condannato al rischio di commissione di reati, salvo si tratti di familiari o di altre persone conviventi stabilmente;

3) l'obbligo di permanere nell'ambito territoriale, di regola regionale, stabilito nel provvedimento che applica o dà esecuzione alla pena sostitutiva;

4) il ritiro del passaporto e la sospensione della validità ai fini dell'espatrio di ogni altro documento equipollente;

5) l'obbligo di conservare, di portare con sé e di presentare ad ogni richiesta degli organi di polizia il provvedimento che applica o dà esecuzione alla pena sostitutiva e l'eventuale provvedimento di modifica delle modalità di esecuzione della pena, adottato a norma dell'articolo 64.

Al fine di prevenire la commissione di ulteriori reati, il giudice può altresì prescrivere il divieto di avvicinamento ai luoghi frequentati dalla persona offesa. Si applica l'*articolo 282-ter del codice di procedura penale*, in quanto compatibile.

 (1) Articolo inserito dall'*art. 71, comma 1, lett. d), D.Lgs. 10 ottobre 2022, n. 150*, a decorrere dal 30 dicembre 2022, ai sensi di quanto disposto dall'*art. 99-bis, comma 1, del medesimo D.Lgs. n. 150/2022*, aggiunto dall'*art. 6, comma 1, D.L. 31 ottobre 2022, n. 162*, convertito, con modificazioni, dalla *L. 30 dicembre 2022, n. 199*.

 (2) Sull'applicabilità delle disposizioni del Capo III, di cui il presente articolo è parte, vedi l'*art. 95, comma 1, D.Lgs. 10 ottobre 2022, n. 150*.

Art. 56-quater
Pena pecuniaria sostitutiva (¹) (²)

Per determinare l'ammontare della pena pecuniaria sostitutiva il giudice individua il valore giornaliero al quale può essere assoggettato l'imputato e lo moltiplica per i giorni di pena detentiva. Il valore giornaliero non può essere inferiore a 5 euro e superiore a 2.500 euro e corrisponde alla quota di reddito giornaliero che può essere impiegata per il pagamento della pena pecuniaria, tenendo conto delle complessive condizioni economiche, patrimoniali e di vita dell'imputato e del suo nucleo familiare.

Alla sostituzione della pena detentiva con la pena pecuniaria si applica l'*articolo 133-ter del codice penale*.

(1) Articolo inserito dall'*art. 71, comma 1, lett. d), D.Lgs. 10 ottobre 2022, n. 150*, a decorrere dal 30 dicembre 2022, ai sensi di quanto disposto dall'*art. 99-bis, comma 1, del medesimo D.Lgs. n. 150/2022*, aggiunto dall'*art. 6, comma 1, D.L. 31 ottobre 2022, n. 162*, convertito, con modificazioni, dalla *L. 30 dicembre 2022, n. 199*.
(2) Sull'applicabilità delle disposizioni del Capo III, di cui il presente articolo è parte, vedi l'*art. 95, comma 1, D.Lgs. 10 ottobre 2022, n. 150*.

Art. 57

Durata ed effetti delle pene sostitutive e criteri di ragguaglio ([1]) ([2])
La durata della semilibertà sostitutiva e della detenzione domiciliare sostitutiva è pari a quella della pena detentiva sostituita. La durata del lavoro di pubblica utilità corrisponde a quella della pena detentiva sostituita ed è determinata sulla base dei criteri di cui all'articolo 56-bis. Per ogni effetto giuridico, la semilibertà sostitutiva, la detenzione domiciliare sostitutiva e il lavoro di pubblica utilità sostitutivo si considerano come pena detentiva della specie corrispondente a quella della pena sostituita ed un giorno di pena detentiva equivale a un giorno di semilibertà sostitutiva, di detenzione domiciliare sostitutiva o di lavoro di pubblica utilità sostitutivo.
La pena pecuniaria si considera sempre come tale, anche se sostitutiva della pena detentiva.

(1) Articolo così sostituito dall'*art. 71, comma 1, lett. e), D.Lgs. 10 ottobre 2022, n. 150*, a decorrere dal 30 dicembre 2022, ai sensi di quanto disposto dall'*art. 99-bis, comma 1, del medesimo D.Lgs. n. 150/2022*, aggiunto dall'*art. 6, comma 1, D.L. 31 ottobre 2022, n. 162*, convertito, con modificazioni, dalla *L. 30 dicembre 2022, n. 199*.
(2) Sull'applicabilità delle disposizioni del Capo III, di cui il presente articolo è parte, vedi l'*art. 95, comma 1, D.Lgs. 10 ottobre 2022, n. 150*.

Art. 58
Potere discrezionale del giudice nell'applicazione e nella scelta delle pene sostitutive ([1]) ([2])
Il giudice, nei limiti fissati dalla legge e tenuto conto dei criteri indicati nell'*articolo 133 del codice penale*, se non ordina la sospensione condizionale della pena, può applicare le pene sostitutive della pena detentiva quando risultano più idonee alla rieducazione del condannato e quando, anche attraverso opportune prescrizioni, assicurano la prevenzione del pericolo di commissione di altri reati. La pena detentiva non può essere sostituita quando sussistono fondati motivi per ritenere che le prescrizioni non saranno adempiute dal condannato.

Tra le pene sostitutive il giudice sceglie quella più idonea alla rieducazione e al reinserimento sociale del condannato con il minor sacrificio della libertà personale, indicando i motivi che giustificano l'applicazione della pena sostitutiva e la scelta del tipo.

Quando applica la semilibertà o la detenzione domiciliare, il giudice deve indicare le specifiche ragioni per cui ritiene inidonei nel caso concreto il lavoro di pubblica utilità o la pena pecuniaria.

In ogni caso, nella scelta tra la semilibertà, la detenzione domiciliare o il lavoro di pubblica utilità, il giudice tiene conto delle condizioni legate all'età, alla salute fisica o psichica, alla maternità, o alla paternità nei casi di cui all'*articolo 47-quinquies, comma 7, della legge 26 luglio 1975, n. 354*, fermo quanto previsto dall'articolo 69, terzo e quarto comma. Il giudice tiene altresì conto delle condizioni di disturbo da uso di sostanze stupefacenti, psicotrope o alcoliche ovvero da gioco d'azzardo, certificate dai servizi pubblici o privati autorizzati indicati all'*articolo 94, comma 1, del decreto del Presidente della Repubblica 9 ottobre 1990, n. 309*, nonché delle condizioni di persona affetta da AIDS conclamata o da grave deficienza immunitaria, certificate dai servizi indicati dall'*articolo 47-quater, comma 2, della legge 26 luglio 1975, n. 354*.

(1) Articolo così sostituito dall'*art. 71, comma 1, lett. f), D.Lgs. 10 ottobre 2022, n. 150*, a decorrere dal 30 dicembre 2022, ai sensi di quanto disposto dall'*art. 99-bis, comma 1, del medesimo D.Lgs. n. 150/2022*, aggiunto dall'*art. 6, comma 1, D.L. 31 ottobre 2022, n. 162*, convertito, con modificazioni, dalla *L. 30 dicembre 2022, n. 199*.

(2) Sull'applicabilità delle disposizioni del Capo III, di cui il presente articolo è parte, vedi l'*art. 95, comma 1, D.Lgs. 10 ottobre 2022, n. 150*.

Art. 59
Condizioni soggettive per la sostituzione della pena detentiva ([1]) ([2])

La pena detentiva non può essere sostituita:

a) nei confronti di chi ha commesso il reato per cui si procede entro tre anni dalla revoca della semilibertà, della detenzione domiciliare o del lavoro di pubblica utilità ai sensi dell'articolo 66, ovvero nei confronti di chi ha commesso un delitto non colposo durante l'esecuzione delle medesime pene sostitutive; è fatta comunque salva la possibilità di applicare una pena sostitutiva di specie più grave di quella revocata;

b) con la pena pecuniaria, nei confronti di chi, nei cinque anni precedenti, è stato condannato a pena pecuniaria, anche sostitutiva, e non l'ha pagata, salvi i casi di conversione per insolvibilità ai sensi degli articoli 71 e 103;

c) nei confronti dell'imputato a cui deve essere applicata una misura di sicurezza personale, salvo i casi di parziale incapacità di intendere e di volere;

d) nei confronti dell'imputato di uno dei reati di cui all'*articolo 4-bis della legge 26 luglio 1975, n. 354*, salvo che sia stata riconosciuta la circostanza attenuante di cui all' *articolo 323-bis, secondo comma, del codice penale.*
Le disposizioni del presente articolo non si applicano agli imputati minorenni.

(1) Articolo modificato dall'*art. 4, comma 1, lett. b), L. 12 giugno 2003, n. 134*; per l'applicazione di tale disposizione, vedi l'*art. 5, comma 3, della medesima L. 134/2003*. Successivamente, il presente articolo è stato così sostituito dall'*art. 71, comma 1, lett. g), D.Lgs. 10 ottobre 2022, n. 150*, a decorrere dal 30 dicembre 2022, ai sensi di quanto disposto dall'*art. 99-bis, comma 1, del medesimo D.Lgs. n. 150/2022*, aggiunto dall'*art. 6, comma 1, D.L. 31 ottobre 2022, n. 162*, convertito, con modificazioni, dalla *L. 30 dicembre 2022, n. 199*.

(2) Sull'applicabilità delle disposizioni del Capo III, di cui il presente articolo è parte, vedi l'*art. 95, comma 1, D.Lgs. 10 ottobre 2022, n. 150*.

Art. 60 ([1]) ([2]) ([4])

[Esclusioni oggettive

Le pene sostitutive non si applicano ai reati previsti dai seguenti articoli del codice penale:

318 (corruzione per un atto d'ufficio);
319 (corruzione per un atto contrario ai doveri d'ufficio);
320 (corruzione di persona incaricata di un pubblico servizio);
321 (pene per il corruttore);
322 (istigazione alla corruzione);
355 (inadempimento di contratti di pubbliche forniture), salvo che si tratti di fatto commesso per colpa;
371 (falso giuramento della parte);
372 (falsa testimonianza);
373 (falsa perizia o interpretazione);
385 (evasione);
391, primo comma (procurata inosservanza dolosa di misure di sicurezza detentive);
443 (commercio o somministrazione di medicinali guasti);
444 (commercio di sostanze alimentari nocive);
445 (somministrazione di medicinali in modo pericoloso per la salute pubblica);
452 (delitti colposi contro la salute pubblica);
501 (rialzo e ribasso fraudolento di prezzi sul pubblico mercato o nelle borse di commercio);
501-bis (manovre speculative su merci);
590, secondo e terzo comma (lesioni personali colpose), limitatamente ai fatti commessi con violazione delle norme per la prevenzione degli infortuni sul lavoro o relative all'igiene del lavoro, che abbiano determinato le conseguenze previste dal primo comma, n. 2, o dal

secondo comma dell'art. 583 del codice penale;
644 (usura).

Le pene sostitutive non si applicano, altresì, ai reati previsti dagli articoli 9, 10, 14, 15, 18 e 20 della legge 13 luglio 1966, n. 615 (provvedimenti contro l'inquinamento atmosferico) e dagli articoli 21 e 22 della legge 10 maggio 1976, n. 319 (norme per la tutela delle acque dall'inquinamento). (³)

Le pene sostitutive non si applicano ai reati previsti dalle leggi relative alla prevenzione degli infortuni sul lavoro e all'igiene del lavoro, nonché dalle leggi in materia edilizia ed urbanistica e in materia di armi da sparo, munizioni ed esplosivi, quando per detti reati la pena detentiva non è alternativa a quella pecuniaria.]

(1) Articolo abrogato dall'*art. 4, comma 1, lett. c), legge 12 giugno 2003, n. 134*; per l'applicazione di tale disposizione, vedi l'*art. 5, comma 3 della medesima legge 134/2003*.
(2) La Corte costituzionale, con sentenza 5-19 maggio 1993, n. 249 (Gazz. Uff. 26 maggio 1993, n. 22 - Serie speciale), ha dichiarato l'illegittimità costituzionale del presente articolo nella parte in cui stabilisce che le pene sostitutive non si applicano al reato previsto dall'art. 590, secondo e terzo comma, del codice penale, limitatamente ai fatti commessi con violazione delle norme per la prevenzione degli infortuni sul lavoro o relative all'igiene del lavoro, che abbiano determinato le conseguenze previste dal primo comma, n. 2, o dal secondo comma dell'art. 583 del codice penale; con sentenza 24 marzo-3 aprile 1997, n. 78 (Gazz. Uff. 9 aprile 1997, n. 15 - Serie speciale), ha dichiarato l'illegittimità costituzionale del presente articolo nella parte in cui esclude che le sanzioni sostitutive si applichino ai reati previsti dall'art. 452, secondo comma, del codice penale. Successivamente con sentenza 7-18 luglio 1998, n. 291 (Gazz. Uff. 22 luglio 1998, n. 29 - Serie speciale), ha dichiarato l'illegittimità costituzionale del presente articolo nella parte in cui esclude che le sanzioni sostitutive si applichino al reato di commercio di sostanze alimentari nocive previsto dall'art. 444 del codice penale.
(3) La Corte costituzionale, con sentenza 20-23 giugno 1994, n. 254 (Gazz. Uff. 29 giugno 1994, n. 27 - Serie speciale), ha dichiarato l'illegittimità costituzionale del presente comma nella parte in cui esclude che le pene sostitutive si applichino ai reati previsti dagli artt. 21 e 22 della legge 10 maggio 1976, n. 319 (norme per la tutela delle acque dall'inquinamento).
(4) Sull'applicabilità delle disposizioni del Capo III, di cui il presente articolo è parte, vedi l'*art. 95, comma 1, D.Lgs. 10 ottobre 2022, n. 150*.

DIRITTO AMMINISTRATIVO

Art. 61

Condanna a pena sostitutiva (¹) (²)

Nel dispositivo della sentenza di condanna, della sentenza di applicazione della pena e del decreto penale, il giudice indica la specie e la durata della pena detentiva sostituita e la specie, la durata ovvero l'ammontare della pena sostitutiva.

(1) Articolo così sostituito dall'*art. 71, comma 1, lett. h), D.Lgs. 10 ottobre 2022, n. 150*, a decorrere dal 30 dicembre 2022, ai sensi di quanto disposto dall'*art. 99-bis, comma 1, del medesimo D.Lgs. n. 150/2022*, aggiunto dall'*art. 6, comma 1, D.L. 31 ottobre 2022, n. 162*, convertito, con modificazioni, dalla *L. 30 dicembre 2022, n. 199*.

(2) Sull'applicabilità delle disposizioni del Capo III, di cui il presente articolo è parte, vedi l'*art. 95, comma 1, D.Lgs. 10 ottobre 2022, n. 150*.

Art. 61-bis

Esclusione della sospensione condizionale della pena (¹) (²)

Le disposizioni di cui agli *articoli 163 e seguenti del codice penale*, relative alla sospensione condizionale della pena, non si applicano alle pene sostitutive previste dal presente Capo.

(1) Articolo inserito dall'*art. 71, comma 1, lett. i), D.Lgs. 10 ottobre 2022, n. 150*, a decorrere dal 30 dicembre 2022, ai sensi di quanto disposto dall'*art. 99-bis, comma 1, del medesimo D.Lgs. n. 150/2022*, aggiunto dall'*art. 6, comma 1, D.L. 31 ottobre 2022, n. 162*, convertito, con modificazioni, dalla *L. 30 dicembre 2022, n. 199*.

(2) Sull'applicabilità delle disposizioni del Capo III, di cui il presente articolo è parte, vedi l'*art. 95, comma 1, D.Lgs. 10 ottobre 2022, n. 150*.

Art. 62

Esecuzione della semilibertà e della detenzione domiciliare sostitutive (¹) (²)
Quando deve essere eseguita una sentenza di condanna a pena sostitutiva della semilibertà o della detenzione domiciliare, il pubblico ministero trasmette la sentenza al magistrato di sorveglianza del luogo di domicilio del condannato. Il provvedimento di esecuzione è notificato altresì al difensore nominato per la fase dell'esecuzione o, in difetto, al difensore della fase del giudizio. Il magistrato di sorveglianza procede a norma dell'*articolo 678, comma 1-bis, del codice di procedura penale* e, previa verifica dell'attualità delle prescrizioni, entro il quarantacinquesimo giorno dalla ricezione della sentenza provvede con ordinanza con cui conferma e, ove necessario, modifica le modalità di esecuzione e le prescrizioni della pena. L'ordinanza è immediatamente trasmessa per l'esecuzione all'ufficio di pubblica sicurezza del comune in cui il condannato è domiciliato ovvero, in mancanza di questo, al comando dell'Arma dei carabinieri territorialmente competente. L'ordinanza è trasmessa anche all'ufficio di esecuzione penale

esterna e, nel caso di semilibertà, al direttore dell'istituto penitenziario cui il condannato è stato assegnato.

Appena ricevuta l'ordinanza prevista al secondo comma, l'organo di polizia ne consegna copia al condannato ingiungendogli di attenersi alle prescrizioni in essa contenute e di presentarsi immediatamente all'ufficio di esecuzione penale esterna. Provvede altresì al ritiro e alla custodia delle armi, munizioni ed esplosivi e del passaporto ed alla apposizione sui documenti equipollenti dell'annotazione "documento non valido per l'espatrio", limitatamente alla durata della pena.

Se il condannato è detenuto o internato, l'ordinanza del magistrato di sorveglianza è trasmessa anche al direttore dell'istituto penitenziario, il quale deve informare anticipatamente l'organo di polizia della dimissione del condannato. La pena sostitutiva inizia a decorrere dal giorno successivo a quello della dimissione.

Cessata l'esecuzione della pena, le cose ritirate e custodite ai sensi del terzo comma sono restituite a cura dello stesso organo di polizia; vengono inoltre annullate le annotazioni effettuate ai sensi dello stesso terzo comma. Di tutti gli adempimenti espletati è redatto processo verbale ed è data notizia al questore e agli altri uffici interessati, nonché al direttore dell'istituto presso cui si trova il condannato alla semilibertà.

(1) Articolo così sostituito dall'*art. 71, comma 1, lett. l), D.Lgs. 10 ottobre 2022, n. 150*, a decorrere dal 30 dicembre 2022, ai sensi di quanto disposto dall'*art. 99-bis, comma 1, del medesimo D.Lgs. n. 150/2022*, aggiunto dall'*art. 6, comma 1, D.L. 31 ottobre 2022, n. 162*, convertito, con modificazioni, dalla *L. 30 dicembre 2022, n. 199*.

(2) Sull'applicabilità delle disposizioni del Capo III, di cui il presente articolo è parte, vedi l'*art. 95, comma 1, D.Lgs. 10 ottobre 2022, n. 150*.

Art. 63
Esecuzione del lavoro di pubblica utilità sostitutivo ([1]) ([2])

La sentenza penale irrevocabile o il decreto penale esecutivo che applicano il lavoro di pubblica utilità sono immediatamente trasmessi per estratto a cura della cancelleria all'ufficio di pubblica sicurezza o, in mancanza di questo, al comando dell'Arma dei carabinieri competenti in relazione al comune in cui il condannato risiede, nonché all'ufficio di esecuzione penale esterna che deve prendere in carico il condannato. La sentenza penale irrevocabile o il decreto penale esecutivo sono altresì trasmessi al pubblico ministero per gli adempimenti di cui all'articolo 70.

Appena ricevuto il provvedimento di cui al primo comma, l'organo di polizia ne consegna copia al condannato ingiungendogli di attenersi alle prescrizioni in esso contenute e di presentarsi immediatamente all'ufficio di esecuzione penale esterna. Qualora il condannato sia detenuto o internato, copia del provvedimento è comunicata altresì al direttore dell'istituto, il quale informa anticipatamente l'organo di polizia e l'ufficio di esecuzione penale esterna della dimissione del condannato. Immediatamente dopo la dimissione, il condannato si presenta all'ufficio di esecuzione penale esterna per l'esecuzione del lavoro di pubblica utilità.

Con la sentenza o con il decreto penale, il giudice incarica l'ufficio di esecuzione penale esterna e gli organi di polizia indicati al primo comma di verificare l'effettivo svolgimento del lavoro di pubblica utilità. L'ufficio di esecuzione penale esterna riferisce periodicamente al giudice che ha applicato la pena sulla condotta del condannato e sul percorso di reinserimento sociale.

Al termine del lavoro di pubblica utilità, l'ufficio di esecuzione penale esterna riferisce al giudice che, fuori dai casi previsti dall'articolo 66, dichiara eseguita la pena ed estinto ogni altro effetto penale, ad eccezione delle pene accessorie perpetue, e dispone la revoca della confisca nei casi di cui all'articolo 56-bis, quinto comma.

(1) Articolo così sostituito dall'*art. 71, comma 1, lett. m), D.Lgs. 10 ottobre 2022, n. 150*, a decorrere dal 30 dicembre 2022, ai sensi di quanto disposto dall'*art. 99-bis, comma 1, del medesimo D.Lgs. n. 150/2022*, aggiunto dall'*art. 6, comma 1, D.L. 31 ottobre 2022, n. 162*, convertito, con modificazioni, dalla *L. 30 dicembre 2022, n. 199*.

(2) Sull'applicabilità delle disposizioni del Capo III, di cui il presente articolo è parte, vedi l'*art. 95, comma 1, D.Lgs. 10 ottobre 2022, n. 150*.

Art. 64
Modifica delle modalità di esecuzione delle pene sostitutive (¹) (²)

Le prescrizioni imposte con l'ordinanza prevista dall'articolo 62, su istanza del condannato da inoltrare tramite l'ufficio di esecuzione penale esterna, possono essere modificate per comprovati motivi dal magistrato di sorveglianza, che procede nelle forme dell'*articolo 678, comma 1-bis, del codice di procedura penale*.

Le prescrizioni imposte con la sentenza che applica il lavoro di pubblica utilità, su istanza del condannato da inoltrare tramite l'ufficio di esecuzione penale esterna, possono essere modificate per comprovati motivi dal giudice che ha applicato la pena sostitutiva, il quale provvede a norma dell'*articolo 667, comma 4, del codice di procedura penale*.

I provvedimenti di cui al primo e al secondo comma sono immediatamente trasmessi all'ufficio di esecuzione penale esterna, all'organo di polizia o al direttore dell'istituto competenti per il controllo sull'adempimento delle prescrizioni.

Non possono essere modificate le prescrizioni di cui all'articolo 56-ter, primo comma, numeri 1, 2, 4 e 5.

(1) Articolo così sostituito dall'*art. 71, comma 1, lett. n), D.Lgs. 10 ottobre 2022, n. 150*, a decorrere dal 30 dicembre 2022, ai sensi di

quanto disposto dall'*art. 99-bis, comma 1, del medesimo D.Lgs. n. 150/2022*, aggiunto dall'*art. 6, comma 1, D.L. 31 ottobre 2022, n. 162*, convertito, con modificazioni, dalla *L. 30 dicembre 2022, n. 199*.
(2) Sull'applicabilità delle disposizioni del Capo III, di cui il presente articolo è parte, vedi l'*art. 95, comma 1, D.Lgs. 10 ottobre 2022, n. 150*.

Art. 65
Controllo sull'adempimento delle prescrizioni (¹) (²)

L'ufficio di pubblica sicurezza del luogo in cui il condannato sconta le pene sostitutive della semilibertà, della detenzione domiciliare o del lavoro di pubblica utilità ovvero, in mancanza di questo, il comando dell'Arma dei carabinieri territorialmente competente, e il nucleo di Polizia penitenziaria presso l'ufficio di esecuzione penale esterna verificano periodicamente che il condannato adempia alle prescrizioni impostegli e tengono un registro nominativo ed un fascicolo per ogni condannato sottoposto a controllo. (³) Nel fascicolo individuale sono custodite la sentenza di condanna che applica il lavoro di pubblica utilità sostitutivo ovvero l'ordinanza del magistrato di sorveglianza con le eventuali successive modifiche delle modalità di esecuzione della semilibertà sostitutiva o della detenzione domiciliare sostitutiva, copia della corrispondenza con l'autorità giudiziaria e con le altre autorità, una cartella biografica in cui sono riassunte le condanne riportate e ogni altro documento relativo all'esecuzione della pena. Si applicano al condannato alla semilibertà le norme di cui all'*articolo 26 del decreto del Presidente della Repubblica 30 giugno 2000, n. 230*. (⁴) Il controllo sull'osservanza dell'obbligo prescritto dal primo comma dell'*articolo 55* viene effettuato dal direttore dell'istituto. (⁵)

(1) Rubrica così modificata dall'*art. 71, comma 1, lett. o), n. 4), D.Lgs. 10 ottobre 2022, n. 150*, a decorrere dal 30 dicembre 2022, ai sensi di quanto disposto dall'*art. 99-bis, comma 1, del medesimo D.Lgs. n. 150/2022*, aggiunto dall'*art. 6, comma 1, D.L. 31 ottobre 2022, n. 162*, convertito, con modificazioni, dalla *L. 30 dicembre 2022, n. 199*.
(2) Sull'applicabilità delle disposizioni del Capo III, di cui il presente articolo è parte, vedi l'*art. 95, comma 1, D.Lgs. 10 ottobre 2022, n. 150*.
(3) Comma così modificato dall'*art. 71, comma 1, lett. o), n. 1), D.Lgs. 10 ottobre 2022, n. 150*, a decorrere dal 30 dicembre 2022, ai sensi di quanto disposto dall'*art. 99-bis, comma 1, del medesimo D.Lgs. n. 150/2022*, aggiunto dall'*art. 6, comma 1, D.L. 31 ottobre 2022, n. 162*, convertito, con modificazioni, dalla *L. 30 dicembre 2022, n. 199*.
(4) Comma così modificato dall'*art. 71, comma 1, lett. o), n. 2), D.Lgs. 10 ottobre 2022, n. 150*, a decorrere dal 30 dicembre 2022, ai sensi di quanto disposto dall'*art. 99-bis, comma 1, del medesimo D.Lgs. n. 150/2022*, aggiunto dall'*art. 6, comma 1, D.L. 31 ottobre 2022, n. 162*, convertito, con modificazioni, dalla *L. 30 dicembre 2022, n. 199*.
(5) Comma così modificato dall'*art. 71, comma 1, lett. o), n. 3), D.Lgs.

10 ottobre 2022, n. 150, a decorrere dal 30 dicembre 2022, ai sensi di quanto disposto dall'*art. 99-bis, comma 1, del medesimo D.Lgs. n. 150/2022*, aggiunto dall'*art. 6, comma 1, D.L. 31 ottobre 2022, n. 162*, convertito, con modificazioni, dalla *L. 30 dicembre 2022, n. 199*.

Art. 66
Revoca per inosservanza delle prescrizioni ([1]) ([2])

Salvo quanto previsto dall'articolo 71 per la pena pecuniaria, la mancata esecuzione della pena sostitutiva, ovvero la violazione grave o reiterata degli obblighi e delle prescrizioni ad essa inerenti, ne determina la revoca e la parte residua si converte nella pena detentiva sostituita ovvero in altra pena sostitutiva più grave.

Gli ufficiali e gli agenti della polizia giudiziaria, il direttore dell'istituto a cui il condannato è assegnato o il direttore dell'ufficio di esecuzione penale esterna informano, senza indugio, il giudice che ha applicato il lavoro di pubblica utilità, ovvero il magistrato di sorveglianza che ha emesso l'ordinanza prevista dall'articolo 62, di ogni violazione degli adempimenti sui quali gli organi medesimi esercitano i rispettivi controlli.

Il magistrato di sorveglianza compie, ove occorra, sommari accertamenti e, qualora ritenga doversi disporre la revoca della semilibertà o della detenzione domiciliare e la conversione previste dal primo comma, procede a norma dell'*articolo 666 del codice di procedura penale*. Allo stesso modo procede il giudice che ha applicato il lavoro di pubblica utilità.

(1) Articolo così sostituito dall'*art. 71, comma 1, lett. p), D.Lgs. 10 ottobre 2022, n. 150*, a decorrere dal 30 dicembre 2022, ai sensi di quanto disposto dall'*art. 99-bis, comma 1, del medesimo D.Lgs. n. 150/2022*, aggiunto dall'*art. 6, comma 1, D.L. 31 ottobre 2022, n. 162*, convertito, con modificazioni, dalla *L. 30 dicembre 2022, n. 199*.

(2) Sull'applicabilità delle disposizioni del Capo III, di cui il presente articolo è parte, vedi l'*art. 95, comma 1, D.Lgs. 10 ottobre 2022, n. 150*.

Art. 67
Inapplicabilità delle misure alternative alla detenzione ([1]) ([2])

Salvo quanto previsto dall'*articolo 47, comma 3-ter, della legge 26 luglio 1975, n. 354*, le misure alternative alla detenzione di cui al capo VI del titolo I della medesima *legge n. 354 del 1975*, non si applicano al condannato in espiazione di pena sostitutiva.

Salvo che si tratti di minori di età al momento della condanna, le misure di cui al primo comma non si applicano altresì, prima dell'avvenuta espiazione di metà della pena residua, al condannato in espiazione di pena detentiva per conversione effettuata ai sensi dell'articolo 66 o del quarto comma dell'articolo 72.

(1) Articolo così sostituito dall'*art. 71, comma 1, lett. q), D.Lgs. 10 ottobre 2022, n. 150*, a decorrere dal 30 dicembre 2022, ai sensi di

quanto disposto dall'*art. 99-bis, comma 1, del medesimo D.Lgs. n. 150/2022*, aggiunto dall'*art. 6, comma 1, D.L. 31 ottobre 2022, n. 162*, convertito, con modificazioni, dalla *L. 30 dicembre 2022, n. 199*.
(2) Sull'applicabilità delle disposizioni del Capo III, di cui il presente articolo è parte, vedi l'*art. 95, comma 1, D.Lgs. 10 ottobre 2022, n. 150*.

Art. 68
Sospensione dell'esecuzione delle pene sostitutive (¹) (²)

L'esecuzione della semilibertà sostitutiva, della detenzione domiciliare sostitutiva o del lavoro di pubblica utilità sostitutivo è sospesa in caso di notifica di un ordine di carcerazione o di consegna; l'esecuzione è altresì sospesa in caso di arresto o di fermo del condannato o di applicazione, anche provvisoria, di una misura di sicurezza detentiva.

L'ordine di esecuzione della semilibertà sostitutiva, della detenzione domiciliare sostitutiva o del lavoro di pubblica utilità sostitutivo emesso nei confronti dell'imputato detenuto o internato non sospende l'esecuzione di pene detentive o l'esecuzione, anche provvisoria, di misure di sicurezza detentive, né il corso della custodia cautelare.

Nei casi previsti dal primo comma, il giudice ovvero il magistrato di sorveglianza determinano la durata residua della pena sostitutiva e trasmettono il provvedimento al direttore dell'istituto in cui si trova il condannato; questi informa anticipatamente l'organo di polizia della data in cui riprenderà l'esecuzione della pena sostitutiva.

La pena sostitutiva riprende a decorrere dal giorno successivo a quello della cessazione della esecuzione della pena detentiva ovvero dal secondo giorno successivo, in relazione alle necessità di viaggio e alle condizioni dei trasporti.

(1) Articolo così sostituito dall'*art. 71, comma 1, lett. r), D.Lgs. 10 ottobre 2022, n. 150*, a decorrere dal 30 dicembre 2022, ai sensi di quanto disposto dall'*art. 99-bis, comma 1, del medesimo D.Lgs. n. 150/2022*, aggiunto dall'*art. 6, comma 1, D.L. 31 ottobre 2022, n. 162*, convertito, con modificazioni, dalla *L. 30 dicembre 2022, n. 199*.
(2) Sull'applicabilità delle disposizioni del Capo III, di cui il presente articolo è parte, vedi l'*art. 95, comma 1, D.Lgs. 10 ottobre 2022, n. 150*.

Art. 69
Licenze ai condannati alla semilibertà e alla detenzione domiciliare. Sospensione e rinvio delle pene sostitutive (¹) (²)

Per giustificati motivi, attinenti alla salute, al lavoro, allo studio, alla formazione, alla famiglia o alle relazioni affettive, al condannato alla pena sostitutiva della semilibertà o della detenzione domiciliare possono essere concesse licenze per la durata necessaria e comunque non superiore nel complesso a quarantacinque giorni all'anno. Si applica il terzo *comma dell'articolo 52 della legge 26 luglio 1975, n. 354*. Al condannato che, allo scadere

della licenza o dopo la revoca di essa, non rientra in istituto o nel luogo indicato nell'articolo 56, primo comma, è applicabile l'articolo 66, primo comma.
Per gli stessi giustificati motivi di cui al primo comma ovvero per cause riconducibili all'attività dei soggetti di cui all'articolo 56-bis, la pena sostitutiva del lavoro di pubblica utilità può essere sospesa per un periodo non superiore nel complesso a quarantacinque giorni all'anno. Al condannato che, allo scadere della sospensione, non si presenta al lavoro è applicabile l'articolo 66 secondo comma.
Per il rinvio dell'esecuzione della pena sostitutiva della semilibertà o della detenzione domiciliare nei casi di cui agli *articoli 146* e *147 del codice penale* si applica l'*articolo 684 del codice di procedura penale*. Al condannato alla semilibertà può essere applicata la pena sostitutiva della detenzione domiciliare, ove compatibile. In tal caso, l'esecuzione della pena prosegue durante la detenzione domiciliare.
Quando le condizioni di cui agli *articoli 146* e *147 del codice penale* non sono compatibili con la prosecuzione della prestazione lavorativa, il giudice che ha applicato il lavoro di pubblica utilità, nelle forme previste di cui all'*articolo 666 del codice di procedura penale*, dispone il rinvio dell'esecuzione della pena. Nelle medesime forme di cui al terzo e al quarto comma si provvede quando occorre disporre la proroga del termine del rinvio dell'esecuzione.

(1) Articolo così sostituito dall'*art. 71, comma 1, lett. s), D.Lgs. 10 ottobre 2022, n. 150*, a decorrere dal 30 dicembre 2022, ai sensi di quanto disposto dall'*art. 99-bis, comma 1, del medesimo D.Lgs. n. 150/2022*, aggiunto dall'*art. 6, comma 1, D.L. 31 ottobre 2022, n. 162*, convertito, con modificazioni, dalla *L. 30 dicembre 2022, n. 199*.
(2) Sull'applicabilità delle disposizioni del Capo III, di cui il presente articolo è parte, vedi l'*art. 95, comma 1, D.Lgs. 10 ottobre 2022, n. 150*.

Art. 70
Esecuzione di pene sostitutive concorrenti ([1]) ([2])

Quando contro la stessa persona sono state pronunciate, per più reati, una o più sentenze o decreti penali di condanna a pena sostitutiva, si osservano, in quanto compatibili, le disposizioni degli articoli da 71 a 80 del codice penale.
Se più reati importano pene sostitutive, anche di specie diversa, e il cumulo delle pene detentive sostituite non eccede complessivamente la durata di quattro anni, si applicano le singole pene sostitutive distintamente, anche oltre i limiti di cui all'articolo 53 per la pena pecuniaria e per il lavoro di pubblica utilità.
Se il cumulo delle pene detentive sostituite eccede complessivamente la durata di quattro anni, si applica per intero la pena sostituita, salvo che la pena residua da eseguire sia pari o inferiore ad anni quattro.

Le pene sostitutive sono sempre eseguite dopo le pene detentive e, nell'ordine, si eseguono la semilibertà, la detenzione domiciliare ed il lavoro di pubblica utilità.

Per l'esecuzione delle pene sostitutive concorrenti si applica, in quanto compatibile, l'*articolo 663 del codice di procedura penale*. E' tuttavia fatta salva, limitatamente all'esecuzione del lavoro di pubblica utilità, anche concorrente con pene sostitutive di specie diversa, la competenza del giudice che ha applicato tale pena.

(1) Articolo così sostituito dall'*art. 71, comma 1, lett. t), D.Lgs. 10 ottobre 2022, n. 150*, a decorrere dal 30 dicembre 2022, ai sensi di quanto disposto dall'*art. 99-bis, comma 1, del medesimo D.Lgs. n. 150/2022*, aggiunto dall'*art. 6, comma 1, D.L. 31 ottobre 2022, n. 162*, convertito, con modificazioni, dalla *L. 30 dicembre 2022, n. 199*.

(2) Sull'applicabilità delle disposizioni del Capo III, di cui il presente articolo è parte, vedi l'*art. 95, comma 1, D.Lgs. 10 ottobre 2022, n. 150*.

Art. 71
Esecuzione della pena pecuniaria sostitutiva. Revoca e conversione per mancato pagamento (¹) (²)

Alla pena pecuniaria sostitutiva della pena detentiva si applicano le disposizioni dell'*articolo 660 del codice di procedura penale*.

Il mancato pagamento della pena pecuniaria sostitutiva, entro il termine di cui all'*articolo 660 del codice di procedura penale* indicato nell'ordine di esecuzione, ne comporta la revoca e la conversione nella semilibertà sostitutiva o nella detenzione domiciliare sostitutiva. Si applica l'articolo 58. Se è stato disposto il pagamento rateale, il mancato pagamento di una rata, alla scadenza stabilita, comporta la revoca della pena pecuniaria sostitutiva e la conversione ha luogo per la parte residua.

Quando le condizioni economiche e patrimoniali del condannato al momento dell'esecuzione rendono impossibile il pagamento entro il termine indicato nell'ordine di esecuzione, la pena pecuniaria sostitutiva è revocata e convertita nel lavoro di pubblica utilità sostitutivo o, se il condannato si oppone, nella detenzione domiciliare sostitutiva. Si applicano le disposizioni del terzo periodo del secondo comma.

(1) Articolo così sostituito dall'*art. 71, comma 1, lett. u), D.Lgs. 10 ottobre 2022, n. 150*, a decorrere dal 30 dicembre 2022, ai sensi di quanto disposto dall'*art. 99-bis, comma 1, del medesimo D.Lgs. n. 150/2022*, aggiunto dall'*art. 6, comma 1, D.L. 31 ottobre 2022, n. 162*, convertito, con modificazioni, dalla *L. 30 dicembre 2022, n. 199*; per l'applicabilità di tale disposizione vedi l'*art. 97, comma 1, del medesimo D.Lgs. n. 150/2022*.

(2) Sull'applicabilità delle disposizioni del Capo III, di cui il presente articolo è parte, vedi l'*art. 95, comma 1, D.Lgs. 10 ottobre 2022, n. 150*.

Art. 72
Ipotesi di responsabilità penale e revoca (¹) (²)

Il condannato alla pena sostitutiva della semilibertà o della detenzione domiciliare che per più di dodici ore, senza giustificato motivo, rimane assente dall'istituto di pena ovvero si allontana da uno dei luoghi indicati nell'articolo 56 è punito ai sensi del *primo comma dell'articolo 385 del codice penale*. Si applica la disposizione del quarto comma dell'*articolo 385 del codice penale*.

Il condannato alla pena sostitutiva del lavoro di pubblica utilità che, senza giustificato motivo, non si reca nel luogo in cui deve svolgere il lavoro ovvero lo abbandona è punito ai sensi dell'*articolo 56 del decreto legislativo 28 agosto 2000, n. 274*.

La condanna a uno dei delitti di cui ai commi primo e secondo importa la revoca della pena sostitutiva, salvo che il fatto sia di lieve entità.

La condanna a pena detentiva per un delitto non colposo commesso durante l'esecuzione di una pena sostitutiva, diversa dalla pena pecuniaria, ne determina la revoca e la conversione per la parte residua nella pena detentiva sostituita, quando la condotta tenuta appare incompatibile con la prosecuzione della pena sostitutiva, tenuto conto dei criteri di cui all'articolo 58.

La cancelleria del giudice che ha pronunciato la sentenza di cui al quarto comma informa senza indugio il magistrato di sorveglianza competente per la detenzione domiciliare sostitutiva o per la semilibertà sostitutiva, ovvero il giudice che ha applicato il lavoro di pubblica utilità sostitutivo.

(1) Articolo così sostituito dall'*art. 71, comma 1, lett. v), D.Lgs. 10 ottobre 2022, n. 150*, a decorrere dal 30 dicembre 2022, ai sensi di quanto disposto dall'*art. 99-bis, comma 1, del medesimo D.Lgs. n. 150/2022*, aggiunto dall'*art. 6, comma 1, D.L. 31 ottobre 2022, n. 162*, convertito, con modificazioni, dalla *L. 30 dicembre 2022, n. 199*.

(2) Sull'applicabilità delle disposizioni del Capo III, di cui il presente articolo è parte, vedi l'*art. 95, comma 1, D.Lgs. 10 ottobre 2022, n. 150*.

Art. 73 (¹) (²)

Iscrizioni nel casellario giudiziale

[Nei casi previsti dall'art. 604 del codice di procedura penale i decreti e le sentenze di condanna alle pene sostitutive sono iscritti nel casellario giudiziale, anche con l'indicazione della pena sostitutiva.

Nel casellario giudiziale sono altresì iscritte le ordinanze previste dall'art. 66, ultimo comma, e dall'art. 108, ultimo comma.]

(1) Articolo abrogato dall'*art. 52, comma 1, D.P.R. 14 novembre 2002, n. 313*, a decorrere dal quarantacinquesimo giorno successivo a quello della sua pubblicazione nella G.U.
(2) Sull'applicabilità delle disposizioni del Capo III, di cui il presente articolo è parte, vedi l'*art. 95, comma 1, D.Lgs. 10 ottobre 2022, n. 150*.

Art. 74 ([1])

Iscrizione nel casellario giudiziale

Dopo l'art. 58 della legge 26 luglio 1975, n. 354, è inserito il seguente:

"Art. 58-bis. - (Iscrizione nel casellario giudiziale). - Nel casellario giudiziale sono iscritti i provvedimenti della sezione di sorveglianza relativi alla irrogazione e alla revoca delle misure alternative alla pena detentiva.

(1) Sull'applicabilità delle disposizioni del Capo III, di cui il presente articolo è parte, vedi l'*art. 95, comma 1, D.Lgs. 10 ottobre 2022, n. 150*.

Art. 75

Disposizioni relative ai minorenni

Disposizioni relative ai minorenni ([1]) ([2])
Le disposizioni del presente Capo si applicano anche, in quanto compatibili, agli imputati minorenni. Si applica l'*articolo 30 del decreto del Presidente della Repubblica 22 settembre 1988, n. 448*.

(1) Articolo così sostituito dall'*art. 71, comma 1, lett. z), D.Lgs. 10 ottobre 2022, n. 150*, a decorrere dal 30 dicembre 2022, ai sensi di quanto disposto dall'*art. 99-bis, comma 1, del medesimo D.Lgs. n. 150/2022*, aggiunto dall'*art. 6, comma 1, D.L. 31 ottobre 2022, n. 162*, convertito, con modificazioni, dalla *L. 30 dicembre 2022, n. 199*.
(2) Sull'applicabilità delle disposizioni del Capo III, di cui il presente articolo è parte, vedi l'*art. 95, comma 1, D.Lgs. 10 ottobre 2022, n. 150*.

Art. 75-bis

Disposizioni relative ai reati militari ([1]) ([2])

Le disposizioni del presente Capo si applicano, in quanto compatibili, ai reati militari quando le prescrizioni risultano in concreto compatibili con la posizione soggettiva del condannato.

(1) Articolo inserito dall'*art. 71, comma 1, lett. aa), D.Lgs. 10 ottobre 2022, n. 150*, a decorrere dal 30 dicembre 2022, ai sensi di quanto disposto dall'*art. 99-bis, comma 1, del medesimo D.Lgs. n. 150/2022*, aggiunto dall'*art. 6, comma 1, D.L. 31 ottobre 2022, n. 162*, convertito, con modificazioni, dalla *L. 30 dicembre 2022, n. 199*.

(2) Sull'applicabilità delle disposizioni del Capo III, di cui il presente articolo è parte, vedi l'*art. 95, comma 1, D.Lgs. 10 ottobre 2022, n. 150*.

Art. 76
Norme applicabili (¹) (²)

Alle pene sostitutive previste dal presente Capo si applicano, in quanto compatibili, gli *articoli 47, comma 12-bis, 51-bis, 51-quater* e *53-bis della legge 26 luglio 1975, n. 354*.

(1) Articolo così sostituito dall'*art. 71, comma 1, lett. bb), D.Lgs. 10 ottobre 2022, n. 150*, a decorrere dal 30 dicembre 2022, ai sensi di quanto disposto dall'*art. 99-bis, comma 1, del medesimo D.Lgs. n. 150/2022*, aggiunto dall'*art. 6, comma 1, D.L. 31 ottobre 2022, n. 162*, convertito, con modificazioni, dalla *L. 30 dicembre 2022, n. 199*.

(2) Sull'applicabilità delle disposizioni del Capo III, di cui il presente articolo è parte, vedi l'*art. 95, comma 1, D.Lgs. 10 ottobre 2022, n. 150*.

Sezione II

Applicazione di sanzioni sostitutive su richiesta dell'imputato

Art. 77 (¹) (²)

Ambito e modalità d'applicazione

[*Nel corso dell'istruzione e fino a quando non sono compiute per la prima volta le formalità di apertura del dibattimento, il giudice, quando ritiene, in seguito all'esame degli atti e agli accertamenti eventualmente disposti, che sussistono elementi per applicare per il reato per cui procede la sanzione sostitutiva della libertà controllata o della pena pecuniaria può disporre con sentenza, su richiesta dell'imputato e con il parere favorevole del pubblico ministero, l'applicazione della sanzione sostitutiva, con esclusione di ogni pena accessoria e misura di sicurezza, ad eccezione della confisca nei casi previsti dal secondo comma dell'art. 240 del codice penale. In tal caso, con la stessa sentenza, dichiara estinto il reato per intervenuta applicazione della sanzione sostitutiva su richiesta dell'imputato. Nella determinazione e nell'applicazione della sanzione sostitutiva si osservano le disposizioni della sezione I di questo capo. La sentenza produce i soli effetti espressamente previsti nella presente sezione. Contro la sentenza è ammesso soltanto ricorso per cassazione.*]

(1) *Articolo abrogato dall'art. 234, D.Lgs. 28 luglio 1989, n. 271*.
(2) Sull'applicabilità delle disposizioni del Capo III, di cui il presente articolo è parte, vedi l'*art. 95, comma 1, D.Lgs. 10 ottobre 2022, n. 150*.

Art. 78 (¹) (²)

Competenza

DIRITTO AMMINISTRATIVO

[Sulla richiesta formulata dall'imputato prima dell'emissione del decreto di citazione a giudizio, della richiesta di citazione a giudizio o dell'ordinanza di rinvio a giudizio, provvede il pretore per i procedimenti dinanzi a lui pendenti ed il giudice istruttore negli altri casi; il parere del pubblico ministero è espresso dal procuratore della Repubblica. Se la richiesta è formulata in un momento successivo, provvede il giudice del dibattimento ed il parere è espresso dal pubblico ministero di udienza.]

(1) Articolo abrogato dall'art. 234, D.Lgs. 28 luglio 1989, n. 271, con i limiti ivi indicati.
(2) Sull'applicabilità delle disposizioni del Capo III, di cui il presente articolo è parte, vedi l'*art. 95, comma 1, D.Lgs. 10 ottobre 2022, n. 150.*

Art. 79 (¹) (²)

Applicazione nell'ulteriore corso del procedimento

[Il giudice può procedere ai sensi dell'art. 77 in ogni stato e grado del procedimento, quando l'imputato ha formulato la richiesta di cui allo stesso articolo nel termine ivi previsto.]

(1) Articolo abrogato dall'art. 234, D.Lgs. 28 luglio 1989, n. 271, con i limiti ivi indicati.
(2) Sull'applicabilità delle disposizioni del Capo III, di cui il presente articolo è parte, vedi l'art. 95, comma 1, D.Lgs. 10 ottobre 2022, n. 150.

Art. 80 (¹) (²)

Esclusioni soggettive

[Il provvedimento di cui all'art. 77 non può essere emesso nei confronti di chi in precedenza ne ha già beneficiato o nei confronti di chi ha riportato condanna a pena detentiva.]

(1) Articolo abrogato dall'art. 234, D.Lgs. 28 luglio 1989, n. 271, con i limiti ivi indicati.
(2) Sull'applicabilità delle disposizioni del Capo III, di cui il presente articolo è parte, vedi l'art. 95, comma 1, D.Lgs. 10 ottobre 2022, n. 150.

Art. 81 (¹) (²)

Iscrizione nel casellario giudiziale

[La sentenza pronunciata a norma dell'art. 77 è iscritta nel casellario giudiziale per i soli effetti di cui all'articolo precedente.]

(1) Articolo abrogato dall'*art. 52, comma 1, D.P.R. 14 novembre 2002, n. 313*, a decorrere dal quarantacinquesimo giorno successivo a quello della sua pubblicazione nella G.U.
(2) Sull'applicabilità delle disposizioni del Capo III, di cui il presente articolo è parte, vedi l'*art. 95, comma 1, D.Lgs. 10 ottobre 2022, n. 150*.

Art. 82 ([1])

Esecuzione delle sanzioni sostitutive

Per l'esecuzione delle sanzioni sostitutive si applicano le disposizioni della sezione I di questo capo.

(1) Sull'applicabilità delle disposizioni del Capo III, di cui il presente articolo è parte, vedi l'*art. 95, comma 1, D.Lgs. 10 ottobre 2022, n. 150*.

Art. 83 ([1])

Violazione degli obblighi

Colui il quale viola, in tutto o in parte, gli obblighi impostigli con la sentenza pronunciata a norma dell'art. 77 è punito con la reclusione da sei mesi a tre anni. In caso di condanna la pena non può essere sostituita a norma di questo capo.

(1) Sull'applicabilità delle disposizioni del Capo III, di cui il presente articolo è parte, vedi l'*art. 95, comma 1, D.Lgs. 10 ottobre 2022, n. 150*.

Art. 84 ([1])

Comunicazione all'imputato

Quando per il reato per il quale si procede è ammessa l'oblazione o può trovare applicazione la disposizione prevista dall'art. 77 ne va fatta menzione nella comunicazione giudiziaria.

(1) Sull'applicabilità delle disposizioni del Capo III, di cui il presente articolo è parte, vedi l'*art. 95, comma 1, D.Lgs. 10 ottobre 2022, n. 150*.

Art. 85 (¹)

Entrata in vigore

Le disposizioni contenute nella presente sezione si applicano anche ai reati commessi prima dell'entrata in vigore della presente legge.

(1) Sull'applicabilità delle disposizioni del Capo III, di cui il presente articolo è parte, vedi l'*art. 95, comma 1, D.Lgs. 10 ottobre 2022, n. 150.*

Capo IV

Estensione della perseguibilità a querela

Art. 86

Nuovo testo degli articoli 334 e 335 del codice penale

Gli articoli 334 e 335 del codice penale sono sostituiti dai seguenti:

"Art. 334. - (Sottrazione o danneggiamento di cose sottoposte a sequestro disposto nel corso di procedimento penale o dall'autorità amministrativa). - Chiunque sottrae, sopprime, distrugge, disperde o deteriora una cosa sottoposta a sequestro disposto nel corso di un procedimento penale o dall'autorità amministrativa e affidata alla sua custodia, al solo scopo di favorire il proprietario di essa, è punito con la reclusione da sei mesi a tre anni e con la multa da euro 51 a euro 516.

Si applicano la reclusione da tre mesi a due anni e la multa da euro 31 a euro 310 se la sottrazione, la soppressione, la distruzione, la dispersione o il deterioramento sono commessi dal proprietario della cosa, affidata alla sua custodia.

La pena è della reclusione da un mese ad un anno e della multa fino a euro 310, se il fatto è commesso dal proprietario della cosa medesima non affidata alla sua custodia".

"Art. 335. - (Violazione colposa di doveri inerenti alla custodia di cose sottoposte a sequestro disposto nel corso di un provvedimento penale o dall'autorità amministrativa). - Chiunque, avendo in custodia una cosa sottoposta a sequestro disposto nel corso di un procedimento penale o dall'autorità amministrativa, per colpa ne cagiona la distruzione o la dispersione, ovvero ne agevola la sottrazione o la soppressione, è punito con la reclusione fino a sei mesi o con la multa fino a euro 310".

Art. 87

Sottrazione, distruzione o danneggiamento di cose sottoposte a pignoramento, sequestro giudiziario o conservativo

Il terzo comma dell'art. 388 del codice penale è sostituito dai seguenti commi:

"Chiunque sottrae, sopprime, distrugge, disperde o deteriora una cosa di sua proprietà sottoposta a pignoramento ovvero a sequestro giudiziario o conservativo è punito con la reclusione fino a un anno e con la multa fino a euro 310.

Si applicano la reclusione da due mesi a due anni e la multa da euro 31 a euro 310 se il fatto è commesso dal proprietario su una cosa affidata alla sua custodia e la reclusione da quattro mesi a tre anni e la multa da euro 51 a euro 516 se il fatto è commesso dal custode al solo scopo di favorire il proprietario della cosa.

Il custode di una cosa sottoposta a pignoramento ovvero a sequestro giudiziario o conservativo che indebitamente rifiuta, omette o ritarda un atto dell'ufficio è punito con la reclusione fino ad un anno o con la multa fino a euro 516. Il colpevole è punito a querela della persona offesa".

Art. 88

Violazione colposa dei doveri inerenti alla custodia di cose sottoposte a pignoramento o sequestro giudiziario o conservativo

Dopo l'art. 388 del codice penale è inserito il seguente:

"Art. 388-bis. - (Violazione colposa dei doveri inerenti alla custodia di cose sottoposte a pignoramento ovvero a sequestro giudiziario o conservativo) . - Chiunque, avendo in custodia una cosa sottoposta a pignoramento ovvero a sequestro giudiziario o conservativo, per colpa ne cagiona la distruzione o la dispersione, ovvero ne agevola la soppressione o la sottrazione, è punito, a querela della persona offesa, con la reclusione fino a sei mesi o con la multa fino a euro 310".

Art. 89

Casi di perseguibilità a querela

Dopo l'art. 493 del codice penale è inserito il seguente:

"Art. 493-bis. - (Casi di perseguibilità a querela). - I delitti previsti dagli articoli 485 e 486 e quelli previsti dagli articoli 488, 489 e 490, quando concernono una scrittura privata, sono punibili a querela della persona offesa.

Si procede d'ufficio, se i fatti previsti dagli articoli di cui al precedente comma riguardano un testamento olografo".

Art. 90

Modifica dell'art. 570 del codice penale in materia di violazione degli obblighi di assistenza familiare

Nell'art. 570 del codice penale dopo il secondo comma è inserito il seguente:

"Il delitto è punibile a querela della persona offesa salvo nei casi previsti dal n. 1 e, quando il reato è commesso nei confronti dei minori, dal n. 2 del precedente comma".

Art. 91

Modifica dell'art. 582 del codice penale in materia di lesione personale

Il secondo comma dell'art. 582 del codice penale è sostituito dal seguente:

"Se la malattia ha una durata non superiore ai venti giorni e non concorre alcuna delle circostanze aggravanti previste negli articoli 583 e 585, ad eccezione di quelle indicate nel n. 1 e nell'ultima parte dell'art. 577, il delitto è punibile querela della persona offesa".

Art. 92

Modifica dell'art. 590 del codice penale in materia di lesioni personali colpose

L'ultimo comma dell'art. 590 del codice penale è sostituito dal seguente:

"Il delitto è punibile a querela della persona offesa, salvo nei casi previsti nel primo e secondo capoverso, limitatamente ai fatti commessi con violazione delle norme per la prevenzione degli infortuni sul lavoro o relative all'igiene del lavoro o che abbiano determinato una malattia professionale".

Art. 93

Modifica dell'art. 627 del codice penale in materia di sottrazione d cose comuni

Il primo comma dell'art. 627 del codice penale è sostituito dal seguente:

"Il comproprietario, socio o coerede che, per procurare a sé o ad altri un profitto, si impossessa della cosa comune, sottraendola a chi la detiene è punito a querela della persona offesa, con la reclusione fino a due anni o con la multa da euro 21 a euro 206.

Art. 94

Usurpazione

L'art. 631 del codice penale è sostituito dal seguente:

"Art. 631. - (Usurpazione). - Chiunque, per appropriarsi, in tutto o in parte, dell'altrui cosa immobile, ne rimuove o altera i termini è punito, a querela della persona offesa, con la reclusione fino a tre anni e con la multa fino a euro 206".

Art. 95

Deviazione di acque e modificazione dello stato dei luoghi

L'art. 632 del codice penale è sostituito dal seguente:

"Art. 632. - (Deviazione di acque e modificazione dello stato dei luoghi). -

Chiunque, per procurare a sé o ad altri un ingiusto profitto, devia acque, ovvero immuta nell'altrui proprietà lo stato dei luoghi, è punito, a querela della persona offesa, con la reclusione fino a tre anni e con la multa fino a euro 206".

Art. 96

Modifica dell'art. 636 del codice penale in materia di introduzione, abbandono di animali nel fondo altrui e pascolo abusivo

Nell'art. 636 del codice penale è aggiunto in fine il seguente comma: "Il delitto è punibile a querela della persona offesa".

Art. 97

Casi di esecuzione della perseguibilità a querela

Dopo l'art. 639 del codice penale è inserito il seguente:

"Art. 639-bis. - (Casi di esecuzione della perseguibilità a querela). - Nei casi previsti dagli articoli 631, 632, 633 e 636 si procede d'ufficio se si tratta di acque, terreni, fondi o edifici pubblici o destinati ad uso pubblico".

Art. 98

Modifica dell'art. 640 del codice penale in materia di truffa

Nell'art. 640 del codice penale è aggiunto in fine il seguente comma: "Il delitto è punibile a querela della persona offesa, salvo che ricorra taluna delle circostanze previste dal capoverso precedente o un'altra circostanza aggravante".

Art. 99

Norma transitoria

Per i reati perseguibili a querela ai sensi delle disposizioni precedenti, commessi prima del giorno dell'entrata in vigore della presente legge, il termine per presentare la querela decorre dal giorno suddetto, se la persona offesa ha avuto in precedenza notizie del fatto costituente reato. Se è pendente il procedimento, il giudice informa la persona offesa dal reato della facoltà di esercitare il diritto di querela e il termine decorre dal giorno in cui la persona offesa è stata informata.

Capo V

Disposizioni in materia di pene pecuniarie

Art. 100

Condizioni economiche del reo; valutazione agli effetti della pena pecuniaria. Pagamento rateale della multa o della ammenda

Dopo l'art. 133 del codice penale sono inseriti i seguenti:

"Art. 133-bis. - (Condizioni economiche del reo; valutazione agli effetti della pena pecuniaria). - Nella determinazione dell'ammontare della multa o dell'ammenda il giudice deve tenere conto, oltre che dei criteri indicati dall'articolo precedente anche delle condizioni economiche del reo. Il giudice può aumentare la multa o l'ammenda stabilite dalla legge sino al triplo o diminuirle sino ad un terzo quando, per le condizioni economiche del reo, ritenga che la misura massima sia inefficace ovvero che la misura minima sia eccessivamente gravosa".

"Art. 133-ter. - (Pagamento rateale della multa o dell'ammenda). - Il giudice, con la sentenza di condanna o con il decreto penale, può disporre, in relazione alle condizioni economiche del condannato, che la multa o l'ammenda venga pagata in rate mensili da tre a trenta. Ciascuna rata tuttavia non può essere inferiore a euro 15. In ogni momento il condannato può estinguere la pena mediante un unico pagamento".

Art. 101

Nuovo testo degli articoli 24, 26, 66, 78, 135 e 136 del codice penale

Gli articoli 24, 26, 66, 78, 135, 136 del codice penale sono sostituiti dai seguenti:

"Art. 24. - (Multa). - La pena della multa consiste nel pagamento allo Stato di una somma non inferiore a euro 5, né superiore a euro 5164.

Per i delitti determinati da motivi di lucro, se la legge stabilisce soltanto la pena della reclusione, il giudice può aggiungere la multa da euro 5 a euro 2066".

"Art. 26. - (Ammenda). - La pena dell'ammenda consiste nel pagamento allo Stato di una somma non inferiore a euro 2 né superiore a euro 1032".

"Art. 66. - (Limiti degli aumenti di pena nel caso di concorso di più circostanze aggravanti). - Se concorrono più circostanze aggravanti, la pena da applicare per effetto degli aumenti non può superare il triplo del massimo stabilito dalla legge per il reato, salvo che si tratti delle circostanze indicate nel secondo capoverso dell'art. 63, né comunque eccedere:

1. gli anni trenta, se si tratta della reclusione;
2. gli anni cinque, se si tratta dell'arresto;
3. e, rispettivamente, euro 10329 o euro 2065, se si tratta della multa o dell'ammenda; ovvero, rispettivamente, lire sessanta milioni o dodici milioni se il giudice si avvale della facoltà di aumento indicata nel capoverso dell'art 133-bis".

"Art. 78. - (Limiti degli aumenti delle pene principali). - Nel caso di concorso di reati preveduto dall'art. 73, la pena da applicare a norma dello stesso articolo non può essere superiore al quintuplo della più grave fra le pene concorrenti, né comunque eccedere:

1. trenta anni per la reclusione;

2. sei anni per l'arresto;
3. lire trenta milioni per la multa e sei milioni per l'ammenda; ovvero lire centoventicinque milioni per la multa e venticinque milioni per l'ammenda, se il giudice si vale della facoltà di aumento indicata nel capoverso dell'art. 133-bis. Nel caso di concorso di reati preveduto dall'art. 74, la durata delle pene da applicare a norma dell'articolo stesso non può superare gli anni trenta. La parte della pena eccedente tale limite è detratta in ogni caso dall'arresto".

"Art. 135. - (Ragguaglio fra pene pecuniarie e pene detentive). - Quando, per qualsiasi effetto giuridico, si deve eseguire un ragguaglio fra pene pecuniarie e pene detentive, il computo ha luogo calcolando venticinquemila lire, o frazione di venticinquemila lire, di pena pecuniaria per un giorno di pena detentiva".

"Art. 136. - (Modalità di conversione di pene pecuniarie). - Le pene della multa e dell'ammenda, non eseguite per insolvibilità del condannato, si convertono a norma di legge".

Art. 102

Conversione delle pene pecuniarie principali per mancato pagamento ([1])

Il mancato pagamento della multa o dell'ammenda entro il termine di cui all'*articolo 660 del codice di procedura penale* indicato nell'ordine di esecuzione ne comporta la conversione nella semilibertà sostitutiva.

Il ragguaglio si esegue a norma dell'*articolo 135 del codice penale*. In ogni caso la semilibertà sostitutiva non può avere durata superiore a quattro anni, se la pena convertita è quella della multa, e durata superiore a due anni, se la pena convertita è quella dell'ammenda.

Se è stato disposto il pagamento rateale, ai sensi dell'*articolo 133-ter del codice penale*, la conversione ha luogo per la parte residua della pena pecuniaria.

Il condannato può sempre far cessare l'esecuzione della semilibertà pagando la multa o l'ammenda, dedotta la somma corrispondente alla durata della pena da conversione espiata; a tal fine, può essere ammesso al pagamento rateale, ai sensi dell'*articolo 133-ter del codice penale*.

(1) Articolo così sostituito dall'*art. 71, comma 1, lett. dd), D.Lgs. 10 ottobre 2022, n. 150*, a decorrere dal 30 dicembre 2022, ai sensi di quanto disposto dall'*art. 99-bis, comma 1, del medesimo D.Lgs. n. 150/2022*, aggiunto dall'*art. 6, comma 1, D.L. 31 ottobre 2022, n. 162, convertito, con modificazioni, dalla L. 30 dicembre 2022, n. 199*; per l'applicabilità di tale disposizione vedi l'*art. 97, commi 1 e 2, del medesimo D.Lgs. n. 150/2022*.

Art. 103
Mancato pagamento della pena pecuniaria per insolvibilità del condannato ([1])

Quando le condizioni economiche e patrimoniali del condannato al momento dell'esecuzione rendono impossibile il pagamento della multa o dell'ammenda entro il termine di cui all'*articolo 660 del codice di procedura penale* indicato nell'ordine di esecuzione, la pena pecuniaria è convertita nel lavoro di pubblica utilità sostitutivo ovvero, se il condannato si oppone, nella detenzione domiciliare sostitutiva.

Il ragguaglio si esegue in ogni caso a norma dell'*articolo 135 del codice penale* e un giorno di lavoro di pubblica utilità sostitutivo consiste nella prestazione di due ore di lavoro. In ogni caso il lavoro di pubblica utilità sostitutivo e la detenzione domiciliare sostitutiva non possono avere durata superiore a due

anni, se la pena convertita è la multa, e durata superiore a un anno, se la pena convertita è l'ammenda.
Se è stato disposto il pagamento rateale, ai sensi dell'*articolo 133-ter del codice penale*, la conversione ha luogo per la parte residua della pena pecuniaria.
Il condannato può in ogni caso far cessare l'esecuzione del lavoro di pubblica utilità sostitutiva o della detenzione domiciliare sostitutiva pagando la multa o l'ammenda, dedotta la somma corrispondente alla durata della pena da conversione espiata. A tal fine può essere ammesso al pagamento rateale, ai sensi dell'*articolo 133-ter del codice penale*.

(1) Articolo così sostituito dall'*art. 71, comma 1, lett. ee), D.Lgs. 10 ottobre 2022, n. 150*, a decorrere dal 30 dicembre 2022, ai sensi di quanto disposto dall'*art. 99-bis, comma 1, del medesimo D.Lgs. n. 150/2022*, aggiunto dall'*art. 6, comma 1, D.L. 31 ottobre 2022, n. 162, convertito, con modificazioni, dalla L. 30 dicembre 2022, n. 199*; per l'applicabilità di tale disposizione vedi l'*art. 97, commi 1 e 2, del medesimo D.Lgs. n. 150/2022*.

Art. 103-bis
Inapplicabilità delle misure alternative alla detenzione ([1])

Le misure alternative alla detenzione, di cui al Capo VI del Titolo I della *legge 26 luglio 1975 n. 354*, non si applicano al condannato alla semilibertà sostitutiva o alla detenzione domiciliare sostitutiva derivanti da conversione della pena pecuniaria ai sensi del presente Capo.

(1) Articolo inserito dall'*art. 71, comma 1, lett. ff), D.Lgs. 10 ottobre 2022, n. 150*, a decorrere dal 30 dicembre 2022, ai sensi di quanto disposto dall'*art. 99-bis, comma 1, del medesimo D.Lgs. n. 150/2022*, aggiunto dall'*art. 6, comma 1, D.L. 31 ottobre 2022, n. 162, convertito, con modificazioni, dalla L. 30 dicembre 2022, n. 199*; per l'applicabilità di tale disposizione vedi l'*art. 97, commi 1 e 2, del medesimo D.Lgs. n. 150/2022*.

Art. 103-ter
Disposizioni applicabili ([1])

Alla semilibertà sostitutiva, alla detenzione domiciliare sostitutiva e al lavoro di pubblica utilità sostitutivo, quali pene da conversione della multa e dell'ammenda ai sensi del presente Capo, si applicano, in quanto compatibili e non espressamente derogate, le disposizioni del Capo III della presente legge e le ulteriori disposizioni di legge, ovunque previste, che si riferiscono alle corrispondenti pene sostitutive.

(1) Articolo inserito dall'*art. 71, comma 1, lett. ff), D.Lgs. 10 ottobre 2022, n. 150*, a decorrere dal 30 dicembre 2022, ai sensi di quanto disposto dall'*art. 99-bis, comma 1, del medesimo D.Lgs. n. 150/2022*, aggiunto dall'*art. 6, comma 1, D.L. 31 ottobre 2022, n. 162*; per

l'applicabilità di tale disposizione vedi l'*art. 97, commi 1 e 2, del medesimo D.Lgs. n. 150/2022.*

Art. 103-quater
Disposizioni relative ai minorenni ([1])

La pena pecuniaria, anche sostitutiva, applicata per un reato commesso da persona minore di età, in caso di mancato pagamento si converte nel lavoro di pubblica utilità sostitutivo, se vi è il consenso del minore non più soggetto ad obbligo di istruzione. In caso contrario, si converte nella detenzione domiciliare sostitutiva.

La durata della pena da conversione non può superare un anno, se la pena convertita è la multa, ovvero sei mesi, se la pena convertita è l'ammenda. Tuttavia, in caso di insolvibilità del condannato la durata massima della pena da conversione non può superare sei mesi, se la pena convertita è la multa, ovvero tre mesi, se la pena convertita è l'ammenda.

Si applicano, in quanto compatibili, gli articoli 71, 102 e 103, nonché l'articolo 103-ter. Si applica altresì, in quanto compatibile, l'*articolo 660 del codice di procedura penale.* Non si applica l'articolo 103-bis e il minore, nel corso dell'esecuzione della detenzione domiciliare sostitutiva, può essere affidato in prova al servizio sociale ai sensi dell'*articolo 5 del decreto legislativo 2 ottobre 2018, n. 121.*

(1) Articolo inserito dall'*art. 71, comma 1, lett. ff), D.Lgs. 10 ottobre 2022, n. 150,* a decorrere dal 30 dicembre 2022, ai sensi di quanto disposto dall'*art. 99-bis, comma 1, del medesimo D.Lgs. n. 150/2022,* aggiunto dall'*art. 6, comma 1, D.L. 31 ottobre 2022, n. 162,* convertito, con modificazioni, dalla *L. 30 dicembre 2022, n. 199;* per l'applicabilità di tale disposizione vedi l'*art. 97, commi 1 e 2, del medesimo D.Lgs. n. 150/2022.*

Art. 104

Nuovo testo degli articoli 163, 175 e 237 del codice penale

Gli articoli 163, 175 e 237 del codice penale sono sostituiti dai seguenti: "Art. 163. - (Sospensione condizionale della pena). - Nel pronunciare sentenza di condanna alla reclusione o all'arresto per un tempo non superiore a due anni, ovvero a pena pecuniaria che, sola o congiunta alla pena detentiva e ragguagliata a norma dell'art. 135, sia equivalente ad una pena privativa della libertà personale per un tempo non superiore, nel complesso, a due anni, il giudice può ordinare che l'esecuzione della pena rimanga sospesa per il termine di cinque anni se la condanna è per delitto e di due anni se la condanna è per contravvenzione.

Se il reato è stato commesso da un minore degli anni diciotto, la sospensione può essere ordinata quando si infligga una pena restrittiva della libertà personale non superiore a tre anni, ovvero una pena pecuniaria che, sola o congiunta alla pena detentiva e ragguagliata a norma dell'art. 135, sia equivalente ad una pena privativa della libertà personale per un tempo non superiore, nel complesso, a tre anni.

Se il reato è stato commesso da persona di età superiore agli anni diciotto ma inferiore agli anni ventuno o da chi ha compiuto gli anni settanta, la sospensione può essere ordinata quando si infligga una pena restrittiva della libertà personale non superiore a due anni e sei mesi ovvero una pena pecuniaria che, sola o congiunta alla pena detentiva e ragguagliata a norma dell'art. 135, sia equivalente ad una pena privativa della libertà personale per un tempo non superiore, nel complesso, a due anni e sei mesi".

"Art. 175. - (Non menzione della condanna nel certificato del casellario giudiziale). - Se, con una prima condanna, è inflitta una pena detentiva non superiore a due anni, ovvero una pena pecuniaria non superiore a un milione, il giudice, avuto riguardo alle circostanze indicate nell'art. 133, può ordinare in sentenza che non sia fatta menzione della condanna nel certificato del casellario giudiziale, spedito a richiesta di privati, non per ragione di diritto elettorale.

La non menzione della condanna può essere altresì concessa quando è inflitta congiuntamente una pena detentiva non superiore a due anni ed una pena pecuniaria che, ragguagliata a norma dell'art. 135 e cumulata alla pena detentiva, priverebbe complessivamente il condannato della libertà personale per un tempo non superiore a trenta mesi.

Se il condannato commette successivamente un delitto, l'ordine di non fare menzione della condanna precedente è revocato. Le disposizioni di questo articolo non si applicano quando alla condanna conseguono pene accessorie".

"Art. 237. - (Cauzione di buona condotta). - La cauzione di buona condotta è data mediante il deposito, presso la Cassa delle ammende, di una somma non inferiore a euro 103, né superiore a euro 2065.

In luogo del deposito, è ammessa la prestazione di una garanzia mediante ipoteca o anche mediante fideiussione solidale. La durata della misura di sicurezza non può essere inferiore a un anno, né superiore a cinque, e decorre dal giorno in cui la cauzione fu prestata".

Art. 105

Lavoro sostitutivo ([1])

[Il lavoro sostitutivo consiste nella prestazione di un'attività non retribuita a favore della collettività, da svolgere presso lo Stato, le regioni, le province, i comuni, o presso enti, organizzazioni o corpi di assistenza, di istruzione, di protezione civile e di tutela dell'ambiente naturale o di incremento del patrimonio forestale, previa stipulazione, ove occorra, di speciali convenzioni da parte del Ministero di grazia e giustizia, che può delegare il magistrato di sorveglianza.

Tale attività si svolge nell'ambito della provincia in cui il condannato ha la residenza, per una giornata lavorativa per settimana, salvo che il condannato chieda di essere ammesso ad una maggiore frequenza settimanale.]

(1) Articolo abrogato dall'*art. 98, comma 1, lett. c), D.Lgs. 10 ottobre 2022, n. 150*, a decorrere dal 30 dicembre 2022, ai sensi di quanto disposto dall'*art. 99-bis, comma 1, del medesimo D.Lgs. n. 150/2022*, aggiunto dall'*art. 6, comma 1, D.L. 31 ottobre 2022, n. 162, convertito, con modificazioni, dalla L. 30 dicembre 2022, n. 199*; vedi, anche, l'*art. 97, commi 1 e 2, del medesimo D.Lgs. n. 150/2022*.

Art. 106

Esecuzione di pene pecuniarie ([1])

[L'art. 586 del codice di procedura penale è sostituito dal seguente:

"Art. 586. - (Esecuzione di pene pecuniarie). - Le condanne a pene pecuniarie sono eseguite nei modi stabiliti dalle leggi e dai regolamenti.

Per l'esecuzione delle pene pecuniarie pagabili rateralmente si osservano le disposizioni vigenti, in quanto applicabili, ma l'avviso di pagamento e il precetto debbono indicare l'importo e la scadenza delle singole rate.

Per le garanzie di esecuzione si osservano gli articoli 616, 617 e 618.

Se si tratta di pena pecuniaria applicata con decreto di condanna emesso dal pretore, assieme al decreto è notificato il precetto con cui si ingiunge di pagare la multa o l'ammenda inflitta e le spese del procedimento entro i cinque giorni successivi alla scadenza del termine per proporre opposizione; ovvero, limitatamente alle pene pecuniarie per le quali sia stato disposto il pagamento rateale entro i cinque giorni successivi alla scadenza di ogni singola rata, sempre che l'opposizione stessa non sia stata proposta.

Quando sia decorso inutilmente il tempo fissato nel precetto per il pagamento della pena rateale, il pubblico ministero o il pretore ordina la conversione della pena pecuniaria per la parte corrispondente.

Quando sono accertate la mancanza di pagamento della pena pecuniaria e l'insolvibilità del condannato e, se ne è il caso, della persona civilmente obbligata per l'ammenda, il pubblico ministero o il pretore ordina la conversione della pena pecuniaria.

Se l'interessato dichiara di opporsi al provvedimento del pubblico ministero o del pretore, si applica il secondo capoverso dell'art. 582 senza effetto sospensivo".]

(1) Articolo abrogato dall'*art. 98, comma 1, lett. c), D.Lgs. 10 ottobre 2022, n. 150*, a decorrere dal 30 dicembre 2022, ai sensi di quanto disposto dall'*art. 99-bis, comma 1, del medesimo D.Lgs. n. 150/2022*, aggiunto dall'*art. 6, comma 1, D.L. 31 ottobre 2022, n. 162, convertito, con modificazioni, dalla L. 30 dicembre 2022, n. 199*; vedi, anche, l'*art. 97, commi 1 e 2, del medesimo D.Lgs. n. 150/2022*.

Art. 107

Esecuzione delle pene conseguenti alla conversione della multa o dell'ammenda ([1])

Per l'esecuzione della semilibertà sostitutiva, della detenzione domiciliare sostitutiva e del lavoro di pubblica utilità sostitutivo, quali pene conseguenti alla conversione della multa o dell'ammenda, si applicano gli articoli 62, 63, 64, 65, 68 e 69. Competente è il magistrato di sorveglianza, che provvede ai sensi dell'*articolo 678, comma 1-bis, del codice di procedura penale*.

(1) Articolo così sostituito dall'*art. 71, comma 1, lett. gg), D.Lgs. 10 ottobre 2022, n. 150*, a decorrere dal 30 dicembre 2022, ai sensi di quanto disposto dall'*art. 99-bis, comma 1, del medesimo D.Lgs. n. 150/2022*, aggiunto dall'*art. 6, comma 1, D.L. 31 ottobre 2022, n. 162*; per l'applicabilità di tale disposizione vedi l'*art. 97, commi 1 e 2, del medesimo D.Lgs. n. 150/2022*.

Art. 108

Inosservanza delle prescrizioni inerenti alle pene conseguenti alla conversione della multa o della ammenda ([1])

La mancata esecuzione delle pene conseguenti alla conversione della pena pecuniaria, anche sostitutiva di una pena detentiva, ovvero la violazione grave o reiterata degli obblighi e delle prescrizioni ad esse inerenti, ne

comporta la revoca e la parte residua si converte in uguale periodo di reclusione o di arresto, a seconda della specie della pena pecuniaria originariamente inflitta. La detenzione domiciliare e il lavoro di pubblica utilità, tuttavia, possono essere convertiti in altra pena sostitutiva più grave. Competente per la conversione è il magistrato di sorveglianza, che provvede ai sensi dell'*articolo 678, comma 1-bis, del codice di procedura penale*. Si applicano, in quanto compatibili, il secondo e il terzo comma dell'articolo 66.
Si applicano le disposizioni di cui al primo e al secondo comma dell'articolo 72.

(1) Articolo così sostituito dall'*art. 71, comma 1, lett. hh), D.Lgs. 10 ottobre 2022, n. 150*, a decorrere dal 30 dicembre 2022, ai sensi di quanto disposto dall'*art. 99-bis, comma 1, del medesimo D.Lgs. n. 150/2022*, aggiunto dall'*art. 6, comma 1, D.L. 31 ottobre 2022, n. 162, convertito, con modificazioni, dalla L. 30 dicembre 2022, n. 199*; per l'applicabilità di tale disposizione vedi l'*art. 97, commi 1 e 2, del medesimo D.Lgs. n. 150/2022*.

Art. 109

Mancata esecuzione dolosa di sanzioni pecuniarie

Dopo l'art. 388-bis del codice penale è inserito il seguente:

"Art. 388-ter. - (Mancata esecuzione dolosa di sanzioni pecuniarie). - Chiunque, per sottrarsi all'esecuzione di una multa o di una ammenda o di una sanzione amministrativa pecuniaria, compie, sui propri o sugli altrui beni, atti simulati o fraudolenti, o commette allo stesso scopo altri fatti fraudolenti, è punito, qualora non ottemperi nei termini all'ingiunzione di pagamento contenuta nel precetto, con la reclusione da sei mesi a tre anni".

Art. 110

Abrogazione di norma

E' abrogato l'art. 49 della legge 26 luglio 1975, n. 354.

Art. 111

Disposizioni transitorie

Le norme sulla conversione delle pene pecuniarie si applicano ai reati commessi successivamente all'entrata in vigore della presente legge. In deroga a quanto disposto dall'art. 172 del codice penale, la pena della multa inflitta anche congiuntamente a quella della reclusione, per reati commessi prima dell'entrata in vigore della presente legge, si estingue col decorso del termine di dieci anni dalla data di entrata in vigore della presente legge; tuttavia, se la sentenza di condanna è divenuta irrevocabile successivamente alla data di entrata in vigore della presente legge, la pena della multa si estingue col decorso di dieci anni dal passaggio in giudicato della sentenza.

Art. 112

Periodo giudiziale

L'art. 19 del regio decreto-legge 20 luglio 1934, n. 1404, convertito, con modificazioni, nella legge 27 maggio 1935, n. 835, è sostituito dal seguente:

"Art. 19. - (Perdono giudiziale). - Se per il reato commesso da minore degli anni diciotto il tribunale per i minorenni ritiene che si possa applicare una pena restrittiva della libertà personale non superiore a due anni, ovvero una pena pecuniaria non superiore a euro 1549, anche se congiunta a detta pena, può applicare il perdono giudiziale, sia quando provvede a norma dell'art. 14 sia nel giudizio".

Art. 113

Aumento delle pene pecuniarie

Le pene pecuniarie comminate per i reati previsti dal codice penale o dalle leggi speciali, nonché le sanzioni pecuniarie comminate per le infrazioni previste dal codice di procedura penale, aumentate per effetto della legge 12 luglio 1961, n. 603, sono moltiplicate per cinque.

Sono altresì moltiplicate per cinque le pene pecuniarie comminate per reati previsti da leggi entrate in vigore dopo il 21 ottobre 1947 e prima della legge 12 luglio 1961, n. 603.

Le pene pecuniarie comminate per reati previsti da leggi entrate in vigore dopo la legge 12 luglio 1961, n. 603, e fino al 31 dicembre 1970 sono moltiplicate per tre.

Quelle comminate per reati previsti da leggi entrate in vigore dopo il 31 dicembre 1970 e fino al 31 dicembre 1975, ad eccezione delle leggi in materia di imposte dirette e di tasse e imposte indirette sugli affari, sono moltiplicate per due.

Quando, tenuto conto degli aumenti previsti nei commi precedenti, la legge stabilisce la pena dell'ammenda inferiore nel minimo a euro 2 o nel massimo a euro 5, i limiti edittali sono elevati rispettivamente a euro 5 e a euro 12.

Art. 114

Aumento delle sanzioni amministrative pecuniarie

Le disposizioni dell'articolo precedente si applicano a tutte le sanzioni amministrative pecuniarie originariamente previste come sanzioni penali.

Le altre sanzioni amministrative pecuniarie inferiori nel minimo a euro 20 o nel massimo a euro 50 sono elevate, rispettivamente, a euro 20 e a euro 50. ([1])

Le disposizioni dei precedenti commi si applicano anche alle violazioni finanziarie.

(1) Comma così modificato dalla Legge 15 luglio 2009, n. 94.

Art. 115

Pene proporzionali

Le disposizioni degli articoli 113 e 114 non si applicano alle pene e sanzioni amministrative pecuniarie quando l'ammontare delle stesse o della pena base che viene assunta per la loro determinazione non è fissato direttamente dalla legge ma è diversamente stabilito.

Art. 116

Nuovo testo degli articoli 196 e 197 del codice penale

Gli articoli 196 e 197 del codice penale sono sostituiti dai seguenti:

"Art. 196. - (Obbligazione civile per le multe e le ammende inflitte a persona dipendente). - Nei reati commessi da chi è soggetto all'altrui autorità, direzione o vigilanza, la persona rivestita dell'autorità, o incaricata della direzione o vigilanza, è obbligata, in caso di insolvibilità del condannato, al pagamento di una somma pari all'ammontare della multa o dell'ammenda inflitta al colpevole, se si tratta di violazioni di disposizioni che essa era tenuta a far osservare e delle quali non debba rispondere penalmente.

Qualora la persona preposta risulti insolvibile, si applicano al condannato le disposizioni dell'art. 136".

"Art. 197. - (Obbligazione civile delle persone giuridiche per il pagamento delle multe e delle ammende). - Gli enti forniti di personalità giuridica, eccettuati lo Stato, le regioni, le province ed i comuni, qualora sia pronunciata condanna per reato contro chi ne abbia la rappresentanza, o l'amministrazione, o sia con essi in rapporto di dipendenza, e si tratti di reato che costituisca violazione degli obblighi inerenti alla qualità rivestita dal colpevole, ovvero sia commesso nell'interesse della persona giuridica, sono obbligati al pagamento, in caso di insolvibilità del condannato, di una somma pari all'ammontare della multa o dell'ammenda inflitta.

Se tale obbligazione non può essere adempiuta, si applicano al condannato le disposizioni dell'art. 136".

Art. 117

Persona civilmente obbligata per l'ammenda e per la multa

Tutte le disposizioni processuali relative alla persona civilmente obbligata per l'ammenda si intendono riferite anche alla persona civilmente obbligata per la multa.

Capo VI

Disposizioni in materia di pene accessorie, prescrizione, oblazione, sospensione condizionale della pena e confisca

Art. 118

Modifiche dell'art. 19 del codice penale, in materia di pene accessorie - Specie

I primi due commi dell'art. 19 del codice penale sono sostituiti dai seguenti:"Le pene accessorie per i delitti sono: 1) l'interdizione dai pubblici uffici; 2) l'interdizione da una professione o da un'arte; 3) l'interdizione legale; 4) l'interdizione dagli uffici direttivi delle persone giuridiche e delle imprese; 5) l'incapacità di contrattare con la pubblica amministrazione; 6) la decadenza o la sospensione dall'esercizio della potestà dei genitori. Le pene accessorie per le contravvenzioni sono: 1) la sospensione dall'esercizio di una professione o di un'arte; 2) la sospensione dagli uffici direttivi delle persone giuridiche e delle imprese".

Art. 119

Modifiche dell'art. 32 del codice penale in materia di interdizione legale

Il secondo ed il terzo comma dell'art. 32 del codice penale sono sostituiti dai seguenti:

"La condanna all'ergastolo importa anche la decadenza dalla potestà dei genitori.

Il condannato alla reclusione per un tempo non inferiore a cinque anni è, durante la pena, in stato d'interdizione legale; la condanna produce altresì, durante la pena, la sospensione dall'esercizio della potestà dei genitori, salvo che il giudice disponga altrimenti".

Art. 120

Nuove norme in materia di interdizione temporanea dagli uffici direttivi delle persone giuridiche e delle imprese e di incapacità di contrattare con la pubblica amministrazione

Dopo l'art. 32 del codice penale sono inseriti i seguenti articoli:

"Art. 32-bis. - (Interdizione temporanea dagli uffici direttivi delle persone giuridiche e delle imprese). - L'interdizione dagli uffici direttivi delle persone giuridiche e delle imprese priva il condannato della capacità di esercitare, durante l'interdizione, l'ufficio di amministratore, sindaco, liquidatore e direttore generale, nonché ogni altro ufficio con potere di rappresentanza della persona giuridica o dell'imprenditore. Essa consegue ad ogni condanna alla reclusione non inferiore a sei mesi per delitti commessi con abuso dei poteri o violazione dei doveri inerenti all'ufficio".

"Art. 32-ter. - (Incapacità di contrattare con la pubblica amministrazione). - L'incapacità di contrattare con la pubblica amministrazione importa il divieto di concludere contratti con la pubblica amministrazione, salvo che per ottenere le prestazioni di un pubblico servizio. Essa non può avere durata inferiore ad un anno né superiore a tre anni".

"Art. 32-quater. - (Casi nei quali alla condanna consegue la incapacità di contrattare con la pubblica amministrazione). - Ogni condanna per i delitti previsti dagli articoli 317, 318, 319, 320, 321, 353, 355, 356, 416, 437, 501, 501-bis, 640, n. 1 del capoverso, commessi a causa o in occasione dell'esercizio di un'attività imprenditoriale, importa l'incapacità di contrattare con la pubblica amministrazione".

Art. 121

Modifica dell'art. 33 del codice penale in materia di condanna per delitto colposo

Il primo comma dell'art. 33 del codice penale è sostituito dal seguente:

"Le disposizioni dell'art. 29 e del secondo capoverso dell'art. 32 non si applicano nel caso di condanna per delitto colposo".

Art. 122 ([1])

Decadenza dalla potestà dei genitori e sospensione dal suo esercizio

L'art. 34 del codice penale è sostituito dal seguente:

"Art. 34. - (Decadenza dalla potestà dei genitori e sospensione dall'esercizio di essa). - La legge determina i casi nei quali la condanna importa la decadenza dalla potestà dei genitori. La condanna per delitti commessi con abuso della potestà dei genitori importa la sospensione dall'esercizio di essa per un periodo di tempo pari al doppio della pena inflitta.

La decadenza dalla potestà dei genitori importa anche la privazione di ogni diritto che al genitore spetti sui beni del figlio in forza della potestà di cui al titolo IX del libro I del codice civile.

La sospensione dall'esercizio della potestà dei genitori importa anche l'incapacità di esercitare, durante la sospensione, qualsiasi diritto che al genitore spetti sui beni del figlio in base alle norme del titolo IX del libro I del codice civile".

DIRITTO AMMINISTRATIVO

(1) La Corte costituzionale, con sentenza del 24 febbraio 1992, n. 62, ha dichiarato l'illegittimità costituzionale degli *artt.* 22 e *23*, in combinato disposto con l'art. 122 c.p.c., nella parte in cui non consentono ai cittadini italiani appartenenti alla minoranza linguistica slovena nel processo di opposizione ad ordinanze-ingiunzioni applicative di sanzioni amministrative davanti al Pretore avente competenza su un territorio dove sia insediata la predetta minoranza, di usare, su loro richiesta, la lingua materna nei propri atti, usufruendo per questi della traduzione nella lingua italiana, nonché di ricevere tradotti nella propria lingua gli atti dell'autorità giudiziaria e le risposte della controparte.

Art. 123

Sospensione dall'esercizio degli uffici direttivi delle persone giuridiche e delle imprese

Dopo l'art. 35 del codice penale è inserito il seguente:

"Art. 35-bis. - (Sospensione dall'esercizio degli uffici direttivi delle persone giuridiche e delle imprese). - La sospensione dall'esercizio degli uffici direttivi delle persone giuridiche e delle imprese priva il condannato della capacità di esercitare, durante la sospensione, l'ufficio di amministratore, sindaco, liquidatore e direttore generale, nonchè ogni altro ufficio con potere di rappresentanza della persona giuridica o dell'imprenditore.

Essa non può avere una durata inferiore a quindici giorni nè superiore a due anni e consegue ad ogni condanna all'arresto per contravvenzioni commesse con abuso dei poteri o violazione dei doveri inerenti all'ufficio".

Art. 124

Applicazione provvisoria di pene accessorie

L'art. 140 del codice penale è sostituito dal seguente:

"Art. 140. - (Applicazione provvisoria di pene accessorie). - Il giudice, durante la istruzione, nei procedimenti per reati per i quali, in caso di condanna, può essere applicata una pena accessoria, può disporne in via provvisoria l'applicazione quando sussistano specificate, inderogabili esigenze istruttorie o sia necessario impedire che il reato venga portato a conseguenze ulteriori.

DIRITTO AMMINISTRATIVO

L'interdizione dai pubblici uffici può essere applicata provvisoriamente solo nei procedimenti per reati commessi con abuso dei poteri o con violazione dei doveri inerenti a una pubblica funzione o ad un pubblico servizio o a taluno degli uffici indicati nel n. 3 del capoverso dell'art. 28.

La sospensione provvisoria non si applica agli uffici elettivi ricoperti per diretta investitura popolare.

La pena accessoria provvisoriamente applicata non può avere durata superiore alla metà della durata massima prevista dalla legge ed è computata nella durata della pena accessoria conseguente alla condanna".

Art. 125

Modifica dell'art. 157 del codice penale in materia di prescrizione tempo necessario a prescrivere

Il n. 6 del primo comma dell'art. 157 del codice penale è sostituito dal seguente:

"6) in due anni, se si tratta di contravvenzione per cui la legge stabilisce la pena dell'ammenda".

Art. 126

Oblazione nelle contravvenzioni punite con pene alternative

Dopo l'art. 162 del codice penale è inserito il seguente:

"Art. 162-bis. - (Oblazione nelle contravvenzioni punite con pene alternative). - Nelle contravvenzioni per le quali la legge stabilisce la pena alternativa dell'arresto o dell'ammenda, il contravventore può essere ammesso a pagare, prima dell'apertura del dibattimento, ovvero prima del decreto di condanna, una somma corrispondente alla metà del massimo dell'ammenda stabilita dalla legge per la contravvenzione commessa oltre le spese del procedimento.

Con la domanda di oblazione il contravventore deve depositare la somma corrispondente alla metà del massimo dell'ammenda.

L'oblazione non è ammessa quando ricorrono i casi previsti dal terzo capoverso dell'art. 99, dall'art. 104 o dall'art. 105, nè quando permangono conseguenze dannose o pericolose del reato eliminabili da parte del contravventore.

In ogni altro caso il giudice può respingere con ordinanza la domanda di oblazione, avuto riguardo alla gravità del fatto.

La domanda può essere riproposta sino all'inizio della discussione finale del dibattimento di primo grado.

Il pagamento delle somme indicate nella prima parte del presente articolo estingue il reato".

Art. 127

Applicazione di norme

Le disposizioni dell'art. 162-bis del codice penale si applicano anche ai reati indicati nelle lettere f), h), i), n) del primo comma dell'art. 34.

Art. 128

Obblighi del condannato

L'art. 165 del codice penale è sostituito dal seguente:

"Art. 165. - (Obblighi del condannato). - La sospensione condizionale della pena può essere subordinata all'adempimento dell'obbligo delle restituzioni, al pagamento della somma liquidata a titolo di risarcimento del danno o provvisoriamente assegnata sull'ammontare di esso e alla pubblicazione della sentenza a titolo di riparazione del danno; può altresì essere subordinata, salvo che la legge disponga altrimenti, all'eliminazione delle conseguenze dannose o pericolose del reato, secondo le modalità indicate dal giudice nella sentenza di condanna.

La sospensione condizionale della pena, quando è concessa a persona che ne ha già usufruito, deve essere subordinata all'adempimento di uno degli obblighi previsti nel comma precedente, salvo che ciò sia impossibile. Il giudice nella sentenza stabilisce il termine entro il quale gli obblighi devono essere adempiuti".

Art. 129

Inosservanza di pene accessorie

L'art. 389 del codice penale è sostituito dal seguente:

"Art. 389. - (Inosservanza di pene accessorie). - Chiunque, avendo riportato una condanna da cui consegue una pena accessoria, trasgredisce agli obblighi o ai divieti inerenti a tale pena, è punito con la reclusione da due a sei mesi.

La stessa pena si applica a chi trasgredisce agli obblighi o ai divieti inerenti ad una pena accessoria provvisoriamente applicata".

Art. 130

Modifiche dell'art. 200 del codice di procedura penale in materia di impugnazione di ordinanze emesse in giudizio.

Dopo il primo comma dell'art. 200 del codice di procedura penale è inserito il seguente:

"L'impugnazione dell'ordinanza che decide sulla domanda di oblazione può essere proposta soltanto con l'impugnazione contro la sentenza".

Art. 131

Applicazione provvisoria di pene accessorie o di misure di sicurezza

L'art. 301 del codice di procedura penale è sostituito dal seguente:

"Art. 301. - (Applicazione provvisoria di pene accessorie o di misure di sicurezza). - L'applicazione provvisoria delle pene accessorie, nei casi consentiti dalla legge, è disposta dal giudice, anche d'ufficio, con decreto motivato, in qualunque stato dell'istruzione, dopo l'interrogatorio dell'imputato o, se questo non è possibile, dopo la emissione di un mandato. Il decreto è immediatamente comunicato al pubblico ministero per l'esecuzione.

Le stesse disposizioni si osservano per l'applicazione provvisoria delle misure di sicurezza.

Contro il provvedimento del giudice istruttore che dispone l'applicazione provvisoria della pena accessoria o della misura di sicurezza o che non accoglie la richiesta del pubblico ministero, il procuratore della Repubblica, il procuratore generale e l'imputato possono proporre appello dinanzi alla sezione istruttoria della corte di appello.

Contro il provvedimento emesso dalla sezione istruttoria può essere proposto ricorso per cassazione.

L'impugnazione non sospende l'esecuzione del provvedimento".

Art. 132

Modificazioni dell'art. 400 del codice di procedura penale in materia di provvedimenti per l'applicazione provvisoria di pene accessorie o di misure di sicurezza

Dopo l'ultimo comma dell'art. 400 del codice di procedura penale sono aggiunti i seguenti commi:

"Si applicano le disposizioni previste dal terzo, quarto ed ultimo comma dell'art. 301; contro il provvedimento emesso dal pretore l'appello è proposto dinanzi al giudice istruttore; contro la decisione emessa dal giudice istruttore in grado di appello può essere proposto ricorso per cassazione.

L'impugnazione non sospende l'esecuzione del provvedimento".

Art. 133

Esecuzione provvisoria di misure di sicurezza

L'art. 485 del codice di procedura penale è sostituito dal seguente:

"Art. 485. - (Esecuzione provvisoria di misure di sicurezza). - Il giudice, quando abbia disposto una misura di sicurezza, può, nei casi consentiti dall'art. 206 del codice penale, ordinarne con la sentenza la provvisoria esecuzione.

La sentenza è impugnabile anche per il capo che dispone l'esecuzione provvisoria della misura di sicurezza; ma l'impugnazione non ne sospende l'esecuzione".

Art. 134

Appello contro sentenze del pretore

L'art. 512 del codice di procedura penale è sostituito dal seguente:

"Art. 512. - (Appello contro sentenze del pretore). - Contro le sentenze del pretore possono appellare al tribunale:

1. l'imputato nel caso di condanna per delitto o per contravvenzione punita con pena alternativa o per la quale non è ammessa la oblazione ovvero quando è stato dichiarato contravventore abituale o professionale;
2. l'imputato nel caso di proscioglimento da delitto o da contravvenzione per la quale la legge stabilisce la pena dell'arresto, qualora il proscioglimento sia pronunciato per estinzione del reato a seguito di giudizio di comparizione tra circostanze o per insufficienza di prove o per concessione del perdono giudiziale ovvero perchè si tratta di persona non imputabile o di persona non punibile perchè il fatto non costituisce reato, se è stata applicata o può, con provvedimento successivo, essere applicata una misura di sicurezza;
3. il rappresentante del pubblico ministero nel dibattimento davanti al pretore e il procuratore della Repubblica nel caso di proscioglimento, se l'imputazione riguardava un delitto o una contravvenzione punibile con l'arresto; e nel caso di condanna per delitto ovvero per contravvenzione punita con pena alternativa o per la quale non è ammessa l'oblazione".

Art. 135

Appello contro sentenze del tribunale e della corte d'assise

L'art. 513 del codice di procedura penale è sostituito dal seguente:

"Art. 513. - (Appello contro sentenze del tribunale e della corte di assise). - Contro le sentenze del tribunale e della corte di assise possono appellare, rispettivamente, alla corte di appello e alla corte di assise di appello, salvo che la legge disponga altrimenti:

1. l'imputato nel caso di condanna per delitto o per contravvenzione punita con pena alternativa o per la quale non è ammessa la

oblazione ovvero quando è stato dichiarato contravventore abituale o professionale;
2. l'imputato nel caso di proscioglimento da delitto o da contravvenzione per la quale la legge stabilisce la pena dell'arresto, qualora il proscioglimento sia pronunziato per estinzione del reato a seguito di giudizio di comparazione tra circostanze o per insufficienza di prove o per perdono giudiziale ovvero perchè si tratta di persona non imputabile o di persona non punibile perchè il fatto non costituisce reato, se è stata applicata o può, con provvedimento successivo, essere applicata una misura di sicurezza;
3. il procuratore della Repubblica e il procuratore generale presso la corte di appello nel caso di proscioglimento, se la imputazione riguardava un delitto o una contravvenzione punibile con l'arresto, e nel caso di condanna per delitto ovvero per contravvenzione punita con pena alternativa o per la quale non è ammessa la oblazione".

Art. 136

Modifiche dell'art. 522 del codice di procedura penale in materia di questioni di nullità

All'art. 522 del codice di procedura penale è aggiunto in fine il seguente comma:

"Quando il giudice di primo grado ha respinto la domanda di oblazione, il giudice di appello, se riconosce erronea tale decisione, accoglie la domanda e sospende il dibattimento fissando un termine massimo non superiore a dieci giorni per il pagamento delle somme dovute. Se il pagamento avviene nel termine, il giudice di appello pronuncia sentenza di proscioglimento".

Art. 137

Modifiche dell'art. 604 del codice di procedura penale in materia di provvedimenti da iscrivere nel casellario

Nell'art. 604 del codice di procedura penale, al capoverso del n. 1, dopo le parole: "Non sono iscritti nel casellario giudiziale: le sentenze e i decreti di condanna concernenti contravvenzioni per le quali è ammessa la definizione in via amministrativa o l'oblazione, salvo che", sono inserite le seguenti: "si tratti di contravvenzioni punite con la pena alternativa dell'arresto o dell'ammenda o che".

DIRITTO AMMINISTRATIVO

Art. 138

Modifiche alle disposizioni di attuazione, di coordinamento e transitorie del codice di procedura penale

Dopo l'art. 48 delle disposizioni di attuazione del codice di procedura penale, approvate con regio decreto 28 maggio 1931, n. 602, sono inseriti i seguenti articoli:

"Art. 48-bis. - Quando sono state sequestrate cose che possono essere restituite previa esecuzione di specifiche prescrizioni, il giudice, se l'interessato consente, ne ordina la restituzione impartendo le prescrizioni del caso ed imponendo una idonea cauzione o malleveria a garanzia della esecuzione delle prescrizioni nel termine stabilito. Scaduto il termine, se le prescrizioni non sono adempiute, il giudice provvede ai sensi dell'ultimo capoverso dell'art. 345 del codice di procedura penale".

"Art. 48-ter. - Nei casi previsti dall'ultimo capoverso dell'art. 345 e dal primo capoverso dell'art. 625 del codice di procedura penale, il giudice, prima di ordinare la vendita o la distruzione delle cose sequestrate, dispone, osservate le formalità di cui agli articoli 304-bis e 304-ter del codice di procedura penale, il prelievo di campioni, quando ciò è possibile ed utile per l'ulteriore corso del procedimento".

Art. 139

Modifica dell'art. 116 delle norme sugli assegni bancari, circolari su titoli speciali dell'istituto di emissione, e dei Banchi di Napoli e di Sicilia

Nell'art. 116 del regio decreto 21 dicembre 1933, n. 1736, dopo il primo comma è inserito il seguente:

"Nei casi più gravi la condanna per uno dei delitti previsti nei numeri 1 e 2 del comma precedente importa, indipendentemente dall'applicazione dell'art. 69 del codice penale, la pubblicazione della sentenza di condanna e il divieto di emettere assegni bancari o postali per un periodo da uno a tre anni".

Art. 140

Disposizioni aggiuntive alle norme in materia di assegni bancari, circolari e su titoli speciali dell'istituto di emissione, e dei Banchi di Napoli e di Sicilia

Dopo l'art. 116 del regio decreto 21 dicembre 1933, n. 1736, è inserito il seguente:

"Art. 116-bis. - Chiunque, avendo riportato la pena accessoria prevista dall'articolo precedente, trasgredisce agli obblighi ad essa inerenti è punito, per il solo fatto dell'emissione dell'assegno, ai sensi dell'art. 389 del codice penale.

Si applica la reclusione da sei mesi a due anni e la multa da euro 51 a euro 1032, a chi, violando il divieto di emettere assegni bancari e postali, commette uno dei delitti previsti dai numeri 1 e 2 del primo comma dell'articolo precedente. La condanna importa la pubblicazione della sentenza e il divieto di emettere assegni bancari e postali per la durata di due anni".

Art. 141

Ulteriori disposizioni aggiuntive alle norme in materia di assegni bancari, circolari e su titoli speciali dell'istituto di emissione, dei Banchi di Napoli e di Sicilia

Dopo l'art. 123 del regio decreto 21 dicembre 1933, n. 1736, sono inseriti i seguenti articoli:

"Art. 124. - All'atto del rilascio di moduli di assegno bancario o postale il dipendente responsabile fa sottoscrivere al richiedente una dichiarazione dalla quale risulta che lo stesso non è interdetto dall'emissione di assegni bancari o postali. Il richiedente che dichiara il falso è punito con la reclusione da sei mesi a due anni".

"Art. 125. - Il dipendente che consegna moduli di assegno bancario o postale senza farsi rilasciare la dichiarazione prevista nell'articolo precedente è punito, salvo che il fatto costituisca un più grave reato, con l'arresto da due a sei mesi o con l'ammenda da euro 103 a euro 258.

Il dipendente che consegna moduli di assegno bancario o postale a chi abbia dichiarato di essere stato interdetto dalla emissione di assegni bancari o postali, è punito, salvo che il fatto costituisca più grave reato, con la reclusione da sei mesi a due anni".

DIRITTO AMMINISTRATIVO

Art. 142

Modifiche al testo unico delle norme sulla circolazione stradale

Dopo l'art. 80 del testo unico delle norme sulla circolazione stradale, approvato con decreto del Presidente della Repubblica 15 giugno 1959, n. 393, modificato dall'art. 2 della legge 14 febbraio 1974, n. 62, sono inseriti i seguenti articoli:

"Art. 80-bis. - (Confisca e sequestro del veicolo). - Con la sentenza di condanna per i reati previsti dal dodicesimo al quattordicesimo comma dell'articolo precedente il giudice ordina la confisca del veicolo, salvo che esso appartenga a persona estranea al reato.

L'autorità giudiziaria competente e, in caso di flagranza, anche gli ufficiali e gli agenti di polizia giudiziaria devono procedere al sequestro del veicolo, osservando le norme sulla istruzione formale".

"Art. 80-ter. - (Pena accessoria). - Con la sentenza di condanna per il reato previsto dal dodicesimo comma dell'art. 80 il giudice, quando non sia possibile ordinare la confisca del veicolo, dispone la sospensione della patente di guida del condannato per la stessa durata della pena principale".

Art. 143

Disposizioni aggiuntive alla legge sulla disciplina degli stupefacenti e sostanze psicotrope

Dopo l'art. 80 della legge 22 dicembre 1975, n. 685, è inserito il seguente:

"Art. 80-bis. - (Destinazione delle sostanze confiscate dal giudice e confiscabili dal Ministro della sanità). - Le sostanze confiscate e quelle da confiscare in base all'articolo precedente sono immediatamente versate al Ministero della sanità".

Art. 144

Modifica alla legge recante norme per la tutela delle acque dall'inquinamento

Al terzo comma dell'art. 21 della legge 10 maggio 1976, n. 319, è aggiunto in fine il seguente periodo: "La condanna importa la incapacità di contrattare con la pubblica amministrazione".

DIRITTO AMMINISTRATIVO

Art. 145 ([1])

[Norma aggiuntiva alla legge recante disposizioni penali in materia di infrazioni valutarie

Al quarto comma dell'art. 1 del decreto-legge 4 marzo 1976, n. 31, convertito, con modificazioni, nella legge 30 aprile 1976, n. 159, è aggiunto in fine il seguente periodo: "La condanna importa l'incapacità di contrattare con la pubblica amministrazione".]

(1) Articolo abrogato dall'*art. 42, D.P.R. 31 marzo 1988, n. 148*, a decorrere dal 1° gennaio 1989.

Art. 146

Norma di coordinamento

Ogniqualvolta nel codice penale o in altre leggi ricorre l'espressione "patria potestà", la medesima è sostituita dalla espressione "potestà dei genitori".

Art. 147

Modifica dell'art. 2638 del codice civile in materia di accettazione di retribuzione non dovuta da parte di amministratore giudiziario o commissario governativo

Il secondo comma dell'art. 2638 del codice civile è sostituito dal seguente:

"Nei casi più gravi può inoltre essere disposta l'interdizione dagli uffici direttivi delle persone giuridiche e delle imprese".

Art. 148 ([1])

Disposizioni abrogative e di coordinamento

L'art. 2641 del codice civile è abrogato.

Quando nelle leggi speciali è richiamato l'art. 2641 del codice civile tale richiamo si intende operato all'art. 32-bis del codice penale.

(1) Articolo così sostituito dal D.lgs. 11 aprile 2002, n. 61.

INFORMAZIONI SULL'AUTORE

COLLANA LIBRI CONCORSI P.A.

Printed by Amazon Italia Logistica S.r.l.
Torrazza Piemonte (TO), Italy